Access 2003

zum Nachschlagen

Stefan Truckenmüller

SYBEX

Projektmanagerin: Simone Schneider
DTP: EIN**SATZ**, Marl
Umschlaggestaltung: Guido Krüsselsberg, Düsseldorf

ISBN 3-8155-0424-4

1. Auflage 2003

Printed in Germany

Inhaltsverzeichnis

Teil 1: Schritt-für-Schritt-Anleitungen

Teil 2: Referenz

Vorwort

Access 2003 ist, wie seine mittlerweile zehn Vorgängerversionen (Microsoft-intern trägt Access 2003 den Codenamen Access 11), ein relationales Datenbankmanagementsystem (RDBMS), mit dem Sie selbst umfangreiche Datenmengen einfach verwalten können.

Access 2003 ist auch ein Entwicklungssystem, mit dem Sie komplexe Datenbankanwendungen erstellen können, die Abläufe von Unternehmen in alle Größenordnungen steuern und verwalten können. Auch für den Heimgebrauch eignet sich Access vorzüglich. Immer da, wo Daten erfasst oder ausgewertet werden, bietet sich Access an.

In diesem Buch wird Ihnen Access 2003 von Anfang an ausführlich nähergebracht. In detaillierten Schritt-für-Schritt-Anleitungen erfahren Sie, wie Sie Tabellen entwerfen, diese mit Daten füllen, Regeln definieren und Daten mithilfe von Abfragen auswerten und die Ergebnisse in Berichten präsentieren.

Access 2003 gehört zur Microsoft Office-Familie und ist eng mit den anderen Produkten verzahnt. Das Programm dient als Grundlage für Serienbriefe in Microsoft Word oder als Grundlage für weitergehende Auswertungen in Microsoft Excel. Lesen Sie in diesem Buch nach, wie Sie durch diese Zusammenarbeit profitieren können.

Danksagung

Ich danke meiner Frau Ute für die tatkräftige Unterstützung bei diesem Buch.

Viel Spaß bei der Lektüre dieses Buches wünscht Ihnen

Stefan Truckenmüller

Teil 1
Schritt-für-Schritt-Anleitungen

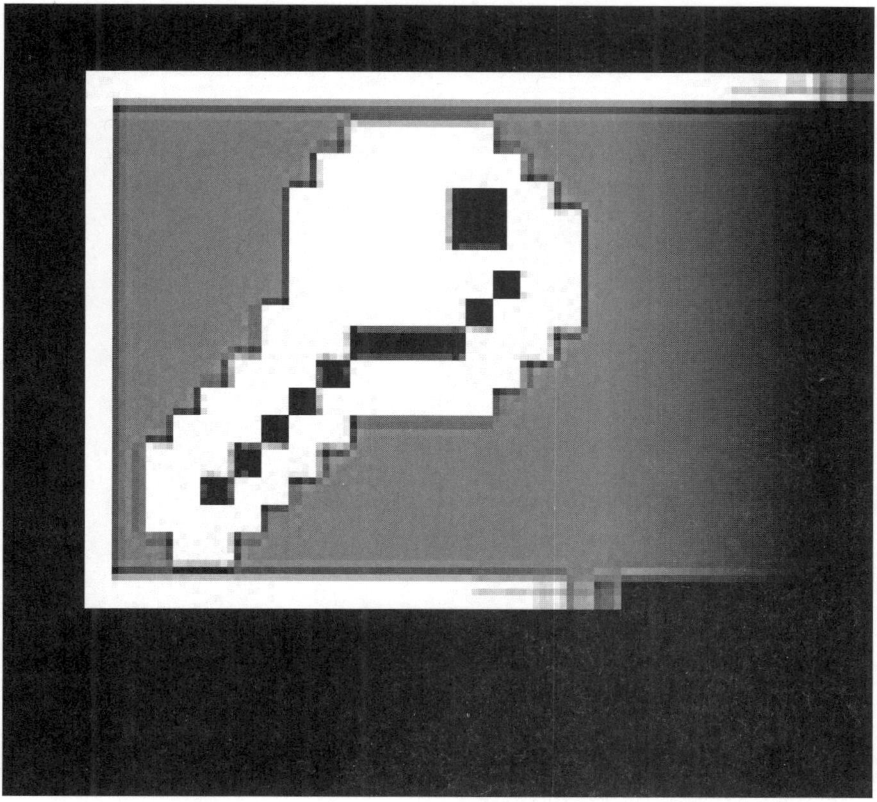

1. Access kennen lernen

Access im Überblick

Bevor nun in den einzelnen Kapiteln dieses Buches die Funktionen von Access 2003 ausführlich vorgestellt werden, bietet dieses Kapitel einen ersten Überblick über Access 2003.

Access 2003 starten

Der wichtigste Unterschied von Access zu anderen Programmen ist der, dass Sie mit Access immer nur eine Datenbank gleichzeitig öffnen können. In Word oder Excel können Sie mehrere Dokumente gleichzeitig öffnen, in Access bewirkt das Öffnen einer Datenbank zuvor das Schließen einer eventuell geöffneten. Um mit mehreren Datenbanken gleichzeitig zu arbeiten, müssen Sie jeweils eine weitere Instanz von Access starten. Es gibt verschiedene Möglichkeiten, Access zu starten. Bei der Installation von Office 2003 wurde im *Start*-Menü von Windows XP auch ein Befehl zum Starten von Access 2003 angelegt.

Abbildung 1.1: Starten von Access 2003 über das Start*-Menü*

Nach dem Starten präsentiert sich Access als leeres Fenster. Anders als beispielsweise Word können Sie nicht sofort mit einem leeren Dokument loslegen, sondern müssen entscheiden, ob Sie mit dem Befehl *Datei > Öffnen* eine bereits vorhandene Datenbank öffnen oder mit dem Befehl *Datei > Neu* eine neue erstellen wollen.

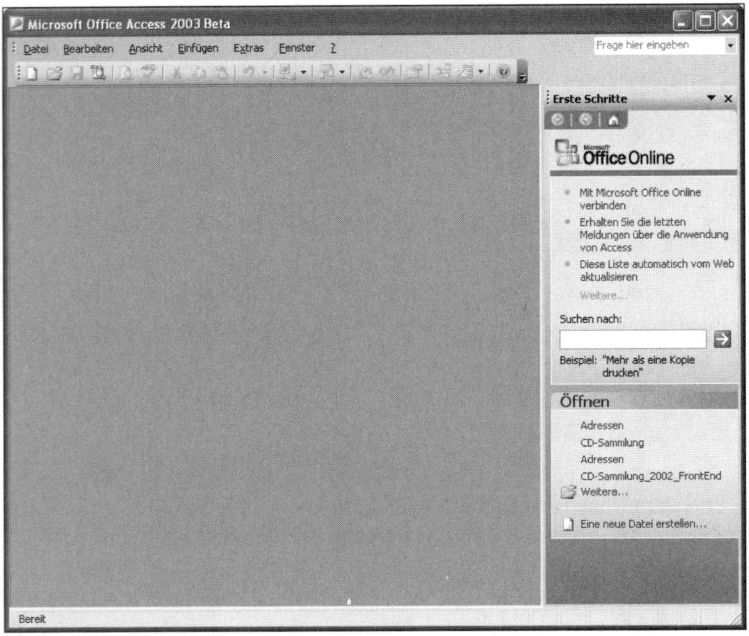

Abbildung 1.2: Access direkt nach dem Start

Vorhandene Datenbank öffnen

Über den Befehl *Datei > Öffnen* können Sie eine vorhandene Access-Datenbank öffnen. Aus dem Dialogfenster *Öffnen* können Sie nun den Ordner und die Datenbank auswählen.

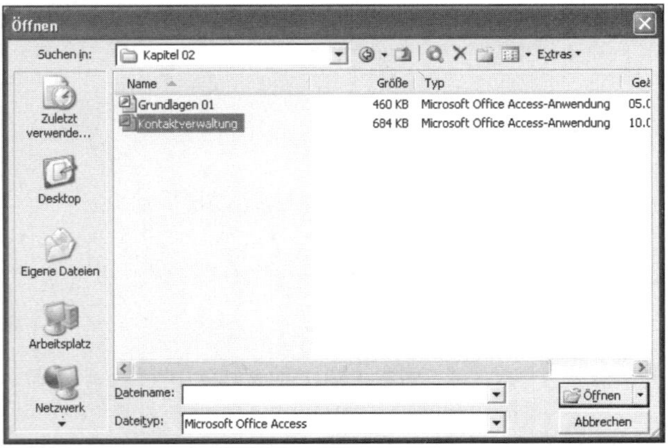

Abbildung 1.3: Das Dialogfenster zum Öffnen einer Datenbank

Die Schaltfläche *Öffnen* besitzt auf der rechten Seite einen nach unten gerichteten Pfeil, mit dem Sie ein Menü öffnen können. Dieses Menü stellt Ihnen unterschiedliche Öffnungsmöglichkeiten für eine Datenbank zur Verfügung. Ohne das Öffnen dieses Menüs wird beim Klicken auf diese Schaltfläche eine Datenbank normal geöffnet.

Öffnen

Die Datenbank wird ganz normal zur Bearbeitung geöffnet. Es können Daten eingegeben werden und Objekte erstellt und geändert werden.

Schreibgeschützt öffnen

Die Datenbank wird schreibgeschützt geöffnet. Es können zwar Daten ausgewählt und angezeigt werden, es sind aber keine Änderungen an Formularen oder Berichten oder die Erfassung neuer Daten erlaubt.

Exklusiv öffnen/Exklusiv schreibgeschützt öffnen

Diese beide Öffnungsmethoden sind für Datenbanken in Mehrbenutzerumgebungen vorgesehen. Normalerweise startet Access eine Datenbank für den gemeinsamen Zugriff, d.h. ein weiterer Benutzer kann ohne weiteres auf eine bereits geöffnete Datenbank zugreifen. Ist eine Datenbank von mehreren Benutzern geöffnet, können keine Änderungen am Entwurf von geöffneten Objekten vorgenommen werden. Wird eine Datenbank vom ersten Anwender jedoch exklusiv geöffnet, erhalten weitere Anwender bei einem weiteren Öffnungsversuch eine Fehlermeldung. Eine Datenbank kann also immer nur von einem Anwender exklusiv geöffnet werden.

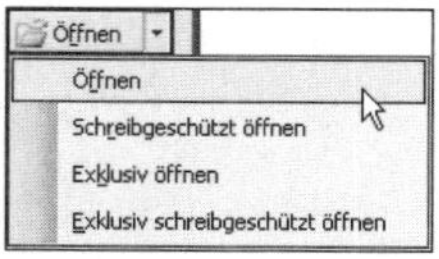

Abbildung 1.4: Das Menü der Schaltfläche Öffnen

Neue Datenbank erstellen

Über den Befehl *Datei > Neu* blendet Access im rechten Bereich die Übersicht *Neue Datei* ein. Hier können Sie wählen, ob Sie eine komplett leere, neue Datenbank erstellen wollen oder eine neue aus einer der vielen Vorlagen von Access erstellen wollen.

Abbildung 1.5: Erstellen Sie neue, leere Datenbanken oder nutzen Sie vorhandene Datenbanken und Vorlagen.

Sie können auch eine eigene Datenbank auswählen und sozusagen als Kopie eine neue Datenbank erzeugen.

Bei den Vorlagen-Datenbanken von Access ist Ihnen ein Assistent bei der Anpassung und Einrichtung der Datenbank an Ihre Vorstellungen behilflich.

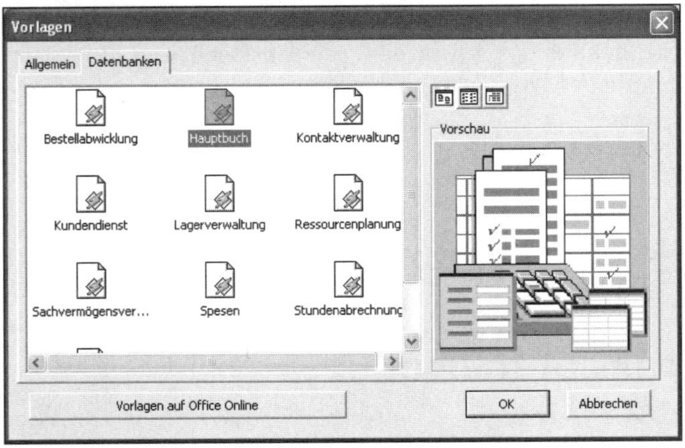

Abbildung 1.6: Die Vorlagen-Datenbanken *von Access*

In der folgenden Abbildung sehen Sie den Datenbank-Assistenten.

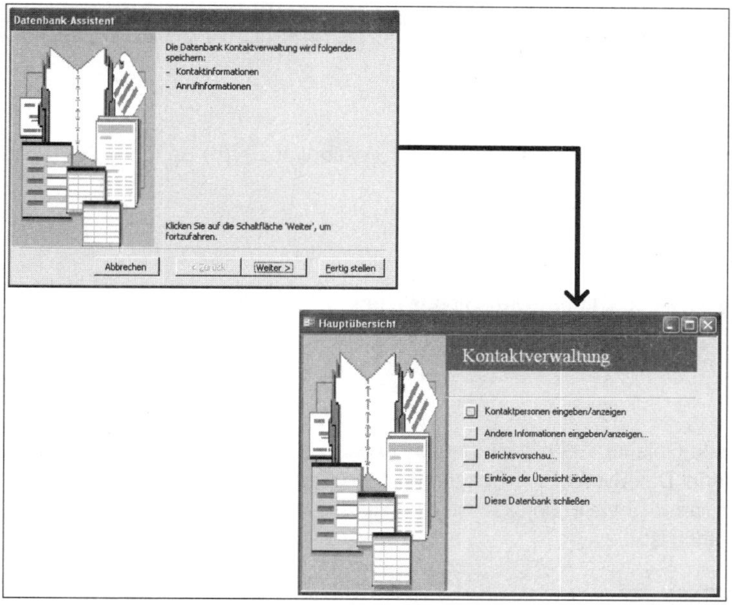

Abbildung 1.7: Der Datenbank-Assistent *führt Sie durch die einzelnen Schritte bis hin zur fertigen Datenbank.*

Das Datenbankfenster

Zentraler Mittelpunkt von Access ist das Datenbankfenster. Mit dessen Hilfe können Sie auf alle Objekte, die in der Datenbank gespeichert sind, zugreifen und neue Objekte hinzufügen.

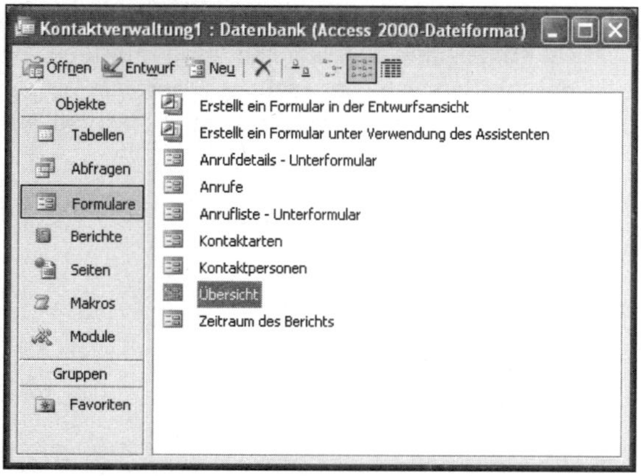

Abbildung 1.8: Das Datenbankfenster von Access

Die in der Symbolleiste angebotenen Funktionen richten sich an die ausgewählte Kategorie.

Öffnen 

Mit dieser Schaltfläche können Tabellen in der Datenblattansicht geöffnet, Abfragen ausgeführt und Formulare geöffnet werden.

Entwurf 

Verfügbar für alle Objekte. Im Entwurfsmodus eines Objektes können Sie dieses bearbeiten.

Neu 

Verfügbar für alle Objekte. Erstellt ein neues Objekt der im Datenbankfenster ausgewählten Kategorie. Das Symbol der Schaltfläche zeigt zusätzlich die Kategorie, Tabelle, Abfrage etc. an. Für viele Objekte ist ein Assistent verfügbar, der Ihnen bei der Erstellung behilflich ist.

Vorschau 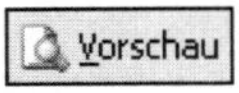

Nur verfügbar für Berichte. Zeigt einen Bericht in der Seitenansicht an. Sie können ihn so vor dem Ausdruck kontrollieren.

Ausführen 

Nur verfügbar für Makros. Führt die in einem Makro gespeicherten Aktionen aus.

Kontextmenü

Jedes Objekt in Access verfügt über ein Kontextmenü. Sie können dieses aufrufen, indem Sie ein Objekt markieren und anschließend mit der rechten Maustaste darauf klicken. In diesem Kontextmenü zeigt Ihnen Access Befehle an, die momentan auf dieses Objekt anwendbar sind.

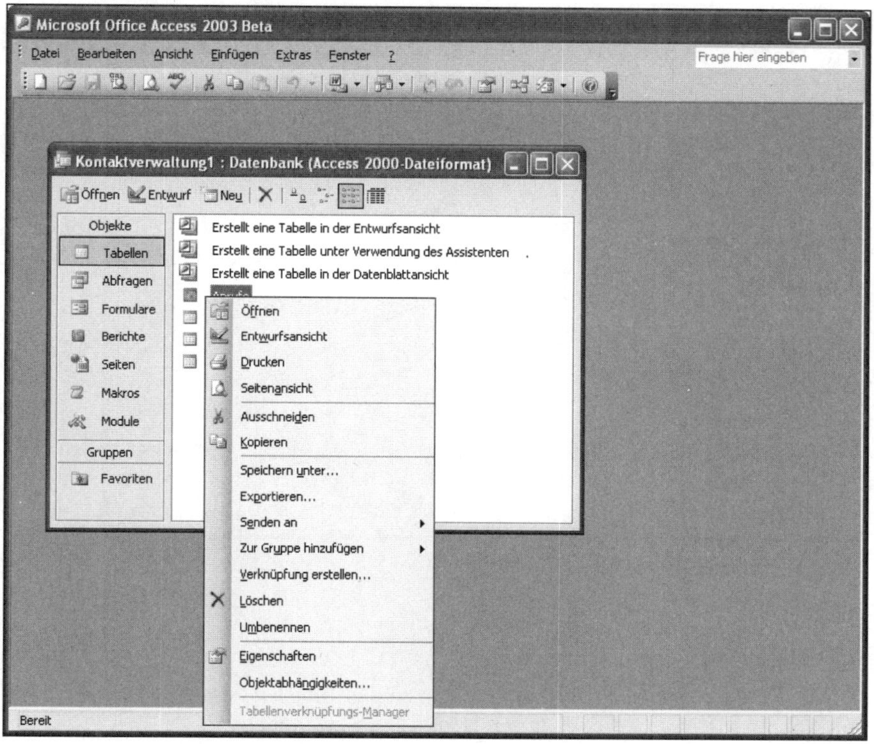

Abbildung 1.9: Ein geöffnetes Kontextmenü

Datenbankobjekte

Im Datenbankfenster stehen Ihnen alle in der Datenbank gespeicherten Objekte zur Auswahl.

Tabellen

Tabellen bilden das Fundament einer Datenbank. In ihnen werden die eigentlichen Daten gespeichert.

Besonders wichtig bei Tabellen ist die richtige Definition der einzelnen Felder der Tabelle. Auf Tabellen bauen alle anderen Objekte, Abfragen, Formulare, Berichte und Datenzugriffsseiten auf.

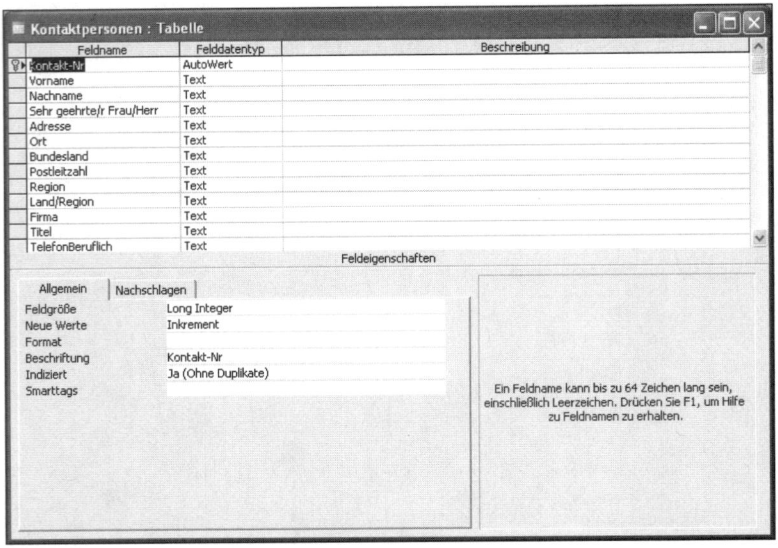

Abbildung 1.10: Der Tabellenentwurf

Abfragen

Abfragen dienen einerseits dazu, Informationen aus Tabellen herauszufiltern, zum anderen durch spezielle Abfragen Daten in Tabellen zu verändern.

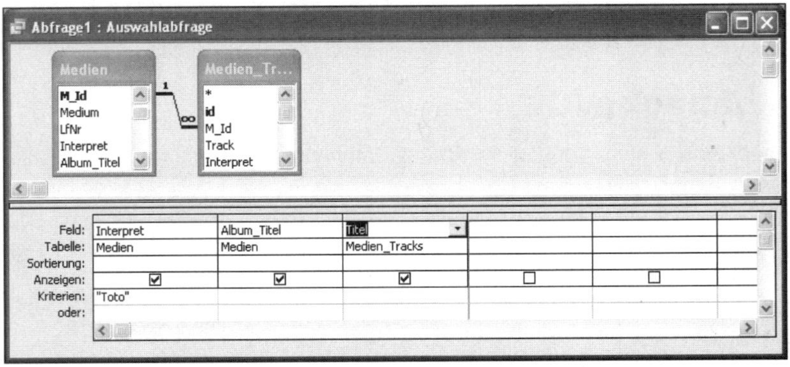

Abbildung 1.11: Eine Abfrage in der Entwurfsansicht

In *Abbildung 1.11* sehen Sie eine Abfrage in der Entwurfsansicht. In dieser Ansicht können Sie die Felder der Tabellen auswählen, die im Ergebnis der Abfrage enthalten sein sollen, sowie Kriterien festlegen, welche die Daten beschränken.

Das Ergebnis einer Abfrage ähnelt einer Tabelle in der Datenblattansicht. Wie diese werden die einzelnen Felder nebeneinander in Spalten, die Datensätze untereinander in Zeilen dargestellt.

Interpret	Album_Titel	Titel
Toto	Toto IV	Rosana
Toto	Toto IV	Make Believe
Toto	Toto IV	I Won't Hold Yo
Toto	Toto IV	Good For You
Toto	Toto IV	It's A Feeling
Toto	Toto IV	Afraide Of Love
Toto	Toto IV	Lovers In The N
Toto	Toto IV	We Made It
Toto	Toto IV	Waiting For Yo
Toto	Toto IV	Africa
Toto	The Seventh One	Pamela
Toto	The Seventh One	You got me
Toto	The Seventh One	Anna

Abfrage1 : Auswahlabfrage
Datensatz: 1 von 110

Abbildung 1.12: Die Datenblattansicht einer Abfrage

Access macht Ihnen das Erstellen von Abfragen durch seine grafische Oberfläche besonders einfach. Letztendlich steckt aber hinter Abfragen SQL-Code, der ausgeführt wird. Sie können Abfragen auch direkt in der SQL-Ansicht einer Abfrage erstellen, dieses setzt aber einiges an Erfahrung voraus. Viel einfacher ist es, Abfragen in der normalen Entwurfsansicht zu erstellen; das Ergebnis ist bis auf wenige spezielle Ausnahmen das gleiche.

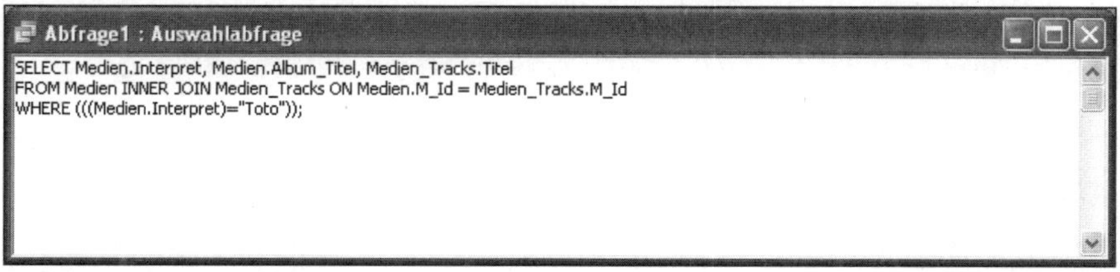
Abfrage1 : Auswahlabfrage
SELECT Medien.Interpret, Medien.Album_Titel, Medien_Tracks.Titel
FROM Medien INNER JOIN Medien_Tracks ON Medien.M_Id = Medien_Tracks.M_Id
WHERE (((Medien.Interpret)="Toto"));

Abbildung 1.13: Der SQL-Code einer Abfrage

Häufig dienen Abfragen als Grundlage für Formulare oder Berichte.

Formulare

Formulare stellen in der Regel die eigentliche Oberfläche für den Anwender einer Datenbank dar. Zwar können Daten auch direkt in Tabellen oder über Abfragen in diese eingegeben werden, dieses Vorgehen setzt jedoch für den Anwender gute Kenntnisse in Access voraus.

Mithilfe von Formularen können Sie schnell und einfach Daten eingeben. Mit den verschiedenen Gestaltungsmöglichkeiten, die Access anbietet, können Sie Formulare entwerfen, die beispielsweise besonders lange Datensätze komplett auf dem Bildschirm darstellen können. Textelemente, Linien und verschiedene Farben lassen Ihnen Raum für die Gestaltung von Formularen.

Im einspaltigen Formular werden die Inhalte der Datensätze in einer Spalte untereinander angezeigt. Für jedes Feld der Tabelle existiert ein Feld im Formular.

Ein einspaltiges Formular zeigt immer genau einen Datensatz der zugrunde liegenden Tabelle an.

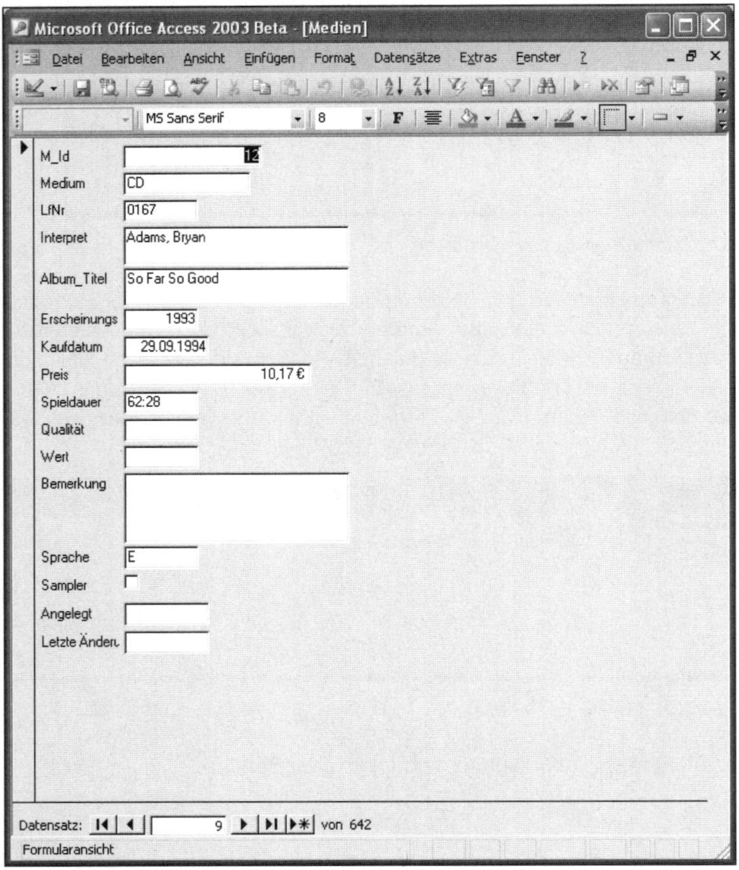

Abbildung 1.14: Ein einspaltiges Formular

Im tabellarischen Formular werden die Felder der zugrunde liegenden Tabelle in Zeilen und Spalten angezeigt. Dadurch können mehrere Datensätze gleichzeitig angezeigt werden.

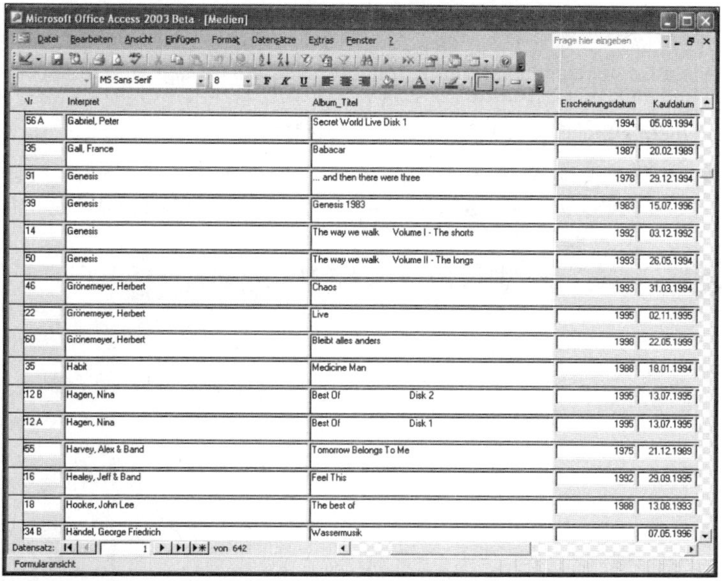

Nr	Interpret	Album_Titel	Erscheinungsdatum	Kaufdatum
56 A	Gabriel, Peter	Secret World Live Disk 1	1994	05.09.1994
35	Gall, France	Babacar	1987	20.02.1989
91	Genesis	... and then there were three	1978	29.12.1994
39	Genesis	Genesis 1983	1983	15.07.1996
14	Genesis	The way we walk Volume I - The shorts	1992	03.12.1992
50	Genesis	The way we walk Volume II - The longs	1993	26.05.1994
46	Grönemeyer, Herbert	Chaos	1993	31.03.1994
22	Grönemeyer, Herbert	Live	1995	02.11.1995
60	Grönemeyer, Herbert	Bleibt alles anders	1998	22.05.1999
35	Habit	Medicine Man	1988	18.01.1994
12 B	Hagen, Nina	Best Of Disk 2	1995	13.07.1995
12 A	Hagen, Nina	Best Of Disk 1	1995	13.07.1995
55	Harvey, Alex & Band	Tomorrow Belongs To Me	1975	21.12.1989
16	Healey, Jeff & Band	Feel This	1992	29.09.1995
18	Hooker, John Lee	The best of	1988	13.08.1993
34 B	Händel, George Friedrich	Wassermusik		07.05.1996

Abbildung 1.15: Tabellarisches Formular

Ein Formular kann auch wie eine Tabelle in der Datenblattansicht angezeigt werden.

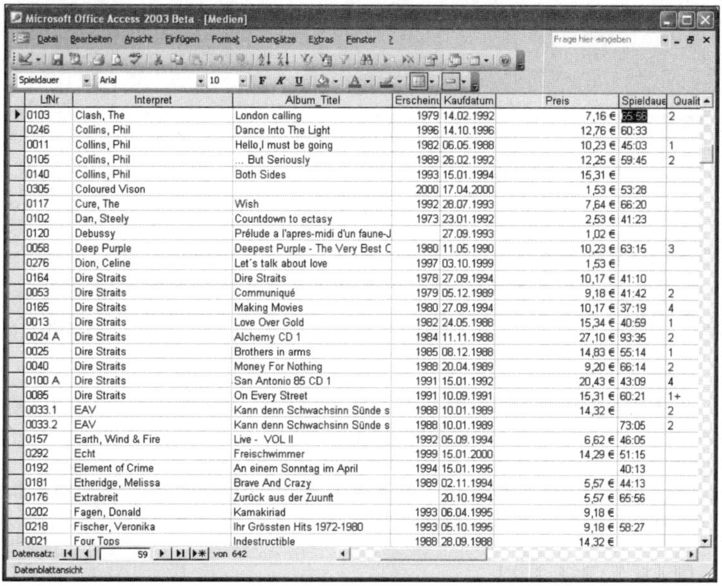

LfNr	Interpret	Album_Titel	Erscheinu	Kaufdatum	Preis	Spieldaue	Qualit
0103	Clash, The	London calling	1979	14.02.1992	7,16 €	65:56	2
0246	Collins, Phil	Dance Into The Light	1996	14.10.1996	12,76 €	60:33	
0011	Collins, Phil	Hello,I must be going	1982	06.05.1988	10,23 €	45:03	1
0105	Collins, Phil	... But Seriously	1989	26.02.1992	12,25 €	59:45	2
0140	Collins, Phil	Both Sides	1993	15.01.1994	15,31 €		
0305	Coloured Vison		2000	17.04.2000	1,53 €	53:28	
0117	Cure, The	Wish	1992	28.07.1993	7,64 €	66:20	
0102	Dan, Steely	Countdown to ectasy	1973	23.01.1992	2,53 €	41:23	
0120	Debussy	Prélude a l'apres-midi d'un faune-J		27.09.1993	1,02 €		
0058	Deep Purple	Deepest Purple - The Very Best C	1980	11.05.1990	10,23 €	63:15	3
0276	Dion, Celine	Let´s talk about love	1997	03.10.1999	1,53 €		
0164	Dire Straits	Dire Straits	1978	27.09.1994	10,17 €	41:10	
0053	Dire Straits	Communiqué	1979	05.12.1989	9,18 €	41:42	2
0165	Dire Straits	Making Movies	1980	27.09.1994	10,17 €	37:19	4
0013	Dire Straits	Love Over Gold	1982	24.05.1988	15,34 €	40:59	1
0024 A	Dire Straits	Alchemy CD 1	1984	11.11.1988	27,10 €	93:35	2
0025	Dire Straits	Brothers in arms	1985	08.12.1988	14,83 €	55:14	1
0040	Dire Straits	Money For Nothing	1988	20.04.1989	9,20 €	66:14	2
0100 A	Dire Straits	San Antonio 85 CD 1	1991	15.01.1992	20,43 €	43:09	4
0085	Dire Streats	On Every Street	1991	10.09.1991	15,31 €	60:21	1+
0033.1	EAV	Kann denn Schwachsinn Sünde s	1988	10.01.1989	14,32 €		2
0033.2	EAV	Kann denn Schwachsinn Sünde s	1988	10.01.1989		73:05	2
0157	Earth, Wind & Fire	Live - VOL II	1992	05.09.1994	6,62 €	46:05	
0292	Echt	Freischwimmer	1999	15.01.2000	14,29 €	51:15	
0192	Element of Crime	An einem Sonntag im April	1994	15.01.1995		40:13	
0181	Etheridge, Melissa	Brave And Crazy	1989	02.11.1994	5,57 €	44:13	
0176	Extrabreit	Zurück aus der Zuunft		20.10.1994	5,57 €	65:56	
0202	Fagen, Donald	Kamakiriad	1993	06.04.1995	9,18 €		
0218	Fischer, Veronika	Ihr Grössten Hits 1972-1980	1993	05.10.1995	9,18 €	58:27	
0021	Four Tops	Indestructible	1988	28.09.1988	14,32 €		

Abbildung 1.16: Formular als Datenblatt

Berichte

Berichte haben viele Gemeinsamkeiten mit Formularen. Formulare dienen hauptsächlich dazu, Daten am Bildschirm anzuzeigen und Daten zu erfassen. Berichte sind für die Ausgabe auf einem Drucker vorgesehen.

Da ein Bericht für die Ausgabe vieler Daten auf einer Seite ausgelegt ist, verfügt der Berichtsentwurf über weitergehende Sortierungs- und Gruppierungsfunktionen als Formulare.

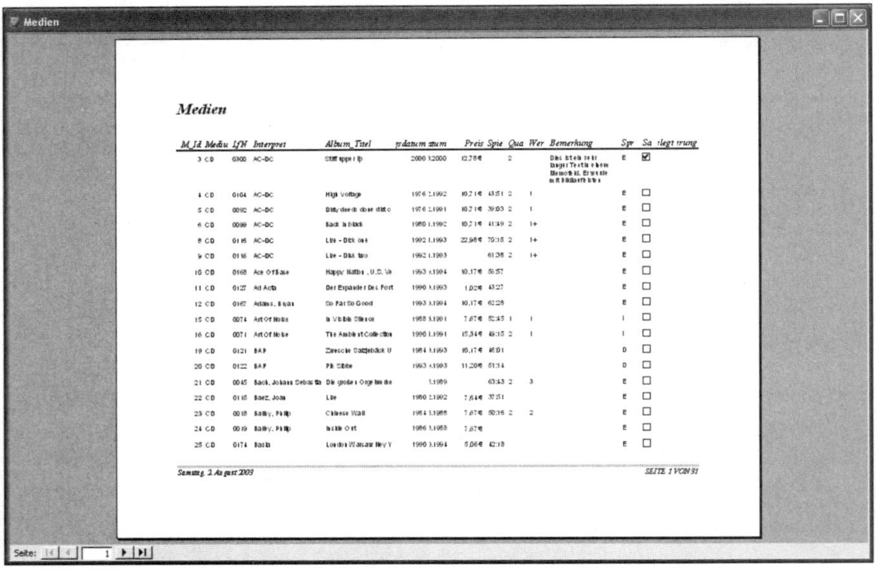

Abbildung 1.17: Ein Bericht in der Seitenansicht

Datenzugriffsseiten

Als fünfter großer Reiter im Datenbankfenster sehen Sie die Objektkategorie *Seiten*. Damit sind Datenzugriffsseiten gemeint. Mithilfe dieser Datenzugriffsseiten öffnen Sie Datenbanken für den Zugriff von außen.

Datenzugriffsseiten werden zwar in Access erstellt, nicht aber in der Datenbank gespeichert. Sie werden als eigenständige Datei gespeichert. Somit ist es möglich, dass ein anderer Rechner, der über Zugriffsrechte auf den Ordner, in dem die eigentliche Datenbank liegt, verfügt, mit der Datenzugriffsseite und dem Internet Explorer auf die Datenbank zugreift. Dabei ist es nicht erforderlich, dass auf diesem Rechner Access installiert ist.

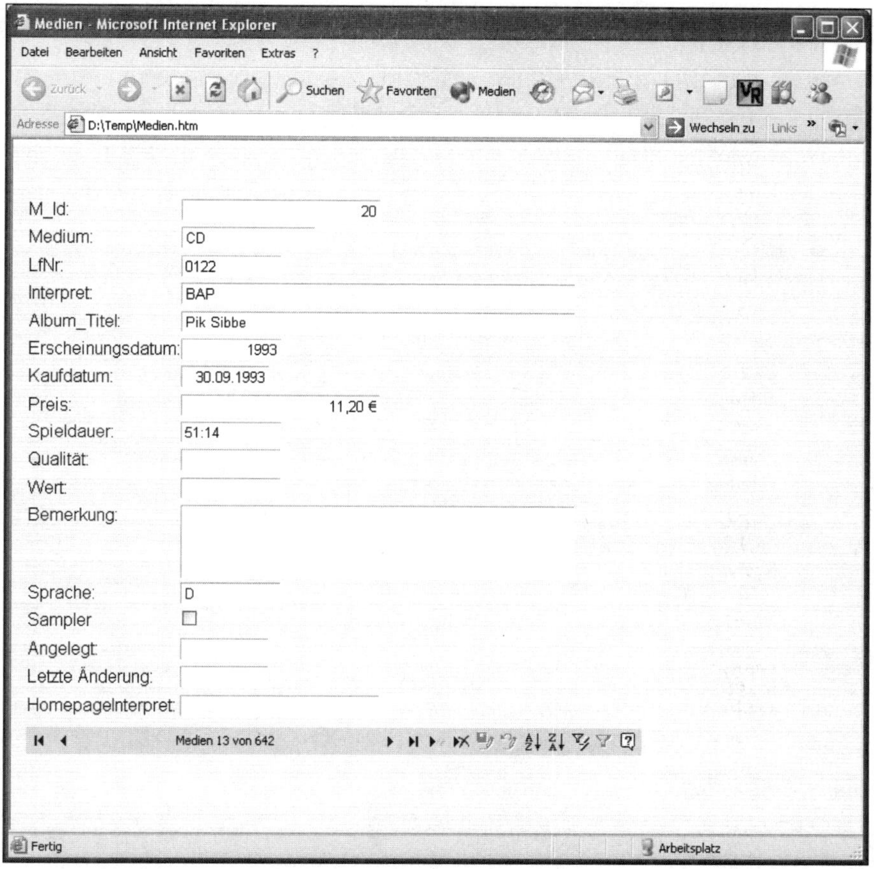

Abbildung 1.18: Eine Datenzugriffsseite im Internet Explorer bietet externen Zugriff auf eine Datenbank.

Makros

Makros kennen Sie vielleicht schon von der Arbeit mit Microsoft Word oder Excel. In diesen Programmen existiert ein Makrorekorder, der immer wieder vorkommende Arbeitsschritte aufzeichnet und somit Abläufe automatisiert.

Etwas Ähnliches bewerkstelligen Makros in Access. Auch mit ihnen können Sie wiederkehrende Aufgaben automatisieren. Makros sind eine Folge von Aktionen, mit denen Sie u.a. Formulare und Berichte steuern können.

Access Online-Hilfe

In Access 2003 ist eine ausführliche Online-Hilfe integriert. Diese wird beim Aufruf der Hilfe neben dem Arbeitsbereich von Access platziert.

Aufgerufen wird die Hilfe entweder durch das klassische Drücken der F1-Taste oder durch den Befehl *? > Microsoft Office Access-Hilfe* in der Menüleiste. In vielen Symbolleisten befindet sich auch ein Symbol zum Aufruf der Hilfe.

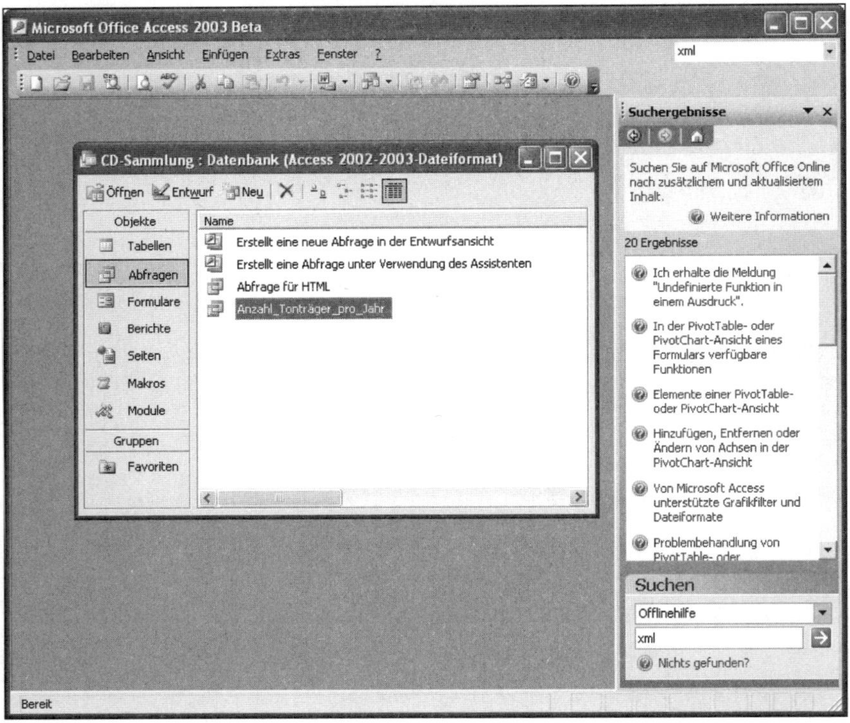

Abbildung 1.19: Die Access Online-Hilfe

In der Menüleiste steht zusätzlich ein Eingabefeld zur Verfügung, mit dem Sie Fragen an die Access Online-Hilfe formulieren können.

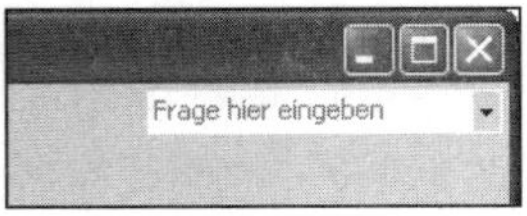

Abbildung 1.20: Sie können auch Fragen an die Hilfe formulieren.

2. Grundlagen von Access

Gleich zu Anfang dieses Buches wird eine komplette Datenbank mithilfe des Datenbank-Assistenten von Access 2003 erstellt, um Ihnen direkt die Möglichkeiten von Access zur Verwaltung von Daten darzulegen.

Dazu dient die *Kontaktdatenbank*, mit der Sie Ihre Kontakte bequem verwalten können. Die Datenbank enthält Tabellen zur Speicherung der Daten, Formulare zur bequemen Erfassung der Kontaktdaten und auch schon Berichte, die den Datenbestand für den Ausdruck aufbereiten. Mehr zu den Themen Tabellen, Formulare und Berichte erfahren Sie weiter hinten in diesem Buch. Durch die Kontaktdatenbank erhalten Sie jedoch schon jetzt einen Vorgeschmack auf das Kommende.

In fünf Minuten zur ersten Datenbank

Mit Access werden eine Fülle von Assistenten mit installiert, die Ihnen die Arbeit mit Access 2003 erleichtern. In dieser Schritt-für-Schritt-Anleitung wird nun eine komplette Datenbank zur Erfassung von Kontaktdaten erstellt.

1. Starten Sie, falls noch nicht geschehen, Access 2003.
2. Wählen Sie aus dem Menü *Datei* den Befehl *Neu.*

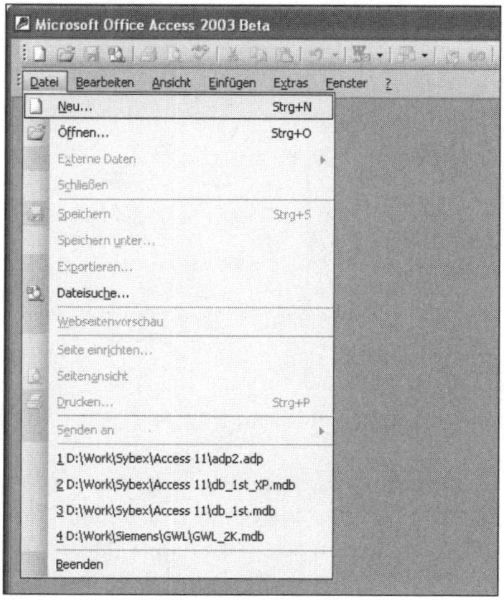

Abbildung 2.1: Das Menü Datei

3. Im rechten Bereich von Access wird daraufhin das Fenster *Neue Datei* eingeblendet. Im unteren Teil dieses Fensters ist unter *Vorlagen* die Schaltfläche *Auf meinem Computer* untergebracht. Klicken Sie mit der Maus auf diese Schaltfläche.

Abbildung 2.2: Das Fenster Neue Datei

4. Es öffnet sich das Dialogfenster *Vorlagen*, aus der Sie eine Vorlage bzw. einen Vorlagen-Assistenten für eine Datenbank auswählen können. Im Register *Allgemein* stehen Ihnen Standardvorlagen für Access-Datenbanken zur Verfügung. Dazu zählt auch die häufig bei neuen Access-Datenbanken verwendete *Leere Datenbank*. Wechseln Sie nun auf das Register *Datenbanken*. In diesem Register stehen Ihnen die Vorlagen zur Auswahl, die mit Access installiert worden sind. Für diese Schritt-für-Schritt-Anleitung wählen Sie den Eintrag *Kontaktverwaltung* aus und klicken anschließend auf *OK*.

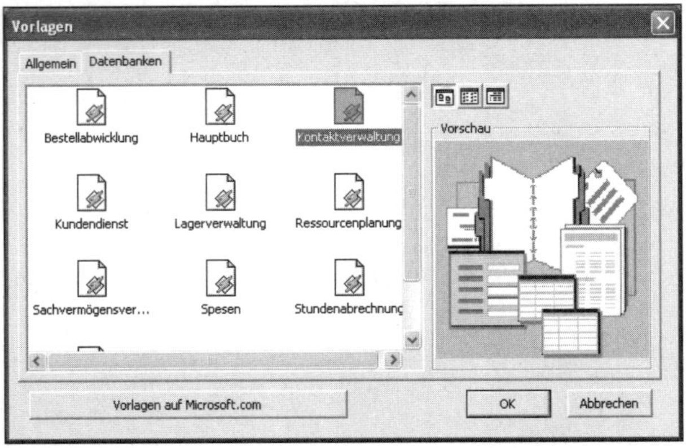

Abbildung 2.3: Das Dialogfenster Vorlagen *mit dem Register* Datenbanken

5. Als Erstes müssen Sie jetzt einen Ordner, in dem Access Ihre Datenbank speichern soll, und einen Dateinamen auswählen. Wählen Sie einen passenden Ordner aus und vergeben Sie im Feld *Dateinamen* einen aussagekräftigen Namen für die Kontaktdatenbank. Bestätigen Sie Ihre Angaben mit einem Klick auf die Schaltfläche *Erstellen*.

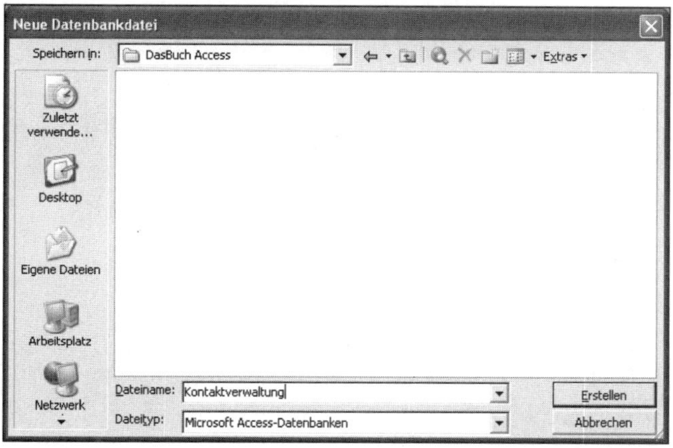

Abbildung 2.4: Vergabe eines Dateinamens für die Datenbank

6. Access legt nun die Datenbank als "Leergerüst" an und startet danach sofort den *Datenbank-Assistenten*, der Sie weiter durch die Erstellung der Datenbank führt. Bestätigen Sie den ersten Schritt des *Datenbank-Assistenten* mit einem Klick auf die Schaltfläche *Weiter*.

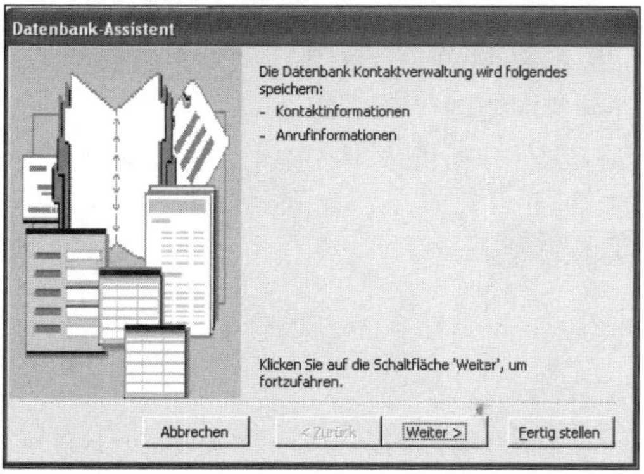

Abbildung 2.5: Der Datenbank-Assistent *von Access 2003*

7. Im folgenden Schritt können Sie die Felder auswählen, die Bestandteil Ihrer Kontaktdatenbank sein sollen.

   Im linken Bereich stehen die drei Einträge *Kontaktinformationen, Anrufinformationen* und *Kontaktarten*. Diese stehen für die eigentlichen Tabellen der Datenbank. Zu jedem dieser Einträge können Sie aus der rechten Liste *Felder in der Tabelle* zusätzliche Felder, die für Sie interessant sind, hinzunehmen. Möchten Sie beispielsweise auch die Geburtsdaten oder den Familienstand erfassen, so fahren Sie an das Ende der Liste, bis diese Einträge erscheinen. Klicken Sie anschließend auf das Kästchen vor dem Eintrag, sodass es abgehakt wird. Andererseits können Sie so auch Feldeinträge demarkieren, sodass sie nicht Bestandteil der Datenbank sind. Klicken Sie dazu einfach in das Kästchen mit dem Haken und der Haken verschwindet dann.

Klicken Sie anschließend auf die Schaltfläche *Weiter*, um zum nächsten Schritt des *Datenbank-Assistenten* zu gelangen.

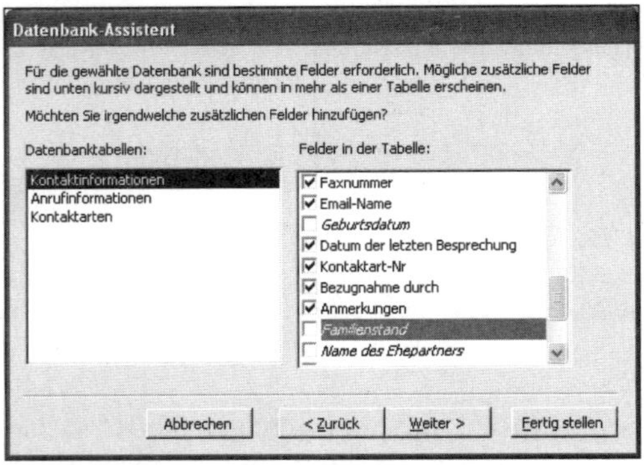

Abbildung 2.6: Auswahl der Felder

8. In diesem Schritt des *Datenbank-Assistenten* können einen Stil für die zu erstellenden Formulare auswählen. Dazu stehen Ihnen in der Liste mehrere vordefinierte Stile zur Auswahl. Der ausgewählte Stil wird dabei jeweils im linken Bereich des Fensters in der Vorschau angezeigt.

   Wählen Sie einen Stil für Ihre Datenbank aus und klicken anschließend wieder auf die Schaltfläche *Weiter*.

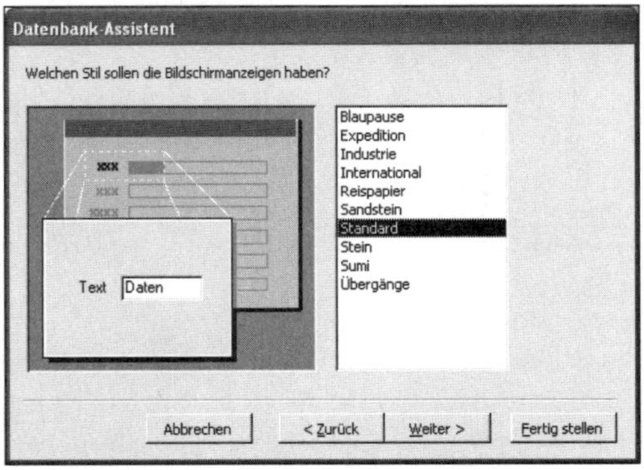

Abbildung 2.7: Angabe eines Stils für die Formulare

9. Jetzt können Sie eine Stil für die Berichte auswählen. Die Auswahl des Stils für die Berichte geschieht dabei analog zur Auswahl des Stils für die Formulare aus dem vorherigen Schritt 8 des *Datenbank-Assistenten*. Klicken Sie anschließend wieder auf die Schaltfläche *Weiter*.

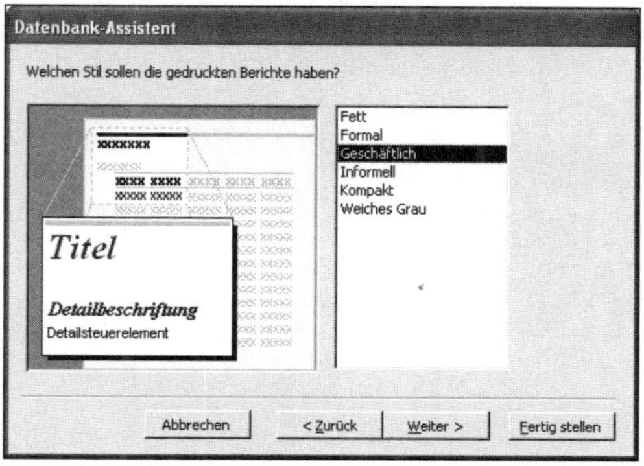

Abbildung 2.8: Angabe eines Stils für die Berichte

10. Im vorletzten Schritt des *Datenbank-Assistenten* können Sie schließlich einen Namen für Ihre Datenbank eingeben. Dieser Name wird in der Hauptübersicht der Datenbank verwendet.

    Sie können zusätzlich in diesem Schritt auch noch ein Bild auswählen, das in den Berichten erscheint. Klicken Sie dazu das Kästchen vor *Ein Bild mit einbeziehen* an und wählen anschließend über *Bild* ein Bild auf Ihrem Computer aus.

    Haben Sie alle Angaben gemacht, klicken Sie auf wieder auf *Weiter*.

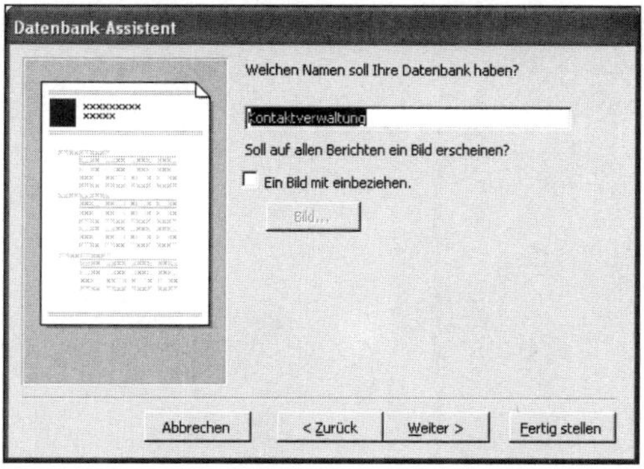

Abbildung 2.9: Angabe des Namens, den die Datenbank bekommen soll

11. Dem *Datenbank-Assistenten* liegen nun alle Informationen für die Erstellung der Kontaktdaten-Datenbank vor. Möchten Sie die Datenbank direkt nach der Erstellung durch den *Datenbank-Assistenten* öffnen, so aktivieren Sie den Eintrag *Die Datenbank öffnen*. Benötigen Sie generelle Hilfe beim Benutzen der Access-Datenbank, können Sie mit Abhaken des Felds *Hilfe zum Benutzen einer Datenbank anzeigen* auch die eingebaute Hilfe von Access zusätzlich nach dem Öffnen der Datenbank mit anzeigen lassen.

Klicken Sie nun auf die Schaltfläche *Fertig stellen*. Der *Datenbank-Assistent* wird daraufhin seine Arbeit ohne Ihr Zutun fortsetzen und Ihre gemachten Angaben in eine Datenbank zur Erfassung von Kontaktdaten umwandeln.

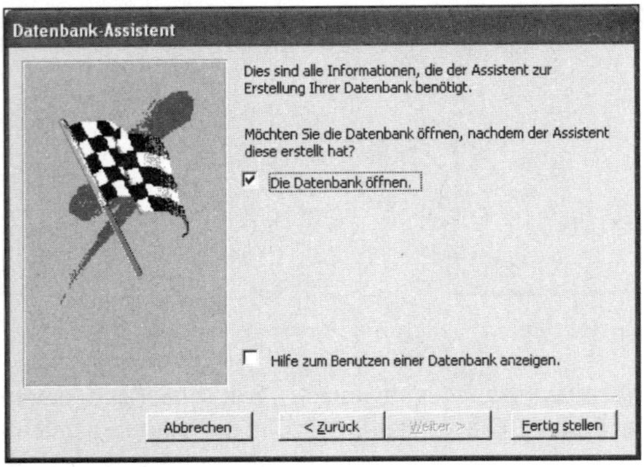

Abbildung 2.10: Der letzte Schritt des Datenbank-Assistenten

12. Sofern Sie im letzten Schritt die Option *Die Datenbank öffnen* markiert haben, lädt Access sofort die soeben erstellte Datenbank und zeigt Ihnen das Formular *Hauptübersicht* an.

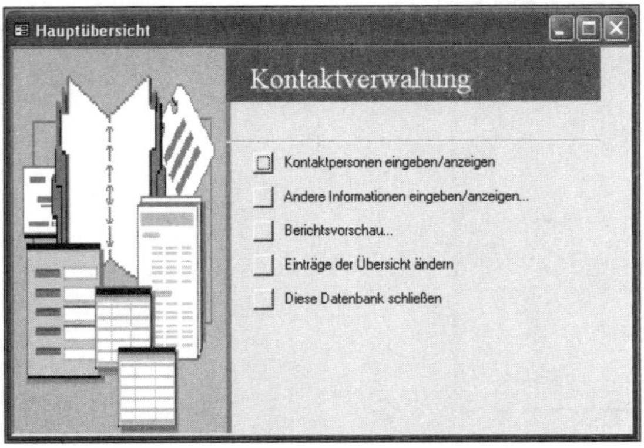

Abbildung 2.11: Die fertige Datenbank direkt nach dem Start

In dieser Hauptübersicht stehen Ihnen alle wichtigen Einträge für den Umgang mit der Kontaktverwaltung zur Verfügung. Sie können mithilfe des ersten Eintrages *Kontaktpersonen eingeben/anzeigen* sofort mit der Eingabe von Daten beginnen.

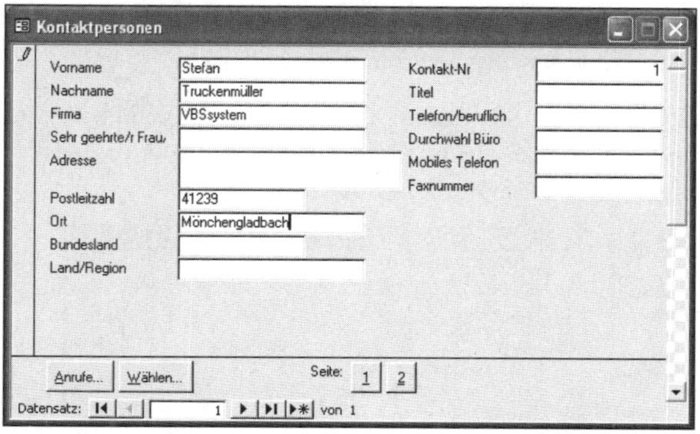

Abbildung 2.12: Bequemes Eingeben der Daten mithilfe eines Formulars

Datenbanken mit Makros

Wenn Sie die Kontaktdatenbank ein weiteres Mal aufrufen, erhalten Sie in der Regel eine Warnmeldung von Access.

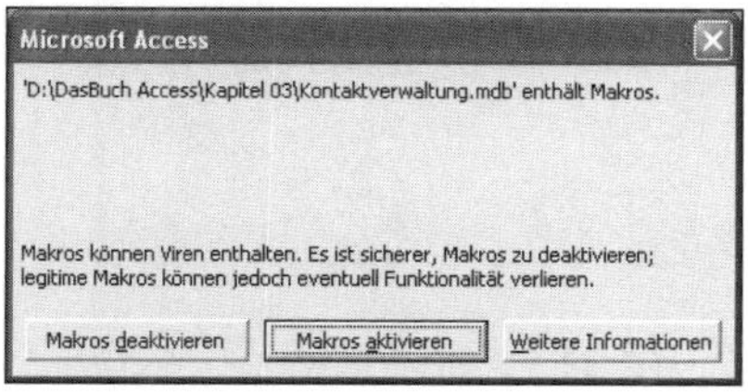

Abbildung 2.13: Warnmeldung von Access

Grund dafür ist, dass der *Datenbank-Assistent* nicht nur Tabellen, Formulare und Berichte für die Datenbank generiert hat, sondern auch VBA-Code (Visual Basic für Applikationen) zur Steuerung der Abläufe innerhalb der Datenbank. Makros und VBA-Code ermöglichen es Ihnen, Arbeitsabläufe innerhalb der Datenbank zu automatisieren. Dies geschieht in der Regel im Hintergrund, ohne dass der Anwender etwas von deren Existenz merkt. Da dies ein potenzielles Sicherheitsrisiko für den Computer darstellt, weist Sie Access auf deren Vorhandensein in der Datenbank hin.

Was sind Datenbanken?

Nachdem Sie im ersten Abschnitt dieses Kapitels schon eine vollwertige Datenbank kennen gelernt haben, geht es im Folgenden um Datenbankgrundlagen.

Access 2003 stellt ein relationales Datenbankmanagementsystem (RDBMS) dar. Im Gegensatz zu beispielsweise Excel stehen nicht nur Tabellen zur Speicherung der Informationen zur Verfügung, sondern Beziehungen (Relationen) zwischen Tabellen ermöglichen es, jede Information nur einmal erfassen zu müssen.

Ein kleines Beispiel dazu: Angenommen, Sie wollen Ihre Kontaktdaten mit Name, Telefonnummer und Adresse in Excel erfassen. Der dazu notwendige Aufbau des Tabellenblatts sähe ähnlich der folgenden *Abbildung 2.14* aus.

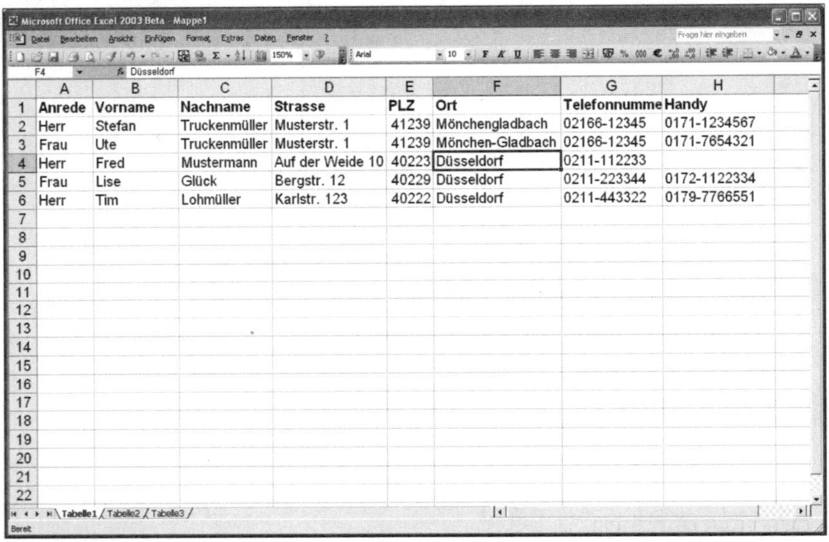

Anrede	Vorname	Nachname	Strasse	PLZ	Ort	Telefonnumme	Handy
Herr	Stefan	Truckenmüller	Musterstr. 1	41239	Mönchengladbach	02166-12345	0171-1234567
Frau	Ute	Truckenmüller	Musterstr. 1	41239	Mönchen-Gladbach	02166-12345	0171-7654321
Herr	Fred	Mustermann	Auf der Weide 10	40223	Düsseldorf	0211-112233	
Frau	Lise	Glück	Bergstr. 12	40229	Düsseldorf	0211-223344	0172-1122334
Herr	Tim	Lohmüller	Karlstr. 123	40222	Düsseldorf	0211-443322	0179-7766551

Abbildung 2.14: Einfache Datenverwaltung mit Excel

Für kleine Aufgaben der Verwaltung von Daten mag diese Vorgehensweise praktikabel sein. Wächst jedoch der Datenbestand, wird die Pflege der Daten immer umständlicher, ganz abgesehen von der Auswertung der Daten und dem Wiederfinden von Informationen.

Eine Datenbank soll die optimale Speicherung und Verwaltung von Informationen ermöglichen.

Sie können mit Access ohne weiteres denselben Tabellenaufbau wie in Excel verwenden, also für jede Information ein Feld in der Tabelle. Dies sähe dann so wie in der folgenden Abbildung aus.

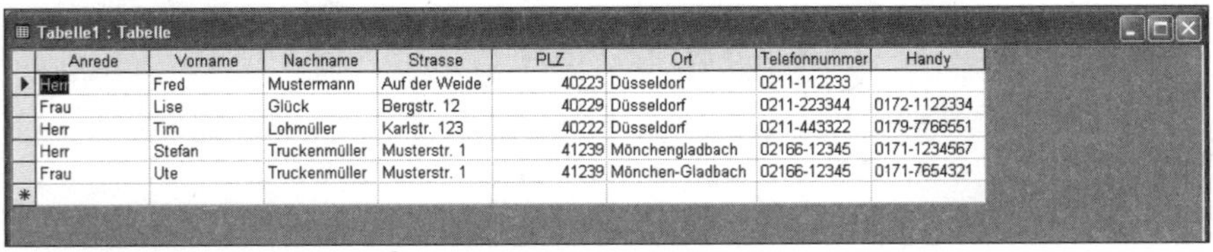

Anrede	Vorname	Nachname	Strasse	PLZ	Ort	Telefonnummer	Handy
Herr	Fred	Mustermann	Auf der Weide '	40223	Düsseldorf	0211-112233	
Frau	Lise	Glück	Bergstr. 12	40229	Düsseldorf	0211-223344	0172-1122334
Herr	Tim	Lohmüller	Karlstr. 123	40222	Düsseldorf	0211-443322	0179-7766551
Herr	Stefan	Truckenmüller	Musterstr. 1	41239	Mönchengladbach	02166-12345	0171-1234567
Frau	Ute	Truckenmüller	Musterstr. 1	41239	Mönchen-Gladbach	02166-12345	0171-7654321

Abbildung 2.15: Einfache Datenverwaltung mit Access

Im Gegensatz zu Excel kann Access die Informationen in mehreren Tabellen speichern und diese dann, in einer Abfrage, einem Formular oder einem Bericht wieder zusammenführen. Dadurch wird nicht nur der Aufwand zur Erfassung der Daten minimiert, sondern auch die Größe der Daten insgesamt deutlich reduziert.

Normalisieren von Daten

In der Tabelle sind Informationen in den Feldern *Anrede*, *PLZ* und *Ort* mehrfach ausgeschrieben vorhanden. Dies kostet einerseits Platz, anderseits erhöht es die Gefahr von falschen Schreibweisen.

Normalisieren von Daten bezeichnet vereinfacht gesagt die Zerlegung von Daten, bis keine redundanten, also mehrfach vorkommende Informationen, vorliegen.

Als Erstes sollte für jeden Datensatz ein Feld gefunden werden, mit dem jeder Datensatz eindeutig identifiziert werden kann. Am einfachsten geschieht dies mithilfe einer Nummer, die automatisch erhöht wird.

Nummer	Anrede	Vorname	Nachname	Straße	PLZ	Ort
1	Herr	Stefan	Truckenmüller	Musterstr. 1	41239	Mönchengladbach
2	Frau	Ute	Truckenmüller	Musterstr. 1	41239	Mönchen-Gladbach
3	Herr	Fred	Mustermann	Auf der Weide 10	40223	Düsseldorf
4	Frau	Lise	Glück	Bergstr. 12	40229	Düsseldorf
5	Herr	Tim	Lohmüller	Karlstr. 123	40222	Düsseldorf

Tabelle 2.1: Eine nicht normalisierte Tabelle

Nun soll das Feld *Ort* aus der Tabelle herausgelöst werden und in einer eigenen Tabelle gespeichert werden. Auch hier werden die einzelnen Datensätze wieder mit einer Nummer eindeutig gekennzeichnet.

Ort Nummer	Ort
1	Mönchengladbach
2	Düsseldorf
3	Köln

Tabelle 2.2: Die Tabelle Orte

Anstelle des Ortes in der ausgeschriebenen Schreibweise soll nun in der ursprünglichen Tabelle nur noch die Nummer des Ortes gespeichert werden. Dieses Vorgehen benötigt einerseits weniger Platz, da ja nur noch eine Zahl gespeichert wird, andererseits vermeidet es falsche Schreibweisen des Ortes, da die Orte in einer eigenen Tabelle getrennt verwaltet werden.

Nummer	Anrede	Vorname	Nachname	Straße	PLZ	Ort Nummer
1	Herr	Stefan	Truckenmüller	Musterstr. 1	41239	1
2	Frau	Ute	Truckenmüller	Musterstr. 1	41239	1
3	Herr	Fred	Mustermann	Auf der Weide 10	40223	2
4	Frau	Lise	Glück	Bergstr. 12	40229	2
5	Herr	Tim	Lohmüller	Karlstr. 123	40222	2

Tabelle 2.3: Anstelle des Ortes wird nur ein Bezug zur Tabelle Orte *gespeichert*

In der folgenden Abbildung sind die beiden Tabellen in Access dargestellt.

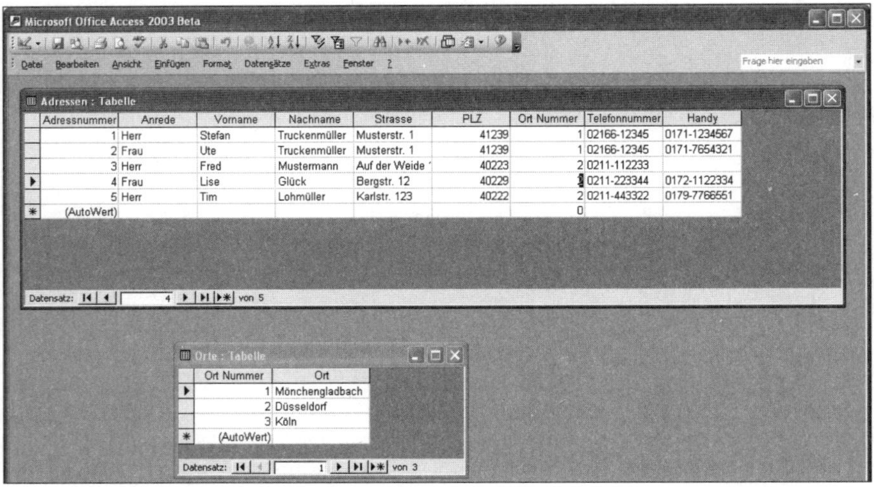

Abbildung 2.16: Die beiden Tabellen in Access

Eine Abfrage ermöglicht es nun anstelle der Nummer des Ortes den Ort aus der Tabelle *Orte* wieder auszugeben. In der folgenden Abbildung sehen Sie im oberen Teil die Abfrage in der Entwurfsansicht, darunter das Abfrageergebnis.

Mehr zum Thema Abfragen erfahren Sie weiter hinten in diesem Buch.

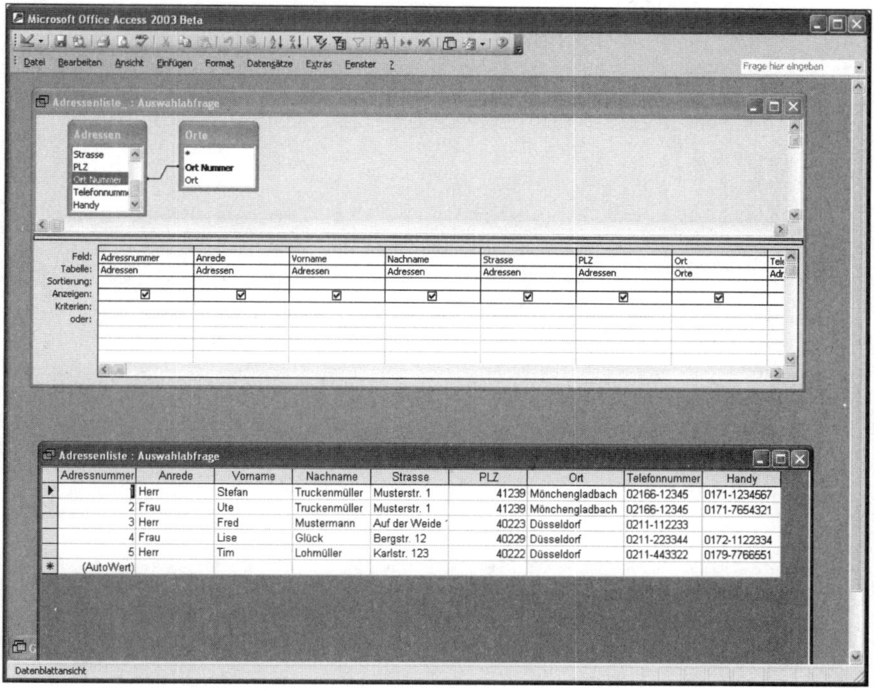

Abbildung 2.17: Eine Abfrage fügt die Daten wieder zusammen

Weitere mögliche Felder, die aufgelöst werden können, sind die Felder *Anrede* und *Strasse*. Beim Feld *Anrede* kommen zudem nur wenige Möglichkeiten der Eingabe in Betracht.

Beim Feld *Straße* sollte die Hausnummer aus dem Feld herausgelöst werden. Dadurch ist die Strasse wieder eindeutig identifizierbar.

Folgende Abbildung zeigt wieder das Ergebnis in Access.

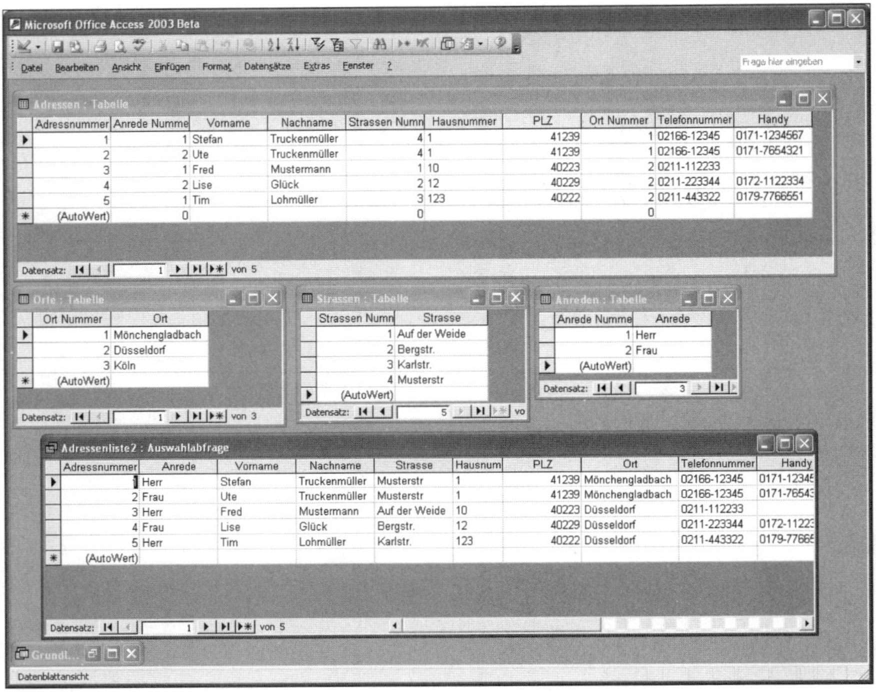

Abbildung 2.18: Weitere Normalisierung in Access

Der Inhalt der Abbildung von oben nach unten: Oben ist die Tabelle *Adressen* zu sehen, die normalisiert wurde. Anstelle der Anrede, Straße und des Ortes stehen die dazugehörigen Verweise auf die Nummer in den entsprechenden *Detailtabellen*.

Darunter sehen Sie die Detailtabellen *Orte*, *Strassen* und *Anreden*. Unten schließlich ist eine Abfrage, die aus den einzelnen Tabelle wieder die ursprünglichen Daten herstellt.

3. Das Fundament – Daten in Tabellen erfassen

Der Entwurf von Tabellen

Tabellen bilden das Fundament jeder Datenbank. In ihnen werden die Daten gespeichert. Die anderen Objekte von Access, seien es Abfragen oder Formulare, enthalten selber keine Daten, sondern greifen nur auf die in den Tabellen gespeicherten Daten zu.

In diesem Kapitel geht es um den Entwurf und die Arbeit mit Tabellen.

Erstellen Sie als Erstes für die folgenden Beispiele eine leere Datenbank. Wählen Sie dazu aus dem Menü *Datei* den Befehl *Neu.* Im rechten Bereich von Access klicken Sie im Fenster *Neue Datei* auf *Leere Datenbank.*

Abbildung 3.1: Wählen Sie im Fenster Neue Datei *den Eintrag* Leere Datenbank.

Nun müssen Sie einen Ordner, in dem Access Ihre Datenbank speichern soll, und einen Datennamen auswählen. Wählen Sie einen passenden Ordner aus und vergeben im Feld *Dateinamen* einen aussagekräftigen Namen. Bestätigen Sie Ihre Angaben mit einem Klick auf die Schaltfläche *Erstellen.*

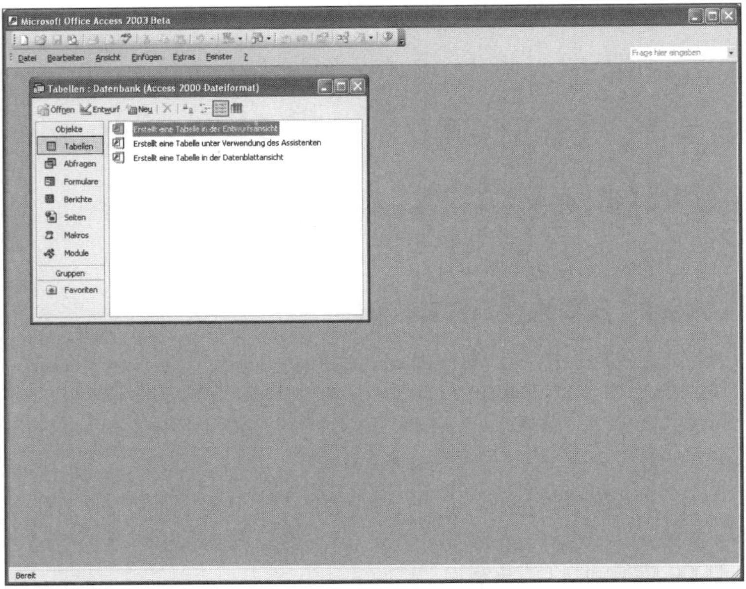

Abbildung 3.2: Access mit der noch leeren Datenbank

Die einzelnen Datentypen im Überblick

Access stellt für jeden Datentyp den passenden Felddatentyp parat. Zahlen werden beispielsweise vom Datentyp her als Zahl gespeichert, sodass Access Berechnungen ausführen kann. Die Speicherung ist zwar auch in einem anderen Felddatentyp, beispielsweise Text, möglich, aber dies sorgt nur für Platzverschwendung, da für jede einzelne Ziffer der Zahl ein Zeichen benötigt wird. Zudem wäre diese in den Augen von Access keine Zahl, mit der man Berechnungen durchführen kann. Sie sollten für jeden Datentyp den richtigen Felddatentyp von Access auswählen, um so optimal die Daten zu speichern. Klicken Sie im Datenbankfenster von Access auf die Kategorie *Tabellen* und anschließend auf die Schaltfläche *Neu*. Wählen Sie aus dem Dialogfenster *Neue Tabelle* den Eintrag *Entwurfsansicht* und bestätigen Sie mit *OK*.

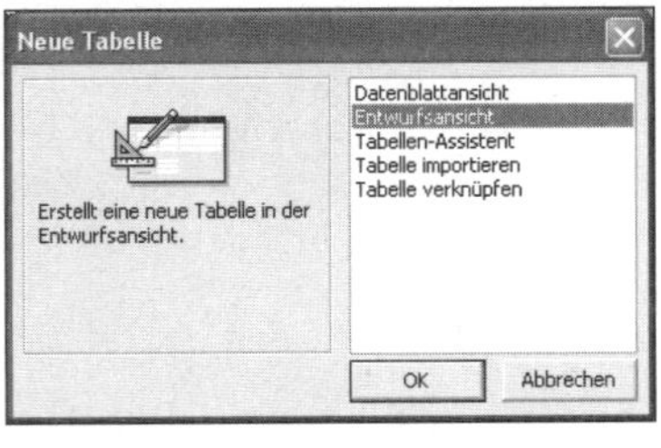

Abbildung 3.3: Das Dialogfenster Neue Tabelle

Access zeigt Ihnen nun eine neue Tabelle in der Entwurfsansicht. Der obere Bereich dient der Aufnahme von Feldnamen und der dazugehörigen Felddatentypen. Die Eingabe der einzelnen Feldnamen geschieht dabei untereinander.

Im unteren Bereich des Fensters können Sie die Eigenschaften des ausgewählten Felddatentyps verändern. Die dabei angebotenen Optionen unterscheiden sich von Felddatentyp zu Felddatentyp.

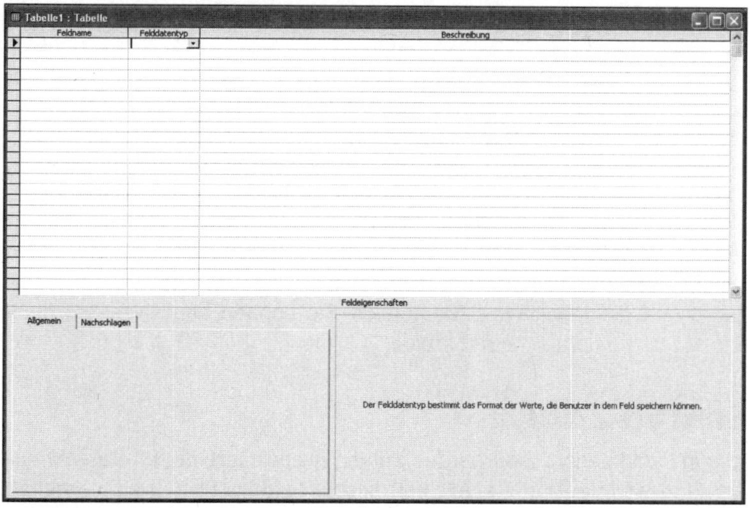

Abbildung 3.4: Eine neue Tabelle in der Entwurfsansicht

Der Datentyp *Text*

Der mit am häufigsten und flexibel einsetzbare Felddatentyp ist der Datentyp *Text*. Standardmäßig schlägt Access ihn auch bei der Neueingabe eines Feldnamens vor. Mit diesem Felddatentyp können beliebige Daten als Zeichenkette gespeichert werden. Auch Zahlen, die nicht für Berechnungen benötigt werden, können in diesem Felddatentyp eingegeben werden. Dies kann beispielsweise für Telefonnummern sinnvoll sein, um sie für eine bestimmte Darstellung, z.B. in der Form *Vorwahl-Telefonnummer*, zu formatieren. Bei Postleitzahlen wird durch die Speicherung als Text das Problem umgangen, dass beim Speichern als Zahl eventuell führende Nullen verloren gehen, z.B. wird aus der Postleitzahl 01067 für Dresden bei der Speicherung als Zahl der Wert 1067.

Standardmäßig trägt Access als Feldgröße 50 Zeichen ein. Diese Vorgabe können Sie ohne weiteres nach oben oder unten verändern. Beachten Sie jedoch, dass bei einer nachträglichen Reduzierung Daten von bereits vorhandenen Datensätzen abgeschnitten werden können, wenn die Daten nicht mehr in das kleinere Feld hineinpassen. Access macht Sie aber darauf aufmerksam.

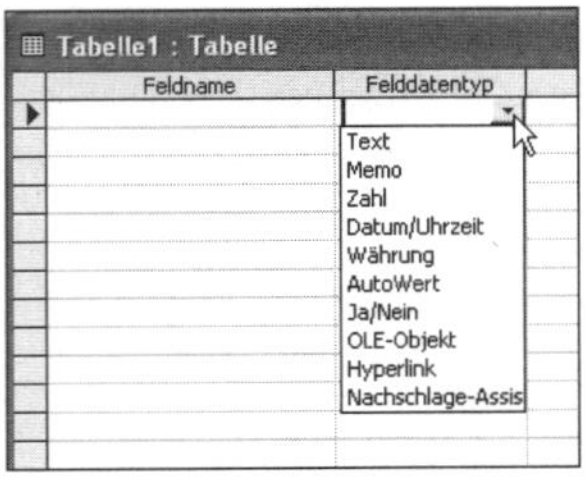

Abbildung 3.5: Die Felddatentypen von Access

Der Datentyp *Memo*

Reicht der Datentyp *Text* mit seinen bis zu 255 Zeichen nicht aus, können Sie den Felddatentyp *Memo* auswählen. In ein Feld mit diesem Felddatentyp passen bis zu 64.000 Zeichen. Daher eignet es sich besonders für Anmerkungen und Beschreibungen. Der Felddatentyp *Memo* hat aber auch eine Reihe von Nachteilen. Zum einen bläht er die Datenbank durch seine Größe sehr schnell auf. Auch haben Sie nur eingeschränkt Zugriff auf die Inhalte des Memofelds. Sie können beispielsweise nicht nach Inhalten in Memo-Feldern sortieren lassen.

Der Datentyp *Zahl*

In Feldern mit dem Felddatentyp *Zahl* werden Zahlen gespeichert, die für Berechnungen nötig sind. Eine wichtige Rolle spielt bei diesem Felddatentyp die Eigenschaft *Feldgröße*. Sie bestimmt, welche Art von Zahl in dem Feld gespeichert werden kann.

Feldgröße	Zulässige Werte	Dezimalstellen	Größe in Byte
Byte	Ganze Zahlen zwischen 0 und 255	Keine	1
Integer	Ganze Zahlen zwischen –32.768 und 32.767	Keine	2
Long Integer	Ganze Zahlen zwischen –2.147.483.648 und 2.147.483.647	Keine	4
Single	Zahlen von -3.402823E38 bis -1.401298E-45 für negative Werte, und von 1.401298E-45 bis 3.402823E38 für positive Werte	7	4
Double	Zahlen von -1.79769313486231E308 bis -4.94065645841247E-324 für negative Werte, und von 1.79769313486231E308 bis 4.94065645841247E-324 für positive Werte	15	8
Replikations-ID	Wird von Access intern bei so genannten *replizierten Datenbanken* vergeben	Keine	16
Dezimal	Speichert Zahlen von –10E28 bis 10E28	28	12

Tabelle 3.1: Mögliche Feldgröße für den Datentyp Zahl

Der Datentyp *Datum/Uhrzeit*

Ähnlich wie in Excel speichert Access Datumsangaben als so genannte *serielle Zahl*. Das hat den Vorteil, das Access mit den eingegebenen Werten rechnen und so zum Beispiel die Differenz zwischen zwei Datumsangaben ausgeben kann.

Der Datentyp *Währung*

Der Datentyp *Währung* ist im Grunde genommen ähnlich dem Datentyp Zahl, nur ist er auf die Aufnahme von Währungswerten hin optimiert. Werte werden bis auf 15 Stellen links und bis zu 4 Stellen rechts vom Dezimaltrennzeichen genau gespeichert.

Der Datentyp *Autowert*

Ein besonders wichtiger Felddatentyp stellt der *Autowert* dar. Für jeden Datensatz, den Sie in einer Tabelle eingeben, wird mithilfe des Autowerts eine neue, eindeutige Zahl vergeben. Diese kann entweder fortlaufend bei eins beginnend oder auch zufallsbestimmt sein. In beiden Fällen kommt sie aber innerhalb der Tabelle nur einmal vor und dient somit zur eindeutigen Kennzeichnung eines Datensatzes. Solch ein Feld stellt einen künstlichen Schlüssel für einen Datensatz dar und wird als *Surrogatschlüssel* oder auch *Identifikationsschlüssel* bezeichnet.

Der Datentyp *Ja/Nein*

Dies ist der einfachste Datentyp in Access. Er dient zur Speicherung von logischen Werten. Er kann nur zwei Informationen speichern: Ja oder Nein, bzw. Wahr oder Falsch.

Der Datentyp *OLE-Objekt*

Besonders flexibel ist der Felddatentyp *OLE-Objekt*. Er dient zur Aufnahme von Objekten aus anderen Windows-Anwendungen. Dies kann z.B. eine Excel-Tabelle sein, eine Klangdatei, ein Bild oder andere Daten von Anwendungen, die OLE unterstützen.

Der Datentyp *Hyperlink*

Der Felddatentyp *Hyperlink* dient zur Speicherung von Internet-Adressen. Eine Hyperlinkadresse besteht dabei aus bis zu vier Teilen, die jeweils bis zu 2.048 Zeichen enthalten können.

- *Angezeigter Text:* Der Text, der in der Tabelle oder in einem Formular angezeigt wird.
- *Adresse:* Die eigentliche Adresse, die die Internet-Adresse darstellt.
- *Unteradresse:* Eine Stelle innerhalb einer Seite oder Datei.
- *Infofeld:* Der Text, den die Quickinfo beim Überfahren mit der Maus über den Hyperlink anzeigt.

Der Datentyp *Nachschlage-Assistent*

Der *Nachschlage-Assistent* ermöglicht es Ihnen, Werte aus einer anderen Tabelle oder aus einer Liste mit Werten auszuwählen. Der Datentyp wird dabei vom Nachschlage-Assistenten festgelegt.

Anlegen einer Tabelle in der Entwurfsansicht

Im Folgenden werden Sie die eben erläuterten Datentypen in der Praxis kennen lernen.

Zu diesem Zweck soll eine Tabelle aufgebaut werden, in der folgende Feldnamen und Feldtypen gespeichert werden sollen:

Feldname	Felddatentyp	Feldgröße
Adressnummer	Autowert	
Anrede	Text	6
Vorname	Text	25
Nachname	Text	25
Straße	Text	30
PLZ	Text	5
Ort	Text	30
Telefon	Text	20
Telefax	Text	20
Mobil	Text	20
E-Mail	Hyperlink	
Bemerkung	Memo	
Anlagedatum	Datum/Uhrzeit	

Tabelle 3.2: Die Felder für die zu erstellende Tabelle

Falls noch nicht geschehen, starten Sie Access und erstellen eine leere Datenbank.

Klicken Sie im Datenbankfenster von Access auf die Kategorie *Tabellen* und anschließend auf die Schaltfläche *Neu*. Wählen Sie aus dem Dialogfenster *Neue Tabelle* den Eintrag *Entwurfsansicht* und bestätigen Sie mit *OK*.

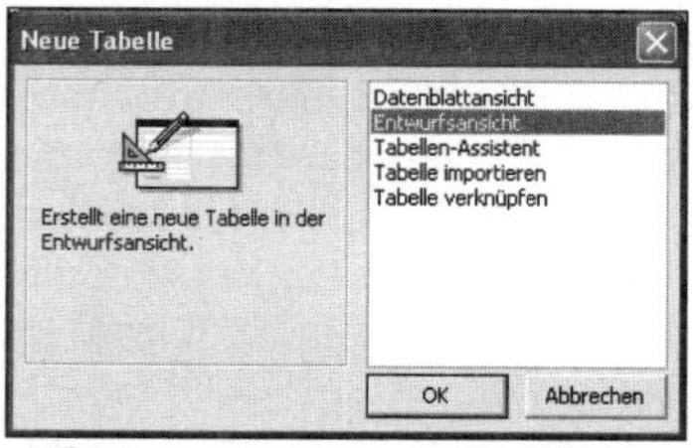

Abbildung 3.6: Das Dialogfenster Neue Tabelle

Access zeigt Ihnen nun eine neue Tabelle in der Entwurfsansicht. Der obere Bereich dient für die Aufnahme der Feldnamen und der zugehörigen Felddatentypen. Zunächst soll die Tabelle angelegt werden. Zuerst wird das Feld *Adressnummer* festlegt. Nehmen Sie dazu in der ersten Zeile unter *Feldname* den Eintrag "*Adressnummer*" vor. Klicken Sie anschließend auf den nach unten zeigenden Pfeil neben dem Felddatentyp *Text* und wählen aus der Liste den Eintrag *Autowert*.

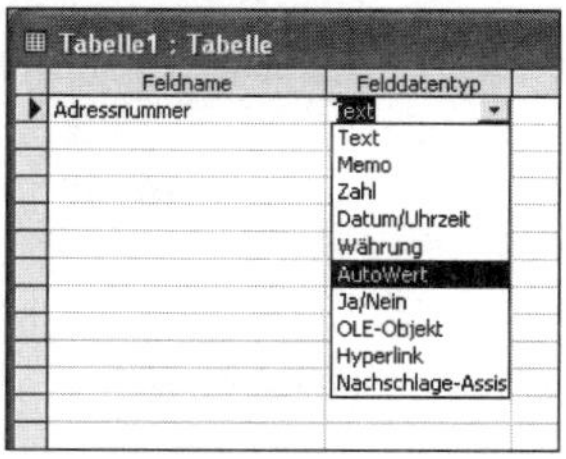

Abbildung 3.7: Das Feld Adressnummer *mit dem Felddatentyp* Autowert

Als Nächstes wird das Feld *Anrede* angelegt. Gehen Sie in die nächsten Zeile und vergeben im Feld *Feldname* den entsprechenden Namen. Als Felddatentyp schlägt Access standardmäßig immer Text vor. Da das der richtige Felddatentyp ist, brauchen Sie hier nichts weiter zu verändern. Was zu ändern ist, wäre die Feldgröße. Sie ist standardmäßig 50 Zeichen lang, für das Feld *Anrede* soll sie jedoch nur 6 Zeichen betragen. Im unteren Bereich des Tabellenentwurfs werden die Feldeigenschaften der Felder festgelegt. Klicken Sie mit der Maus auf den Eintrag *Feldgröße* und vergeben als neue Feldgröße den Wert 6. Alternativ können Sie auch mit der Taste [F6] in die Feldeigenschaften wechseln.

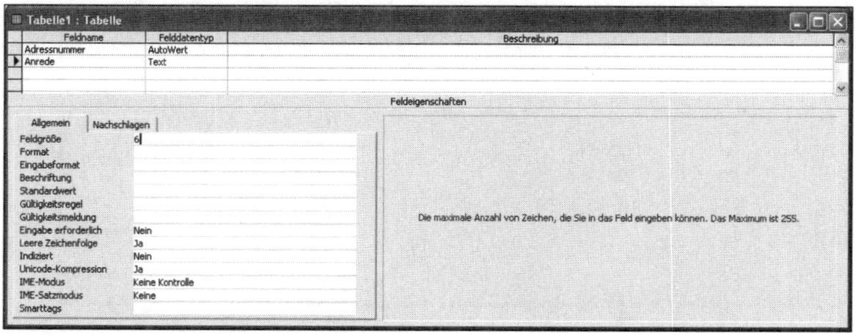

Abbildung 3.8: Ändern Sie die Feldgröße ab.

Vergeben Sie nun die anderen Felder der Adressenliste und ändern jeweils Felddatentyp und Feldgröße. Sind alle Angaben gemacht, können Sie die Tabelle speichern. Wählen Sie dazu aus dem Menü *Datei* den Befehl *Speichern*. Alternativ steht Ihnen die Tastenkombination [Strg]+[S] oder das Speichern-Symbol in der Symbolleiste zur Verfügung. Access weist Sie mit einer Meldung daraufhin hin, dass noch kein Primärschlüssel definiert wurde. Bestätigen Sie diese Meldung mit der Schaltfläche *Ja*. Access
bestimmt daraufhin automatisch das Feld mit dem Felddatentyp *Autowert* zum Primärschlüssel, d.h. in diesem Fall das Feld *Adressnummer*. Mehr zum Thema Primärschlüssel erfahren Sie weiter hinten in diesem Kapitel.

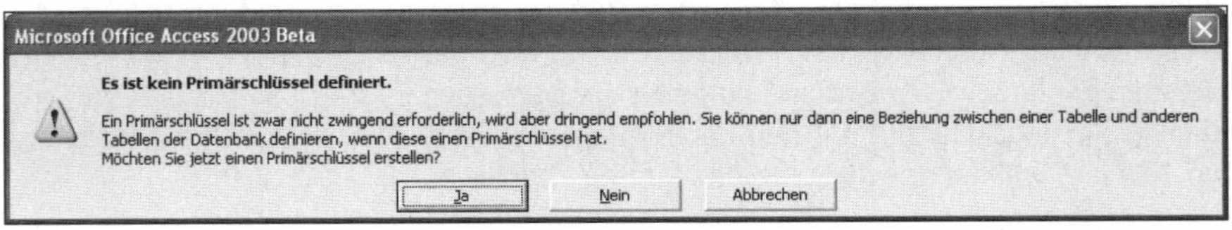

Abbildung 3.9: Bestätigen Sie die Meldung, dass noch kein Primärschlüssel definiert wurde, mit der Schaltfläche Ja.

In der folgenden Abbildung sehen Sie die komplette Tabelle in der Entwurfsansicht bis zu diesem Zeitpunkt.

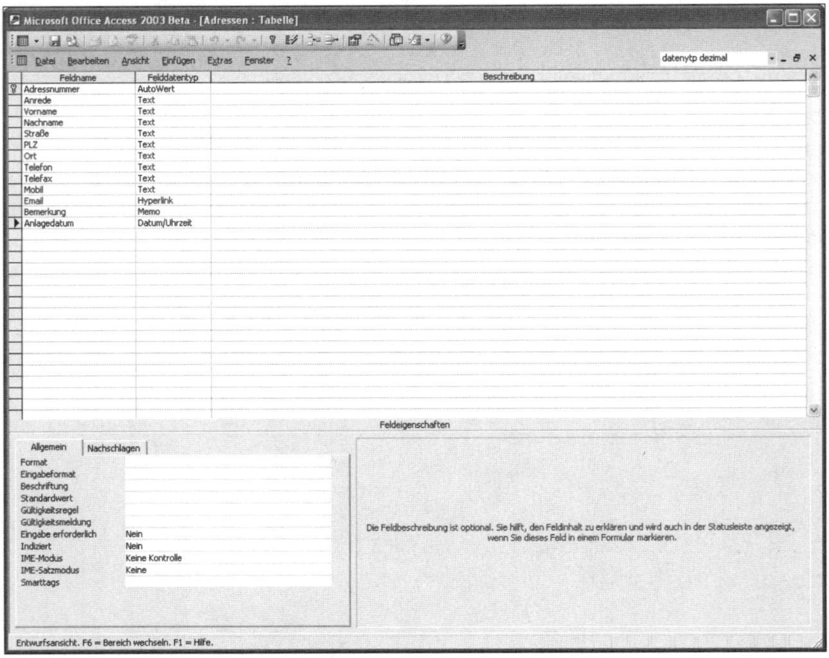

Abbildung 3.10: Die Adressen-*Tabelle*

Ändern und Optimieren des Tabellenentwurfs

Die Adressentabelle ist nun im Prinzip schon einsatzfähig, nur trägt sie noch nicht besonders viele Merkmale, die Access auszeichnen. Im Folgenden wird deshalb der Tabellenentwurf um weitere Funktionen und Eigenschaften ergänzt.

Dazu zählen das Verändern des Felds *Anrede* zu einem Nachschlagefeld und das automatische Eintragen des aktuellen Datums und der Uhrzeit im Feld *Anlagedatum*. Des Weiteren soll eine Gültigkeitsregel sicherstellen, dass die Postleitzahl immer aus 5 Zeichen besteht.

Erstellen einer zusätzlichen Tabelle *Anreden*

Das Feld *Anrede* soll nur Werte aus einer Tabelle *Anreden* annehmen dürfen. Erstellen Sie dazu eine neue Tabelle, in der Sie folgende Feldnamen und Felddatentypen vergeben.

Feldname	Felddatentyp	Feldgröße
Anredenummer	Autowert	
Anrede	Text	6

Tabelle 3.3: Die Felder für die Tabelle Anreden

Speichern Sie die Tabelle unter dem Namen *Anreden* und bestätigen Sie die Meldung, dass noch kein Primärschlüssel erstellt worden ist, wieder mit *Ja*.

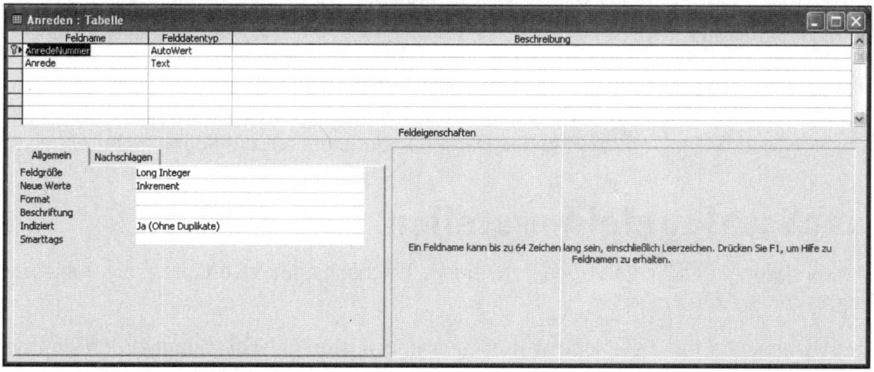

Abbildung 3.11: Die Tabelle Anreden *in der Entwurfsansicht*

Wechseln Sie nun in die Datenblattansicht der Tabelle. Für diesen Zweck steht Ihnen in der Symbolleiste ein Umschalter zur Verfügung. Klicken Sie auf den nach unten weisenden Pfeil (vgl. nächste Abbildung) und wählen aus dem aufgeklappten Menü den Befehl *Datenblattansicht*.

Abbildung 3.12: Wählen Sie den Befehl Datenblattansicht.

Setzen Sie den Mauszeiger in das Feld *Anrede* und geben Sie den Eintrag *Frau* ein. Im Feld *Anredenummer* brauchen und können Sie nichts eingeben; es wird als Autowert von Access mit Werten gefüllt. Wechseln Sie anschließend in die nächste Zeile und geben nacheinander die Werte "Herr" und "Firma" ein. Anschließend können Sie die Tabelle mit dem roten Schließkreuz in der rechten oberen Ecke des Fenster schließen.

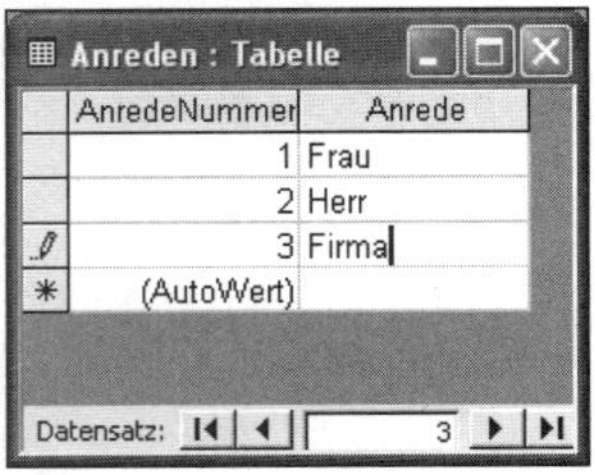

Abbildung 3.13: Die Datenblattsicht der Tabelle Anreden

Nun muss noch das Feld *Anrede* aus der Tabelle *Adressen* auf diese neue Tabelle umgestellt werden.

Dazu öffnen Sie die Tabelle *Adressen* wieder in der Entwurfsansicht. Markieren Sie dazu im Datenbankfenster in der Kategorie Tabellen den Eintrag *Adressen* und klicken anschließend in der Symbolleiste des Datenbankfensters auf die Schaltfläche *Entwurf*.

Nachschlagefeld erstellen

Die Änderung des Felds *Anrede* zu einem Nachschlagefeld erläutert die folgende Schritt-für-Schritt-Anleitung.

1. Wählen Sie die Zeile *Anrede* und aus dem Listenfeld *Felddatentyp* den Eintrag *Nachschlage-Assistent* aus. Access startet daraufhin den Nachschlage-Assistenten, der Sie durch die weiteren Schritt führen wird.

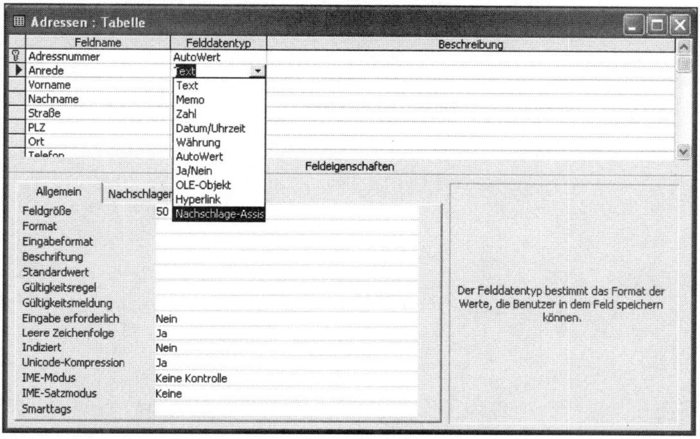

Abbildung 3.14: Ändern Sie den Felddatentyp in Nachschlage-Assistent *um.*

2. Im ersten Schritt stehen Ihnen zwei Optionen zur Auswahl.

   Die Option *Das Nachschlagefeld soll die Werte einer Tabelle oder Abfrage entnehmen* ist standardmäßig aktiviert. Alternativ können Sie mithilfe der Option *Ich möchte selbst Werte in die Liste eingeben* eine andere Art des Nachschlagefelds auswählen. In diesem Fall werden die möglichen Werte des Nachschlagefelds in einer statischen Liste mit der Tabelle gespeichert. Dies ist dann von Vorteil, wenn die Auswahl der Werte fest vorgegeben ist, zum Beispiel bei Schulnoten.

   In diesem Fall belassen Sie die erste Option und klicken auf die Schaltfläche *Weiter.*

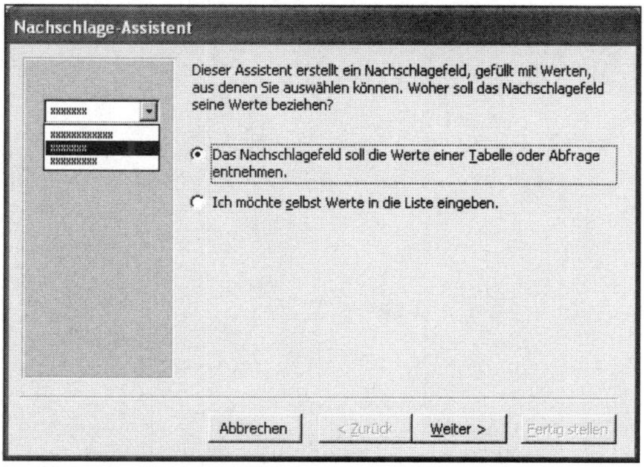

Abbildung 3.15: Der erste Schritt des Assistenten

3. Im nächsten Schritt muss die Tabelle oder Abfrage ausgewählt werden, die die Werte für das Nachschlagefeld enthält. In diesem Beispiel ist es die Tabelle *Anreden.*

Markieren Sie den Eintrag *Tabelle: Anreden* und klicken anschließend auf *Weiter.*

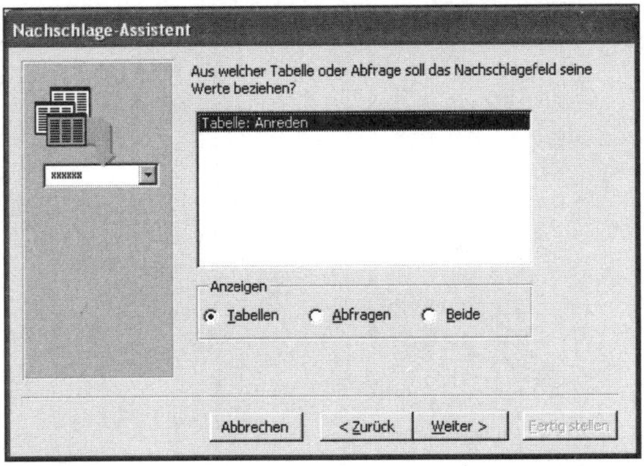

Abbildung 3.16: Wählen Sie die Tabelle aus, aus der nachgeschlagen werden soll.

4. Im nächsten Schritt werden die Felder ausgewählt, welche die Spalten des Nachschlagefelds bilden sollen. In der linken Liste *Verfügbare Felder* stehen Ihnen alle Felder der ausgewählten Tabelle zur Verfügung. In diesem Fall sind es die Felder *Anredenummer* und *Anrede.* Diese werden beide für den Nachschlage-Assistent benötigt.

   Markieren Sie nacheinander diese Einträge und klicken auf die Schaltfläche >, sodass sie in der Liste *Ausgewählte Felder* erscheinen.

   Klicken Sie anschließend wieder auf *Weiter,* um zum nächsten Schritt des Assistenten zu gelangen.

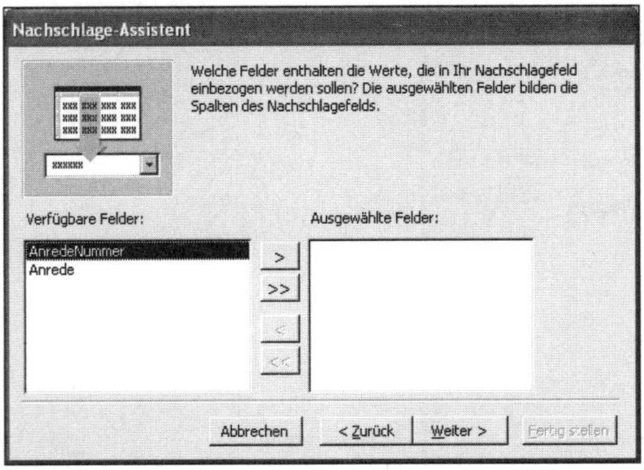

Abbildung 3.17: Die Auswahl der Spalten des Nachschlagefelds

5. Nun können Sie noch eine Sortierung der Reihenfolge der Elemente des Nachschlagefelds vornehmen. In diesem Beispiel wird nach dem Feld *Anrede* aufsteigend sortiert. Klicken Sie wieder auf *Weiter.*

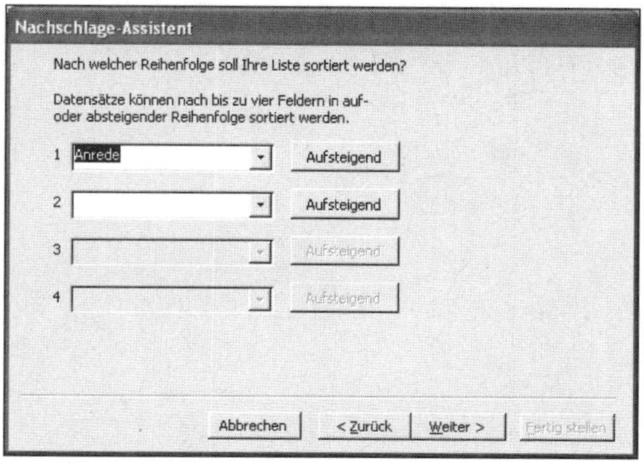

Abbildung 3.18: Legen Sie eine Sortierung fest.

6. Im nächsten Schritt geht es um die Breite der Spalten.

   Die Schlüsselspalte *Anredenummer* wird, obwohl sie ausgewählt ist, nicht mit angezeigt. Dies ist auch nicht notwendig, wichtig ist die Anredebezeichnung an sich.

   Sollte die Spaltenbreite nicht groß genug sein, können Sie sie bei Bedarf verändern. Entweder durch einen Doppelklick auf die rechte Begrenzung der Spalte, um die Breite anhand der eingegebenen Werte optimal zu bestimmen, oder indem Sie die Maus auf die rechte Begrenzung bewegen, bis sich der Mauszeiger in einen Doppelpfeil verändert und dann mit gedrückter linker Maustaste die Spaltenbreite vorgeben.

   Mit *Weiter* gelangen Sie in den nächsten Schritt des Nachschlage-Assistenten.

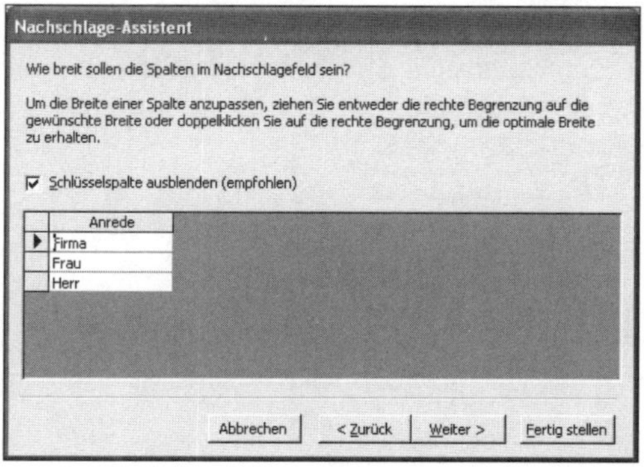

Abbildung 3.19: Bestimmen Sie die Breite des Nachschlagefelds.

7. Im letzten Schritt können Sie noch die Beschriftung des Nachschlagefelds bestimmen und verändern.

   Nun liegen dem Assistenten alle Angaben vor, die er für die Erstellung des Nachschlagefelds benötigt. Klicken Sie auf *Fertig stellen.*

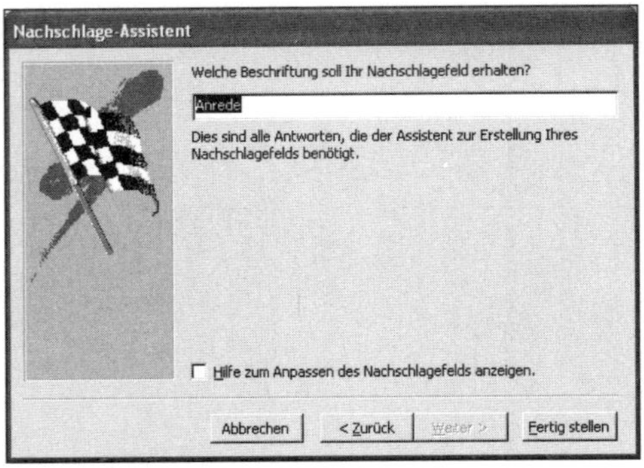

Abbildung 3.20: Der letzte Schritt des Nachschlage-Assistenten

8. Bei Bedarf meldet sich der Assistent mit der Meldung, dass er zu seiner Durchführung die Tabelle speichern muss. Bestätigen Sie diese dann mit *Ja*.

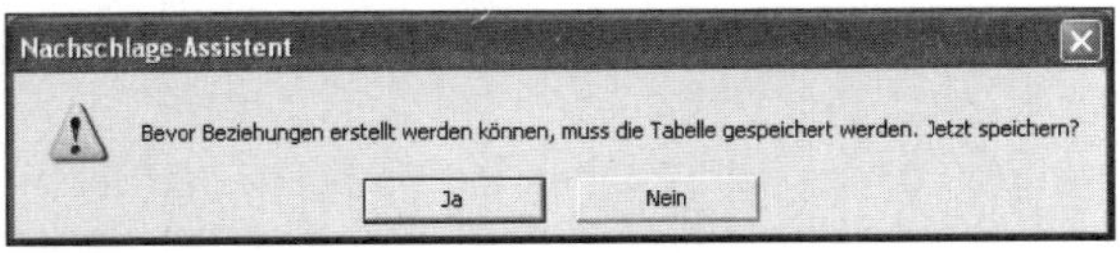

Abbildung 3.21: Die Tabelle muss gespeichert werden.

9. Das Nachschlagefeld ist nun durch den Assistenten fertig gestellt worden. Beachten Sie, dass der Felddatentyp des Felds *Anrede* jetzt vom Typ *Zahl* ist. Es wird nämlich nicht mehr eine Zeichenkette im Feld *Anrede* gespeichert, sondern nur noch ein Verweis auf das Feld *Anredenummer* der Tabelle *Anrede*; dessen Felddatentyp ist ein Autowert mit der Feldgröße *Long Integer*, also eine Zahl. Wenn Sie die Tabelle *Adressen* in der Datenblattansicht öffnen, können Sie das neue Nachschlagefeld *Anrede* bei der Arbeit betrachten.

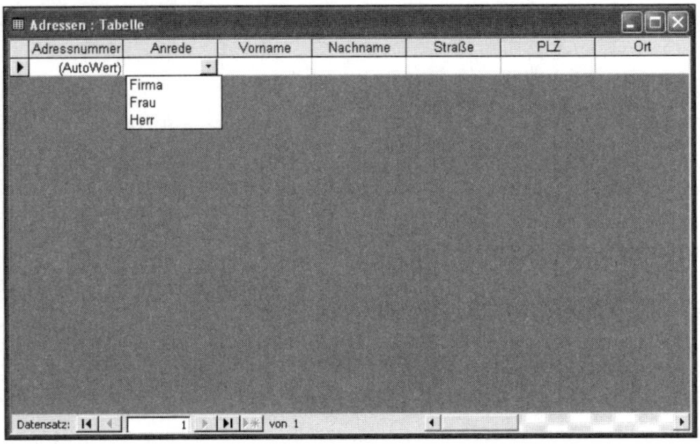

Abbildung 3.22: Das in ein Nachschlagefeld geänderte Feld Anrede

Feldeigenschaften festlegen

Wie Sie bereits am Anfang dieses Kapitels gesehen haben, können Sie nicht nur den Felddatentyp festlegen, sondern auch eine Reihe von Feldeigenschaften verändern. Die dabei möglichen Eigenschaften sind von Felddatentyp zu Felddatentyp unterschiedlich. Access blendet Feldeigenschaften jeweils im unteren Bereich der Entwurfsansicht ein.

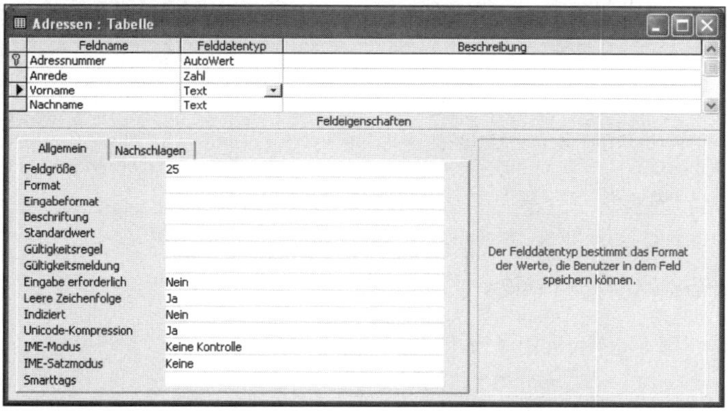

Abbildung 3.23: Die Feldeigenschaften

In der folgenden Tabelle werden die einzelnen Eigenschaften kurz erläutert.

Feldeigenschaft	Beschreibung
Feldgröße	Legt die Größe des Felds fest; beim Datentyp *Text* die Anzahl der möglichen Zeichen, beim Datentyp *Zahl* die Art und Größe der zu speichernden Zahlen.
Format	Legt das Ausgabeformat des Felds fest. Sie können ein vordefiniertes Format aus der Liste auswählen oder ein benutzerdefiniertes Format eingeben.
Dezimalstellenanzeige	Angabe der Anzahl der Stellen, die rechts vom Dezimaltrennzeichen ausgegeben werden. Wie die Eigenschaft Format hat es keine Auswirkung auf die Speicherung der Daten, es dient nur zur Anzeige.
Eingabeformat	Legt fest, wie die Daten während der Eingabe eingegeben werden müssen.
Beschriftung	Wird in Formularen als Beschriftung für den Feldnamen benutzt. Ist hier kein Wert, so verwendet Access als Beschriftung den Feldnamen.
Standardwert	Bei neuen Datensätzen weist Access dem Feld diesen Standardwert zu.
Gültigkeitsregel	Ein Ausdruck, der die eingegeben Werte überprüft.
Gültigkeitsmeldung	Die Fehlermeldung, die erscheint, wenn die Gültigkeitsregel verletzt wurde.
Eingabe erforderlich	Legt fest, ob in diesem Feld vom Benutzer etwas eingegeben werden muss. Steht diese Eigenschaft auf *Ja*, kann der Datensatz nicht gespeichert werden, solange in diesem Feld nichts eingegeben worden ist.

Feldeigenschaft	Beschreibung
Leere Zeichenfolge	Legt fest, ob leere Zeichenfolgen in diesem Feld erlaubt sind.
Indiziert	Hier können Sie einen Index für das Feld erzeugen. Mit *Ja (Duplikate möglich)* wird ein einfacher Index erzeugt, mit *Ja (Ohne Duplikate)* ein Index, bei dem Access sicherstellt, dass jeder Werte nur ein einziges Mal in der Tabelle vorkommt.
Unicode-Kompression	Standardvorgabe für diese Eigenschaft ist *Ja*. Legt fest, ob die Speicherung für Text, Memo und Hyperlinkfelder intern komprimiert werden soll.
IME-Modus	Legt die IME-Modus Eigenschaft fest. Spezielle Eigenschaft, die das Verhalten des Felds bei dessen Aktivierung festlegt. Standardmäßig auf *Keine Kontrolle* gesetzt.
IME-Satzmodus	Legt den IME-Satzmodus fest. Legt im Zusammenhang mit dem IME-Modus spezielle Eigenschaften fest. Standwert ist *Keine*.
Smarttags	Smarttags, die auf dieses Feld angewendet werden können.

Tabelle 3.4: Die Feldeigenschaften im Überblick

Im Folgenden werden die Eigenschaften im Detail vorgestellt.

Standardwerte für Felder

Mit der Feldeigenschaft *Standardwert* können Sie für neue Datensätze einen Standardwert festlegen. Somit stellen Sie sicher, dass in dem Feld mit einem Standardwert immer etwas eingetragen ist. Diese kann beispielsweise die Voreinstellung eines Ja/Nein-Felds auf *Ja* sein, oder Sie weisen dem Feld eine Zeichenkette zu, die ergänzt werden kann. Somit ersparen Sie dem Benutzer der Datenbank Zeit, Daten einzugeben.

Anhand des Felds *Anlagedatum* aus der Tabelle vom Anfang dieses Kapitels soll im Folgenden gezeigt werden, wie Sie für jeden neuen Datensatz das Datum und die Uhrzeit der Neuanlage festhalten können.

Öffnen Sie dazu die Tabelle *Adressen* in der Entwurfsansicht: Markieren Sie im Datenbankfenster in der Kategorie Tabellen den Eintrag *Adressen* und klicken anschließend in der Symbolleiste des Datenbankfensters auf die Schaltfläche *Entwurf*.

Setzen Sie die Maus in die Zeile des Felds *Anlagedatum*. Im unteren Bereich des Tabellenentwurfs sehen Sie Feldeigenschaften für das Feld.

Klicken Sie nun irgendwo in das Feld *Standardwert*, sodass es aktiviert wird. Es erscheint dann am rechten Rand des Felds eine Schaltfläche mit drei Punkten. Diese Schaltfläche steht für den *Ausdrucks-Generator*, den Sie an vielen Stellen in Access wiederfinden können. Mit seiner Hilfe können Sie schnell und einfach Eigenschaften und Ausdrücke festlegen.

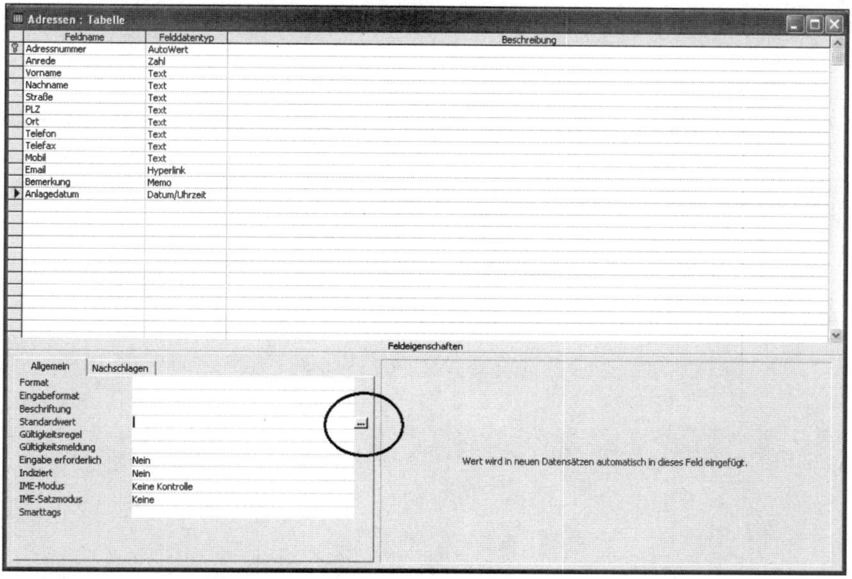

Abbildung 3.24: Die Tabelle Adressen *in der Entwurfsansicht*

Starten Sie den Ausdrucks-Generator, indem Sie auf die Schaltfläche mit den drei Punkten klicken.

Die gesuchte Eigenschaft ist in den *Funktionen* zu finden. Klicken Sie auf das Pluszeichen vor dem Eintrag *Funktionen* in der rechten Liste des Ausdrucks-Generators und anschließend auf *Eingebaute Funktionen*.

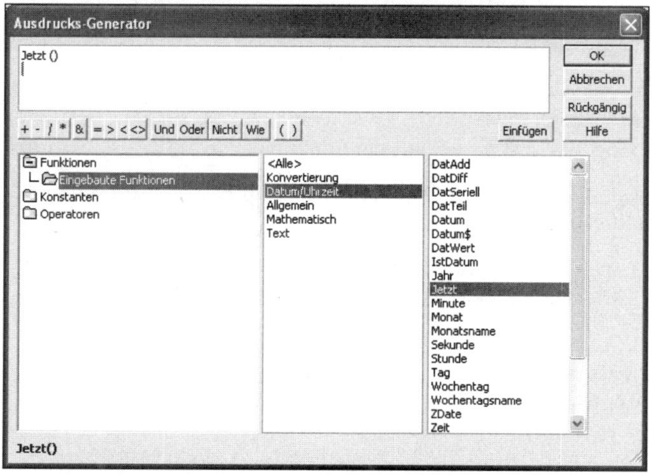

Abbildung 3.25: Der Ausdrucks-Generator von Access

In der mittleren Liste können Sie eine Kategorie auswählen, in diesem Fall *Datum/ Uhrzeit*.

In der rechten Liste stehen nun alle Funktionen der ausgewählten Kategorie. Die gesuchte Funktion lautet *Jetzt*. Markieren Sie diesen Eintrag und klicken anschließend auf die Schaltfläche *Einfügen*, um die Funktion zu übernehmen. Sie sehen dann im oberen Feld des Ausdrucks-Generators den Eintrag *Jetzt()*. Sie können nun den Ausdrucks-Generator mit der Schaltfläche *OK* wieder schließen.

Die Eigenschaft *Standardwert* trägt den Wert *Jetzt()*. Schalten Sie in die Datenblattansicht der Tabelle um und erzeugen einen neuen Datensatz. Das Feld *Anlagedatum* wird jetzt automatisch mit Datum und Uhrzeit der Anlage versehen.

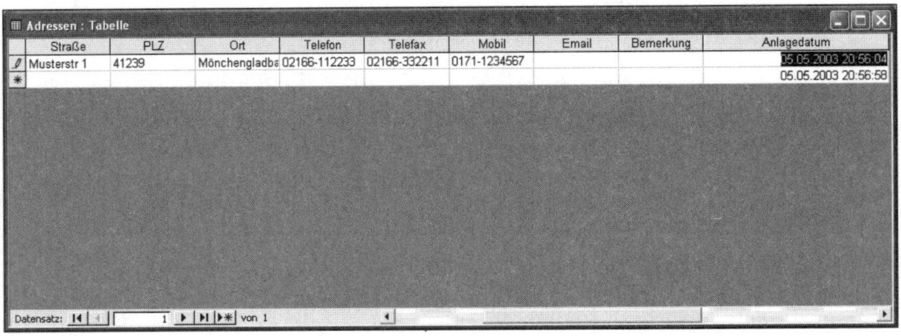

Abbildung 3.26: Datum und Uhrzeit der Anlage eines Datensatzes

Gültigkeitsregel für Datenfelder festlegen

Eine Gültigkeitsregel für ein Datenfeld prüft nach der Eingabe eines Wertes in das Feld, ob die eingegebenen Daten dieser Regel entsprechen. Ist die Regel verletzt, gibt Access eine Fehlermeldung aus und verweigert die Annahme.

Mit einer Regel können Sie sicherstellen, dass in einem Feld nur Daten eingegeben werden können, die der Gültigkeitsregel entsprechen.

Im folgenden Beispiel soll eine Gültigkeitsregel sicherstellen, dass in dem Feld *PLZ* der Tabelle *Adressen* nur Werte zwischen *1000* und *99999* eingegeben werden können.

Öffnen Sie dazu die Tabelle *Adressen* in der Entwurfsansicht. Setzen Sie anschließend die Maus in die Zeile des Felds *PLZ*. Im unteren Bereich des Tabellenentwurfs sehen Sie die Feldeigenschaften für das Feld.

Klicken Sie nun irgendwo in das Feld *Gültigkeitsregel,* sodass es aktiviert wird. Es erscheint dann am rechten Rand des Felds die Schaltfläche für den Ausdrucks-Generator (die Schaltfläche mit drei Punkten).

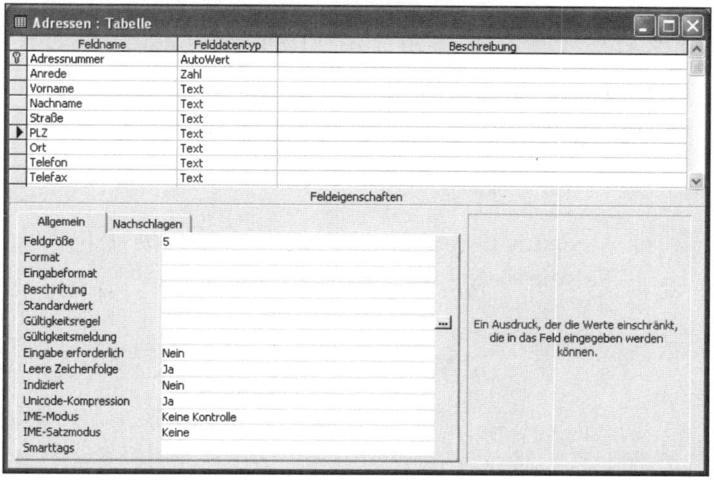

Abbildung 3.27: Die Tabelle Adressen *in der Entwurfsansicht mit der Eigenschaft* Gültigkeitsregel

Starten Sie den Ausdrucks-Generator, indem Sie auf die Schaltfläche mit den drei Punkten klicken.

Klicken Sie in der rechten Liste des Ausdrucks-Generators auf den Eintrag *Operationen* und anschließend in der mittleren Liste auf den Eintrag *Vergleich.*

In der rechten Liste stehen nun alle Funktionen der ausgewählten Kategorie. Die gesuchte Funktion lautet *Zwischen.* Markieren Sie diesen Eintrag und klicken anschließend auf die Schaltfläche *Einfügen,* um die Funktion zu übernehmen.

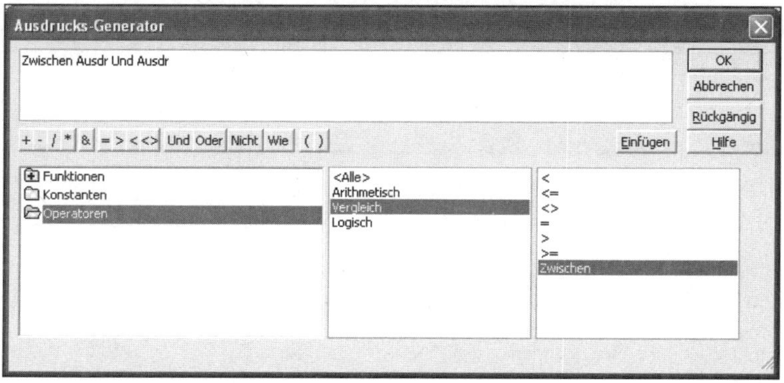

Abbildung 3.28: Der Ausdrucks-Generator

Im oberen Feld des Ausdrucks-Generators wurde nur das Gerüst *Zwischen Ausdr Und Ausdr* eingefügt. Die beiden Platzhalter *Ausdr* müssen Sie nun noch mit den Werte "*1000*" und "*99999*" überschreiben. Vergleichen Sie dazu die folgende Abbildung.

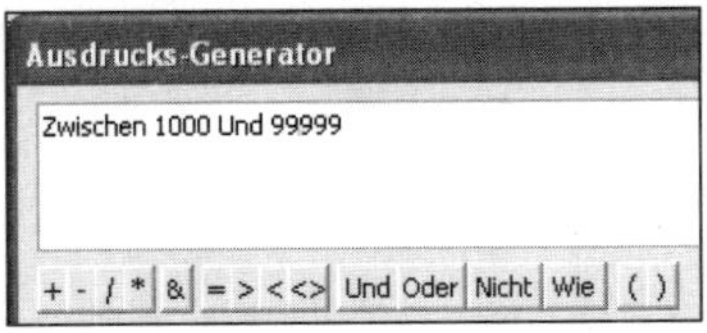

Abbildung 3.29: Ersetzen Sie die Platzhalter durch Werte.

Schließen Sie nun den Ausdrucks-Generator mit der Schaltfläche *OK*. Die Gültigkeitsregel aus dem Ausdrucks-Generator wurde in die Eigenschaft *Gültigkeitsregel* eingetragen.

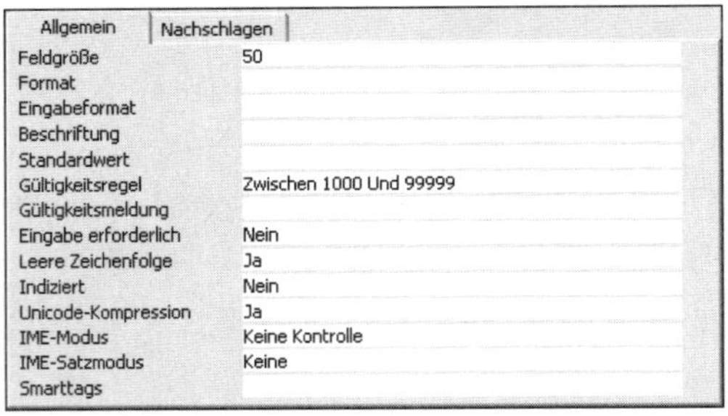

Abbildung 3.30: Eine Gültigkeitsregel wurde eingetragen.

Nun müssen Sie die Tabelle speichern. Beim Speichern weist Access Sie daraufhin, dass die Regeln für die Datenintegrität geändert wurden. Bestätigen Sie die Meldung mit *Ja*, prüft Access, ob die schon vorhandenen Daten der neuen Regel entsprechen und zeigt Verstöße mit einer entsprechenden Meldung an.

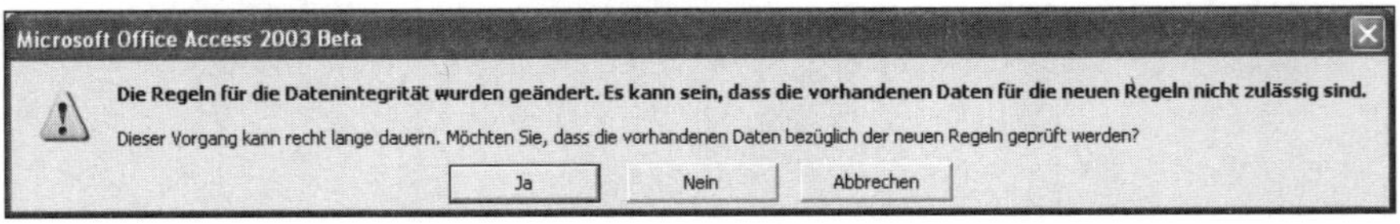

Abbildung 3.31: Access zeigt Ihnen mit dieser Meldung, dass die Regeln für die Datenintegrität geändert wurden.

Testen Sie am besten gleich die Gültigkeitsregel, indem Sie beispielsweise den Wert *123* in das Feld *PLZ* in der Datenblattansicht der Tabelle eingeben. Access quittiert die Eingabe sofort mit einer Fehlermeldung.

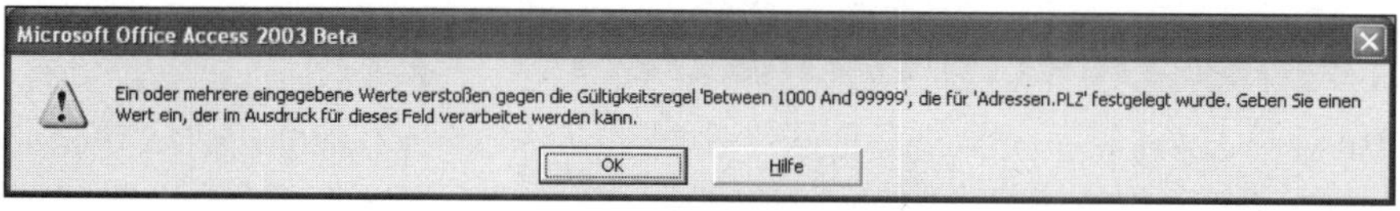

Abbildung 3.32: Fehlermeldung beim Verstoß gegen eine Regel

Diese Fehlermeldung erfüllt zwar ihren Zweck - sie weist den Anwender daraufhin, dass eine Regel verletzt wurde - jedoch hat sie ein sehr technisches Aussehen. Der Anwender kann nicht sofort erkennen, was er falsch gemacht hat.

Besser wäre eine Meldung in der Form: "*Bitte geben Sie eine gültige Postleitzahl ein.*", aus welcher der Anwender die Art seiner Fehleingabe erkennen kann.

Gültigkeitsmeldung festlegen

Öffnen Sie wieder die Tabelle *Adressen* in der Entwurfsansicht und aktivieren die Zeile des Felds *PLZ*. Im unteren Bereich des Tabellenentwurfs sehen Sie die Feldeigenschaften für das Feld.

Klicken Sie nun in das Feld *Gültigkeitsmeldung*. Tragen Sie in das Feld die Meldung "*Bitte geben Sie eine gültige Postleitzahl ein.*" *ein.*

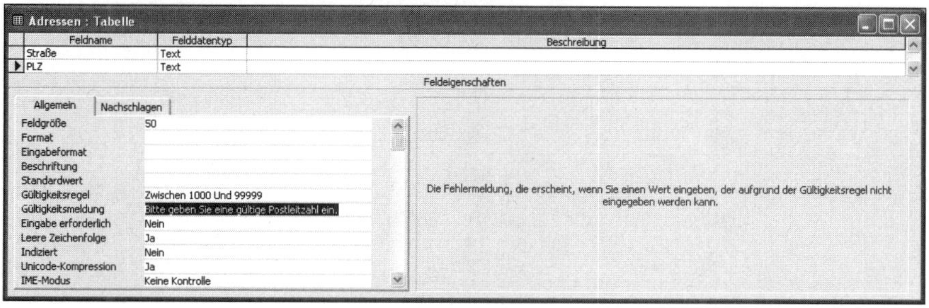

Abbildung 3.33: Eine Gültigkeitsmeldung für das Feld PLZ *wurde eingetragen.*

Diese Meldung erscheint, wenn die Gültigkeitsregel einen Verstoß erkennt. Speichern Sie die Tabelle und erzeugen Sie wieder eine Fehleingabe im Feld *PLZ*.

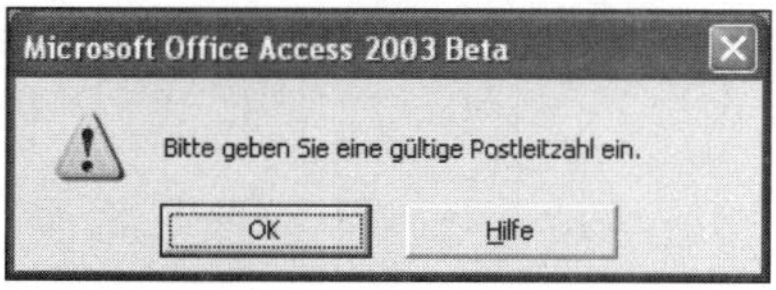

Abbildung 3.34: Die Gültigkeitsmeldung bei einem Regelverstoß

Felder richtig formatieren

Mit der Feldeigenschaft *Format* legen Sie die Anzeige eines Datenfelds fest. Access bietet für fast jeden Datentyp eine Vielzahl von vordefinierten Formaten an.

Die Angabe eines Formates bei der Tabellenerstellung wirkt sich auch auf andere Objekte der Datenbank aus. Formulare und Berichte übernehmen diese für die Anzeige der Felder.

In der *folgenden* Tabelle sehen Sie die unterschiedlichen Standard-Formate von Access in der Übersicht:

Felddatentyp	Format	Beispiel
Text	Kein Standardformat	
Memo	Kein Standardformat	
Zahl	Allgemeine Zahl	1235,567
	Währung	1.123,57 €
	Euro	1.123,57 €
	Festkommazahl	1234,57
	Standardzahl	1.234,57
	Prozentzahl	123,45%
	Exponentialzahl	1,23E+03
Datum/Uhrzeit	Standarddatum	12.04.2003 15:33
	Datum, lang	Montag, 12 April 2003
	Datum, mittel	12. Apr. 2003
	Datum, kurz	12.04.03
	Zeit, lang	15:33:23
	Zeit, 12 Std	03:33
	Zeit, 24 Std	15:33
Währung	Wie bei Zahl	
Autowert	Wie bei Zahl	
Ja/Nein	Wahr/Falsch	Wahr
	Ja/Nein	Ja
	Ein/Aus	Ein
OLE-Objekt	Kein Standardformat	
Hyperlink	Kein Standardformat	

Tabelle 3.5: Standardformate von Access

Die Zuweisung eines Standardformates erweist sich mithilfe des Kombinationsfelds *Format* recht einfach. In der Entwurfsansicht einer Tabelle können Sie das passende Format aus dem Kombinationsfeld *Format* auswählen.

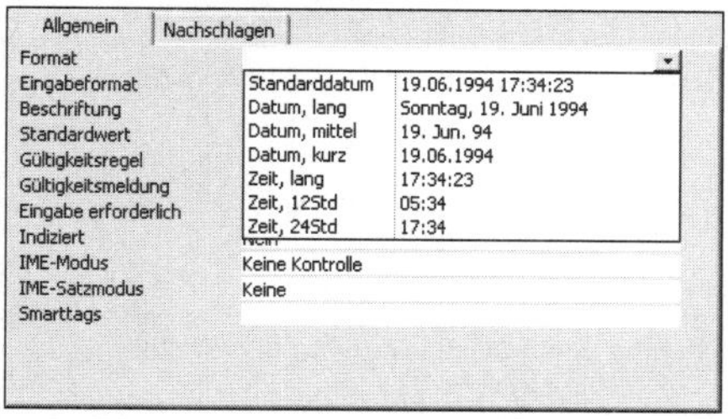

Abbildung 3.35: Das Kombinationsfeld Format *zur Auswahl eines Standardformates*

Benutzerdefinierte Formate

Sie sind bei der Vergabe eines Formates nicht an die Standardformate von Access gebunden. Durch benutzerdefinierte Formate können Sie fast jedes Format, welches Sie benötigen, selbst einstellen. Für diesen Zweck gibt es eine Reihe von Platzhaltern, die Sie verwenden können.

So erzeugt z.B. das Format *mmm-jj* bei Datumsfeldern die Anzeige "*Jan-03*".

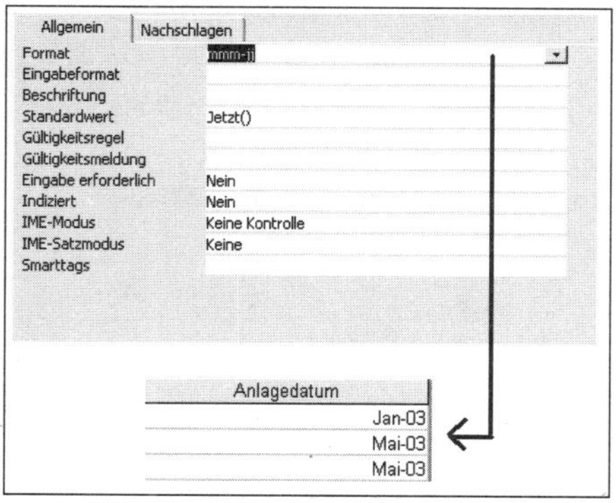

Abbildung 3.36: Benutzerdefiniertes Datumsformat

Folgende Platzhalter stehen zur Verfügung:

Platzhalter	Beschreibung	Gilt für Datentyp
@	Ein Textzeichen wird ausgegeben.	Text/Memo
&	Platzhalter für zusätzliches Zeichen	Text/Memo
<	Der Text wird in Kleinbuchstaben angezeigt.	Text/Memo

Platzhalter	Beschreibung	Gilt für Datentyp
>	Der Text wird in Großbuchstaben angezeigt.	Text/Memo
/	Datumstrennzeichen	Datum/Uhrzeit
d	Legt den Monatstag fest. d = 3, dd = 03, ddd = Mon, dddd = Montag	Datum/Uhrzeit
t	Legt den Monatstag fest. t = 3, tt = 03, ttt = Mon, tttt = Montag, ttttt = Entspricht dem Standardformat *Datum, kurz*, tttttt = Entspricht dem Standardformat *Datum, lang*	Datum/Uhrzeit
w	Zeigt den Wochentag an. w = Wochentag von 1 bis 7, ww = Kalenderwoche von 1 bis 53	Datum/Uhrzeit
m	Zeigt den Monat an. m = 6, mm = 06, mmm = Jun. Mmmm = Juni	Datum/Uhrzeit
q	Datum als Quartal von 1 bis 5	Datum/Uhrzeit
y	Zeigt den Kalendertag von 1 bis 366 an	Datum/Uhrzeit
j	Zeigt das Jahr an. jj = 03, jjjj = 2003	Datum/Uhrzeit
H	Zeigt die Stunden an. h = 9, hh = 09	Datum/Uhrzeit
n	Zeigt die Minuten an. n = 5, nn = 05	Datum/Uhrzeit
s	Zeigt die Sekunden an. s = 3, ss = 03	Datum/Uhrzeit
AM/PM	Zwölf-Stunden-Format mit der Kennzeichnung AM oder PM	Datum/Uhrzeit
0	Zeigt eine Ziffer oder 0 an. Dient auch zur Anzeige von führenden Nullen	Zahl/Währung
#	Zeigt eine Ziffer an oder, wenn keine vorhanden ist, nichts an	Zahl/Währung
$	Fügt das Dollarzeichen ein	Zahl/Währung
,	Legt das Dezimaltrennzeichen innerhalb des benutzerdefinierten Formats fest	Zahl/Währung
.	Legt einen Tausenderpunkt innerhalb des benutzerdefinierten Formats fest	Zahl/Währung
%	Der Wert wird mit 100 multipliziert und das Prozentzeichen ans Ende gesetzt.	Zahl/Währung
E+ e+	Exponentialschreibweise mit einem Minuszeichen für negative und *keinem* Vorzeichen für positive Werte	Zahl/Währung
E- e-	Exponentialschreibweise mit einem Minuszeichen für negative und *einem* Vorzeichen für positive Werte	Zahl/Währung

Tabelle 3.6: Die Platzhalter für benutzerdefinierte Formate

In der folgenden Tabelle sehen Sie in paar Beispiele für benutzerdefinierte Formate.

Format	Daten	Anzeige
@@@-@@	12345	123-45
>	Stefan	Stefan
<	Stefan	STEFAN
tt-mm-jj	03.05.2003	03-05-03
t mmmm„,„jjjj	03.09.2002	3 September, 2002
"Heute ist „tttt	03.05.2003	Heute ist Samstag
0000	12	0012
###.###,00	12345,67	12.345,67
%	,12	12 %

Tabelle 3.7: Beispiele für benutzerdefinierte Formate

Eingabeformate festlegen

Im vorherigen Abschnitt wurde die *Format*-Eigenschaft erläutert. Diese wirkt sich nur auf die Anzeige der Daten in der Datenblattansicht, in Formularen und Tabellen aus. An der Speicherung und der Eingabe selbst ändert die Formatierung nichts.

Möchten Sie dem Anwender die Dateneingabe erleichtert, z.B. bei der Erfassung von Telefonnummern, die immer in einen speziellen Format erfasst werden sollen, so können Sie ein Eingabeformat vorgeben. Dieses Eingabeformat ist im Prinzip eine Maske, in die die eingegebenen Daten passen müssen. Somit verhindern Sie auch Fehleingaben in den Datenfeldern.

Im folgenden Beispiel soll ein Eingabeformat sicherstellen, dass in den Feldern *Telefon* und *Telefax* der Tabelle *Adressen* immer die Vorwahl mit erfasst wird.

Öffnen Sie dazu die Tabelle *Adressen* in der Entwurfsansicht. Setzen Sie die Maus in die Zeile des Felds *Telefon*. Im unteren Bereich des Tabellenentwurfs sehen Sie die Feldeigenschaften für das Feld.

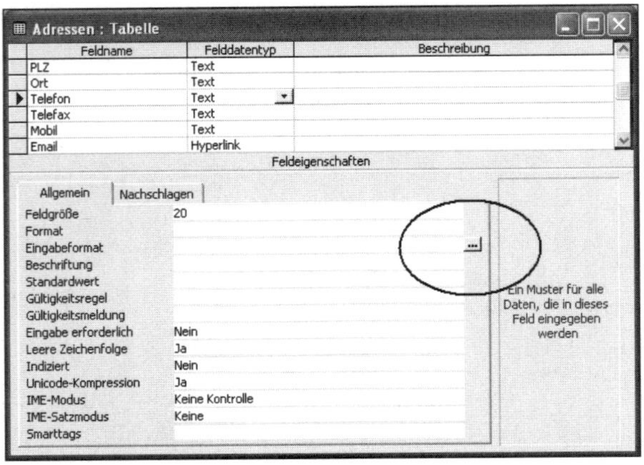

Abbildung 3.37: Die Tabelle Adressen *mit dem Feld* Telefon *in der Entwurfsansicht*

Klicken Sie nun irgendwo in das Feld *Eingabeformat*, sodass es aktiviert wird. Es wird am rechten Rand des Felds wieder eine Schaltfläche mit drei Punkten eingeblendet. Klicken Sie auf diese Schaltfläche, um den Eingabeformat-Assistenten zur starten.

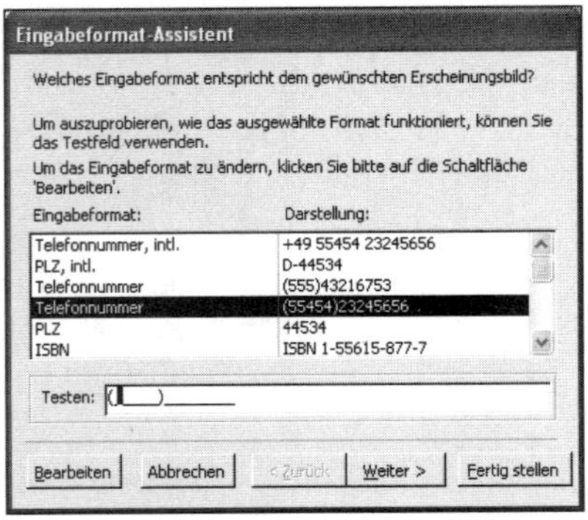

Abbildung 3.38: Der Eingabeformat-Assistent

Der Eingabeformat-Assistent enthält eine Reihe von vordefinierten Formaten, die Sie aus einer Liste auswählen können. In diesem Fall wählen Sie das Eingabeformat *Telefonnummer*. Im Bereich *Testen* können Sie das Eingabeformat gleich bei der Arbeit sehen.

Nach dem Schließen des Eingabeformat-Assistenten ist das Eingabeformat in der Felddateneigenschaft *Eingabeformat* direkt eingetragen. Sofern schon Formulare für diese Tabelle existieren, können Sie dem Formular die neue Eigenschaft sofort "mitteilen". Links vor dem Eingabefeld für das Format blendet Access eine Schaltfläche ein, mit deren Hilfe Sie das Eingabeformat für das ausgewählte Feld in der gesamten Datenbank aktualisieren können.

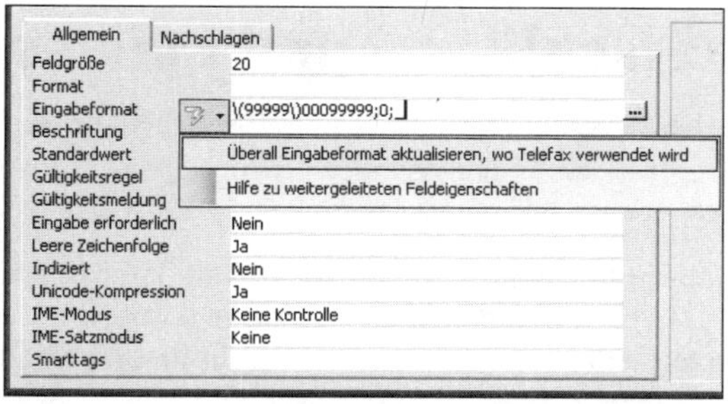

Abbildung 3.39: Aktualisieren Sie bei Bedarf die Datenbank.

Klicken Sie auf den nach unten zeigenden Pfeil der Schaltfläche und wählen aus dem Menü den Eintrag *Überall Eingabeformat aktualisieren, wo (Feldname) verwendet wird.*

Benutzerdefinierte Eingabeformate

Sie sind bei der Erstellung eines Eingabeformates nicht an den Eingabeformat-Assistenten gebunden. Ebenso wie bei den Formaten stehen Ihnen eine Reihe von Platzhaltern zur Verfügung, mit denen Sie sich Ihr eigenes Eingabeformat erstellen können.

Platzhalter	Beschreibung
0	Zahlen von 0 bis 9, Eingabe erforderlich
9	Zahlen von 0 bis 9, Eingabe nicht erforderlich
#	Zahlen oder Leerzeichen. Eingabe nicht erforderlich. Eingegebene Leerzeichen werden beim Speichern wieder entfernt.
L	Buchstabe A bis Z, Eingabe erforderlich
?	Buchstabe A bis Z, Eingabe nicht erforderlich
A	Buchstabe oder Zahl, Eingabe erforderlich
a	Buchstabe oder Zahl, Eingabe nicht erforderlich
&	Ein beliebiges Zeichen, Eingabe erforderlich
C	Ein beliebiges Zeichen, Eingabe nicht erforderlich
. , ; : - /	Platzhalter für Zahlen und Datums-Trennzeichen
>	Der Text wird in Kleinbuchstaben umgewandelt.
<	Der Text wird in Großbuchstaben umgewandelt.
!	Die Eingabemaske wird von rechts nach links gefüllt.
\	Das dem Zeichen \ folgende Zeichen wird als Konstante mit angezeigt.

Tabelle 3.8: Platzhalter für benutzerdefinierte Eingabeformate

Anlegen von Primärschlüssel und Indizes

Am Anfang dieses Abschnittes wurden Sie beim ersten Speichern der Tabelle *Adressen* von Access darauf hingewiesen, dass noch kein Primärschlüssel für die Tabelle vorhanden ist. Dieser wurde dann von Access selbst erzeugt.

Der Primärschlüssel stellt in einer Tabelle eine sehr wichtige Eigenschaft dar. Der Primärschlüssel stellt sicher, dass jeder Datensatz eindeutig identifiziert und in der Folge von allen anderen Datensätzen unterschieden werden kann. Dies ist besonders dann wichtig, wenn mehrere Tabellen in Beziehung gesetzt werden sollen.

In der Regel wird der Primärschlüssel als Autowert, der fortlaufend inkrementiert wird, erstellt. Eine Kundennummer ist ein Beispiel für ein Primärschlüsselfeld. Über die Kundennummer ist der Kunde eindeutig identifizierbar. Bei Bestellungen muss dann nur noch auf diese Kundennummer verwiesen werden, um die Adresse des Kunden zu erhalten. Fatal wäre es, wenn eine Kundennummer mehrmals innerhalb der Tabelle vorkäme, denn dann könnte keine eindeutige Zuordnung mehr zum Kunden hergestellt werden.

Wenn ein Feld als Primärschlüssel gekennzeichnet ist, lässt Access keine doppelten Einträge in diesem Feld zu. Versuchen Sie es trotzdem, verweigert Access die Speicherung des Datensatzes mit einer entsprechende Meldung.

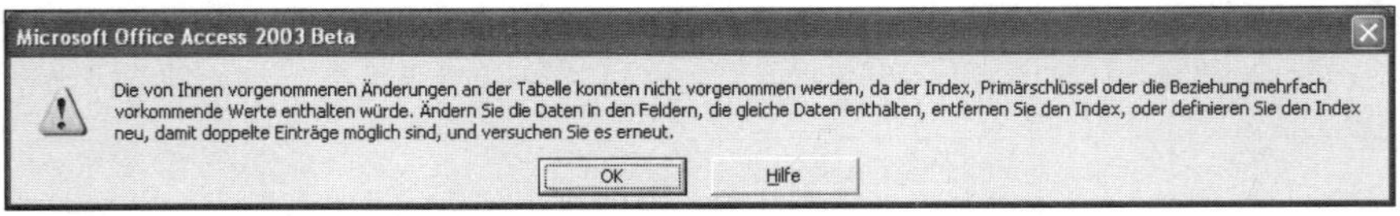
Microsoft Office Access 2003 Beta
Die von Ihnen vorgenommenen Änderungen an der Tabelle konnten nicht vorgenommen werden, da der Index, Primärschlüssel oder die Beziehung mehrfach vorkommende Werte enthalten würde. Ändern Sie die Daten in den Feldern, die gleiche Daten enthalten, entfernen Sie den Index, oder definieren Sie den Index neu, damit doppelte Einträge möglich sind, und versuchen Sie es erneut.
OK
Hilfe

Abbildung 3.40: Meldung von Access, dass ein Primärschlüsselfeld schon vorhanden ist

Primärschlüssel setzen

Es gibt zwei Möglichkeiten, einen Primärschlüssel in einer Tabelle zu setzen:

Die erste Möglichkeit bedient sich der Entwurfsansicht der Tabelle. Markieren Sie dort das gewünschte Feld und klicken anschließend in der Symbolleiste auf das Symbol *Primärschlüssel*. Sie können auch den Befehl *Primärschlüssel* aus dem Menü *Bearbeiten* benutzen.

Access kennzeichnet das Feld mit einem kleinen Schlüssel vor dem Feldnamen.

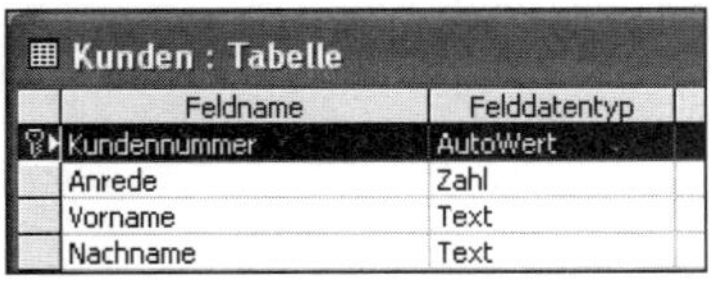
Kunden : Tabelle
Feldname
Felddatentyp
Kundennummer
AutoWert
Anrede
Zahl
Vorname
Text
Nachname
Text

Abbildung 3.41: Ein gesetzter Primärschlüssel

Die zweite Möglichkeit besteht darin, den Primärschlüssel über das Fenster *Indizes zu setzen.* In der Symbolleiste steht Ihnen das Symbol *Indizes* zur Verfügung. Alternativ können Sie das Fenster *Indizes* auch aus dem Menü *Ansicht > Indizes* aufrufen.

Abbildung 3.42: Das Fenster Indizes *zum Festlegen des Primärschlüssels*

Vergeben Sie als Erstes im Feld *Indexname* einen Namen für den Index, z.B. "*Primärschlüssel*". Im Kombinationsfeld *Feldname* können Sie ein Feld aus der Tabelle auswählen, welches Sie zum Primärschlüsselfeld machen wollen.

In den Indexeigenschaften können Sie die Eigenschaft *Primärschlüssel* auf *Ja* setzen. Die Eigenschaft *Eindeutig* wird dabei automatisch ebenfalls auf *Ja* gesetzt, da ein Primärschlüssel immer eindeutig sein muss.

Ein Primärschlüssel muss nicht immer nur aus einem Feld bestehen. Sie können auch mehrere Felder zusammen zum Primärschlüssel machen.

Markieren Sie dazu im Tabellenentwurf mit gedrückter Strg-Taste mit der linken Maustaste die Felder, die den Primärschlüssel bilden sollen. Anschließend klicken Sie wieder auf das Symbol *Primärschlüssel* in der Symbolleiste. Vor jedem Eintrag der markierten Felder erscheint dann ein Schlüsselsymbol.

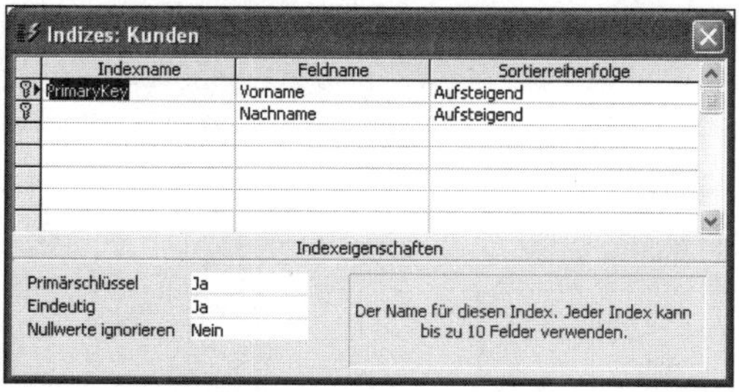

Abbildung 3.43: Ein Primärschlüssel kann auch aus mehreren Feldern bestehen.

Indizes setzen

Für die Leistungsfähigkeit einer Datenbank ist das Setzen von Indizes wichtig. Ein Index beschleunigt die Suche und das Sortieren nach einem Feld, das indiziert wurde.

Im Prinzip läuft dabei die Suche nach Datensätzen nach folgendem Schema ab: Beispielsweise suchen Sie in einer umfangreichen Adressliste nach einem Nachnamen. Ist dieses Feld nicht indiziert, muss Access die gesamte Tabelle laden und im betreffenden Feld suchen. Bei der Suche in einem indizierten Feld wird nur der Index geladen, dieser durchsucht und gefundene Stellen aus der Tabelle nachgeladen.

Indizes sollten sorgfältig gesetzt werden. Einerseits kostet die Verwaltung eines Index Zeit, da bei Änderungen eines indizierten Felds auch der Eintrag in dem Index geändert werden muss. Anderseits macht die Verwendung von zu vielen indizierten Feldern die Datenbank unnötig groß und der Geschwindigkeitsvorteil ist zunichte, da zu viele Indizes durchsucht und verwaltet werden müssen.

Ein Index bietet sich immer bei Feldern an, deren Inhalte besonders häufig durchsucht werden, z.B. Nachnamen in einer Kundentabelle. Sie haben mehrere Möglichkeiten in Access einen Index zu setzen. In der Entwurfsansicht der Tabelle können Sie bei den Feldeigenschaften die Eigenschaft *Indiziert* verändern.

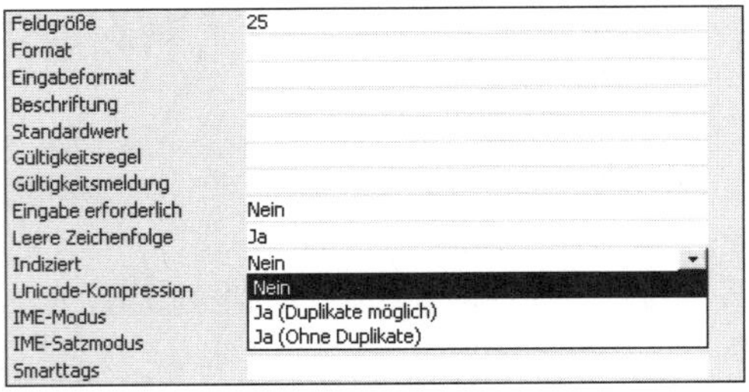

Abbildung 3.44: Die Feldeigenschaft Indiziert

Mit *Ja (Duplikate möglich)* wird ein einfacher Index erzeugt, mit *Ja (Ohne Duplikate)* ein Index, bei dem Access sicherstellt, dass jeder Wert nur ein einziges Mal in der Tabelle vorkommt.

Die zweite Möglichkeit ist wieder über das Fenster *Indizes*. In der Symbolleiste steht Ihnen das Symbol *Indizes* zur Verfügung. Alternativ können Sie das Fenster *Indizes* auch aus dem Menü *Ansicht > Indizes* aufrufen.

Abbildung 3.45: Das Fenster Indizes

Vergeben Sie als Erstes im Feld *Indexname* einen Namen für den Index, z.B. "*Nachname*". Im Kombinationsfeld *Feldname* können Sie ein Feld aus der Tabelle auswählen, welches Sie indizieren wollen. Möchten Sie keine Duplikate von Werten erlauben, so setzen Sie die Indexeigenschaft *Eindeutig* auf *Ja*.

Tabellen in Beziehung setzen

Eine wichtige Eigenschaft von Access ist das Herstellen und Verwalten von Verknüpfungen zwischen einzelnen Tabellen. Das Ziel einer Datenbank ist die optimale Speicherung der Informationen in Tabellen, möglichst ohne redundante, also mehrfach vorkommende Informationen.

Beim Herstellen einer Verknüpfung (Beziehung) stellt Access sicher, dass die Regeln zwischen den Tabellen eingehalten werden.

Festgelegte Beziehungen wirken sich auf alle Bereiche der Datenbank aus. Bei der Neuanlage von Abfragen, Formularen und Berichten werden diese mit berücksichtigt.

Eine Beziehung definieren

Schließen Sie zuerst alle geöffneten Tabellen in Ihrer Datenbank, bis nur noch das Datenbankfenster von Access geöffnet ist. Wählen Sie dann auch dem Menü *Extras* den Befehl *Beziehungen* aus.

Das Fenster *Beziehungen* ist anfangs noch leer. Über das Menü *Beziehungen* können Sie mit dem Befehl *Tabelle anzeigen* das gleichnamige Fenster öffnen, aus dem Sie die Tabellen Ihrer Datenbank auswählen können, zwischen denen Sie eine Beziehung aufbauen möchten.

Markieren Sie die entsprechende Tabelle und klicken anschließend auf die Schaltfläche *Hinzufügen*. Wenn alle Tabellen, die Sie benötigen, hinzugefügt wurden, können Sie das Fenster *Tabelle anzeigen* wieder schließen.

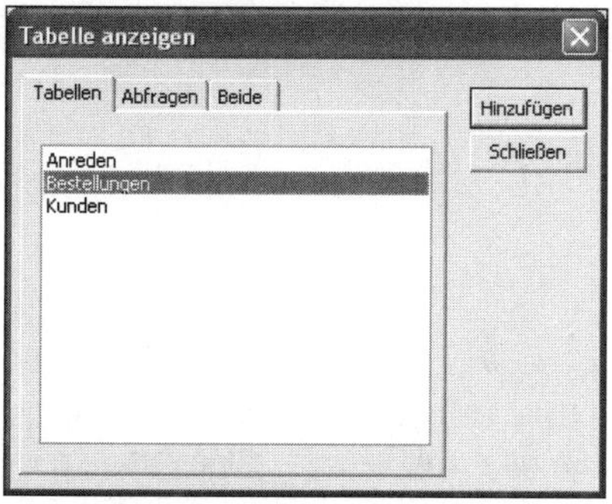

Abbildung 3.46: Das Fenster Tabelle anzeigen

Die Herstellung einer Beziehung erweist sich mit der Maus als recht einfach. Klicken Sie zuerst in der ersten Tabelle, die Sie zu einer anderen Tabelle in Beziehung setzen wollen, auf das Feld, das den Primärschlüssel darstellt. Ziehen Sie dann dieses Feld mit gedrückter linker Maustaste auf das Verknüpfungsfeld der Tabelle, die Sie verknüpfen wollen, und lassen Sie die Maustaste über dem Feld los.

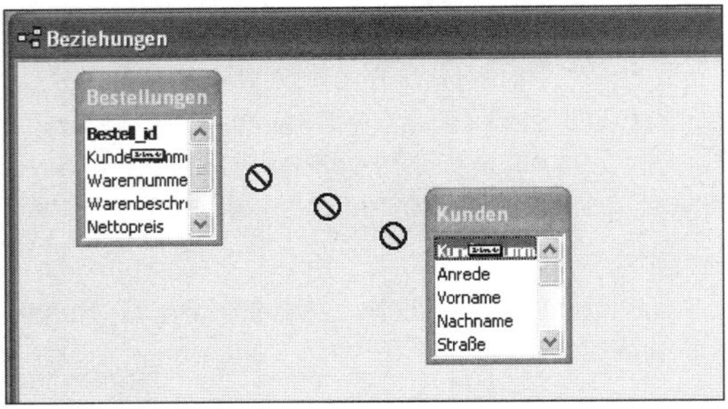

Abbildung 3.47: Ziehen Sie das Feld mit dem Primärschlüssel auf das Verknüpfungsfeld der anderen Tabelle.

Direkt nach dem Loslassen öffnet Access den Dialog *Beziehungen bearbeiten.* Mit dessen Hilfe wird die eigentliche Beziehung zwischen den beiden Tabellen genau definiert.

Im linken Feld steht unter *Tabelle/Abfrage* das Feld der *Haupttabelle*, daneben unter *Verwandte Tabelle/Abfrage* das Feld aus der *Detailtabelle*. Sollten Sie beim Ziehen der Felder ein falsches Feld erwischt haben, können Sie Ihre Angabe noch korrigieren. Klicken Sie dazu in das betreffende Kombinationsfeld und wählen den richtigen Feldnamen aus der Liste aus.

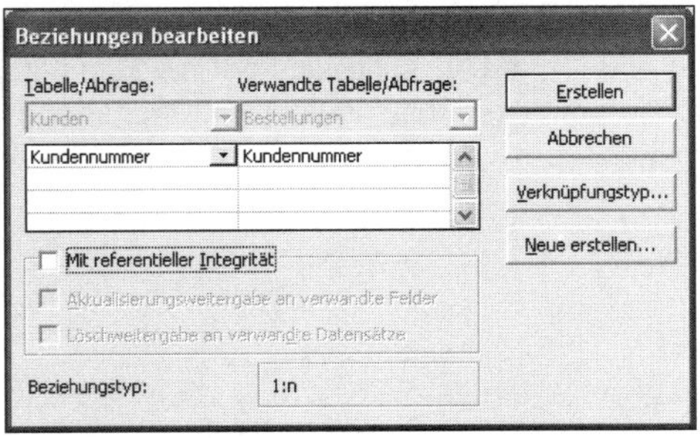

Abbildung 3.48: Der Dialog Beziehungen bearbeiten

Sie können nun noch die Art der Beziehung, die Access zwischen den Tabellen herstellen soll, auswählen. Klicken Sie dazu auf die Schaltfläche *Verknüpfungstyp,* um das Fenster *Verknüpfungseigenschaften* zu öffnen. Es gibt drei verschiedene Arten, zwei Tabellen zu verknüpfen. Die Verknüpfung zweier Tabellen wird hierbei üblicherweise als *Verbund* bezeichnet.

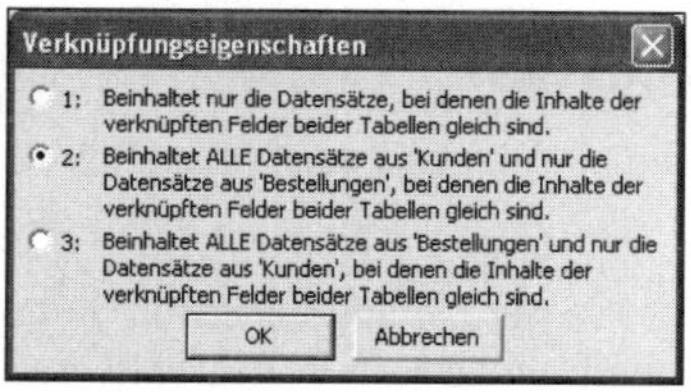
Verknüpfungseigenschaften
1: Beinhaltet nur die Datensätze, bei denen die Inhalte der verknüpften Felder beider Tabellen gleich sind.
2: Beinhaltet ALLE Datensätze aus 'Kunden' und nur die Datensätze aus 'Bestellungen', bei denen die Inhalte der verknüpften Felder beider Tabellen gleich sind.
3: Beinhaltet ALLE Datensätze aus 'Bestellungen' und nur die Datensätze aus 'Kunden', bei denen die Inhalte der verknüpften Felder beider Tabellen gleich sind.
OK
Abbrechen

Abbildung 3.49: Das Fenster Verknüpfungseigenschaften

Exklusionsverknüpfung (Option 1)

Bei der Exklusionsverknüpfung werden nur die Datensätze in einer Abfrage ausgegeben, bei denen die Inhalte der verknüpften Felder gleich sind. Diese Art von Verknüpfung wird als *natürlicher innerer Verbund* bezeichnet.

Links-Inklusionsverknüpfung (Option 2)

Der so genannte *linke äußere Verbund* beinhaltet alle Datensätze der Haupttabelle und nur diejenigen der Detailtabelle, bei denen die Inhalte der verknüpften Felder gleich sind.

Rechts-Inklusionsverknüpfung (Option 3)

Der *rechte äußere Verbund* beinhaltet alle Datensätze der Detailtabelle und nur diejenigen der Haupttabelle, bei denen die Inhalte der verknüpften Felder gleich sind.

Access zeigt Ihnen die unterschiedlichen Verknüpfungstypen auch grafisch. Je nach Verknüpfungstyp ist an einer Stelle der Verknüpfung ein Pfeil zu erkennen.

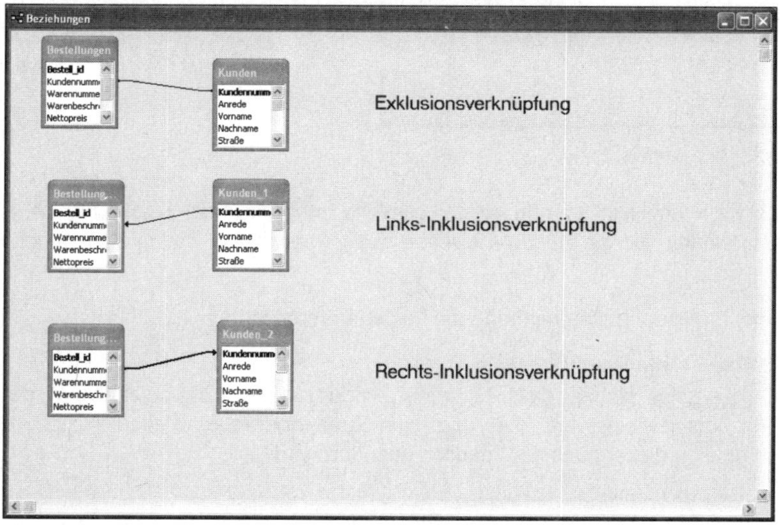
Beziehungen
Bestellungen
Kunden
Exklusionsverknüpfung
Kunden_1
Links-Inklusionsverknüpfung
Kunden_2
Rechts-Inklusionsverknüpfung

Abbildung 3.50: Access zeigt die unterschiedlichen Verknüpfungstypen grafisch an.

Referentielle Integrität herstellen

Im Dialog *Beziehungen bearbeiten* können Sie noch weitere Einstellungen vornehmen, z.B. die referentielle Integrität prüfen lassen.

Bei der *referentiellen Integrität* stellt Access sicher, dass in der Detailtabelle nur Daten stehen, zu denen auch genau ein Datensatz der Haupttabelle gehört. So wird beispielsweise die Erfassung einer Bestellung in der Detailtabelle mit einer Kundennummer, die nicht in der Haupttabelle Kunden erfasst ist, verhindert.

Die referentielle Integrität ist an eine Reihe von Bedingungen geknüpft:

- Das Verknüpfungsfeld der Haupttabelle muss ein Primärschlüsselfeld oder ein eindeutiger Index sein.
- Beide Verknüpfungsfelder müssen denselben Datentyp und dieselbe Feldgröße haben.
- Es dürfen in der Detailtabelle keine Datensätze existieren, die gegen die referentielle Integrität verstoßen.

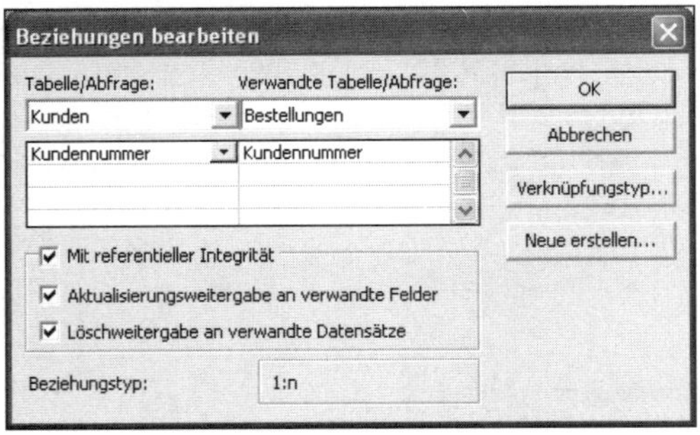

Abbildung 3.51: Sicherstellen der referentiellen Integrität

Um Access zu veranlassen künftig die referentielle Integrität einer Beziehung zu überprüfen, markieren Sie die Option *Mit referentieller Integrität* im Dialog *Beziehungen bearbeiten.*

Nützlich sind in diesen Zusammenhang die beiden unteren Optionen.

Aktualisierungsweitergabe an verwandte Felder
Hiermit stellt Access sicher, dass bei einer Änderung des Primärschlüssels der Haupttabelle, beispielsweise die Änderung einer Kundennummer, in allen dazugehörigen Detailtabellen dieser auch automatisch geändert wird.

Löschweitergabe an verwandte Datensätze
Ohne Löschweitergabe können Sie keine Datensätze aus der Haupttabelle löschen, die noch in Beziehung zu Datensätzen der Detailtabelle stehen. Dies würde die referentielle Integrität verletzen. Bei aktivierter Löschweitergabe löscht Access zuerst die Daten aus der Detailtabelle und anschließend den Datensatz aus der Haupttabelle.

Beziehungen löschen

Sie können Beziehungen ohne Datenverlust auch wieder löschen. Öffnen Sie dazu das Fenster *Beziehungen* über den Menüeintrag *Extras > Beziehungen.* Klicken Sie mit der rechte Maustaste auf die Linien der Beziehung, die Sie löschen wollen. Aus dem erscheinenden Kontextmenü wählen Sie den Befehl *Löschen* aus.

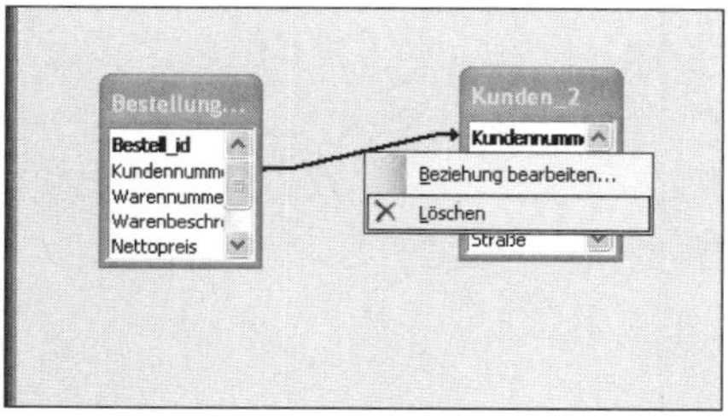

Abbildung 3.52: Kontextmenü zum Löschen einer Beziehung

Der Tabellen-Assistent

Nachdem Sie nun in diesem Abschnitt gelernt haben, wie Sie optimal Tabellen in der Entwurfsansicht erstellen können, dreht sich der folgende Abschnitt um den Tabellen-Assistenten von Access. Dieser kann Ihnen mit seiner Vielzahl von vordefinierten Mustertabellen eine Menge Arbeit sparen. Diese Mustertabellen passen natürlich nicht hundertprozentig auf Ihre Anwendung, Sie können sie aber bei Bedarf an Ihre Anwendung anpassen. Die folgende Schritt-für-Schritt-Anleitung zeigt Ihnen das Erstellen einer Tabelle mit dem Tabellen-Assistenten.

1. Wählen Sie im Datenbankfenster von Access die Kategorie *Tabellen* aus, und doppelklicken Sie auf den Eintrag *Erstellt eine Tabelle unter Verwendung des Assistenten*, um den Tabellen-Assistenten zu starten.

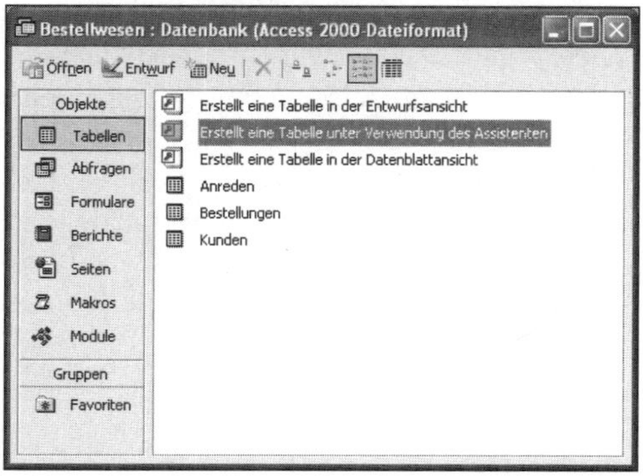

Abbildung 3.53: Doppelklicken Sie auf den Eintrag Erstellt eine Tabelle unter Verwendung des Assistenten.

2. Der Tabellen-Assistent bietet viele unterschiedliche Tabellen für den geschäftlichen und den privaten Bereich. Über die beiden Optionen *Geschäftlich* und *Privat* können Sie auswählen, aus welchem Bereich die Tabellen angezeigt werden sollen.

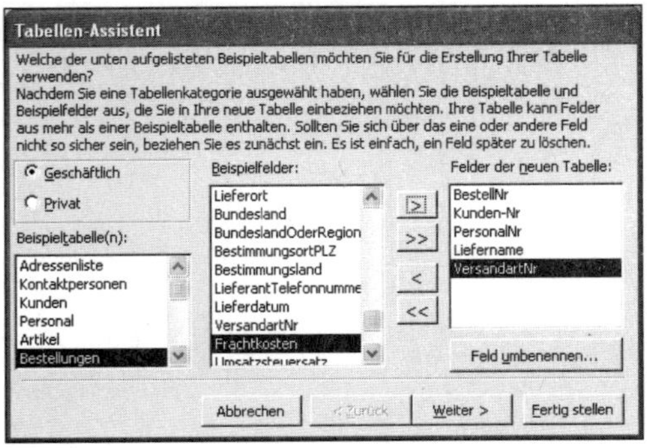
Tabellen-Assistent
Welche der unten aufgelisteten Beispieltabellen möchten Sie für die Erstellung Ihrer Tabelle verwenden?
Nachdem Sie eine Tabellenkategorie ausgewählt haben, wählen Sie die Beispieltabelle und Beispielfelder aus, die Sie in Ihre neue Tabelle einbeziehen möchten. Ihre Tabelle kann Felder aus mehr als einer Beispieltabelle enthalten. Sollten Sie sich über das eine oder andere Feld nicht so sicher sein, beziehen Sie es zunächst ein. Es ist einfach, ein Feld später zu löschen.
Geschäftlich
Privat
Beispieltabelle(n):
Adressenliste
Kontaktpersonen
Kunden
Personal
Artikel
Bestellungen
Beispielfelder:
Lieferort
Bundesland
BundeslandOderRegion
BestimmungsortPLZ
Bestimmungsland
LieferantTelefonnumme
Lieferdatum
VersandartNr
Frachtkosten
Felder der neuen Tabelle:
BestellNr
Kunden-Nr
PersonalNr
Liefername
VersandartNr
Feld umbenennen...
Abbrechen
Zurück
Weiter >
Fertig stellen

Abbildung 3.54: Der Tabellen-Assistent *von Access*

In der ersten Liste ganz links im Tabellen-Assistent sind die Beispieltabellen der gewählten Kategorie aufgelistet. Wählen Sie aus dieser Liste eine Tabelle, die am ehesten dem entspricht, was Sie suchen.

In der mittleren Liste stehen die der ausgewählten Beispieltabelle zugehörigen Felder. Wenn Sie ein Feld aus der Liste übernehmen wollen, markieren Sie es mit der Maus und klicken auf die Schaltfläche >. Wollen Sie alle Felder übernehmen, klicken Sie auf die Schaltfläche >>.

Die übernommenen Felder werden in der rechten Liste unter *Felder der neuen Tabelle* angezeigt. Wiederholen Sie den Vorgang, bis Sie alle Felder der Liste für die neue Tabelle hinzugefügt haben.

Sie können auch Felder aus einer anderen Beispieltabelle hinzufügen. Wechseln Sie dazu einfach in der linken Liste *Beispieltabellen* zu einer anderen Tabelle.

Haben Sie versehentlich ein falsches Feld in die rechte Liste übertragen, markieren Sie es in der Liste und drücken die Schaltfläche <. Wenn Sie alle Felder entfernen wollen, verwenden Sie die Schaltfläche <<.

3. Sie können die Namen der Felder auch umbenennen. Auf den hinterlegten Datentyp hat dies jedoch keinen Einfluss. Um ein Feld umzubenennen, markieren Sie es in der Liste *Felder der neuen Tabelle* und klicken auf die Schaltfläche *Feld umbenennen.* Geben Sie im gleichnamigen Dialog einfach den neuen Namen des Felds ein.

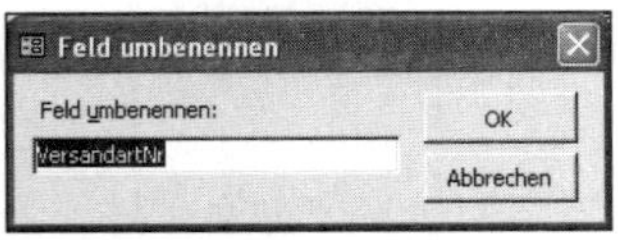
Feld umbenennen
Feld umbenennen:
VersandartNr
OK
Abbrechen

Abbildung 3.55: Benennen Sie bei Bedarf Felder um.

4. Nach der Auswahl der Felder der neuen Tabelle klicken Sie auf *Weiter >*. Im nächsten Schritt des Tabellen-Assistenten können Sie den Namen der neuen Tabelle und den Primärschlüssel festlegen.

   Im Feld *Welchen Namen soll Ihre Tabelle bekommen?* steht als Vorgabe die Beispieltabelle, die Sie zuerst ausgewählt haben. Diese Vorgabe können Sie ohne weiteres überschreiben. Unter den eingegebenen Namen wird die Tabelle gespeichert und im Datenbankfenster von Access angezeigt.

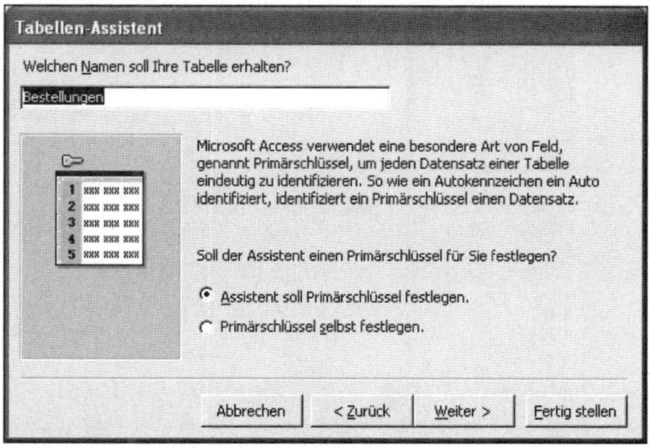
Tabellen-Assistent
Welchen Namen soll Ihre Tabelle erhalten?
Bestellungen
Microsoft Access verwendet eine besondere Art von Feld, genannt Primärschlüssel, um jeden Datensatz einer Tabelle eindeutig zu identifizieren. So wie ein Autokennzeichen ein Auto identifiziert, identifiziert ein Primärschlüssel einen Datensatz.
Soll der Assistent einen Primärschlüssel für Sie festlegen?
Assistent soll Primärschlüssel festlegen.
Primärschlüssel selbst festlegen.
Abbrechen
< Zurück
Weiter >
Fertig stellen

Abbildung 3.56: Der zweite Schritt des Tabellen-Assistenten

   Mithilfe der beiden unteren Optionen können Sie festlegen, ob Access den Primärschlüssel festlegen soll, oder ob Sie einen selbst festlegen wollen. Bei der ersten Option, *Assistent soll Primärschlüssel festlegen*, prüft der Tabellen-Assistent, ob in der neuen Tabelle ein Feld mit dem Datentyp *autotyp* vorhanden ist und macht es zum Primärschlüssel. Findet der Tabellen-Assistent kein solches Feld, fügt er der neuen Tabelle ein entsprechendes Feld hinzu.

   Wollen Sie dagegen selbst ein Feld zum Primärschlüssel machen, aktivieren Sie die zweite Option, *Primärschlüssel selbst festlegen.* Im nächsten Dialog des Tabellen-Assistenten können Sie dann das Feld auswählen.

   In den meisten Fällen können Sie die erste Option belassen. Klicken Sie auf *Weiter*, um in den nächsten Schritt zu gelangen.

   Ist dies Ihre erste Tabelle in der Datenbank, können Sie auch schon jetzt auf *Fertig stellen* klicken. Der nächste Schritt handelt über die Definition von Beziehungen zu anderen Tabellen.

5. Der Tabellen-Assistent richtet auf Wunsch auch direkt passende Beziehungen zu anderen Tabellen Ihrer Datenbank her. In der Liste können Sie eine Tabelle auswählen, zu der die neue Tabelle in Beziehung stehen soll.

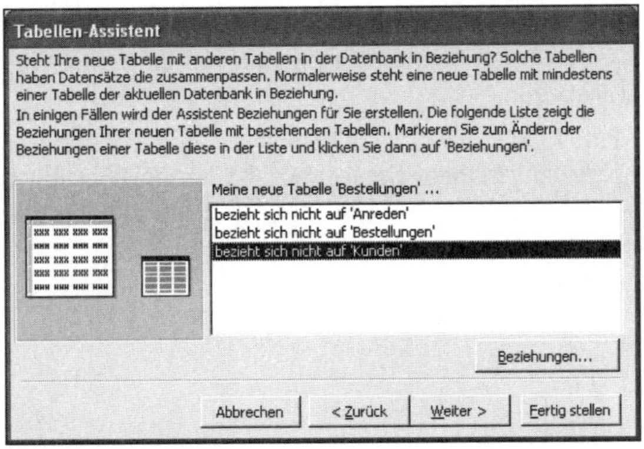
Tabellen-Assistent
Steht Ihre neue Tabelle mit anderen Tabellen in der Datenbank in Beziehung? Solche Tabellen haben Datensätze die zusammenpassen. Normalerweise steht eine neue Tabelle mit mindestens einer Tabelle der aktuellen Datenbank in Beziehung.
In einigen Fällen wird der Assistent Beziehungen für Sie erstellen. Die folgende Liste zeigt die Beziehungen Ihrer neuen Tabelle mit bestehenden Tabellen. Markieren Sie zum Ändern der Beziehungen einer Tabelle diese in der Liste und klicken Sie dann auf 'Beziehungen'.
Meine neue Tabelle 'Bestellungen' ...
bezieht sich nicht auf 'Anreden'
bezieht sich nicht auf 'Bestellungen'
bezieht sich nicht auf 'Kunden'
Beziehungen...
Abbrechen
< Zurück
Weiter >
Fertig stellen

Abbildung 3.57: Auch Beziehungen kann der Tabellen-Assistent auf Wunsch definieren.

6. Zum Ändern der Art der Beziehung markieren Sie in der Liste die Tabelle, zu der eine Beziehung aufgebaut werden soll und klicken anschließend auf die Schaltfläche *Beziehungen*.

   Im Dialogfenster *Beziehungen* können Sie dann die Art der Beziehung auswählen. Die drei Optionen entsprechen den schon im Abschnitt *Beziehungen* weiter vorne in diesem Buch besprochenen Verknüpfungstypen.

   Schließen Sie das Dialogfenster *Beziehungen mit* der Schaltfläche *OK* und klicken anschließend auf *Weiter*.

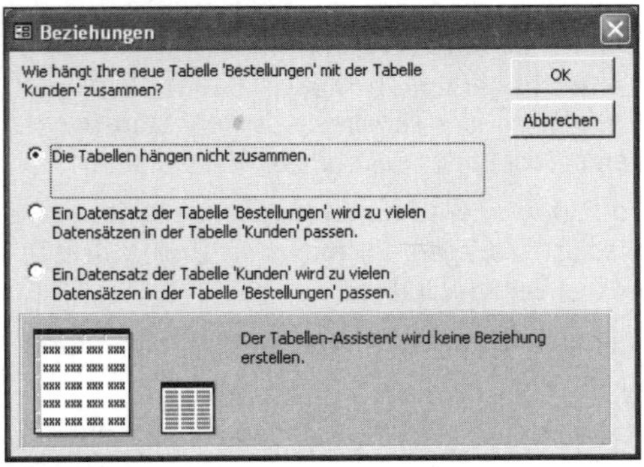
Beziehungen
Wie hängt Ihre neue Tabelle 'Bestellungen' mit der Tabelle 'Kunden' zusammen?
OK
Abbrechen
Die Tabellen hängen nicht zusammen.
Ein Datensatz der Tabelle 'Bestellungen' wird zu vielen Datensätzen in der Tabelle 'Kunden' passen.
Ein Datensatz der Tabelle 'Kunden' wird zu vielen Datensätzen in der Tabelle 'Bestellungen' passen.
Der Tabellen-Assistent wird keine Beziehung erstellen.

Abbildung 3.58: Bestimmen, in welcher Beziehung die neue Tabelle zu anderen steht

7. Dem Tabellen-Assistenten liegen nun alle Informationen vor, die er für die Erstellung der neuen Tabelle benötigt. Zusätzlich bietet er Ihnen noch drei Optionen für die weitere Vorgehensweise nach Abschluss der Erstellung der neuen Tabelle:

   Den Tabellenentwurf ändern
   Die neue Tabelle wird im Entwurfsmodus geöffnet, und Sie können sie sofort an Ihre Bedürfnisse anpassen.

Direkt Daten in die Tabelle eingeben
Nach der Tabellenerstellung wird diese in der Datenblattansicht geöffnet, und Sie können direkt Daten eingeben.

Daten in die Tabelle über ein vom Assistenten erstelltes Formular eingeben
Hierbei wird nach Abschluss der Tabellenerstellung direkt ein Formular erstellt, mit dessen Hilfe Sie Daten in die Tabelle eingeben können. In der Regel ist es jedoch so, dass Sie den Tabellenentwurf noch ändern bzw. überprüfen müssen. Ändern Sie dann den Tabellenentwurf, müssen Sie dies dem neuen Formular auch noch mitteilen. Besser wäre es, das Formular in einem separaten Schritt zu erstellen.

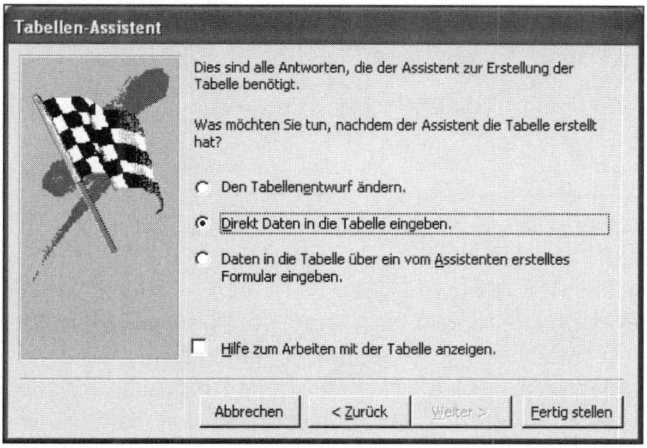
Tabellen-Assistent
Dies sind alle Antworten, die der Assistent zur Erstellung der Tabelle benötigt.
Was möchten Sie tun, nachdem der Assistent die Tabelle erstellt hat?
Den Tabellenentwurf ändern.
Direkt Daten in die Tabelle eingeben.
Daten in die Tabelle über ein vom Assistenten erstelltes Formular eingeben.
Hilfe zum Arbeiten mit der Tabelle anzeigen.
Abbrechen
< Zurück
Weiter >
Fertig stellen

Abbildung 3.59: Der letzte Schritt des Assistenten

Klicken Sie zum Abschluss auf *Fertig stellen*.

Tabellenerstellung in der Datenblattansicht

Eine weitere Möglichkeit, eine Tabelle zu entwerfen, ist die Tabellenerstellung in der *Datenblattansicht*.

Bei dieser Erstellung geben Sie sofort Daten in das Datenblatt ein. Sie brauchen sich nicht um Feldtypen und Feldgrößen zu kümmern. Beim Speichern der Daten ermittelt Access anhand der eingegebenen Daten automatisch die Feldtypen.

Wählen Sie im Datenbankfenster von Access die Kategorie *Tabellen* aus, und doppelklicken Sie auf den Eintrag *Erstellt eine Tabelle in der Datenblattansicht*.

Access erstellt daraufhin ein leeres Datenblatt mit zunächst 10 Spalten und 21 Zeilen.

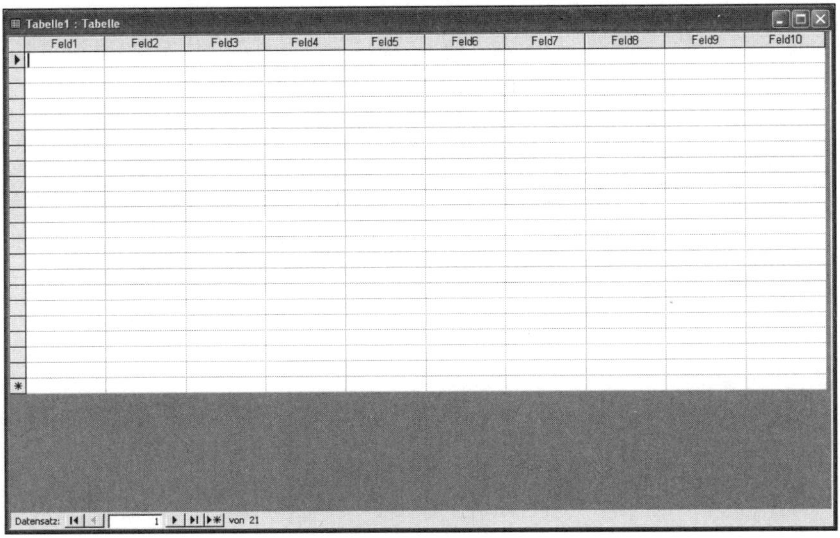

Abbildung 3.60: Access erstellt ein leeres Datenblatt mit 10 Spalten und 21 Zeilen.

In dieses Datenblatt können Sie sofort mit der Eingabe von Daten beginnen. Achten Sie darauf, jede Information in ein eigenes Feld einzutragen, beispielsweise für Vor- und Nachname zwei Felder. Auch sollten Sie es vermeiden, unterschiedliche Typen innerhalb einer Spalte zu erfassen, also Datumsangaben und Text untereinander. Access kann dann nämlich beim Speichern der Tabelle nicht mehr den richtigen Datentyp erkennen.

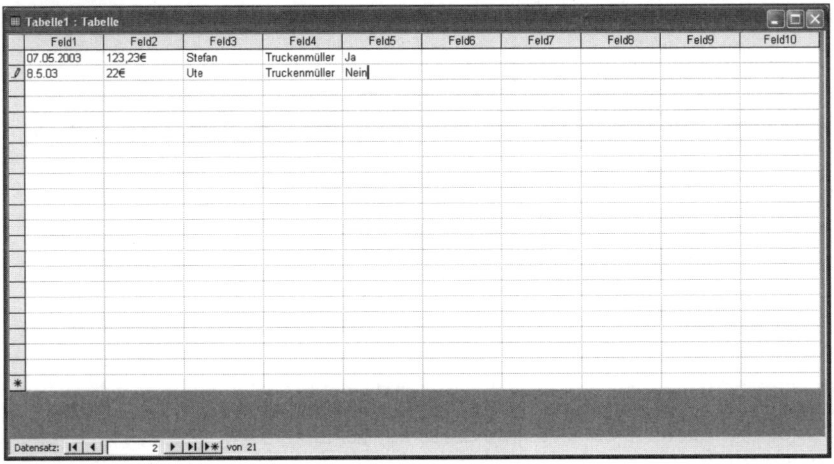

Abbildung 3.61: In der Datenblattansicht können Sie sofort mit der Eingabe von Daten beginnen.

Sie können an dieser Stelle auch direkt den Feldnamen der Spalte vergeben. Standardmäßig sind die einzelnen Spalten mit *Feld1*, *Feld2* usw. versehen.

Doppelklicken Sie zum Ändern des Namens einer Spalte in den Spaltennamen; Sie können ihn dann verändern.

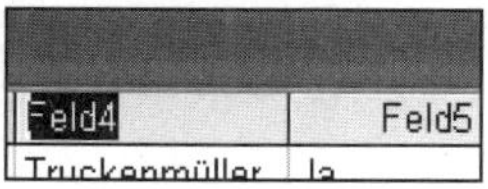

Abbildung 3.62: Doppelklicken Sie in den Spaltennamen, um ihn zu ändern.

Reichen Ihnen 10 Spalten nicht aus, können Sie aus dem Menü *Einfügen* mit dem Befehl *Spalte* eine oder mehrere neue Spalten der Datenblattansicht hinzufügen. Die neue Spalte wird dabei vor der aktuell ausgewählten Spalte eingefügt.

Haben Sie die Daten in die Tabelle eingegeben, können Sie sie speichern. Dabei werden alle nicht verwendeten Spalten, d.h. Spalten, in denen Sie nichts eingegeben haben, ignoriert. Anhand der in den Spalten eingegebenen Daten versucht Access auf den Datentyp zu schließen und weist diesen, sofern er eindeutig ist, sofort dem Feldnamen zu.

Access meldet beim Speichern, dass noch kein Primärschlüssel angelegt wurde. Bestätigen Sie diese Meldung mit *JA*. Den Primärschlüssel können Sie in der Entwurfsansicht nachträglich definieren.

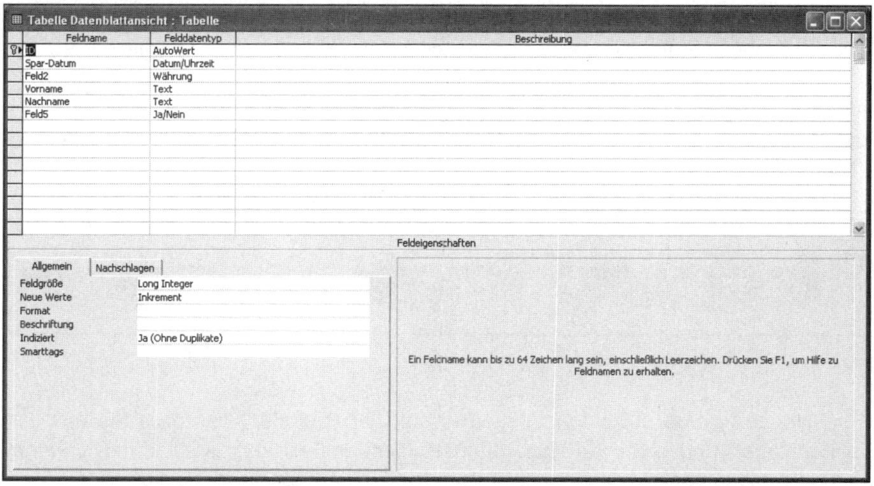

Abbildung 3.63: Die aus der Datenblattansicht erzeugte Tabelle in der Entwurfsansicht

Arbeiten mit der Datenblattansicht

Im Verlauf dieses Kapitels haben Sie schon öfters eine Tabelle in der Datenblattansicht geöffnet und auch schon Daten eingegeben.

Dieser Abschnitt stellt nun alle Techniken vor, die Sie in der Datenblattansicht verwenden können.

Markieren von Datensätzen

In der Datenblattansicht wird der gerade aktuelle Datensatz mit einem kleinen schwarzen Pfeil am Anfang der Zeile, dem *Datensatzmarkierer*, gekennzeichnet. Der Datensatzmarkierer kann dabei neben dem schwarzen Pfeil auch noch andere Aussehen annehmen. Ein schreibender Stift steht dafür, dass gerade Daten im Datensatz bearbeitet werden und das Sternchen kennzeichnet einen neuen, leeren Datensatz, in dem Daten eingegeben werden können.

Die einzelnen Spalten tragen als Namen den Feldnamen aus der Tabellendefinition.

Möchten Sie einen Datensatz markieren, um ihn beispielsweise zu kopieren oder auszuschneiden, klicken Sie mit der Maus einfach auf dem Datensatzmarkierer.

Möchten Sie mehrere Datensätze gleichzeitig markieren, klicken Sie zuerst auf den Datensatzmarkierer des ersten Datensatzes, drücken die [⇧]-Taste und klicken anschließend auf den letzten Datensatz, der markiert werden soll. Alle Datensätze dazwischen sind automatisch mit markiert. Alternativ können Sie die Maus auch mit gedrückter linker Maustaste nach unten ziehen, bis alle gewünschten Datensätze markiert sind.

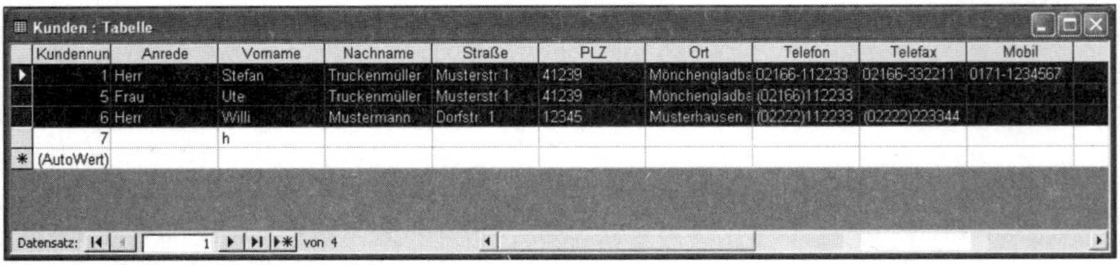

Abbildung 3.64: Mehrere Datensätze wurden markiert.

Die Markierung von einzelnen Spalten erfolgt dabei analog, nur dass Sie auf den Spaltennamen und nicht auf den Datensatzmarkierer klicken. Auch das Markieren mehrerer nebeneinander stehender Spalten funktioniert auf diese Weise.

Markieren einzelner Felder

Das Markieren eines einzelnes Felds geschieht, indem Sie den Mauszeiger an den rechten oberen Rand des Felds führen, bis er sich zu einem weißen Kreuz verwandelt. Drücken Sie dann die linke Maustaste.

Möchten Sie mehrere Felder markieren, können Sie entweder wieder die [⇧]-Taste drücken und das letzte Feld markieren, oder einfach mit der Maus über den Bereich fahren, der markiert werden soll.

Kontrollieren Sie bei der Markierung einzelner Felder, dass sich der Cursor nicht im zu markierenden Feld zur Eingabe befindet. Ist dies der Fall, müssen Sie den Cursors zuerst in ein anderes Feld bewegen und die Markierung wiederholen.

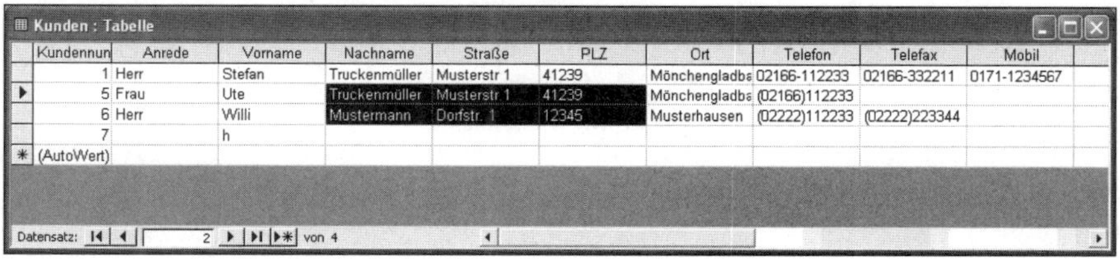

Abbildung 3.65: Mehrere Felder wurden markiert.

Die folgende Tabelle zeigt Ihnen wichtige Tastaturbefehle, die Ihnen das Markieren erleichtern.

Tastenkombination	Wirkung
[⇧]+[ ]	Markiert die gesamte Zeile
[Strg]+[ ]	Markiert die gesamte Spalte
[↹]	Markiert das nächste Feld
[Strg]+[A]	Markieren aller Datensätze der Tabelle
[⇧]+[↑]	Erweitern der Markierung nach oben
[⇧]+[↓]	Erweitern der Markierung nach unten
[⇧]+[<:]	Erweitern der Markierung nach rechts
[⇧]+[SYBEX]	Erweitern der Markierung nach links

Tabelle 3.9: Wichtige Tastenkombinationen zum Markieren

Datensatznavigation

Am unteren Rand der Tabelle sind die Navigationsschaltflächen untergebracht. Mit deren Hilfe können Sie sich schnell innerhalb der Tabelle bewegen.

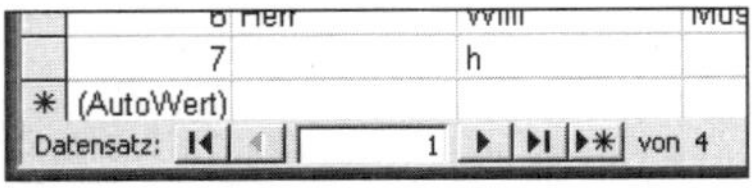

Abbildung 3.66: Die Navigationsschaltflächen der Tabelle

Die einzelnen Schaltflächen sind in der folgenden Tabelle von links nach rechts erläutert.

Schaltfläche	Bedeutung
I◀	Bewegt den Datensatzmarkierer in den ersten Datensatz
◀	Bewegt den Datensatzmarkierer in den vorherigen Datensatz
3	Ausgabe des Datensatzzählers. Durch direkte Angabe einer Zahl in das Feld kann zum gewünschten Datensatz gesprungen werden.
▶	Bewegt den Datensatzmarkierer in den nächsten Datensatz
▶I	Bewegt den Datensatzmarkierer in den letzten Datensatz
▶*	Erzeugt einen neuen Datensatz
von 4	Angabe, wie viele Datensätze in der Tabelle gespeichert sind

Tabelle 3.10: Die Symbole der Navigationsleiste

Ändern des Datenblattlayouts

Ähnlich wie Sie es vielleicht schon von Excel kennen, können Sie das Layout der Datenblattansicht verändern. Dazu zählt das Anpassen der Spaltenbreiten und Zeilenhöhen, das Ändern der Schriftart und Schriftgröße und vieles mehr.

Einstellen der Zeilenhöhe

Die Einstellung der Zeilenhöhe geschieht, indem Sie die Maus zwischen zwei Datensatzmarkierer setzen, bis der Mauszeiger sich in einen Doppelpfeil verwandelt. Sie können nun mit gedrückter linker Maustaste die Zeilenhöhe mit der Maus verändern.

Sie können die Maus auch in den Datensatzmarkierer setzen und mit der rechten Maustaste das dazugehörige Kontextmenü aufrufen. Aus diesem wählen Sie den Befehl *Zeilenhöhe*. In dem Dialogfeld *Zeilenhöhe* können Sie dann die Zeilenhöhe in Punkten genau angeben.

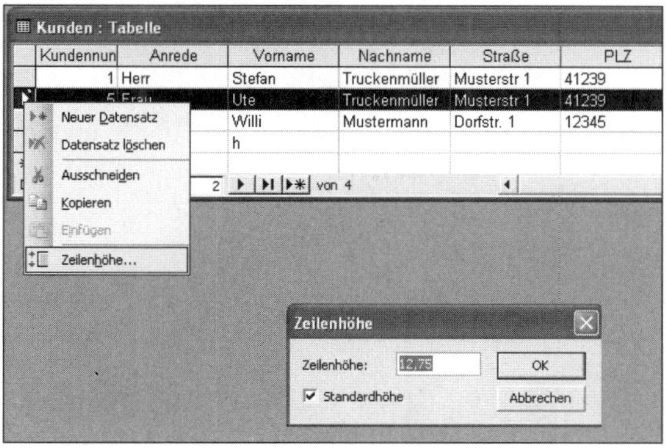

Abbildung 3.67: Eingabe der Zeilenhöhe

Einstellen der Spaltenbreite

Die Einstellung der Spaltenbreiten geschieht ähnlich wie die der Zeilenhöhe. Setzen Sie die Maus zwischen zwei Spaltennamen bis der Mauszeiger sich wieder in einen Doppelpfeil verwandelt. Sie können nun mit gedrückter linker Maustaste die Breite der Spalte mit der Maus verändern. Wenn Sie, nachdem der Mauszeiger sich in einen Doppelpfeil verwandelt hat, doppelklicken, versucht Access eine optimale Breite für die Spalte zu finden. Alternativ können Sie mit der Maus auch einen Spaltennamen markieren und wieder mit der rechten Maustaste das Kontextmenü aufrufen. Wählen Sie hier den Befehl *Spaltenbreite*.

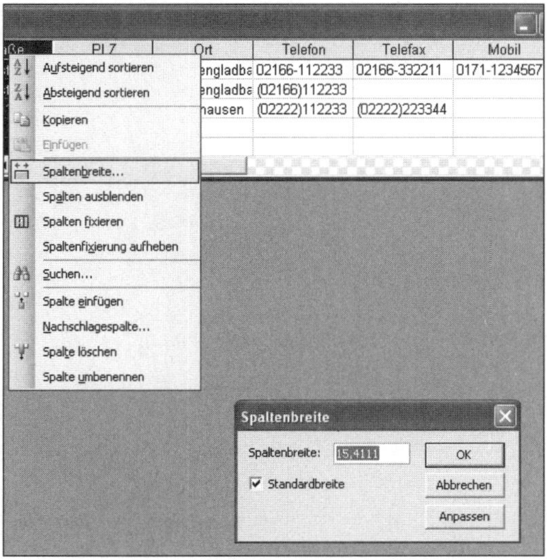

Abbildung 3.68: Einstellen der Spaltenbreite

Einstellen der Schriftart und -größe

Über den Menübefehl *Format > Zeichen* können Sie das Dialogfenster *Zeichen* aufrufen. In diesem Dialogfenster können Sie alle Schriftattribute für die Tabelle ändern. Änderungen wirken sich dabei immer auf die gesamte Tabelle aus, Sie können also nicht einzelnen Feldern unterschiedliche Attribute zuweisen.

Abbildung 3.69: Das Dialogfenster Zeichen

In der folgenden Abbildung können Sie sehen, wie eine Tabelle mit verändertem Layout aussieht.

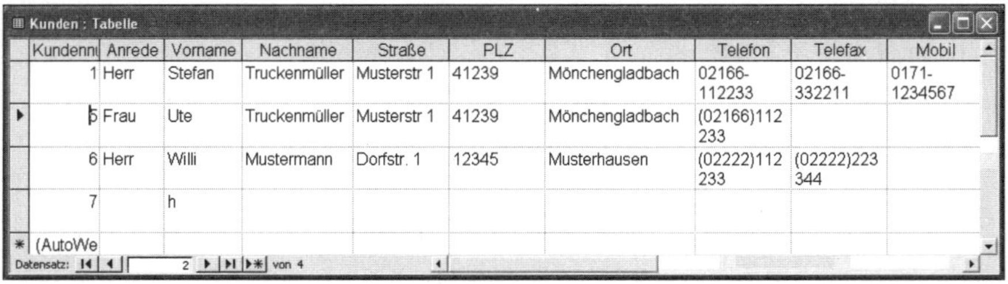

Abbildung 3.70: Eine Tabelle mit angepasstem Layout

4. Abfragen

Ein sehr wichtiges Thema bei Access-Datenbanken sind die Abfragen. Diese ermöglichen es, gezielt die Informationen aus Tabellen herauszusuchen, die Sie benötigen. Beispielsweise alle Kunden in einer bestimmten Stadt mit dem Umsatz x usw.

Für fast jede Frage, die Sie an einen Datenbestand in einer Tabelle haben, können Sie mithilfe einer Abfrage die passende Antwort bekommen.

Die am meisten eingesetzte Abfrage in Access ist die so genannte *Auswahlabfrage*. Mit ihrer Hilfe lassen sich Tabellendaten auswählen und auch verändern. Häufig sind Auswahlabfragen auch Grundlage für Formulare oder Berichte.

Neben Auswahlabfragen kennt Access noch weitere Abfragetypen:

- *Kreuztabellenabfrage*
- *Tabellenerstellungsabfrage*
- *Aktualisierungsabfrage*
- *Anfügeabfrage*
- *Löschabfrage*
- *Parameterabfragen*

Diese werden Sie in diesem Kapitel nach und nach kennen lernen.

Abfragen sehen in ihrem Ergebnis Tabellen sehr ähnlich. Sie können auch direkt Daten innerhalb des Ergebnisses einer Abfrage ändern. Auch neue Datensätze können erstellt werden. Gespeichert werden diese aber immer in den zugrunde liegenden Tabellen.

Aus diesem Umstand heraus können Sie auch keine Abfrage unter demselben Namen wie eine schon erstellte Tabelle speichern.

Abfragen eignen sich, um aus großen Datenmenge genau diejenigen auszuwählen, die momentan für Sie interessant sind.

Der Auswahlabfrage-Assistent

Der schnellste Weg zu einer Abfrage führt über den Abfrage-Assistenten von Access. Klicken Sie im Datenbankfenster von Access auf die Kategorie *Abfragen* und anschließend auf die Schaltfläche *Neu*.

1. In dem Dialogfenster *Neue Abfrage* klicken Sie auf den Eintrag *Auswahlabfrage-Assistent* und anschließend auf *OK*.

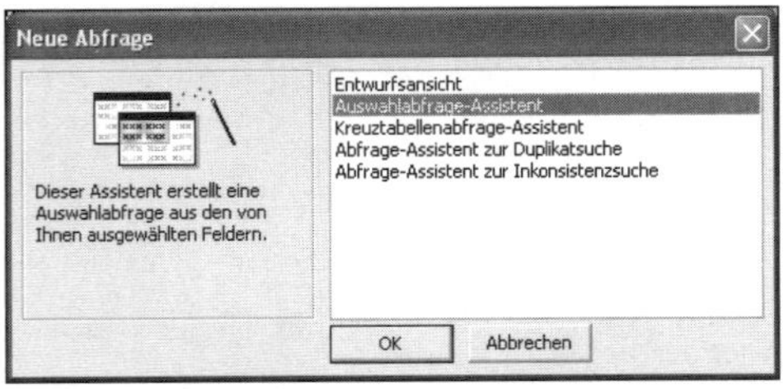

Abbildung 4.1: Wählen Sie aus dem Dialogfenster Neue Abfrage *den* Auswahlabfrage-Assistenten.

Der Auswahlabfrage-Assistent präsentiert sich ähnlich dem im vorherigen *Kapitel 3: Das Fundament – Daten in Tabellen erfassen* vorgestellten Tabellen-Assistenten und lässt sich genauso einfach bedienen.

2. Im ersten Schritt des Assistenten werden die Tabelle und die Felder ausgewählt, die Bestandteil des Abfrageergebnisses sein sollen.

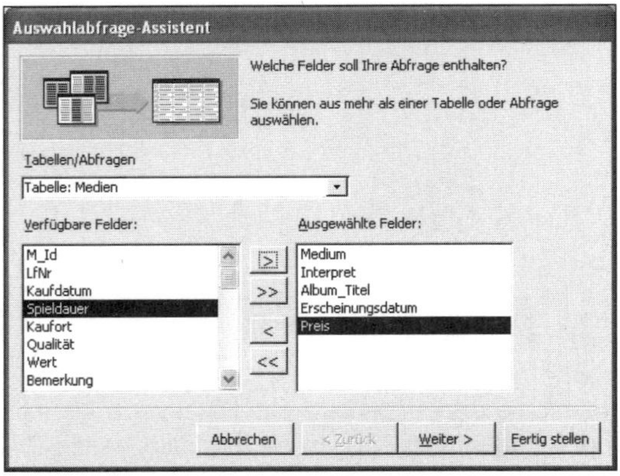

Abbildung 4.2: Auswahl der Felder der Abfrage

Aus dem oberen Kombinationsfeld *Tabellen/Abfragen* wählen Sie als Erstes die Tabelle aus, für die Sie eine Abfrage erstellen wollen. Existieren schon Abfragen in Ihrer Datenbank, sind diese genauso in der Liste wählbar. Im Prinzip können Sie ohne weiteres eine vorhandene Abfrage noch weiter abfragen, diese speichern, sie ein weiteres Mal abfragen usw.

Gekennzeichnet werden Tabellen und Abfragen in der Liste, indem jeweils vor dem Namen ausgegeben wird, um was es sich handelt.

Die Auswahl der Felder geschieht genau so wie beim Tabellen-Assistenten. Mit der Schaltfläche > wird das in der linken Liste *Verfügbare Felder* markierte Feld in die rechten Liste *Ausgewählte Felder* hinzugefügt und wird somit Bestandteil der Abfrage. Mit der Schaltfläche >> fügen Sie alle Felder der ausgewählten Tabelle der Abfrage hinzu.

Ein nicht gewolltes Feld löschen Sie, indem Sie es in der Liste *Ausgewählte Felder* markieren und mit der Schaltfläche < wieder entfernen. Die Schaltfläche << entfernt alle Felder aus der Liste *Ausgewählte Felder.*

Klicken Sie auf *Weiter,* um zum nächsten Schritt des Assistenten zu gelangen.

3. Im zweiten Schritt stehen Ihnen die beide Optionen *Detail (zeigt jedes Feld jedes Datensatzes)* und *Zusammenfassung* zur Auswahl.

   In dieser ersten Beschreibung von Abfragen wählen Sie die erste Option – *Zusammenfassungen* oder auch *Gruppierungsabfragen* werden später in diesem Abschnitt behandelt.

   Klicken Sie auf die Schaltfläche *Weiter.*

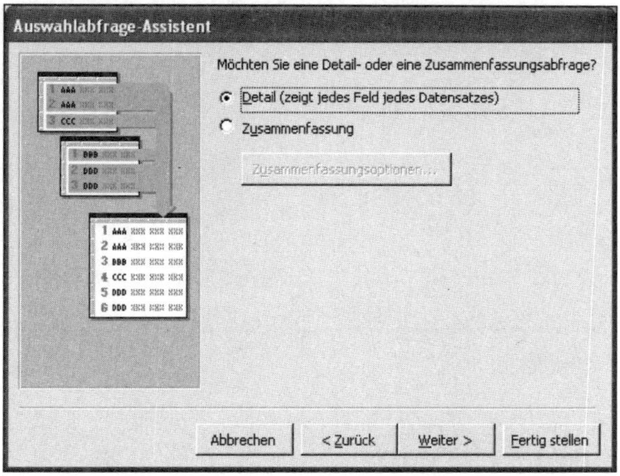

Abbildung 4.3: Der zweite Schritt des Auswahlabfrage-Assistenten

4. Im letzten Schritt des Auswahlabfrage-Assistenten müssen Sie der Abfrage noch einen Namen geben.

   Weiter können Sie auswählen, ob Sie die Abfrage sofort öffnen oder den Abfrageentwurf weiter ändern wollen.

   Klicken Sie zum Abschluss des Assistenten auf *Fertig stellen.*

Das Ergebnis der Abfrage ähnelt vom Aussehen her dem einer Tabelle. Sie können auch Daten über die Abfrage in die zugrunde liegende Tabelle eintragen, neue Datensätze hinzufügen oder vorhandene löschen.

Das Abfrageergebnis wird in Access als *Dynaset* bezeichnet.

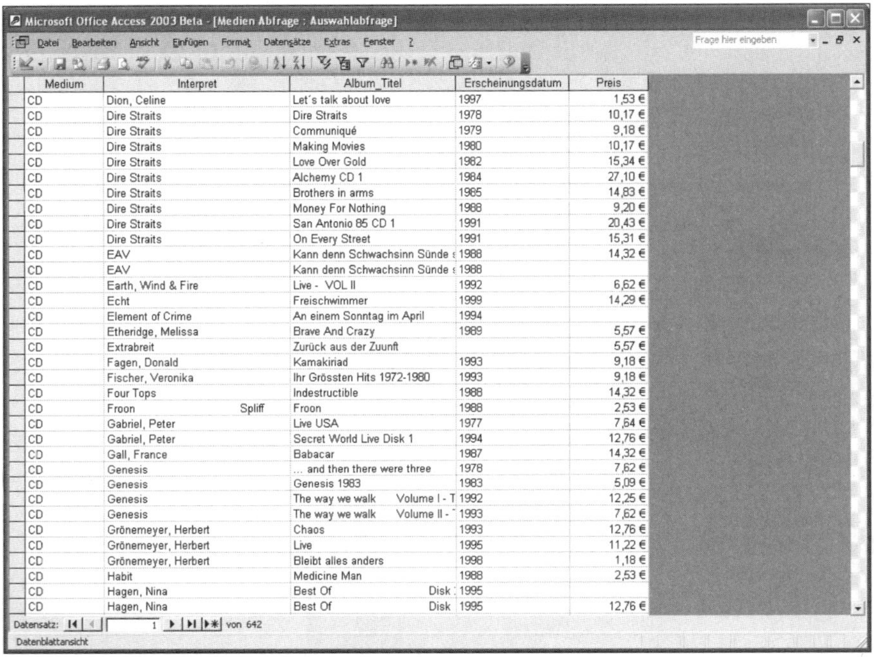

Medium	Interpret	Album_Titel	Erscheinungsdatum	Preis
CD	Dion, Celine	Let´s talk about love	1997	1,53 €
CD	Dire Straits	Dire Straits	1978	10,17 €
CD	Dire Straits	Communiqué	1979	9,18 €
CD	Dire Straits	Making Movies	1980	10,17 €
CD	Dire Straits	Love Over Gold	1982	15,34 €
CD	Dire Straits	Alchemy CD 1	1984	27,10 €
CD	Dire Straits	Brothers in arms	1985	14,83 €
CD	Dire Straits	Money For Nothing	1988	9,20 €
CD	Dire Straits	San Antonio 85 CD 1	1991	20,43 €
CD	Dire Straits	On Every Street	1991	15,31 €
CD	EAV	Kann denn Schwachsinn Sünde s	1988	14,32 €
CD	EAV	Kann denn Schwachsinn Sünde s	1988	
CD	Earth, Wind & Fire	Live - VOL II	1992	6,62 €
CD	Echt	Freischwimmer	1999	14,29 €
CD	Element of Crime	An einem Sonntag im April	1994	
CD	Etheridge, Melissa	Brave And Crazy	1989	5,57 €
CD	Extrabreit	Zurück aus der Zuunft		5,57 €
CD	Fagen, Donald	Kamakiriad	1993	9,18 €
CD	Fischer, Veronika	Ihr Grössten Hits 1972-1980	1993	9,18 €
CD	Four Tops	Indestructible	1988	14,32 €
CD	Froon Spliff	Froon	1988	2,53 €
CD	Gabriel, Peter	Live USA	1977	7,64 €
CD	Gabriel, Peter	Secret World Live Disk 1	1994	12,76 €
CD	Gall, France	Babacar	1987	14,32 €
CD	Genesis	... and then there were three	1978	7,62 €
CD	Genesis	Genesis 1983	1983	5,09 €
CD	Genesis	The way we walk Volume I - T	1992	12,25 €
CD	Genesis	The way we walk Volume II -	1993	7,62 €
CD	Grönemeyer, Herbert	Chaos	1993	12,76 €
CD	Grönemeyer, Herbert	Live	1995	11,22 €
CD	Grönemeyer, Herbert	Bleibt alles anders	1998	1,18 €
CD	Habit	Medicine Man	1988	2,53 €
CD	Hagen, Nina	Best Of Disk :	1995	
CD	Hagen, Nina	Best Of Disk	1995	12,76 €

Abbildung 4.4: Das Ergebnis einer Auswahlabfrage

Die Symbolleiste der Abfrage

Die Symbolleiste enthält einige Symbole, die speziell für Abfragen in der Datenblattansicht eingeblendet werden. Folgende Tabelle zeigt Ihnen alle Symbole und erklärt deren Bedeutung.

Symbol	Bedeutung
	Aktiviert die Entwurfsansicht. Durch Auswahl des Pfeils ist der Wechsel zu anderen Ansichten möglich.
	Speichert den Abfrageentwurf
	Ruft die Dateisuche von Access auf
	Druckt die Datenblattansicht aus
	Zeigt die Datenblattansicht in der Seitenansicht an

Symbol	Bedeutung
	Ruft die eingebaute Rechtschreibprüfung von Access auf
	Schneidet das markierte Element in die Zwischenablage aus
	Kopiert das markierte Element in die Zwischenablage
	Fügt den Inhalt der Zwischenablage ein
	Macht die letzte Änderung rückgängig
	Nur bei Feldern vom Datentyp Hyperlink: Ruft den Dialog *Hyperlink einfügen* auf
	Sortiert die Datensätze anhand der aktiven Spalte aufsteigend von A-Z
	Sortiert die Datensätze anhand der aktiven Spalte absteigend von Z-A
	Startet den auswahlbasierten Filter
	Startet den formularbasierten Filter
	Entfernt einen aktivierten Filter
	Ruft den Dialog *Suchen und Ersetzen* auf
	Fügt einen neuen Datensatz ein
	Löscht den aktiven Datensatz
	Ruft das Datenbankfenster von Access auf
	Erstellt ein neues Objekt auf Basis der Abfrage
	Startet die Hilfe von Access

Zusätzlich stehen in der Entwurfsansicht folgende Symbole zur Verfügung:

Symbol	Bedeutung
	Aktiviert die Datenblattansicht. Durch Auswahl des Pfeils ist der Wechsel zu anderen Ansichten möglich.
	Wechselt den Abfragetyp
	Führt die Abfrage aus
	Zeigt den Dialog *Neue Abfrage* an
	Blendet die *Funktionen*-Zeile in der Abfrage ein
	Auswahl, wie viele Werte die Abfrage ausgeben soll
	Ruft den Dialog *Eigenschaften* auf
	Ruft den Ausdrucks-Generator auf

Der Entwurfsbereich

Der Auswahlabfrage-Assistent erstellt in der Regel Abfragen, die sehr "allgemein" gehalten sind, d.h. es werden normalerweise alle Datensätze der ausgewählten Tabelle im Abfrageergebnis angezeigt.

In der Praxis ist es häufig so, dass zusätzliche Bedingungen das Ergebnis der Abfrage einschränken soll.

Im Folgenden wird der Aufbau einer Auswahlabfrage ohne den Assistenten beschrieben. Sie können auch eine mithilfe des Assistenten erstellte Abfrage ohne weiteres in der Entwurfsansicht der Abfrage weiter verändern.

Klicken Sie im Datenbankfenster von Access auf die Kategorie *Abfragen* und anschließend auf die Schaltfläche *Neu*. Im Dialogfenster *Neue Abfrage* klicken Sie auf den Eintrag *Entwurfsansicht* und anschließend auf *OK*.

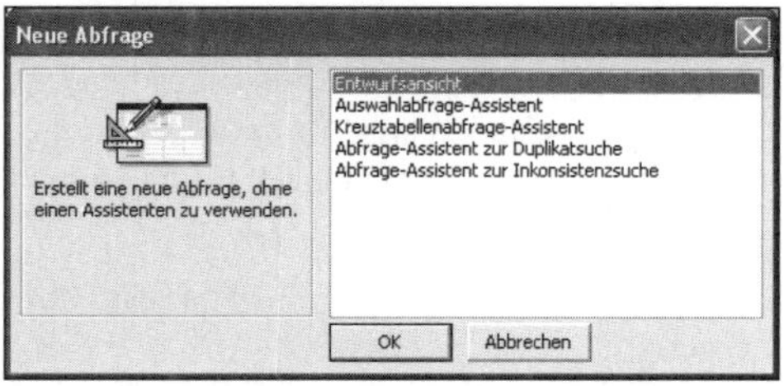

Abbildung 4.5: Wählen Sie im Dialog Neue Abfrage *den Eintrag* Entwurfsansicht.

Als Erstes blendet Access den Dialog *Tabelle anzeigen* ein. Aus diesem können Sie eine oder mehrere Tabellen/Abfragen, die in Ihrer Datenbank vorhanden sind, der Auswahlabfrage hinzufügen. Das Register *Tabellen* bietet Ihnen die gespeicherten Tabelle an, im Register *Abfragen* haben Sie Zugriff auf die Abfragen und das Register *Beide* schließlich bietet Ihnen sowohl die Tabellen als auch die Abfragen an.

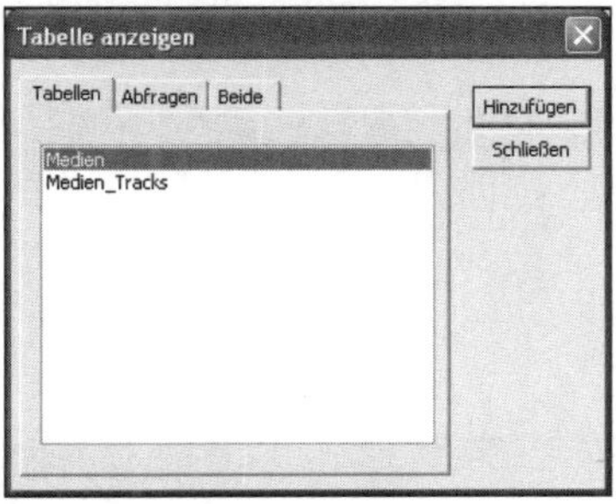

Abbildung 4.6: Auswahl von Tabellen und Abfragen

Markieren Sie einen Eintrag und klicken anschließend auf die Schaltfläche *Hinzufügen.* Beenden Sie Ihre Auswahl mit *Schließen.* Sie können später jederzeit weitere Tabellen zu Ihrer Abfrage hinzufügen. Klicken Sie dazu auf das Symbol *Tabelle anzeigen* in der Symbolleiste.

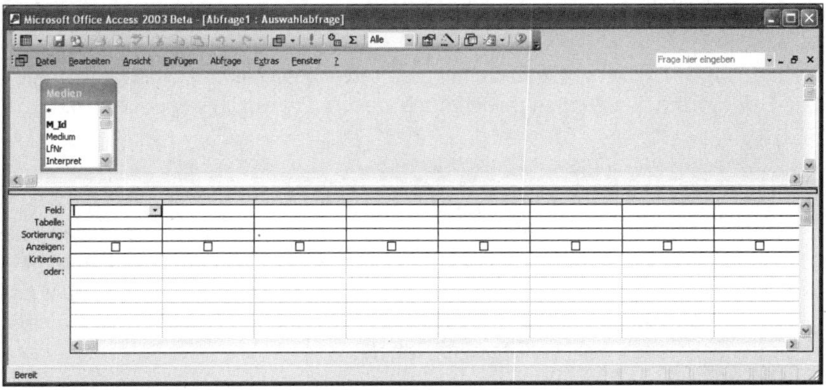

Abbildung 4.7: Der Abfrageentwurf von Access

Der Abfrageentwurf ist zweigeteilt. Im oberen Bereich stehen die einzelnen Tabellen (Abfragen), die als Datenherkunft der Abfrage dienten. Alle Felder der Tabelle stehen als Feldliste zur Verfügung. Der Primärschlüssel der Tabelle wird in Fettschrift angezeigt. Der erste Eintrag in der Liste, das Sternchen, steht als Platzhalter für alle Felder der Tabelle.

Im unteren Bereich werden die Felder der Abfrage sowie die weiteren Eigenschaften angezeigt.

Hinzufügen von Feldern

Um nun ein Feld der Abfrage hinzuzufügen, haben Sie mehrere Möglichkeiten.

Klicken Sie doppelt auf ein Feld in der Feldliste, wird dieses, von links nach rechts, der Abfrage hinzugefügt. Markieren Sie ein Feld mit der Maus, können Sie es, bei gedrückter linker Maustaste, auf ein Feld der Abfrage ziehen. Es wird dann vor dieses Feld in die Abfrage eingefügt.

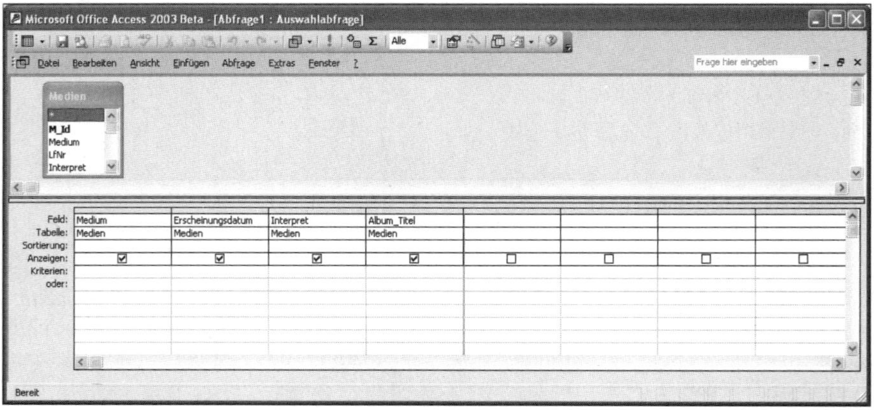

Abbildung 4.8: Auswahlabfrage mit hinzugefügten Feldern

Bis hier wäre das Ergebnis identisch mit den Abfragen, die der Auswahlabfrage-Assistent liefern kann. Sie können jedoch noch weitere Eigenschaften einstellen.

Abfrageeigenschaften festlegen

Mit den Abfrageeigenschaften können Sie weitere wichtige Eigenschaften und das Verhalten der Abfrage einstellen. Klicken Sie in der Symbolleiste auf das Symbol *Eigenschaften*. Sollte nicht sofort das Dialogfenster *Abfrageeigenschaften*, erkennbar am Titel des Dialogs, erscheinen, klicken Sie im oberen Bereich der Entwurfsansicht in einen freien Bereich neben der Feldliste einer Tabelle.

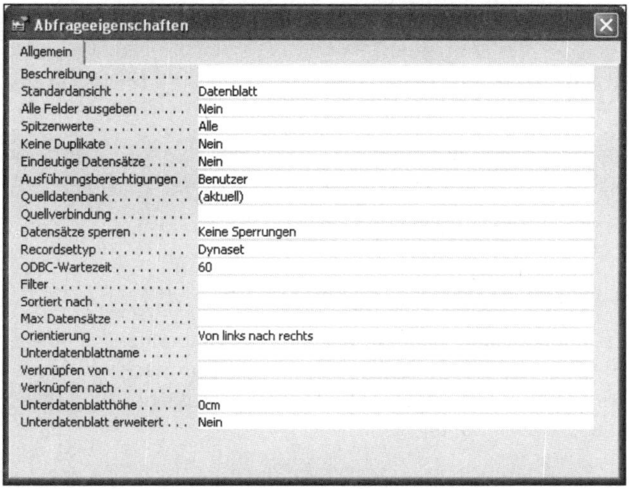

Abbildung 4.9: Der Dialog Abfrageeigenschaften

Beschreibung

Im Feld *Beschreibung* können Sie eine ergänzende Beschreibung der Abfrage eingeben. Diese wird auch im Datenbankfenster in der *Details*-Ansicht angezeigt.

Standardansicht

Auswahl der Standardansicht. Zur Auswahl stehen *Datenblatt*, *PivotTable* und *PivotChart*.

Alle Felder ausgeben

Wenn Sie diese Eigenschaft auf *Ja* setzen, werden alle Felder der Tabellen mit im Dynaset der Abfrage angezeigt. Denselben Effekt haben Sie, wenn Sie das Sternchen aus der Feldliste einer Tabelle der Abfrage hinzufügen.

Spitzenwerte

Mit der Angabe eines Spitzenwertes können Sie die Anzahl der Datensätze, die die Abfrage ausgibt, beschränken. Sie können entweder aus der Liste einen Wert auswählen oder auch einen eigenen Wert eingeben. Die Angabe von beispielsweise 10 ergibt im Dynaset der Abfrage maximal 10 Datensätze. Sie können sich so z.B. eine Top-Ten-Liste erstellen.

Keine Duplikate und Eindeutige Datensätze

Sie können immer nur eines dieser Eigenschaften auf *Ja* setzen. Setzen Sie *Keine Duplikate* auf *Ja*, werden im Dynaset der Abfrage doppelt vorkommende Zeile unterdrückt. Grundlage dafür sind nur die Felder der Tabelle, die der Abfrage hinzugefügt wurden.

Setzen Sie dagegen die Eigenschaft *Eindeutige Datensätze* auf *Ja*, werden nur eindeutige Datensätze ausgegeben, die auf allen Feldern der Tabelle basieren.

Datensätze sperren
Mit dieser Eigenschaft legen Sie das Verhalten der Abfrage in einem Netzwerk fest. Zur Auswahl stehen *Keine Datensätze*, *Alle Datensätze* und *Bearbeiteter Datensatz*.

Recordsettyp
Diese Eigenschaft steht standardmäßig auf *Dynaset*; dies erlaubt das Bearbeiten von Datensätzen. Mit dem Typ *Snapshot* wird eine Abfrage erzeugt, in der die Datensätze schreibgeschützt sind.

Festlegen von Abfragekriterien

Abfragen dienen dazu, aus einem Datenbestand bestimmte Informationen herauszufiltern. Beispielsweise interessiert Sie bei einer Adressenliste, wer im nächsten Monat Geburtstag hat, oder bei einer CD-Sammlung, welche CDs Sie im letzten Jahr gekauft haben und was Sie dafür ausgegeben haben.

Für diese Aufgabe können Sie Abfragekriterien festlegen, die die Datensätze der Abfrage beschränken.

Für jedes Feld der Abfrage können Sie ein Kriterium eingeben, das erfüllt sein muss, damit der Datensatz im Dynaset der Abfrage ausgegeben wird. Dabei erfolgt die Verknüpfung von mehreren Kriterien in derselben Zeile als UND-Verknüpfung, Kriterien in unterschiedlichen Zeilen als ODER-Verknüpfung.

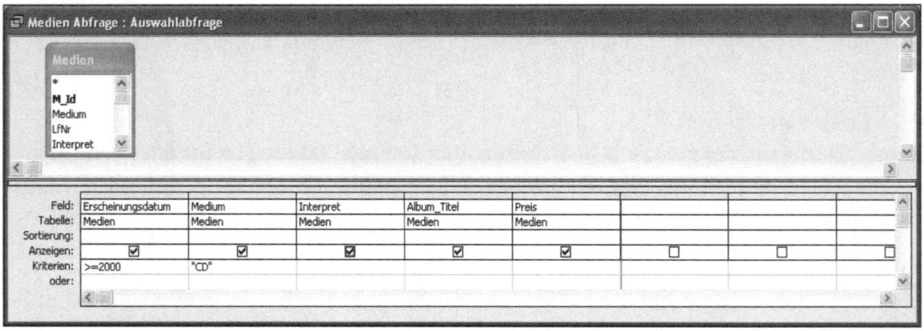

Abbildung 4.10: Eingrenzung der Abfrage durch Kriterien

In der vorherigen Abbildung sehen Sie die Angabe "*>=2000*" im Feld *Kriterium* des Felds *Erscheinungsdatum* und "*CD*" im Feld *Medium*. Beide Kriterien müssen erfüllt sein, damit die Abfrage Datensätze angezeigt.

Folgende Tabelle enthält die wichtigsten Vergleichsoperatoren von Access.

Operator	Beschreibung
=	Gleich
>	Größer
>=	Größer gleich
<	Kleiner
<=	Kleiner gleich
<>	Ungleich
Wie	Vergleich mit Platzhaltern
In	Vergleich mit einer Wertemenge
Ist	Vergleich mit Null-Werten
Zwischen	Vergleich mit einem Intervall
Und	Logische UND-Verknüpfung zweier Ausdrücke, d.h. beide Ausdrücke müssen erfüllt sein
Oder	Logische nicht-exklusive ODER-Verknüpfung zweier Ausdrücke, d.h. nur ein Ausdruck *muss* erfüllt sein, es *können* aber auch beide Ausdrücke erfüllt sein
Nicht	Der Ausdruck wird negiert.

Das Gleichheitszeichen brauchen Sie in der Regel nicht zu setzen, da es die Standardvorgabe von Access ist. "CD“ ist also gleichbedeutend mit "=CD“.

Es folgen nun ein paar Beispiele, die den Einsatz der Vergleichsoperatoren zeigen.

Vergleiche auf den Datentyp Zahl

Sie wollen in einer CD-Sammlung wissen, welche CDs im Jahr 2001 und im Jahr 2002 erschienen sind. In der Tabelle, die abgefragt wird, ist das Feld, welches zur Speicherung des Erscheinungsdatums dient, vom Typ *Zahl, Integer.* Nachfolgend sind mögliche Kriteriumsausdrücke dargestellt, die alle dasselbe Ergebnis liefern:

- 2001 oder 2002
- >= 2001 Und <= 2002
- > 2000 Und < 2003
- Zwischen 2001 und 2002
- In (2001,2002)
- Nicht (<> 2001 Und <> 2002)

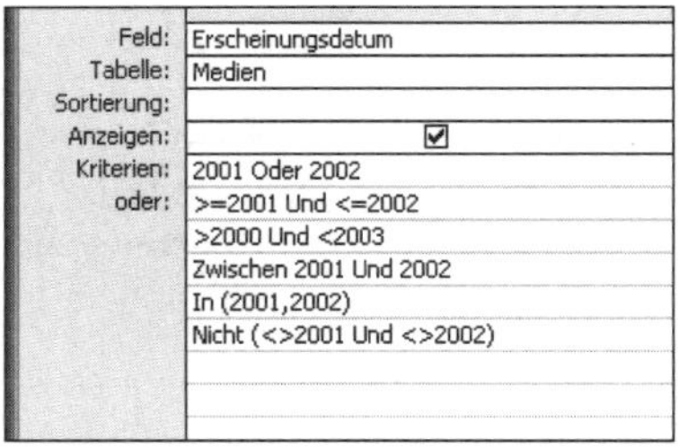

Abbildung 4.11: Alle Wege führen nach Rom ...

Vergleiche auf den Datentyp Datum/Uhrzeit

Als Nächstes wollen Sie vielleicht wissen, welche CDs Sie in den letzten beiden Monaten gekauft haben. Das entsprechende Feld in der Tabelle ist vom Typ *Datum/Uhrzeit*. Der Vergleichsoperator *Zwischen* würde sich für diese Aufgabenstellung anbieten. In Access werden Datumsangabe mit einer Raute (#) gekennzeichnet. In Access müssten Sie Folgendes als Kriterium eingeben:

- Zwischen #01.03.2003# Und #30.04.2003#

Es geht aber auch kürzer, denn Access unterstützt Sie bei der Eingabe durch eine komfortable Eingabekontrolle. Die Eingabe

- Zwischen 1.3.03 Und 30.4.03

wird, nachdem Sie das Kriteriumfeld verlassen haben, von Access auf Fehler in der Schreibweise hin untersucht und automatisch in die, für Access lesbare, richtige Schreibweise umgeändert, d.h., die fehlenden Rauten werden hinzugefügt und die Schreibweise des Datums in zweistellige Tages- und Monatszahlen geändert.

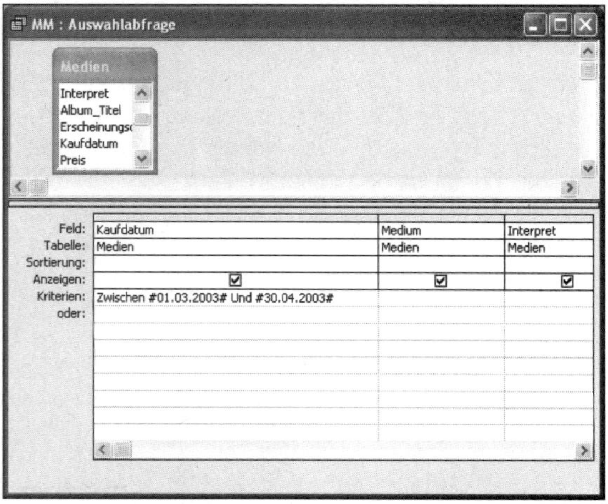

Abbildung 4.12: Vergleich bei einem Datumsfeld

Textvergleiche

Vergleiche auf Textfelder stellen für Access natürlich auch kein Problem dar. Auch hier ein paar anschauliche Beispiele:

Kriterium	Eingabe	Beschreibung
Wie "A*"	A*	Liefert alle Felder, die mit einem *A* beginnen
Wie "*A*"	*A*	Liefert alle Felder, in denen an irgendeiner Stelle ein *A* steht
="Düsseldorf"	Düsseldorf	Liefert alle Felder, in denen die Zeichenkette "Düsseldorf" steht

Vergleich auf leere Datensätze

Besonders interessant ist der Ist-Operator. Solange in einem Feld noch nichts eingegeben wurde, trägt es intern den Status *Null*. Vom Aussehen in der Datenblattansicht unterscheiden sich Datensätze, in denen ein Leerzeichen, eine leere Zeichenkette oder noch gar nichts eingegeben worden ist, überhaupt nicht. Wollen Sie beispielsweise alle Felder ausgeben, in denen der Anwender noch gar nichts eingegeben hat, können Sie es auf die Eigenschaft *Null* prüfen. Das Kriterium

Ist Null
ermittelt alle Datensätze mit leeren Feldern, das Kriterium

Nicht Ist Null
dagegen alle Felder, in denen schon etwas steht. Beachten Sie, dass die Eigenschaft *Null* nichts mit dem Wert "*0*" bei einem Feld vom Typ *Zahl* zu tun hat.

Abfragen sortieren und Felder anzeigen

Sie können für jedes Feld der Abfrage die Sortierreihenfolge *Aufsteigend* oder *Absteigend* auswählen. Zu diesem Zweck stellt der Abfrageentwurf eine eigene Zeile zur Verfügung.

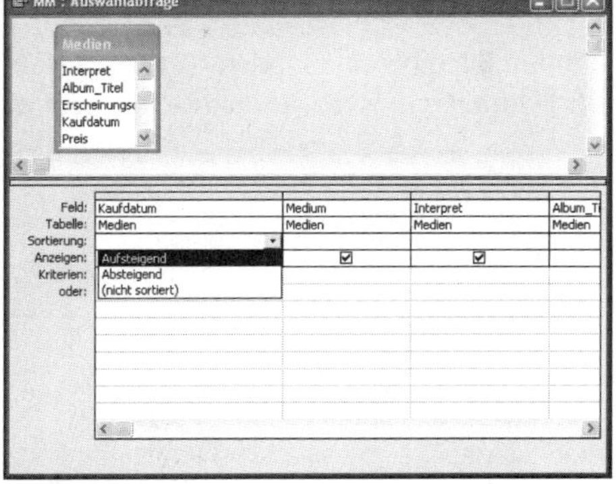

Abbildung 4.13: Sie können für jedes Feld eine Sortierreihenfolge vorgeben.

Klicken Sie in das Feld *Sortierung* und wählen eine Reihenfolge aus der Liste aus. Der Eintrag *(nicht sortiert)* hebt eine vorhandene Sortierung nach diesem Feld wieder auf.

Access sortiert immer von links nach rechts. D.h. zuerst werden alle Datensätze anhand der ersten Sortierung ausgegeben, bei Gleichheit in einem Feld die zweite Sortierreihenfolge usw.

In der folgenden Reihenfolge wurde aufsteigend nach dem Feld *Erscheinungsdatum* und absteigend nach dem Feld *Preis* sortiert.

Erscheinungsdatum	Medium	Interpret	Album_Titel	Preis
1984	CD	Clannad	Macalla	1,53 €
1984	CD	Clannad	Legend	1,53 €
1984	CD	Dire Straits	Alchemy CD 2	
1985	CD	Level 42	World Machine	15,34 €
1985	CD	Dire Straits	Brothers in arms	14,83 €
1985	CD	Tull, Jethro	Orginal Masters	7,62 €
1985	CD	Jones, Grace	Island Life	5,57 €
1985	CD	Sampler	All Night Long /Studio London Or	5,11 €
1985	CD	Knopfler, David	Behind The Lines	5,09 €
1985	CD	Eurythmics	Be yourself tonight	3,33 €
1985	CD	BAP	BAP rockt andere kölsche Leede	1,53 €
1985	CD	PUR	Vorsicht zerbrechlich	1,53 €
1985	CD	Sennheiser	Die Unendliche Halle	
1986	CD	Springsteen, Bruce & The E Street B	Live 1975 - 1985	20,43 €
1986	CD	Toto	Fahrenheit	11,24 €
1986	CD	Talk Talk	The Colour Of Spring	10,20 €
1986	CD	Clark, Anne	The Best Of	8,67 €
1986	CD	Bush, Kate	The whole story	8,00 €
1986	CD	Bailey, Philip	Inside Out	7,67 €
1986	CD	Zucchero	Fornaciari	6,64 €
1986	CD	Knopfler, David	Cut The Wire	5,09 €
1986	CD	Benson, George	Love for sale	2,56 €
1986	CD	Jürgens, Udo	Deinetwegen	1,53 €
1986	CD	Simon, Paul	Graceland	1,53 €
1986	CD	Springsteen, Bruce & The E Street B	Live 1975 - 1985	0,00 €
1986	CD	Springsteen, Bruce & The E Street B	Live 1975 - 1985	0,00 €
1987	CD	Trent D'Arby, Terence	Introducing the hardline	15,34 €
1987	CD	Pink Floyd	A Momentary Lapse Of Reason	15,34 €
1987	CD	Sampler	High Life	15,34 €
1987	CD	U2	The Joshua Tree	15,33 €
1987	CD	Jackson, Michael	Bad	14,83 €
1987	CD	Gall, France	Babacar	14,32 €
1987	CD	Michael, George	Faith	14,32 €
1987	CD	Parson, Alan Project	Gaudi	11,22 €

Abbildung 4.14: Ausgabe sortiert nach Erscheinungsdatum *und* Preis

Durch Demarkieren der Option *Anzeigen* können Sie ein Feld aus dem Abfrageergebnis ausblenden. Eine vorgegebene Sortierreihenfolge und Abfragekriterien bleiben davon jedoch unberührt.

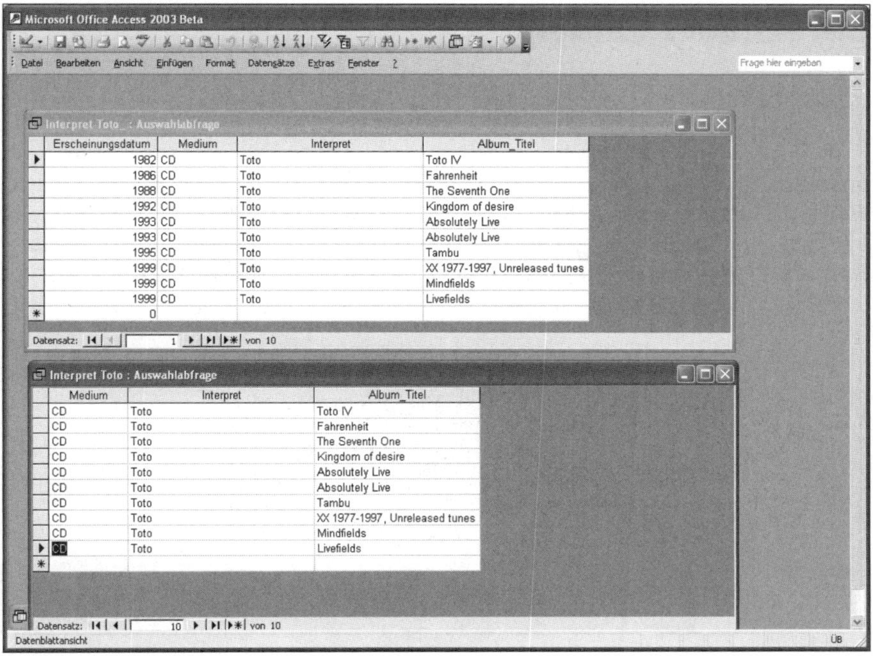

Abbildung 4.15: Sie können Spalten aus dem Dynaset ausblenden.

Felder umbenennen

Bei der Übernahme von Feldern in die Abfrage erhalten die Felder in der Abfrage denselben Namen wie in der Tabelle. Um in der Abfrage das Ergebnis leichter lesbar zu machen, können diese auch umbenannt werden.

Klicken Sie hierzu links neben den ersten Buchstaben des Felds, das Sie umbenennen wollen. Geben Sie den neuen Namen gefolgt von einem Doppelpunkt ein.

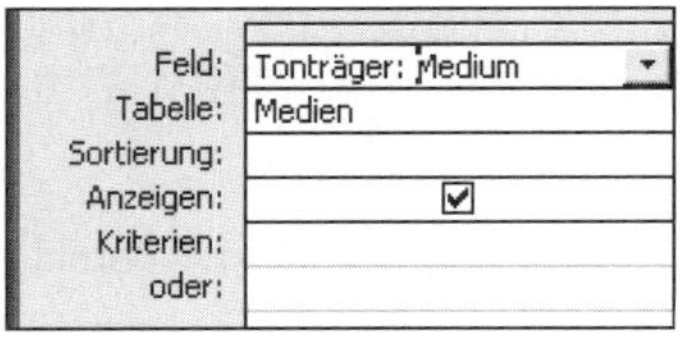

Abbildung 4.16: Umbenennen von Feldern im Abfrageentwurf

Berechnete Felder

Mit berechneten Feldern können Sie Berechnungen mit den Daten des Dynasets durchführen. Dies können einerseits mathematische Berechnungen sein oder auch Zeichenverkettungen.

Im folgenden Beispiel soll aus dem Feld *Vorname* und dem Feld *Nachname* das neue Feld *Name* gebildet werden. Klicken Sie dazu in ein leeres Feld des Abfrageentwurfes und geben den neuen Namen, wieder gefolgt von einem Doppelpunkt, ein. Einzelne Zeichenketten werden in Access mit dem &-Zeichen verbunden.

Der komplette Eintrag lautet also:

- Name: [Vorname] & " " & [Nachname]

Abbildung 4.17: Berechnetes Feld

Mit dem Datentyp *Zahl* können auch mathematische Berechnungen mit Feldern durchgeführt werden. Beispielsweise wollen Sie in einer Artikelliste eine Mehrwertsteuerberechnung für Nettopreise durchführen:

- Bruttopreis: [Nettopreis] * 1,16
- Mehrwertsteuer: [Nettopreis] * ,16

Berechnete Felder können Sie gleich in weiteren Berechnungen mit einbauen, z.B.:

- Brutto2: [Nettopreis] + [Mehrwertsteuer]

Dabei wird zuerst das berechnete Feld *Mehrwertsteuer* gebildet, das bei der Berechnung von *Brutto2* mitverwendet wird.

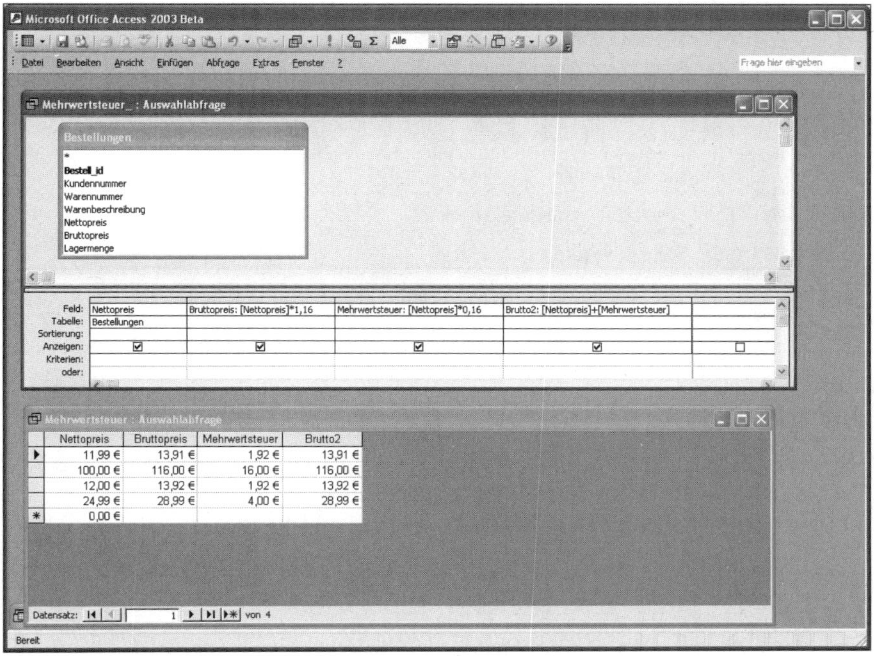

Abbildung 4.18: Ausdruck im Entwurfsbereich und das Dynaset

Datensätze gruppieren

Sie haben im Abfrageentwurf auch die Möglichkeit, Datensätze zu gruppieren und weitere Berechnungen anzustellen. Dabei werden in der Regel die Datensätze verdichtet ausgegeben. Access stellt dafür so genannte *Aggregatfunktionen* zur Verfügung, mit denen sich Berechnungen und Gruppierungen durchführen lassen.

Klicken Sie in der Symbolleiste auf das Symbol *Funktionen.* Der untere Entwurfsbereich der Abfrage wird um die Zeile *Funktion* ergänzt.

Für jedes Feld der Abfrage können Sie eine Aggregatfunktion auswählen. Folgende Tabelle zeigt Sie Ihnen eine Übersicht.

Funktion	Beschreibung
Gruppierung	Gruppiert die Werte eines Felds
Summe	Berechnet die Summe der Werte des Felds
Mittelwert	Der Durchschnittswert wird berechnet.
Min	Der kleinste Wert wird angezeigt.
Max	Der größte Wert wird angezeigt.

Funktion	Beschreibung
Anzahl	Die Anzahl der Werte wird berechnet. Felder mit *Null*-Werten werden nicht mitgezählt.
StdAbw	Berechnet die Standardabweichung
Varianz	Berechnet die Varianz der Werte
Erster Wert	Der erste Wert wird ausgegeben.
Letzter Wert	Der letzte Wert wird ausgegeben.
Ausdruck	Das Feld wird anhand eines benutzerdefinierten Ausdrucks berechnet.
Bedingung	Das Feld dient nur zur Festlegung von Kriterien.

Anwendung einer Gruppierungsabfrage

Folgende Aufgabenstellung soll nun mithilfe der Aggregatfunktionen von Access gelöst werden: Sie wollen beispielsweise wissen, wie viele verschiedene Tonträger Sie pro Jahr gekauft haben und was Sie dafür ausgegeben haben.

1. Wechseln Sie im Datenbankfenster von Access in die Kategorie *Abfragen* und klicken dort auf den Eintrag *Erstellt eine neue Abfrage in der Entwurfsansicht*.
2. Wählen Sie im Dialogfenster *Tabelle anzeigen* aus der Registerkarte *Tabellen* die Tabelle aus, in der die Datensätze für die Abfrage enthalten sind. In Falle der Beispieldatenbank ist dies die Tabelle *Medien*. Klicken Sie anschließend auf die Schaltfläche *Hinzufügen*. Schließen Sie dann das Dialogfenster mit *Schließen*.
3. Als Erstes werden nun die Felder dem Abfrageentwurf hinzugefügt, die in der Abfrage enthalten sein sollen. Zuerst werden die beiden Felder *Medium* und *Album_Titel* der Abfrage hinzufügt. Markieren Sie diese beiden Felder in der Tabelle (Tipp: Halten Sie beim Klicken auf die beiden Felder die Strg-Taste gedrückt), und ziehen Sie sie in den unteren Bereich der Abfrage.
4. Nun folgt das Feld, das angibt wann Sie einen Tonträger gekauft haben. Dieses Feld ist ein Datumsfeld. Für unseren Zweck reicht es aber aus, nur das Jahr zu wissen, in dem Sie einen Tonträger gekauft haben. Dafür stellt Access die *Jahr*-Funktion parat. Der Funktion übergeben Sie ein beliebiges Datum, aus dem nur das Jahr zurückgegeben wird. Gehen Sie in die nächste freie Spalte des Abfrageentwurfes und geben dort den folgenden Ausdruck ein:

   - Kaufjahr: Jahr([Kaufdatum])

   Das Feld *Kaufdatum* stammt aus der Tabelle und mit der *Jahr*-Funktion wird das neue Feld *Kaufjahr* berechnet.

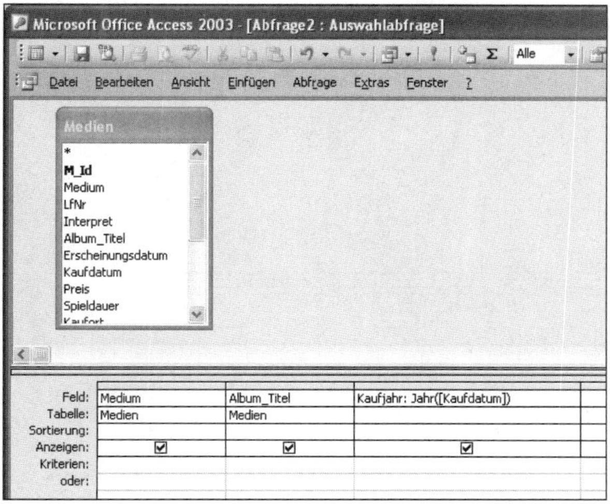

Abbildung 4.19: Aus dem Feld Kaufdatum *wird das Jahr extrahiert.*

5. Als letztes Feld der Abfrage fügen Sie nun das Feld *Preis* hinzu. Wenn Sie wollen, können Sie sich das Ergebnis der Abfrage schon einmal anschauen. Schalten Sie dazu in die Datenblattansicht um.
6. Nun folgt der Schritt der eigentlichen Gruppierungsabfrage. Wechseln Sie dazu gegebenenfalls wieder zurück in die Entwurfsansicht der Abfrage. In der Symbolleiste *Abfrageentwurf* klicken Sie auf das Symbol *Funktionen*. Sie können alternativ auch aus dem Menü *Ansicht* den Befehl *Funktionen* wählen.

   In dem Abfrageentwurf wird daraufhin die Zeile *Funktion* eingeblendet, aus der die Aggregatfunktionen ausgewählt werden können. Standardmäßig wird beim ersten Aktivieren der Funktionszeile in allen Feldern die Aggregatfunktion *Gruppierung* eingetragen.
7. Wählen Sie nun für die Felder die folgenden Aggregatfunktionen aus dem Feld *Funktion* aus:

Feld	Aggregatfunktion
Medium	Gruppierung
Album_Titel	Anzahl
Kaufjahr: Jahr([Kaufdatum])	Gruppierung
Preis	Summe

   Vergeben Sie im Feld *Sortierung* des Felds *Kaufjahr* zusätzlich die aufsteigende Sortierung.

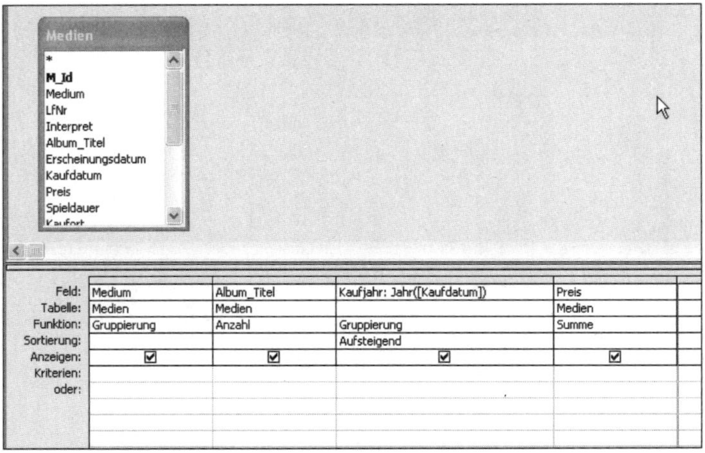

Abbildung 4.20: Abfrageentwurf mit Aggregatfunktionen

8. Wechseln Sie nun in die Datenblattansicht der Abfrage, und sehen Sie sich das Ergebnis der Abfrage an.

Medium	AnzahlvonAlbur	Kaufjahr	SummevonPreis
CD	7	1987	74,65 €
CD	28	1988	264,34 €
CD	26	1989	192,68 €
CD	22	1990	174,79 €
CD	26	1991	221,31 €
CD	24	1992	199,51 €
CD	14	1993	115,24 €
CD	66	1994	479,75 €
CD	42	1995	326,31 €
CD	23	1996	161,57 €
CD	1	1997	12,76 €
CD	6	1998	36,23 €
CD	38	1999	49,72 €
CD	55	2000	211,35 €
CD	151	2001	890,43 €
CD	84	2002	494,31 €
CD	18	2003	76,00 €

Abbildung 4.21: Die Gruppierungsabfrage in der Datenblattansicht

9. Im Prinzip ist die Abfrage fertig. Sie haben eine Übersicht über die Anzahl der Tonträger pro Jahr mit der Angabe der Kosten. Als Schönheitsfehler wäre noch die Beschriftung der Spalten *AnzahlvonAlbum_Titel* und *SummevonPreis* anzumerken. Standardmäßig vergibt Access als Bezeichnung für Felder bei Abfragen mit Aggregatfunktionen den Namen der Funktion, gefolgt von der Zeichenkette "von" und dem eigentlichen Namen des Felds. Dies können Sie schnell ändern, indem Sie angeben, wie die Felder heißen sollen.

   Um dies zu ändern, wechseln Sie wieder in die Entwurfsansicht der Abfrage. Setzen Sie den Cursor in das Feld *Album_Titel* und geben Sie dort beispielsweise "*Gekaufte Titel*", gefolgt von einem Doppelpunkt ein.

Für das Feld *Preis* können Sie z.B. "Ausgaben:" voranstellen.

Feld:	Medium	Gekaufte Titel: Album_Titel	Kaufjahr: Jahr([Kaufdatum])	Ausgaben: Preis
Tabelle:	Medien	Medien		Medien
Funktion:	Gruppierung	Anzahl	Gruppierung	Summe
Sortierung:			Aufsteigend	
Anzeigen:	☑	☑	☑	☑
Kriterien:				
oder:				

Abbildung 4.22: Vergeben Sie einen neuen Namen.

10. In der Datenblattansicht der Abfrage können Sie sich nun die fertige Abfrage nochmals ansehen. Speichern Sie sie anschließend unter einem aussagekräftigen Namen ab.

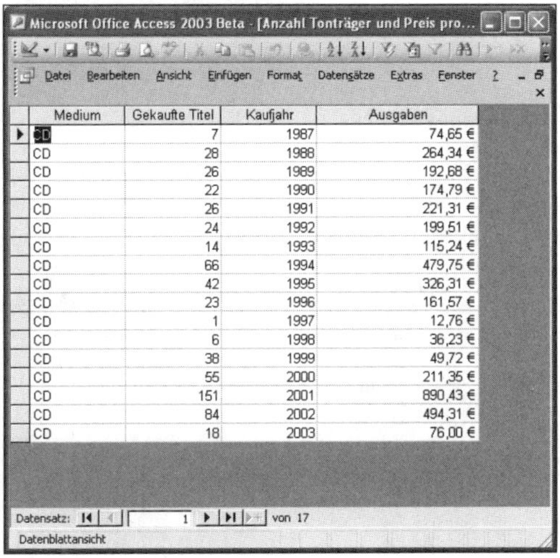

Medium	Gekaufte Titel	Kaufjahr	Ausgaben
CD	7	1987	74,65 €
CD	28	1988	264,34 €
CD	26	1989	192,68 €
CD	22	1990	174,79 €
CD	26	1991	221,31 €
CD	24	1992	199,51 €
CD	14	1993	115,24 €
CD	66	1994	479,75 €
CD	42	1995	326,31 €
CD	23	1996	161,57 €
CD	1	1997	12,76 €
CD	6	1998	36,23 €
CD	38	1999	49,72 €
CD	55	2000	211,35 €
CD	151	2001	890,43 €
CD	84	2002	494,31 €
CD	18	2003	76,00 €

Abbildung 4.23: Die fertige Abfrage

Aktionsabfragen

Mit der Auswahlabfrage von Access können Sie Datensätze aus den Tabellen einer Datenbank anzeigen, sortieren und gruppieren. Die Auswahlabfrage ist die am häufigsten verwendete Abfrage in Access. Neben ihr stellt Access noch weitere Abfragetypen zur Verfügung, die so genannten *Aktionsabfragen*. Im Gegensatz zur Auswahlabfrage, die Daten nur anzeigt, verändern Aktionsabfragen den Datenbestand Ihrer Datenbank. In Access werden die folgenden Aktionsabfragen unterschieden:

Tabellenerstellungsabfrage

Mit der Tabellenerstellungsabfrage können Sie aus einzelnen Tabellenspalten eine neue Tabelle erstellen.

Löschabfrage
Mit einer Löschabfrage können Datensätze aus der Tabelle gelöscht werden.

Anfügeabfrage
Mit der Anfügeabfrage können Sie Datensätze an eine andere Tabelle anfügen.

Aktualisierungsabfrage
Die Aktualisierungsabfrage dient zum Ändern von Feldern in einer Tabelle.

Für die Erstellung einer der genannten Aktionsabfragen können Sie zuerst eine Auswahlabfrage erstellen, die alle Felder und Bedingungen der späteren Aktionsabfrage enthält. Den Abfragetyp können Sie jederzeit aus dem Menü *Abfrage* ändern. Dieses Vorgehen hat den Vorteil, dass Sie das spätere Ergebnis der Aktionsabfrage überprüfen können, ohne Änderungen am Datenbestand der Datenbank vorzunehmen.

Tabellenerstellungsabfrage

Mit Tabellenerstellungsabfragen können Sie eine neue Tabelle anlegen, die Daten aus einer oder mehrerer Tabellen der Datenbank enthält. Sie eignet sich somit beispielsweise, um einen bestimmten Stand einer Tabelle festzuhalten. Sie können auch aus einer Gruppierungsabfrage eine Tabelle erstellen, die z.B. Grundlage für ein Kombinationsfeld eines Formulars ist. Erstellen Sie zuerst eine Auswahlabfrage, die alle Felder und Bedingungen enthält, die in der zu erzeugenden Tabelle enthalten sein sollen.

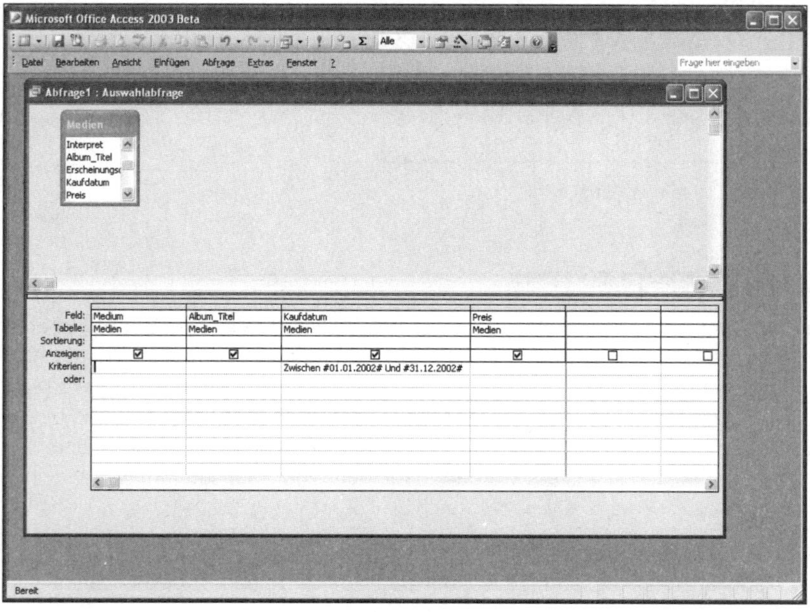

Abbildung 4.24: Auswahlabfrage in der Entwurfsansicht

Testen Sie die Auswahlabfrage, ob sie alle Daten enthält, die Sie in der neuen Tabelle haben möchten. Achten Sie insbesondere darauf, dass auch alle Felder, die benötigt werden, in der Abfrage enthalten sind. Fehlende Felder können Sie später nicht ohne weiteres ergänzen. Sie müssen in diesem Fall die erstellte Tabelle zuerst wieder löschen und dann den Vorgang der Tabellenerstellung von neuem vornehmen.

Um eine Auswahlabfrage in eine Tabellenerstellungsabfrage umzuwandeln, muss die Auswahlabfrage in der Entwurfsansicht geöffnet sein. Wählen Sie aus dem Menü *Abfrage* den Befehl *Tabellenerstellungsabfrage* aus. Es öffnet sich das Dialogfenster *Neue Tabelle erstellen.* Im Feld *Tabellenname* können Sie der neuen Tabelle einen Namen geben.

Abbildung 4.25: Das Dialogfenster Neue Tabelle erstellen

Das Feld *Tabellenname* ist als Kombinationsfeld im Dialogfenster verfügbar. Sie können aus der Liste einen Namen einer vorhandenen Tabelle der Datenbank auswählen und anschließend den Namen weiter ergänzen. Achten Sie darauf, dass der Name der neu zu erstellenden Tabelle nicht identisch ist mit einer vorhandenen Tabelle, da diese ansonsten gelöscht und mit den Daten der Tabellenstellungsabfrage neu erzeugt würde.

Im Dialogfenster *Neue Tabelle erstellen* können Sie bei Bedarf auch eine andere Datenbank angeben, in der die neue Tabelle erzeugt werden soll. Aktivieren Sie in diesem Fall die Option *Andere Datenbank* und geben Sie den Namen dieser Datenbank im Feld *Dateiname* an. Mit der Schaltfläche *Durchsuchen* können Sie diese Datenbank auch über einen *Öffnen*-Dialog auswählen.

Schließen Sie anschließend das Dialogfenster *Neue Tabelle erstellen* mit *OK.*

Die Umwandlung der Auswahlabfrage in eine Tabellenerstellungsabfrage erkennen Sie an zwei Stellen. Zum einen hat sich die Beschriftung der Abfrage in *...Tabellenerstellungsabfrage* geändert.

Zum anderen kennzeichnet Access im Datenbankfenster Tabellenerstellungsabfragen mit einem eigenen Symbol.

Was noch fehlt, ist der Start der Tabellenerstellung. Klicken Sie dazu in der Symbolleiste auf das Symbol *Ausführen* 

. Vor der Erstellung informiert Sie Access darüber, wie viele Datensätze in der Tabelle eingefügt werden.

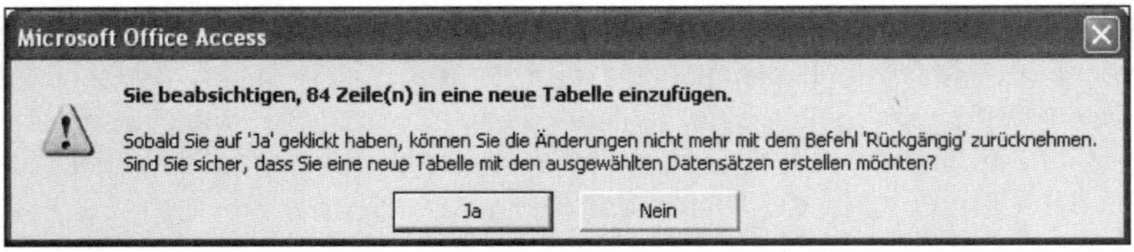
Microsoft Office Access
Sie beabsichtigen, 84 Zeile(n) in eine neue Tabelle einzufügen.
Sobald Sie auf 'Ja' geklickt haben, können Sie die Änderungen nicht mehr mit dem Befehl 'Rückgängig' zurücknehmen.
Sind Sie sicher, dass Sie eine neue Tabelle mit den ausgewählten Datensätzen erstellen möchten?
Ja
Nein

Abbildung 4.26: Meldung vor dem Ausführen der Tabellenerstellung

Um die Tabelle zu erstellen, bestätigen Sie die Meldung mit *Ja*. Fallen Ihnen anhand der Anzahl der Datensätze eventuelle Fehler in der Abfrage auf, können Sie mit *Nein* den Vorgang abbrechen. Überprüfen Sie dann in der Datenblattansicht der Abfrage die Kriterien und wiederholen Sie den Vorgang.

Bei der erzeugten Tabelle werden die Felddatentypen der Ursprungstabelle übernommen. Was fehlt, ist der Primärschlüssel und die Indizierung einzelner Felder. Dies müssen Sie bei Bedarf in der Entwurfsansicht der Tabelle nachholen.

Löschabfrage

Mit einer Löschabfrage können Sie komplette Datensätze aus einer Tabelle herauslöschen. Datensätze, die mit einer Löschabfrage aus der Tabelle gelöscht wurden, sind unwiderruflich entfernt.

Die Erstellung einer Löschabfrage geht wieder über die Erstellung einer Auswahlabfrage, in der zuerst die Bedingungen für die Auswahl der zu löschenden Datensätze definiert werden.

Erstellen Sie eine Auswahlabfrage, welche die Datensätze der Tabelle enthält, die Sie entfernen wollen. Testen Sie sie, indem Sie sich das Ergebnis in der Datenblattansicht anzeigen lassen.

Zur Umwandlung der Auswahlabfrage in eine Löschabfrage muss die Abfrage wieder in der Entwurfsansicht geöffnet sein. Wählen Sie dann aus dem Menü *Abfrage* den Befehl *Löschabfrage* aus.

Löschabfragen werden wieder an zwei Stellen gekennzeichnet. Die Beschriftung ändert sich in ... *Löschabfrage* und die Abfrage wird im Datenbankfenster von Access mit einem Symbol gekennzeichnet.

Im unteren Fenster des Abfrageentwurfes der Löschabfrage wird eine zusätzliche Spalte *Löschen* eingeblendet, mit der die Löschabfrage gesteuert wird.

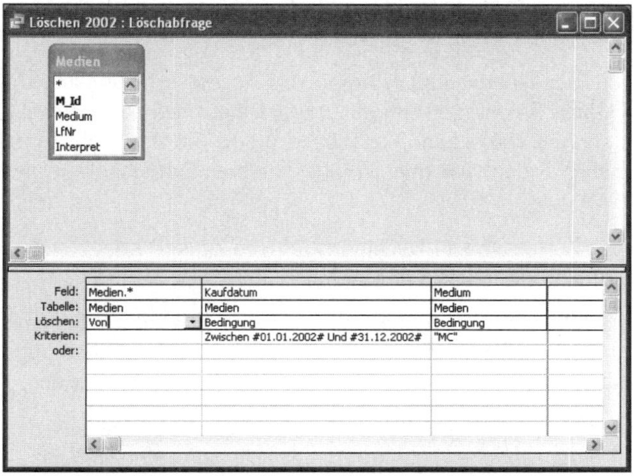

Abbildung 2.27: Die Löschabfrage *in der Entwurfsansicht*

Zur Auswahl stehen die beiden Einträge *Von* und *Bedingung.* Mit *Von* wird die Tabelle gekennzeichnet, aus der die Datensätze gelöscht werden. Mit *Bedingung* sind Kriterien gekennzeichnet, welche die zu löschenden Datensätze der Tabelle eingrenzen.

Eine Löschabfrage entfernt immer einen kompletten Datensatz, auf den die Kriterien in der Spalte *Löschen* zutreffen. Auch wenn Sie nur ein einzelnes Feld einer Tabelle im Abfrageentwurf einer Löschabfrage hinzugefügt haben, wird immer der komplette Datensatz aus der Tabelle entfernt. Um die Löschabfrage auszuführen, klicken Sie in der Symbolleiste auf das Symbol *Ausführen.* Alternativ können Sie auch aus dem Menü *Abfrage* den Befehl *Ausführen* wählen. Access zeigt Ihnen in einem Dialogfenster an, wie viele Datensätze gelöscht werden.

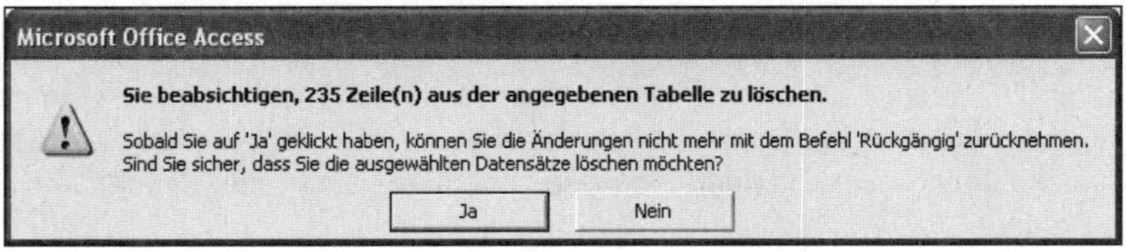

Abbildung 4.28: Meldung vor dem Ausführen der Löschabfrage

Bestätigen Sie die Meldung mit *Ja,* werden die Datensätze unwiderruflich aus der Tabelle gelöscht. Mit *Nein* können Sie den Vorgang abbrechen.

Sie können mit einer Löschabfrage nur Datensätze aus einer einzigen Tabelle löschen. Umfasst die Löschabfrage zwei oder mehr Tabellen, die in einer 1:N-Beziehung stehen, kann die Löschabfrage nur Datensätze aus der N-Tabelle löschen. Sie können Datensätze aus mehreren Tabellen nur dann gleichzeitig löschen, wenn eine 1:1-Beziehung der Tabellen existiert.

Anfügeabfrage

Die Anfügeabfrage ist der Tabellenerstellungsabfrage von Access sehr ähnlich. Der Unterschied besteht darin, dass Sie mit der Anfügeabfrage Datensätze an eine bestehende Tabelle anhängen können. Dabei kann die Tabelle, an die Sie Daten anhängen wollen, entweder in derselben Datenbank oder in einer anderen Datenbank gespeichert sein.

Anfügeabfragen bieten sich beispielsweise zur Ergänzung von Artikel- oder Kundendaten an, die ein Mitarbeiter im Außendienst erfasst hat.

Die Vorgehensweise zur Erstellung einer Anfügeabfrage ist identisch wie die bei einer Tabellenerstellungs- oder Löschabfrage. Zuerst erstellen Sie eine Auswahlabfrage, welche die Datensätze enthält, die Sie an eine vorhandene Tabelle anfügen wollen.

Wählen Sie zum Umwandeln der Auswahlabfrage in eine Anfügeabfrage aus dem Menü *Abfrage* den Befehl *Anfügeabfrage.* Es öffnet sich das Dialogfenster *Anfügen.*

Abbildung 4.29: Das Dialogfenster Anfügen

Das Feld *Tabellenname* ist als Kombinationsfeld im Dialogfenster verfügbar. Sie können aus der Liste eine Tabelle der Datenbank auswählen, an die die Daten angefügt werden sollen.

Im Dialogfenster *Neue Tabelle erstellen* können Sie bei Bedarf auch eine Tabelle aus einer anderen Datenbank angeben. Aktivieren Sie in diesem Fall die Option *Andere Datenbank* und geben Sie den Namen dieser Datenbank im Feld *Dateiname* an. Mit der Schaltfläche *Durchsuchen* können Sie diese Datenbank auch über einen *Öffnen*-Dialog auswählen.

Schließen Sie anschließend wieder das Dialogfenster mit der Schaltfläche *OK.*

Anfügeabfragen werden ebenfalls an zwei Stellen gekennzeichnet. Die Beschriftung ändert sich in *... Anfügeabfrage* und die Abfrage wird im Datenbankfenster von Access mit einem speziellen Symbol gekennzeichnet.

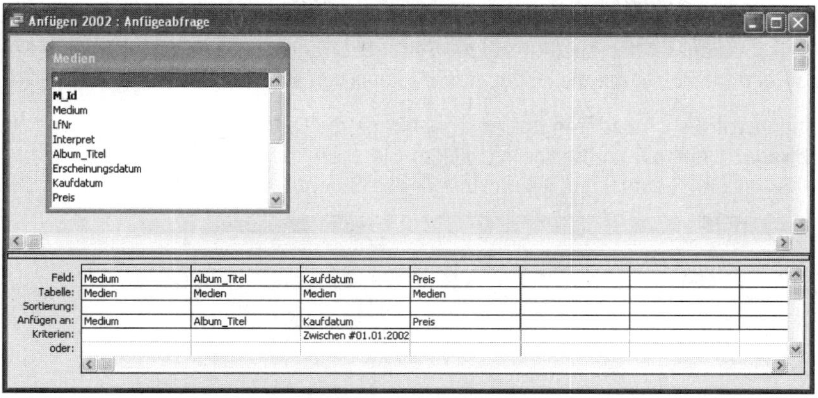

Abbildung 4.30: Die Entwurfsansicht der Anfügeabfrage

Die Entwurfsansicht der Anfügeabfrage enthält eine zusätzlich Zeile *Anfügen an.* Wird eine Auswahlabfrage in eine Anfügeabfrage umgewandelt, werden bei identischen Feldnamen der Ursprungstabelle und der Tabelle, an die angefügt werden soll, die Feldnamen in diese Spalte übernommen.

Haben die beiden Tabellen unterschiedliche Feldnamen oder wollen Sie die Felder, in denen die Daten angefügt werden sollen, verändern, können Sie für jedes Feld der Ursprungstabelle im Listenfeld *Anfügen an* ein Feld aus der Zieltabelle auswählen.

Enthalten beide Tabelle identische Feldnamen, können Sie auch mit dem Sternchen arbeiten. Wählen Sie aus den Feldern *Feld* und *Anfügen an* jeweils den ersten Eintrag in der Liste mit dem Sternchen am Schluss des Namens aus. Durch den Einsatz des Sternchens werden nur die Felder hinzugefügt, die in der Zieltabelle mit genau demselben Feldnamen existieren, die restlichen Felder der Ursprungstabelle werden dann ignoriert, d.h., sie werden nicht mit angefügt.

Abbildung 4.31: Auswahl des Felds der Zieltabelle

Unterschiedliche Feldgrößen

Versuchen Sie Felder der Datentypen *Text* oder *Memo* an eine Tabelle anzufügen, in der die Feldgröße kleiner eingestellt ist, gehen beim Anfügen die Zeichen, die nicht mehr in das Feld hineinpassen, verloren. Darüber informiert Sie leider keine Warnmeldung. Sie müssen vor der Ausführung der Anfügeabfrage sicherstellen, dass die Feldgröße in der Tabelle, in die die Daten eingefügt werden sollen, groß genug ist.

Sie können vor dem Ausführen der Anfügeabfrage die Daten in der Datenblattansicht der Abfrage nochmals kontrollieren. Klicken Sie dazu auf das Symbol *Datenblattansicht* oder wählen Sie aus dem Menü *Ansicht* den Befehl *Datenblattansicht*.

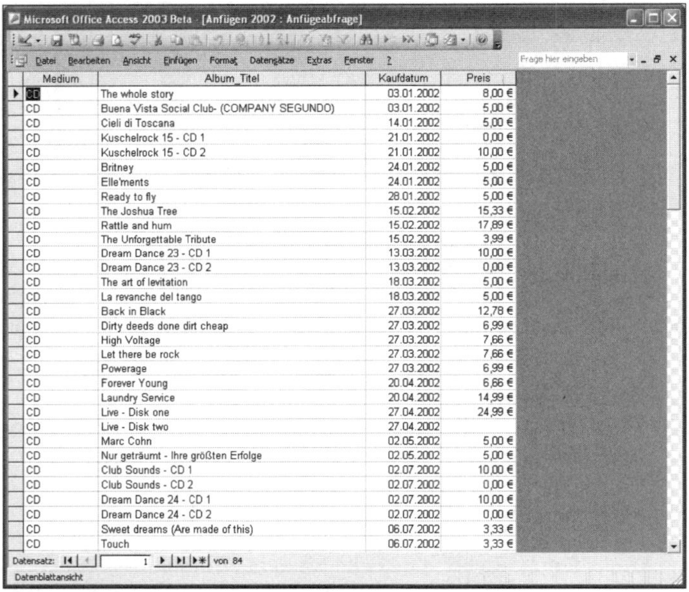
Microsoft Office Access 2003 Beta - [Anfügen 2002 : Anfügeabfrage]
Datei Bearbeiten Ansicht Einfügen Format Datensätze Extras Fenster ?
Frage hier eingeben
Datensatz: 1 von 84
Datenblattansicht

Medium	Album_Titel	Kaufdatum	Preis
CD	The whole story	03.01.2002	8,00 €
CD	Buena Vista Social Club- (COMPANY SEGUNDO)	03.01.2002	5,00 €
CD	Cieli di Toscana	14.01.2002	5,00 €
CD	Kuschelrock 15 - CD 1	21.01.2002	0,00 €
CD	Kuschelrock 15 - CD 2	21.01.2002	10,00 €
CD	Britney	24.01.2002	5,00 €
CD	Elle'ments	24.01.2002	5,00 €
CD	Ready to fly	28.01.2002	5,00 €
CD	The Joshua Tree	15.02.2002	15,33 €
CD	Rattle and hum	15.02.2002	17,89 €
CD	The Unforgettable Tribute	15.02.2002	3,99 €
CD	Dream Dance 23 - CD 1	13.03.2002	10,00 €
CD	Dream Dance 23 - CD 2	13.03.2002	0,00 €
CD	The art of levitation	18.03.2002	5,00 €
CD	La revanche del tango	18.03.2002	5,00 €
CD	Back in Black	27.03.2002	12,78 €
CD	Dirty deeds done dirt cheap	27.03.2002	6,99 €
CD	High Voltage	27.03.2002	7,66 €
CD	Let there be rock	27.03.2002	7,66 €
CD	Powerage	27.03.2002	6,99 €
CD	Forever Young	20.04.2002	6,66 €
CD	Laundry Service	20.04.2002	14,99 €
CD	Live - Disk one	27.04.2002	24,99 €
CD	Live - Disk two	27.04.2002	
CD	Marc Cohn	02.05.2002	5,00 €
CD	Nur geträumt - Ihre größten Erfolge	02.05.2002	5,00 €
CD	Club Sounds - CD 1	02.07.2002	10,00 €
CD	Club Sounds - CD 2	02.07.2002	0,00 €
CD	Dream Dance 24 - CD 1	02.07.2002	10,00 €
CD	Dream Dance 24 - CD 2	02.07.2002	0,00 €
CD	Sweet dreams (Are made of this)	06.07.2002	3,33 €
CD	Touch	06.07.2002	3,33 €

Abbildung 4.32: Datenblattansicht einer Anfügeabfrage

Das Umschalten in die Datenblattansicht ändert noch keine Daten in der Datenbank.

Zum Ausführen der Anfügeabfrage muss diese in der Entwurfsansicht geöffnet sein. Klicken Sie in der Symbolleiste auf das Symbol A*usführen* oder wählen Sie aus dem Menü *Abfrage* den Befehl *Ausführen*.

Access zeigt Ihnen in einem Dialogfenster an, wie viele Datensätze angefügt werden sollen. Bestätigen Sie dieses Dialogfenster mit *Ja*, wird die Anfügeabfrage ausgeführt, mit *Nein* wird die Ausführung abgebrochen.

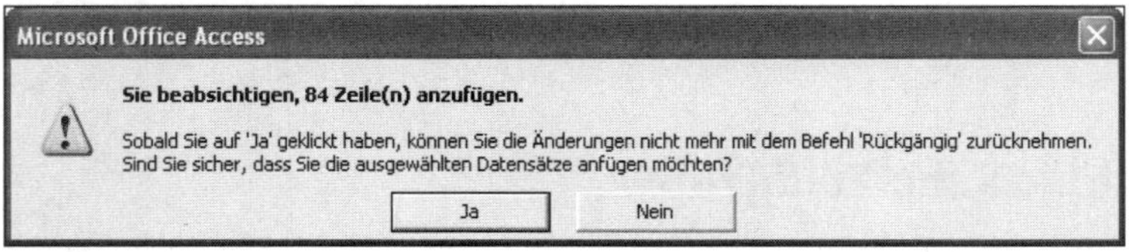
Microsoft Office Access
Sie beabsichtigen, 84 Zeile(n) anzufügen.
Sobald Sie auf 'Ja' geklickt haben, können Sie die Änderungen nicht mehr mit dem Befehl 'Rückgängig' zurücknehmen.
Sind Sie sicher, dass Sie die ausgewählten Datensätze anfügen möchten?
Ja
Nein

Abbildung 4.33: Meldung vor dem Ausführen der Anfügeabfrage

Aktualisierungsabfrage

Aktualisierungsabfragen dienen zur Änderung von Daten in einer Tabelle. Wollen Sie beispielsweise Artikelpreise wegen einer Mehrwertsteuererhöhung um 2 Prozent anheben, wäre es mühsam, diese Änderung für jeden Datensatz manuell in der Tabelle oder in einem Formular durchzuführen. Eine Aktualisierungsabfrage erledigt dies in einem Durchgang.

1. Erstellen Sie eine neue Auswahlabfrage. Wählen Sie die Tabelle aus, die die zu ändernden Datensätze enthält.
2. Fügen Sie das Feld oder die Felder der Abfrage hinzu, die aktualisiert werden sollen.

   Sollen die Datensätze der Tabelle beschränkt werden, können Sie weitere Felder der Abfrage hinzufügen und Kriterien festlegen.

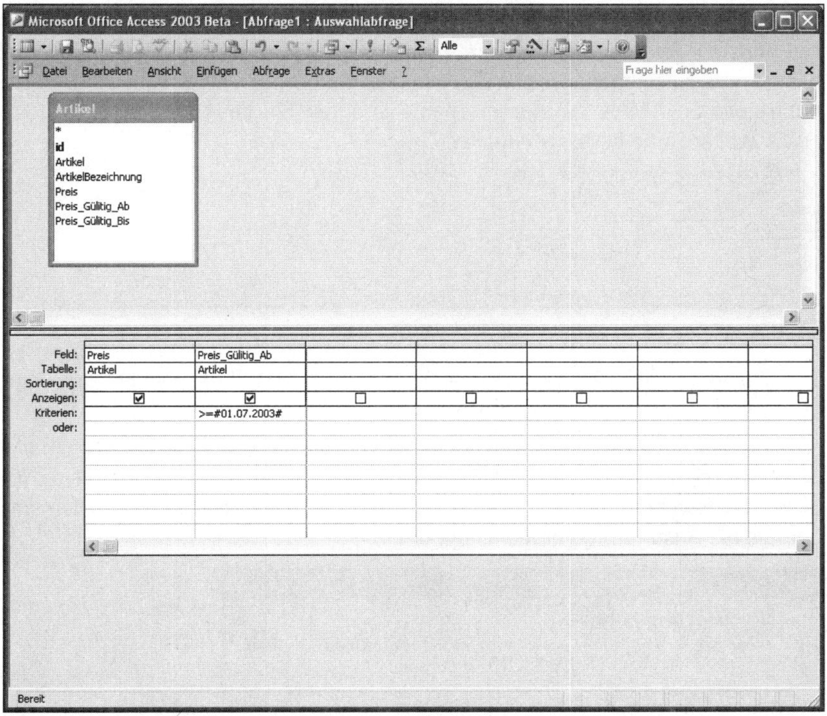

Abbildung 4.34: Abfrageentwurf der Auswahlabfrage

3. Kontrollieren Sie das Ergebnis der Auswahlabfrage in der Datenblattansicht der Abfrage.

4. Wechseln Sie in die Entwurfsansicht der Abfrage und wählen aus dem Menü *Abfrage* den Befehl *Aktualisierungsabfrage.* Access blendet daraufhin im Abfrageentwurf die Zeile *Aktualisieren* ein.

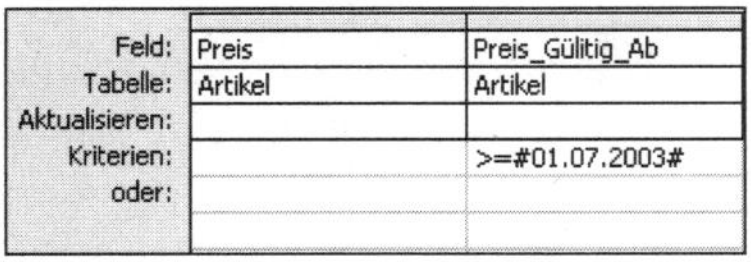

Abbildung 4.35: Die Zeile Aktualisieren *im Abfrageentwurf*

5. Sie können nun im Feld *Aktualisieren* zu dem Feld, welches Sie verändern wollen, einen Ausdruck eingeben. Im Beispiel soll das Feld *Preis* um 2 Prozent erhöht werden. Ein passender Ausdruck dafür wäre

   ➠ [Preis] * 1,02

   Achten Sie darauf, dass Sie die eckigen Klammern mit angeben, wenn Sie auf ein vorhandenes Feld der Tabelle zugreifen möchten. Der Ausdruck *Preis * 1,02* wird nämlich als zusammengesetzte Zeichenkette interpretiert und nicht als Berechnungsausdruck. Mehr zu diesem Thema erfahren Sie im Abschnitt *Berechnete Felder* weiter vorne in diesem Kapitel.

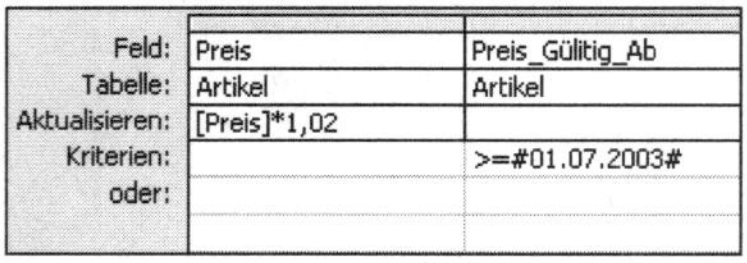

Abbildung 4.36: Angabe des Aktualisierungsausdrucks

6. Zum Ausführen der Aktualisierungsabfrage klicken Sie auf das Symbol *Ausführen* oder wählen den gleichnamigen Befehl aus dem Menü *Abfrage.*
7. Access zeigt Ihnen wieder in einem Dialogfenster an, wie viele Datensätze von der Aktualisierungsabfrage betroffen sind. Klicken Sie auf die Schaltfläche *Ja,* um die Abfrage weiter auszuführen oder auf *Nein,* falls Ihnen Fehler aufgefallen sind und Sie die Ausführung abbrechen möchten.

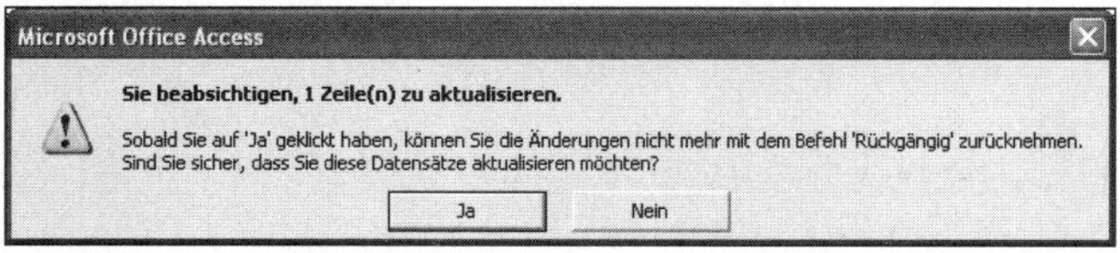

Abbildung 4.37: Meldung von Access vor dem Ausführen der Abfrage

Fehlerbehandlung bei Anfüge- und Aktualisierungsabfragen

Bei Anfüge- und Aktualisierungsabfragen kann es nach der Bestätigung der Meldung, wie viele Datensätze betroffen sind, zu Fehlermeldungen kommen. Access verweigert dann die Ausführung der Abfrage bis zur Behebung des Fehlers.

Doppelter Primärschlüssel

Versucht eine Anfüge- oder Aktualisierungsabfrage den Inhalt eines Primärschlüsselfelds so zu ändern, dass dieser Wert einem bereits in der Tabelle vorhandenen Wert entspricht, quittiert Access dies mit der Fehlermeldung *Doppelter Primärschlüssel*. Mit derselben Meldung macht Access Sie darauf aufmerksam, ein Feld mit der Eigenschaft *Indiziert (Ohne Duplikate)* mit einem schon vorhandenen Wert zu belegen.

Datentypfehler

Werte von Feldern, deren Datentyp in der Anfügetabelle nicht kompatibel sind, werden nicht angefügt/aktualisiert. Versuchen Sie beispielsweise Text in ein Feld vom Typ *Zahl* einzufügen, kommt es zu dieser Fehlermeldung. Umgekehrt wäre es hingegen möglich, d.h., die Zahl würde durch die automatische Typkonvertierung in eine Zeichenkette umgewandelt.

Gesperrte Datensätze

Sind Datensätze, die geändert oder angefügt werden sollen, gesperrt, stoppt Access den Vorgang mit der Meldung *Gesperrte Datensätze*. Gesperrte Datensätze können entstehen, wenn der Cursor in der Tabelle oder in einem Formular sich in einem Feld befindet und somit den Datensatz zur Eingabe von Daten geöffnet hält. Dies kann auch dann auftreten, wenn mehrere Anwender einer Datenbank Datensätze sperren.

Tabelleneigenschaften

Bei Anfüge- und Aktualisierungsabfragen werden eventuell vorhandene Gültigkeitsregeln der Tabellen für Felder überprüft. Dies kann dazu führen, dass durch eine Gültigkeitsverletzung keine Daten übernommen werden. Dabei muss das Feld noch nicht einmal Bestandteil der Abfrage sein.

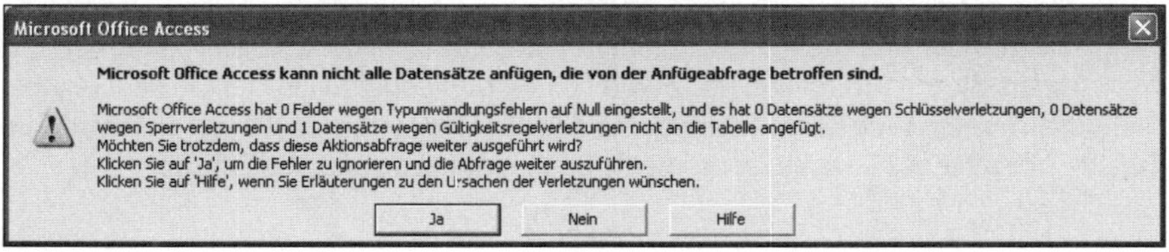
Microsoft Office Access
Microsoft Office Access kann nicht alle Datensätze anfügen, die von der Anfügeabfrage betroffen sind.
Microsoft Office Access hat 0 Felder wegen Typumwandlungsfehlern auf Null eingestellt, und es hat 0 Datensätze wegen Schlüsselverletzungen, 0 Datensätze wegen Sperrverletzungen und 1 Datensätze wegen Gültigkeitsregelverletzungen nicht an die Tabelle angefügt.
Möchten Sie trotzdem, dass diese Aktionsabfrage weiter ausgeführt wird?
Klicken Sie auf 'Ja', um die Fehler zu ignorieren und die Abfrage weiter auszuführen.
Klicken Sie auf 'Hilfe', wenn Sie Erläuterungen zu den Ursachen der Verletzungen wünschen.
Ja
Nein
Hilfe

Abbildung 4.38: Meldung von Access, dass nicht alle Datensätze angefügt werden

Parameterabfragen

Häufig ist es so, dass Sie Abfragen benötigen, die in einem oder mehreren Feldern unterschiedliche Kriterien benötigen, deren Layout aber immer gleich ist. Sie können nun für jedes unterschiedliche Kriterium eine eigene Abfrage erstellen und diese abspeichern. Benötigen Sie dann jedoch eine weitere Abfrage, müssen Sie sie wieder im Entwurfsmodus öffnen und dort das neue Kriterium angeben. Dabei setzt das Öffnen und Ändern einer Abfrage im Entwurfsmodus jedoch Wissen voraus, welches der Anwender der Datenbank vielleicht gar nicht hat.

Flexibler sind Abfragen, in denen das oder die Kriterien beim Öffnen der Abfrage in einem Dialogfenster eingegeben werden können. Dadurch ist es einerseits nicht mehr notwendig, für jedes geänderte Kriterium die Abfrage im Entwurf zu ändern, andererseits können Sie dem Anwender über das Dialogfenster mitteilen, welche Angabe die Abfrage nun von ihm erwartet.

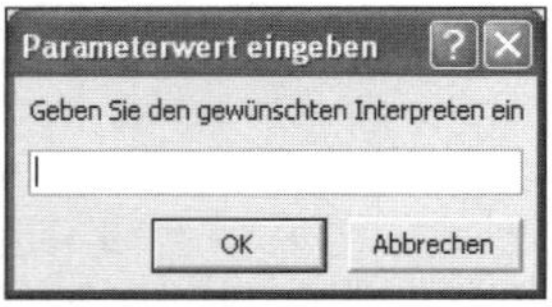

Abbildung 4.39: Das Dialogfenster einer Parameterabfrage

Die Erstellung eines Parameters geschieht auf dieselbe Art und Weise, wie Sie es bisher bei den Auswahlabfragen gemacht haben. Sie wählen zunächst die Tabellen und die Felder aus, die Sie in der Abfrage haben wollen.

In die Zeile *Kriterien* geben Sie dann den Parameterausdruck ein. Dieser muss in eckige Klammern eingeschlossen sein, beispielsweise

- [Bitte geben Sie den gewünschten Interpreten ein]

Feld:	Medien.*	Interpret
Tabelle:	Medien	Medien
Sortierung:		
Anzeigen:	☑	☐
Kriterien:		[Geben Sie den gewünschten Interpreten ein]
oder:		

Abbildung 4.40: Parameterabfrage in der Entwurfsansicht

Wenn Sie nun die Abfrage ausführen oder in die Datenblattansicht der Abfrage wechseln, fordert Sie das Dialogfenster *Parameterwert eingeben* dazu auf, in das Textfeld den gewünschten Wert einzugeben. Schließen Sie das Dialogfenster mit *OK*, wird Ihre Eingabe anstelle des Parameters in die Abfrage eingesetzt und ausgeführt.

Parameterabfrage mit mehreren Kriterien

Sie können in einer Abfrage mehrere Parameterausdrücke verwenden. Für jeden Parameterausdruck fordert Sie dann die Abfrage in einem separaten Dialogfenster dazu auf, den Parameterwert einzugeben.

Normalerweise brauchen Sie sich um den Felddatentyp des Parameterausdrucks keine Sorgen zu machen. Dieser wird anhand des Felddatentyps des Felds der Tabelle übernommen, welche Sie durch einen Parameterausdruck abfragen.

Anderes sieht es bei Kreuztabellenabfragen und Abfragen, die Grundlage für eine Diagramm sind, aus. Bei solchen Abfragen sollten Sie den Felddatentyp des Parameterausdrucks angeben.

Erstellen Sie nun die Abfrage mit den Parameterausdrücken. Achten Sie dabei darauf, dass die Parameterausdrücke in eckige Klammern eingefasst sind.

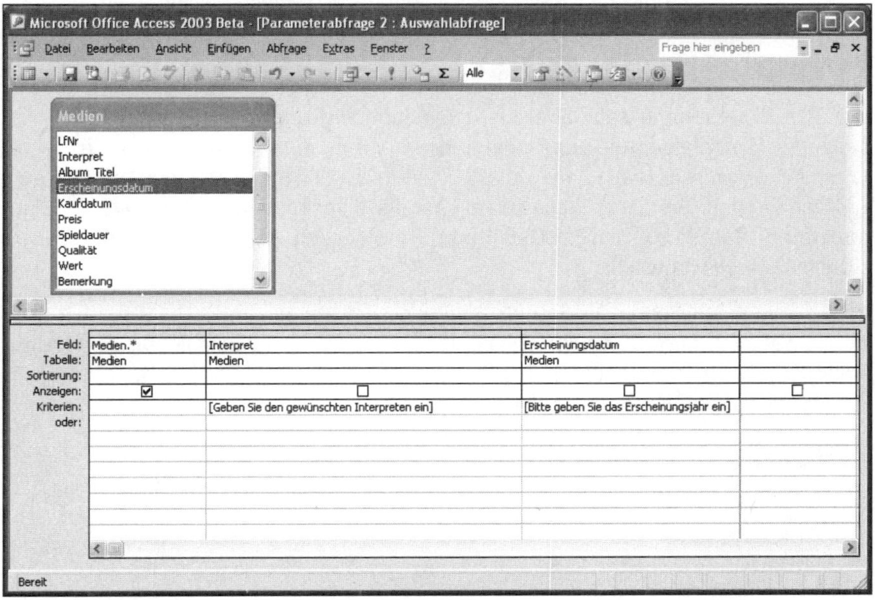

Abbildung 4.41: Eine Parameterabfrage mit zwei Ausdrücken

Wählen Sie aus dem Menü *Abfrage* den Befehl *Parameter.* Im Dialogfenster *Abfrageparameter* können Sie jetzt die Felddatentypen der Parameter bestimmen.

Abbildung 4.42: Das Dialogfenster Abfrageparameter

Geben Sie den ersten Parameterausdruck der Abfrage, diesmal ohne eckige Klammern, in das Dialogfenster *Abfrageparameter* ein. Aus dem Listenfeld *Felddatentyp* können Sie den entsprechenden Typ des Ausdrucks auswählen. Fügen Sie so alle Parameterausdrücke, die Sie in der Abfrage verwendet haben, hinzu.

Formularbasierte Parameterabfrage

Der Parameterabfrage sehr ähnlich ist die formularbasierte Parameterabfrage. Anstelle der Dialogfelder, die zur Eingabe eines Wertes auffordern, werden Sie auf ein Formular verwiesen. Hier können die Werte aus einem Steuerelement bequem ausgewählt werden. An dieser Stelle soll einmal diese Technik aufgegriffen werden; Formulare als Ganzes werden im Detail erst im folgenden *Kapitel 5: Formulare für die Datenerfassung* vorgestellt.

Im der folgenden Schritt-für-Schritt-Anleitung wird angenommen, dass ein Formular mit dem Namen *Such_Formular* existiert, in dem ein Kombinationsfeld mit dem Namen *Auswahl_Interpret* untergebracht ist. Dieses Kombinationsfeld hat als Datenbasis eine Aufgruppierungsabfrage über das Feld *Interpret*.

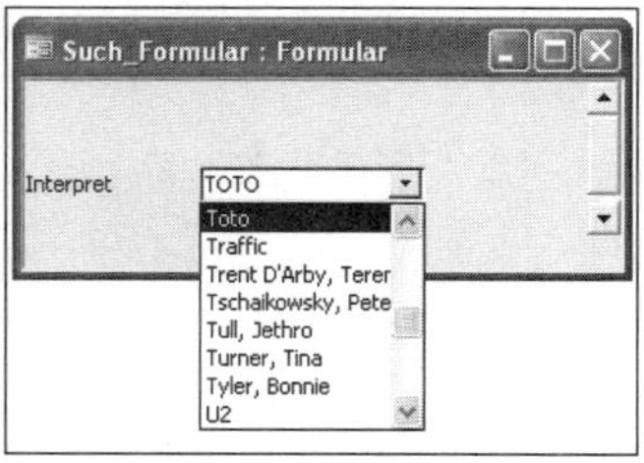

Abbildung 4.43: Das Such-Formular *für die Parameterabfrage*

1. Wechseln Sie im Datenbankfenster von Access in die Kategorie *Abfragen* und klicken dort auf den Eintrag *Erstellt eine neue Abfrage in der Entwurfsansicht*.
2. Wählen Sie im Dialogfenster *Tabelle anzeigen* aus der Registerkarte *Tabellen* die Tabelle aus, in der die Datensätze für die Abfrage enthalten sind. In Falle der Bei-

spieldatenbank ist dies die Tabelle *Medien*. Klicken Sie anschließend auf die Schaltfläche *Hinzufügen*. Verlassen Sie danach das Dialogfenster mit *Schließen*.

3. Ziehen Sie den ersten Eintrag mit dem Sternchen aus der Tabelle in den Abfrageentwurfsbereich. Anschließend fügen Sie das Feld *Interpret* hinzu und deaktivieren das Kästchen *Anzeigen*. Durch das Sternchen sind ja schon alle Datenfelder der Abfrage hinzugefügt worden. Die separate Hinzufügung des Felds *Interpret* dient nur dazu, für dieses Feld ein Kriterium festzulegen.

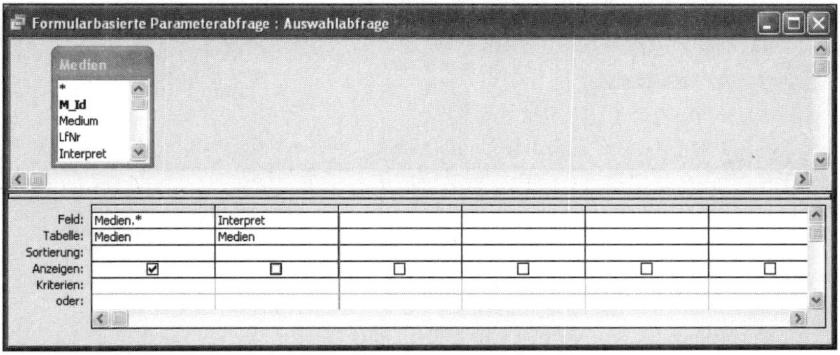

Abbildung 4.44: Entwurfsansicht der Abfrage

4. Setzen Sie nun die Maus in das Feld *Kriterien* des Felds *Interpret* und betätigen Sie anschließend die rechten Maustaste.

   Aus dem sich öffnenden Kontextmenü wählen Sie den Befehl *Aufbauen*.

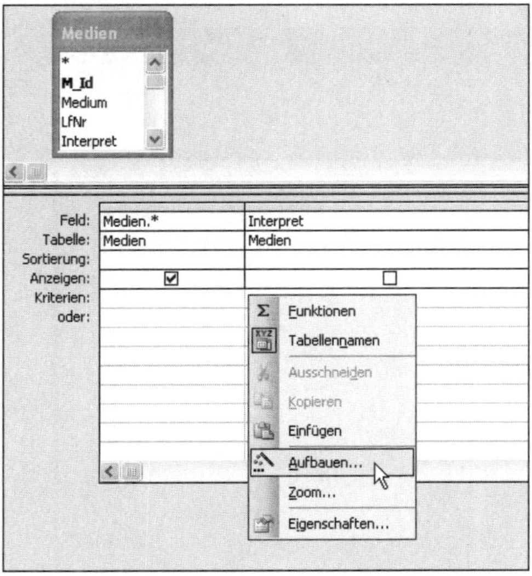

Abbildung 4.45: Das Kontextmenü für die Zeile Kriterien

5. Es öffnet sich der schon aus *Kapitel 3: Das Fundament – Daten in Tabellen erfassen* bekannte Ausdrucks-Generator von Access.

   Wählen Sie nun aus der linken Liste die Kategorie *Formulare.* Öffnen Sie den Baum, indem Sie auf das Pluszeichen vor diesem Eintrag klicken. Anschließend öffnen Sie auf diese Art und Weise den Eintrag *Alle Formulare* und markieren den Eintrag *Such_Formular.*

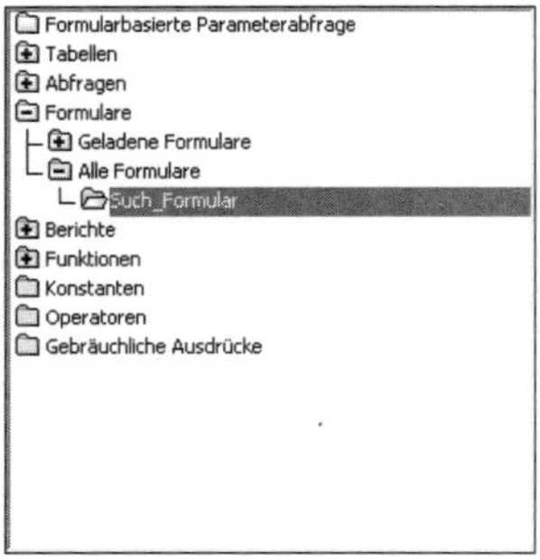

Abbildung 4.46: Öffnen des Zweiges Formulare

6. In der mittleren Liste sind alle Steuerelemente des Formulars aufgeführt. Markieren Sie den Eintrag *Auswahl_Interpret.* Auf diesem Feld soll nun die formularbasierte Parameterabfrage basieren.

   Nachdem Sie das Feld markiert haben, klicken Sie auf die Schaltfläche *Einfügen.* Der Ausdrucks-Generator fügt daraufhin einen Ausdruck für dieses Feld in das obere Feld ein. Sie können nun den Ausdrucks-Generator mit *OK* schließen.

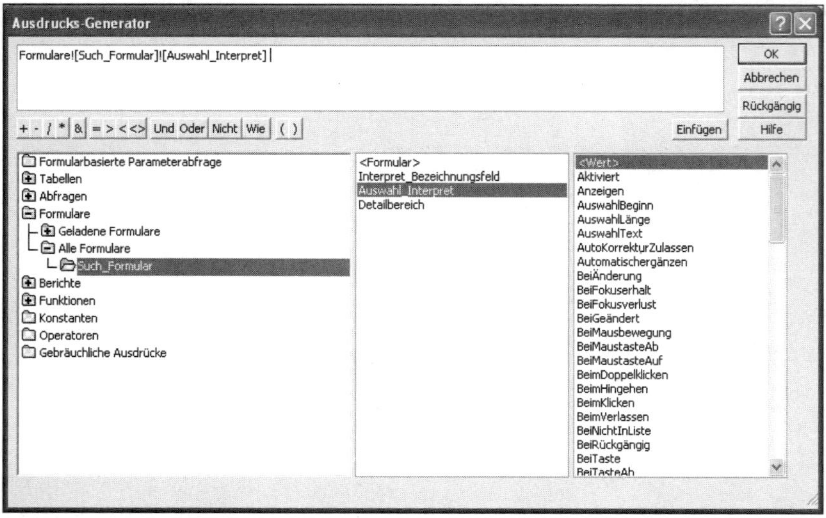

Abbildung 4.47: Der Ausdrucks-Generator

7. Sie gelangen zurück in den Entwurfsbereich der Abfrage. Der Ausdrucks-Generator hat in das Feld *Kriterien* des Felds *Interpret* den Ausdruck

   - Formulare![Such_Formular]![Auswahl_Interpret]

   eingefügt. Dies ist ein Verweis auf das Feld *Auswahl_Interpret* des Formulars *Such_Formular*.

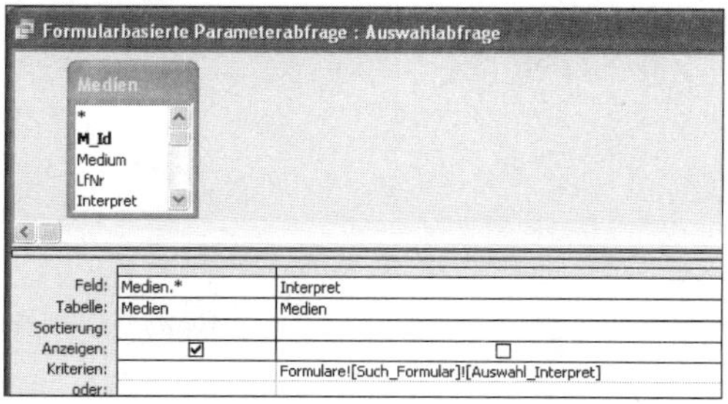

Abbildung 4.48: Auswahlabfrage mit formularbasiertem Parameterausdruck

8. Sie können nun das Formular *Such_Formular* öffnen und aus dem Feld *Interpret* einen Eintrag auswählen. Anschließend führen Sie die Abfrage aus. Der ausgewählte Interpret wird durch den Ausdruck, den der Ausdrucks-Generator erzeugt hat, als Kriterium der Abfrage verwendet.

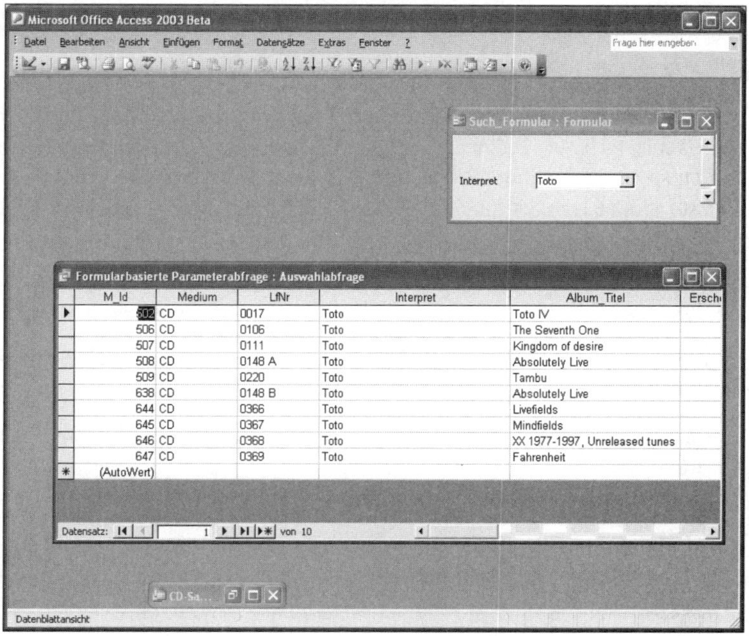

Abbildung 4.49: Auswahl eines Eintrags im Formular und die Abfrage in der Datenblattansicht

Hinweis

Bei der Verwendung von formularbasierten Abfragen muss das Formular, das Sie in der Abfrage verwenden, geöffnet sein. Ansonsten fordert Sie die Abfrage mit dem Dialogfenster *Parameterwert eingeben* auf, einen Wert einzugeben. Als Hinweistext des Dialogfensters *Parameterwert eingeben* erscheint dann der formularbasierte Ausdruck.

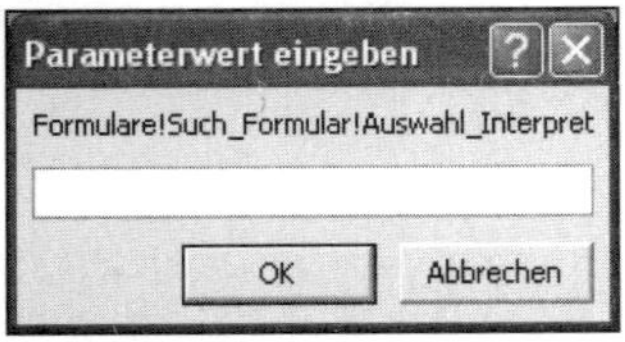

Abbildung 4.50: Ist das betreffende Formular nicht geöffnet, werden Sie aufgefordert, einen Wert einzugeben.

Weitere Abfragen in Access

Neben den bisher beschriebenen Abfragen kennt Access noch einige weitere Abfragetypen. Da diese nicht sehr häufig verwendet werden, stellt Access für diese Abfragen Assistenten zur Verfügung.

Kreuztabellenabfragen

Mithilfe einer Kreuztabellenabfrage können Sie Informationen aus Tabellen zu einem kompakten, tabellenartigen Format zusammenfassen. Kreuztabellenabfragen sind häufig Grundlage für Diagramme und Berichte, da sie die Information sehr stark verdichten können. Somit ist es einfacher, Tendenzen zu sehen oder Vergleiche anzustellen.

Eine Hilfe bei der Erstellung einer Kreuztabellenabfrage ist der Kreuztabellen-Assistent von Access. Dieser führt Sie Schritt-für-Schritt durch die notwendigen Angaben.

Im Folgenden sollen nun mithilfe einer Kreuztabelle folgende Informationen aus einer Datenbank-CD-Sammlung angezeigt werden:

- Angabe der Kosten pro Interpret, bezogen auf das Jahr, in dem der Tonträger gekauft worden ist
- Gesamtsumme aller Tonträger pro Interpret

1. Wechseln Sie im Datenbankfenster von Access auf die Kategorie *Abfragen*. Klicken Sie dort auf die Schaltfläche *Neu*. Es öffnet sich das Dialogfenster *Neue Abfrage*, aus dem Sie den Eintrag *Kreuztabellenabfrage-Assistent* auswählen. Bestätigen Sie das Dialogfenster mit *OK*.

2. Der Kreuztabellenabfrage-Assistent wird daraufhin gestartet. Im ersten Schritt des Assistenten können Sie die Tabelle oder Abfrage auswählen, die als Grundlage der Kreuztabellenabfrage dienen soll. Bestätigen Sie diesen Schritt nach Auswahl einer Tabelle mit *Weiter.*

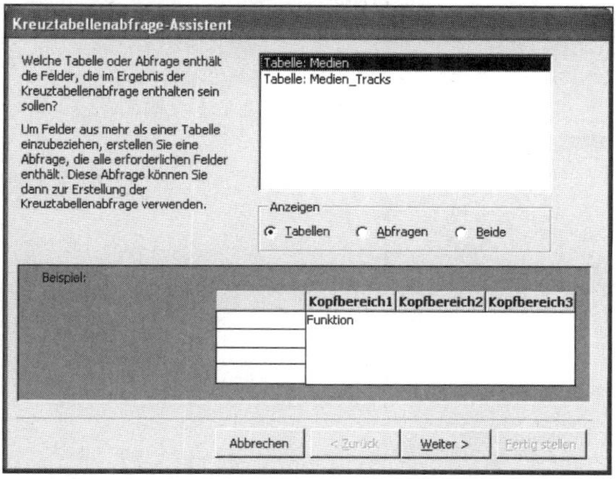

Abbildung 4.51: Der erste Schritt des Kreuztabellenabfrage-Assistenten

3. Im nächsten Schritt folgt die Angabe, welches Feld Sie als Zeilenüberschrift haben wollen. In diesem Fall ist dies das Feld *Interpret.* Markieren Sie es mit der Maus in der Liste *Verfügbare Felder* und klicken Sie anschließend auf die Schaltfläche >, um es in die rechte Liste *Ausgewählte Felder* zu übernehmen. Der untere Beispielbereich des Assistenten zeigt Ihnen die Auswahl als Beispielvorschau an. In der ersten Spalte der Kreuztabellenabfrage werden alle Interpreten untereinander angezeigt. Klicken Sie auf *Weiter*, um zum nächsten Schritt des Assistenten zu gelangen.

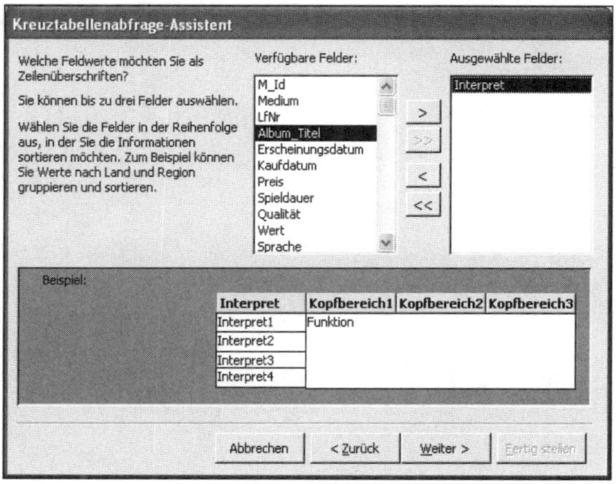

Abbildung 4.52: Angabe, welches Feld als Zeilenüberschrift dienen soll

4. Nun folgt die Angabe des Felds, welches für die Spaltenüberschrift herangezogen werden soll. In diesem Fall ist dies das Feld *Kaufdatum.* Markieren Sie es in der Liste. Die Beispielvorschau zeigt Ihnen wieder ein kurzes Beispiel an. Klicken Sie danach auf *Weiter.*

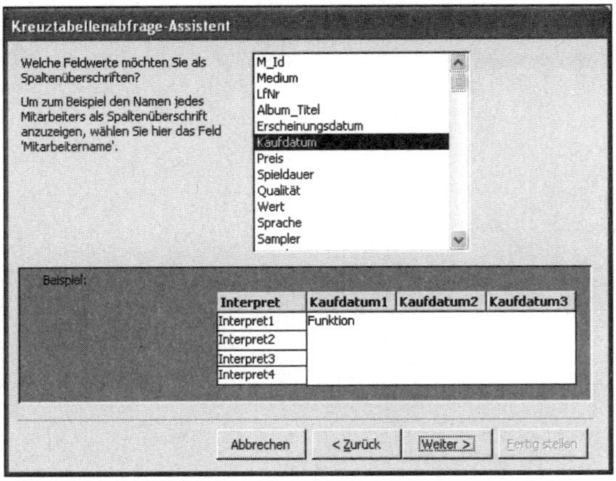

Abbildung 4.53: Angabe der Spaltenüberschrift

5. Das ausgewählte Feld hat als Felddatentyp den Typ *Datum/Uhrzeit.* Im nächsten Schritt können Sie auswählen, wie Sie die Datumswerte gruppieren wollen. Wählen Sie den Eintrag *Jahr,* wenn Sie nur das Jahr des Erwerbs in der Kreuztabellenabfrage sehen wollen. Je weiter nach unten Sie einen Eintrag in der Liste auswählen, umso detailreicher und somit auch breiter wird das Ergebnis. Mit dem Eintrag *Datum/Uhrzeit* findet somit überhaupt keine Verdichtung statt. Sie können sich die Auswirkungen der einzelnen Intervalle in der Beispielvorschau ansehen. Für dieses Beispiel wählen Sie den Eintrag *Jahr* und klicken auf *Weiter.*

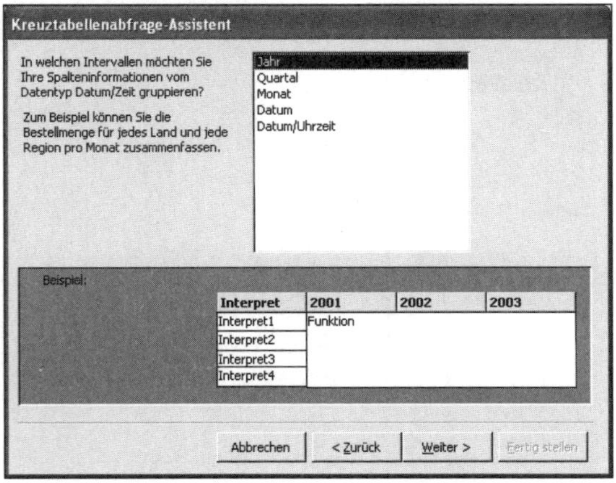

Abbildung 4.54: Angabe des Gruppierungsintervalls

6. Im vorletzten Schritt des Assistenten müssen Sie dem Assistenten mitteilen, welche Werte an den Knotenpunkten berechnet werden sollen. Als Felder stehen alle Felder der Tabelle bis auf die Felder, die Sie als Zeilenüberschrift und Spaltenüberschrift angegeben haben, zur Auswahl. Die zur Verfügung stehenden Funktionen sind die Aggregatfunktionen von Access, die Sie schon im Abschnitt *Datensätze gruppieren* in diesem Kapitel kennen gelernt haben.

   An den Knotenpunkten soll der Preis pro Interpret berechnet werden. Wählen Sie aus der Liste *Felder* den Eintrag *Preis* und als Funktion den Eintrag *Summe* aus. Mit der Option *Gesamtsumme jeder Zeile berechnen* wird zusätzlich eine Summenspalte zu der Abfrage hinzugefügt.

   Klicken Sie anschließend auf *Weiter.*

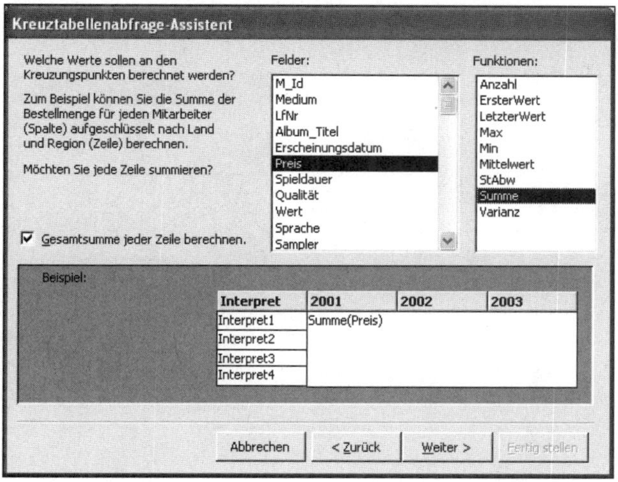

Abbildung 4.55: Bestimmen, welche Werte an den Knotenpunkten berechnet werden sollen

7. Im letzten Schritt des Kreuztabellenabfrage-Assistenten müssen Sie der Abfrage noch einen Namen geben.

   Des Weiteren können Sie auswählen, ob Sie die Abfrage sofort öffnen oder den Abfrageentwurf weiter ändern wollen.

   Klicken Sie zum Abschluss des Assistenten auf *Fertig stellen.*

Der Kreuztabellen-Assistent verarbeitet nun Ihre Angaben und zeigt anschließend die Abfrage entweder in der Entwurfsansicht zur Weiterbearbeitung oder direkt in der Datenblattansicht an.

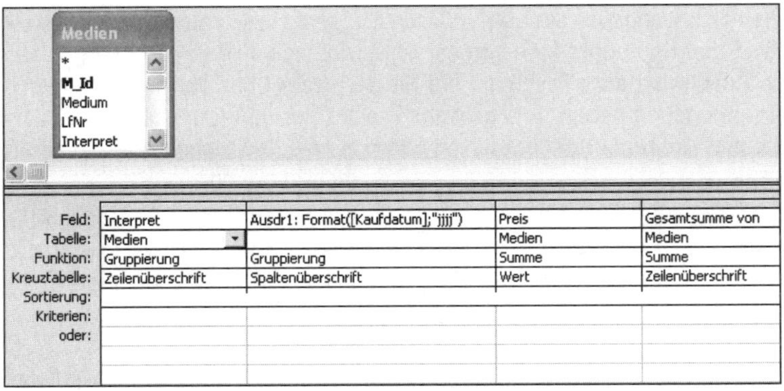

Feld:	Interpret	Ausdr1: Format([Kaufdatum];"jjjj")	Preis	Gesamtsumme von
Tabelle:	Medien		Medien	Medien
Funktion:	Gruppierung	Gruppierung	Summe	Summe
Kreuztabelle:	Zeilenüberschrift	Spaltenüberschrift	Wert	Zeilenüberschrift
Sortierung:				
Kriterien:				
oder:				

Abbildung 4.56: Die Kreuztabellenabfrage in der Entwurfsansicht ...

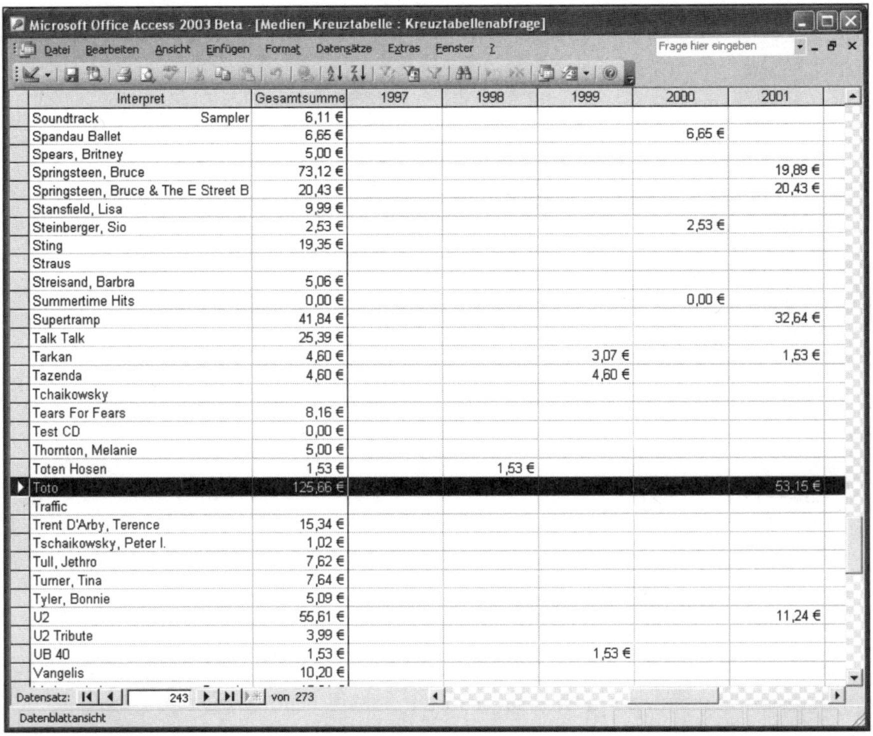

Interpret	Gesamtsumme	1997	1998	1999	2000	2001
Soundtrack Sampler	6,11 €					
Spandau Ballet	6,65 €				6,65 €	
Spears, Britney	5,00 €					
Springsteen, Bruce	73,12 €					19,89 €
Springsteen, Bruce & The E Street B	20,43 €					20,43 €
Stansfield, Lisa	9,99 €					
Steinberger, Sio	2,53 €				2,53 €	
Sting	19,35 €					
Straus						
Streisand, Barbra	5,06 €					
Summertime Hits	0,00 €				0,00 €	
Supertramp	41,84 €					32,64 €
Talk Talk	25,39 €					
Tarkan	4,60 €			3,07 €		1,53 €
Tazenda	4,60 €			4,60 €		
Tchaikowsky						
Tears For Fears	8,16 €					
Test CD	0,00 €					
Thornton, Melanie	5,00 €					
Toten Hosen	1,53 €		1,53 €			
Toto	125,66 €					53,15 €
Traffic						
Trent D'Arby, Terence	15,34 €					
Tschaikowsky, Peter I.	1,02 €					
Tull, Jethro	7,62 €					
Turner, Tina	7,64 €					
Tyler, Bonnie	5,09 €					
U2	55,61 €					11,24 €
U2 Tribute	3,99 €					
UB 40	1,53 €			1,53 €		
Vangelis	10,20 €					

Abbildung 4.57: ... und in der Datenblattansicht

Duplikatabfrage

Ein besonders nützlicher Abfrage-Assistent von Access ist der *Abfrage-Assistent zur Duplikatsuche*. Er erstellt, dialoggesteuert, eine Auswahlabfrage, die doppelte Datensätze bzw. Felder mit identischem Inhalt anzeigt. Im folgenden Beispiel soll der Datenbestand darauf untersucht werden, von welchen Interpreten ein Album zwei- oder mehrmals vorliegt.

1. Wechseln Sie im Datenbankfenster von Access auf die Kategorie *Abfragen*. Klicken Sie dort auf die Schaltfläche *Neu*. Es öffnet sich das Dialogfenster *Neue Abfrage*, aus dem Sie den Eintrag *Abfrage-Assistent zur Duplikatsuche* auswählen. Bestätigen Sie das Dialogfenster mit *OK*.
2. Im ersten Schritt des Assistenten können Sie die Tabelle oder Abfrage auswählen, in der nach Duplikaten gesucht werden soll. In diesem Beispiel ist dies die Tabelle *Medien*. Bestätigen Sie diesen Schritt mit *Weiter*.

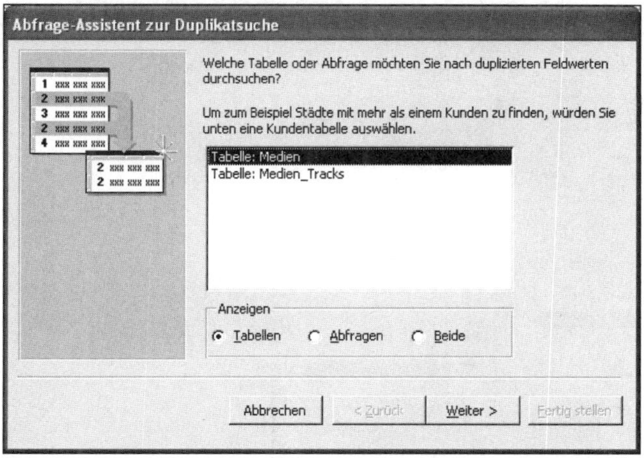
Abfrage-Assistent zur Duplikatsuche
Welche Tabelle oder Abfrage möchten Sie nach duplizierten Feldwerten durchsuchen?
Um zum Beispiel Städte mit mehr als einem Kunden zu finden, würden Sie unten eine Kundentabelle auswählen.
Tabelle: Medien
Tabelle: Medien_Tracks
Anzeigen
Tabellen
Abfragen
Beide
Abbrechen
< Zurück
Weiter >
Fertig stellen

Abbildung 4.58: Bestimmen, in welcher Tabelle nach Duplikaten gesucht werden soll

3. Es folgt die Angabe, welche Felder möglicherweise Duplikate enthalten können. In diesem Fall sind dies die Felder *Interpret* und *Album_Titel*. Markieren Sie zuerst das Feld *Interpret* in der Liste *Verfügbare Felder* und klicken Sie anschließend auf die Schaltfläche >, um es in die Liste *Felder mit Wertduplikaten* aufzunehmen. Wiederholen Sie den Vorgang dann mit dem Feld *Album_Titel*. Klicken Sie anschließend auf *Weiter*.

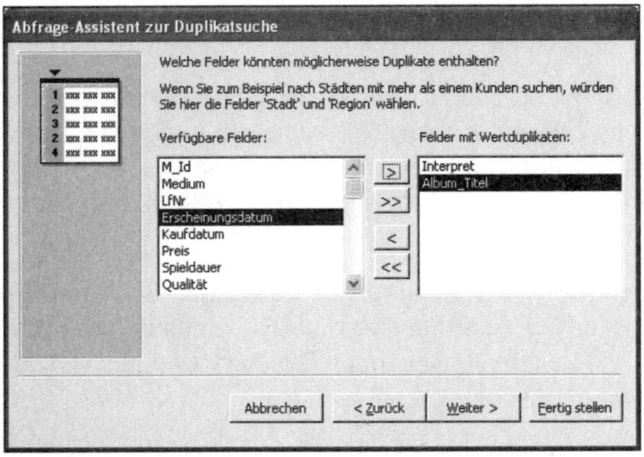

Abbildung 4.59: Auswahl der Felder, deren Werte doppelt vorkommen könnten

4. Im nächsten Schritt des Assistenten können Sie bestimmen, welche Felder in der Abfrage zusätzlich angezeigt werden sollen. Sie können einzelne Felder mit der Schaltfläche > oder mit der Schaltfläche >> alle Felder übernehmen.

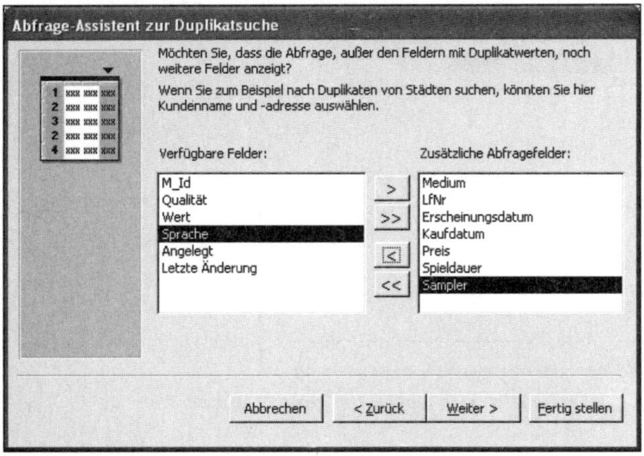

Abbildung 4.60: Bestimmen, welche Felder zusätzlich in der Abfrage angezeigt werden sollen

5. Im letzten Schritt des *Abfrage-Assistent zur Duplikatsuche* müssen Sie der Abfrage noch einen Namen geben.

   Des Weiteren können Sie bestimmen, ob Sie die Abfrage sofort öffnen oder den Abfrageentwurf weiter ändern wollen.

   Klicken Sie zum Abschluss des Assistenten auf *Fertig stellen.*

Die erstellte Abfrage sehen Sie in der folgenden Abbildung in der Datenblattansicht. Sie zeigt alle Interpreten an, von denen ein Album mehrmals in der Datenbank erfasst worden ist.

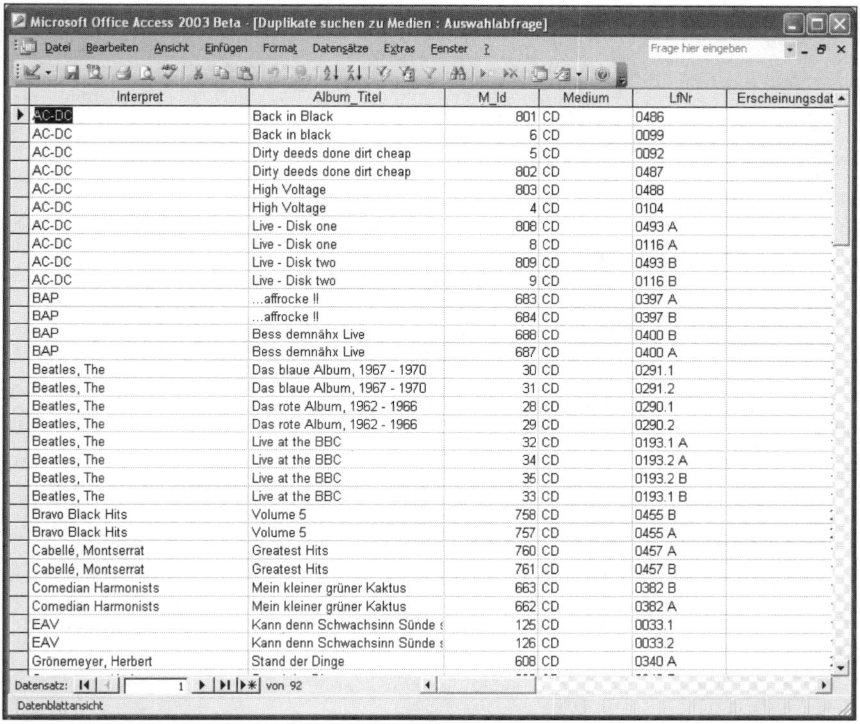

Interpret	Album_Titel	M_Id	Medium	LfNr	Erscheinungsdat
AC-DC	Back in Black	801	CD	0486	
AC-DC	Back in black	6	CD	0099	
AC-DC	Dirty deeds done dirt cheap	5	CD	0092	
AC-DC	Dirty deeds done dirt cheap	802	CD	0487	
AC-DC	High Voltage	803	CD	0488	
AC-DC	High Voltage	4	CD	0104	
AC-DC	Live - Disk one	808	CD	0493 A	
AC-DC	Live - Disk one	8	CD	0116 A	
AC-DC	Live - Disk two	809	CD	0493 B	
AC-DC	Live - Disk two	9	CD	0116 B	
BAP	...affrocke !!	683	CD	0397 A	
BAP	...affrocke !!	684	CD	0397 B	
BAP	Bess demnähx Live	688	CD	0400 B	
BAP	Bess demnähx Live	687	CD	0400 A	
Beatles, The	Das blaue Album, 1967 - 1970	30	CD	0291.1	
Beatles, The	Das blaue Album, 1967 - 1970	31	CD	0291.2	
Beatles, The	Das rote Album, 1962 - 1966	28	CD	0290.1	
Beatles, The	Das rote Album, 1962 - 1966	29	CD	0290.2	
Beatles, The	Live at the BBC	32	CD	0193.1 A	
Beatles, The	Live at the BBC	34	CD	0193.2 A	
Beatles, The	Live at the BBC	35	CD	0193.2 B	
Beatles, The	Live at the BBC	33	CD	0193.1 B	
Bravo Black Hits	Volume 5	758	CD	0455 B	
Bravo Black Hits	Volume 5	757	CD	0455 A	
Cabellé, Montserrat	Greatest Hits	760	CD	0457 A	
Cabellé, Montserrat	Greatest Hits	761	CD	0457 B	
Comedian Harmonists	Mein kleiner grüner Kaktus	663	CD	0382 B	
Comedian Harmonists	Mein kleiner grüner Kaktus	662	CD	0382 A	
EAV	Kann denn Schwachsinn Sünde s	125	CD	0033.1	
EAV	Kann denn Schwachsinn Sünde s	126	CD	0033.2	
Grönemeyer, Herbert	Stand der Dinge	608	CD	0340 A	

Abbildung 4.61: Das Ergebnis der Duplikatsuche

Inkonsistenzabfrage

Mithilfe der Inkonsistenzabfrage können Sie Datensätze zweier in Beziehung stehender Tabellen daraufhin untersuchen, ob eine Inkonsistenz vorliegt. Das Ergebnis der Abfrage zeigt die Datensätze der einen Tabelle an, zu denen es in der zweiten Tabelle keine übereinstimmenden Datensätze gibt. Somit lässt sich beispielsweise überprüfen, ob in der Tabelle mit Angeboten oder Rechnungen auch zu jedem Datensatz noch der Kunde aus einer Tabelle *Kunden* vorhanden ist. Im folgenden Beispiel soll eine Datenbank untersucht werden, ob zu jedem erfassten Einzeltitel auch der Albumkopf, also die Angaben, um welchen Interpreten es sich handelt, wie die Platte heißt etc., vorhanden ist. Die dabei zu untersuchenden Tabellen sind *Medien* und *Medien_Tracks.* Für die Inkonsistenzsuche stellt Access einen Assistenten zur Verfügung, der Ihnen bei der Erstellung der Inkonsistenzabfrage behilflich ist.

1. Wechseln Sie im Datenbankfenster von Access auf die Kategorie *Abfragen.* Klicken Sie dort auf die Schaltfläche *Neu.* Es öffnet sich das Dialogfenster *Neue Abfrage,* aus dem Sie den Eintrag *Abfrage-Assistent zur Inkonsistenzsuche* auswählen. Bestätigen Sie das Dialogfenster mit *OK.*

2. Im ersten Schritt des Assistenten müssen Sie die Tabelle auswählen, in der nach Daten gesucht werden soll, die in keiner Beziehung zu Daten der Haupttabelle stehen. Im Prinzip geben Sie hier die N-Tabelle einer 1:N-Beziehung an. Gleichzeitig dient diese Tabelle auch zur Auswahl der Felder, die Sie in der Abfrage angezeigt haben wollen.

   In dem Beispiel dieser Schritt-für-Schritt-Anleitung ist die N-Tabelle die Tabelle *Medien_Tracks*. Markieren Sie diese und klicken Sie anschließend auf *Weiter*.

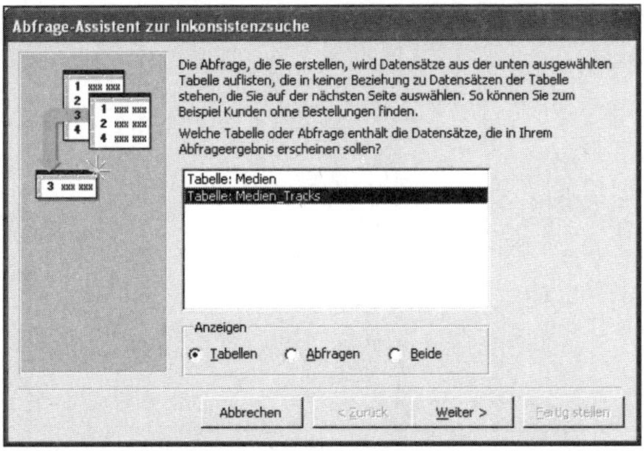
Abfrage-Assistent zur Inkonsistenzsuche
Die Abfrage, die Sie erstellen, wird Datensätze aus der unten ausgewählten Tabelle auflisten, die in keiner Beziehung zu Datensätzen der Tabelle stehen, die Sie auf der nächsten Seite auswählen. So können Sie zum Beispiel Kunden ohne Bestellungen finden.
Welche Tabelle oder Abfrage enthält die Datensätze, die in Ihrem Abfrageergebnis erscheinen sollen?
Tabelle: Medien
Tabelle: Medien_Tracks
Anzeigen
Tabellen
Abfragen
Beide
Abbrechen
< Zurück
Weiter >
Fertig stellen

Abbildung 4.62: Angabe der Tabelle, welche die Daten enthält, die in keiner Beziehung zur 1-Tabelle stehen

3. Im nächsten Schritt folgt die Angabe der Tabelle, welche die Datensätze enthält, die in Beziehung zu der im vorherigen Schritt angegebenen Tabelle stehen. Dies ist die 1-Tabelle einer 1:N-Beziehung.

   In diesem Beispiel ist dies die Tabelle *Medien*. Markieren Sie diese und klicken Sie wieder auf *Weiter*.

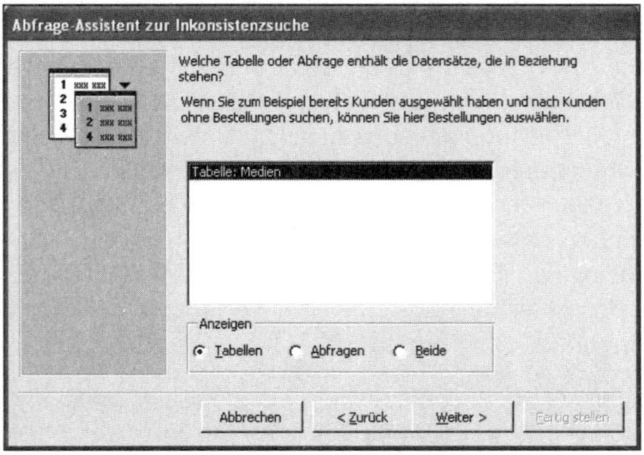
Abfrage-Assistent zur Inkonsistenzsuche
Welche Tabelle oder Abfrage enthält die Datensätze, die in Beziehung stehen?
Wenn Sie zum Beispiel bereits Kunden ausgewählt haben und nach Kunden ohne Bestellungen suchen, können Sie hier Bestellungen auswählen.
Tabelle: Medien
Anzeigen
Tabellen
Abfragen
Beide
Abbrechen
< Zurück
Weiter >
Fertig stellen

Abbildung 4.63: Angabe der Tabelle, deren Datensätze in Beziehung stehen

4. Im folgenden Schritt werden die Felder der beiden Tabellen ausgewählt, die in beiden Tabellen enthalten sind und über welche die beiden Tabellen in Beziehung stehen. Sind schon Beziehungen zwischen den beiden Tabellen definiert, erkennt Access dies und schlägt die beiden Felder automatisch vor.

   Markieren Sie mit der Maus sowohl in der linken Liste als auch in der rechten Liste das entsprechende Feld und klicken Sie anschließend auf die Schaltfläche <=>, um diese beiden Felder festzulegen. Access zeigt diese Auswahl im unteren Bereich des Assistenten unter *Übereinstimmende Felder* an.

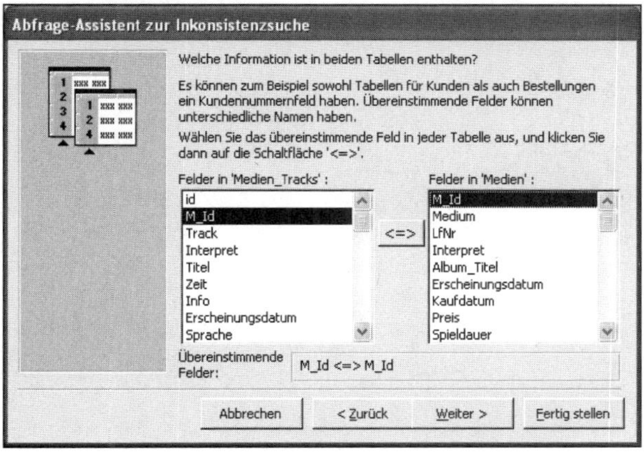

Abbildung 4.64: Auswahl der übereinstimmenden Felder

5. Im nächsten Schritt des Assistenten können Sie bestimmen, welche Felder in der Abfrage zusätzlich angezeigt werden sollen. Sie können einzelne Felder mit der Schaltfläche > oder mit der Schaltfläche >> alle Felder übernehmen.

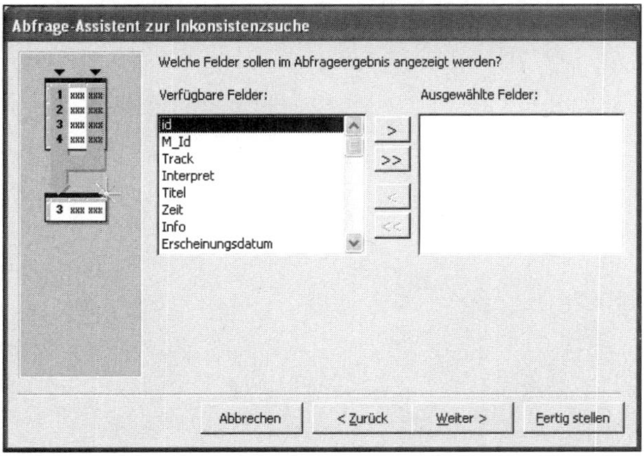

Abbildung 4.65: Spezifikation der Felder, die zusätzlich in der Abfrage angezeigt werden sollen

6. Im letzten Schritt des *Abfrage-Assistenten zur Inkonsistenzsuche* müssen Sie der Abfrage noch einen Namen geben. Des Weiteren können Sie auswählen, ob Sie die Abfrage sofort öffnen wollen oder den Abfrageentwurf weiter ändern wollen.

   Klicken Sie zum Abschluss des Assistenten auf *Fertig stellen*.

5. Formulare für die Datenerfassung

Formulare sind für den Anwender einer Datenbank das, was er am häufigsten zu Gesicht bekommt.

Mithilfe von Formularen können Daten in Tabellen eingegeben, geändert und eingesehen werden. Es können auch Formulare erstellt werden, die als Dialogfenster, Meldungsfenster oder als Startbildschirme fungieren.

Mithilfe von Formularen können Sie schnell und einfach Daten eingeben. Mit den verschiedenen Gestaltungsmöglichkeiten, die Access anbietet, können Sie Formulare entwerfen, die beispielsweise besonders lange Datensätze komplett auf dem Bildschirm darstellen können. Textelemente, Linien und verschiedene Farben lassen Ihnen Raum für die Gestaltung von Formularen.

Formulartypen von Access – Für jeden Zweck das richtige Formular

Access lässt Sie auch bei der Erstellung von Formularen nicht allein und stellt Ihnen mehrere Formular-Assistenten zur Verfügung. Mit deren Hilfe können Sie schnell einfache Formulare erstellen und diese bei Bedarf weiter anpassen.

Access stellt Ihnen folgende Formulartypen zur Verfügung, die Sie über den Formular-Assistenten erstellen können:

- *Autoformular: Einspaltig*
- *Autoformular: Tabellarisch*
- *Autoformular: Datenblatt*
- *Autoformular: PivotTable*
- *Autoformular: PivotChart*
- *Diagramm-Assistent*
- *PivotTable-Assistent*

Um den Assistenten aufzurufen, wählen Sie im Datenbankfenster von Access die Kategorie *Formulare* und klicken dort auf die Schaltfläche *Neu*. Es öffnet sich anschließend das Dialogfenster *Neues Formular*, in dem Sie unter verschiedenen Formulartypen auswählen können.

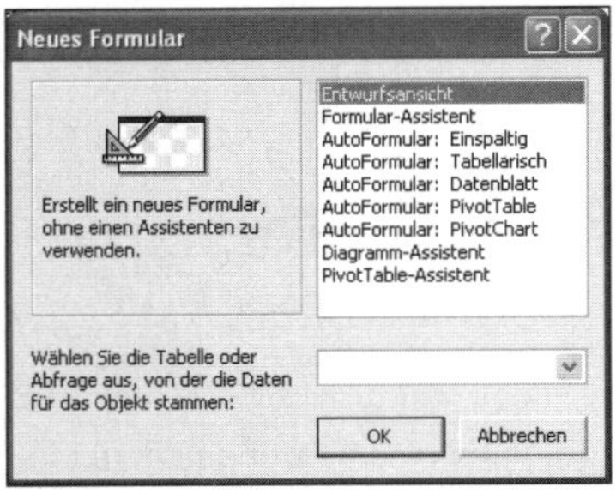

Abbildung 5.1: Das Dialogfenster Neues Formular

Einspaltiges Formular

Im einspaltigen Formular werden die Inhalte der Datensätze in einer Spalte untereinander angezeigt. Für jedes Feld der Tabelle existiert ein Feld im Formular.

Ein einspaltiges Formular zeigt immer genau einen Datensatz der zugrunde liegenden Tabelle an.

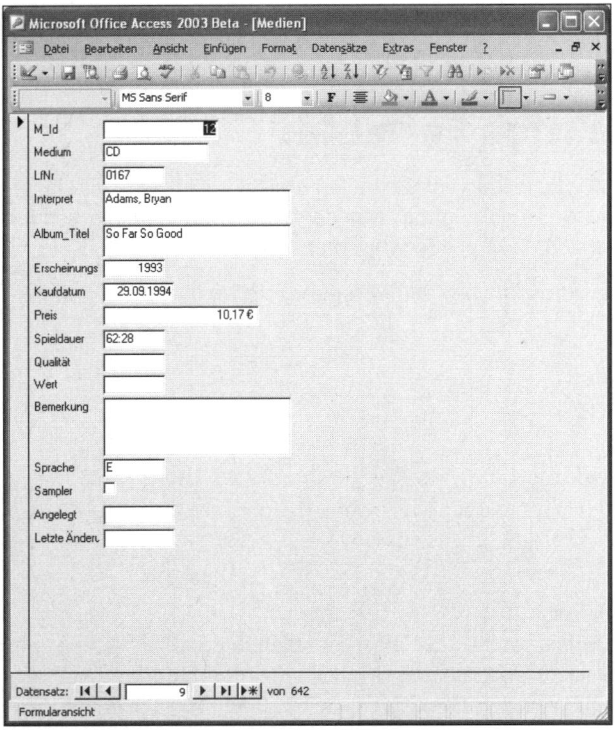

Abbildung 5.2: Ein einspaltiges Formular

Tabellarisches Formular

Im tabellarischen Formular werden die Felder der zugrunde liegenden Tabelle in Zeilen und Spalten angezeigt. Dadurch können mehrere Datensätze gleichzeitig angezeigt werden.

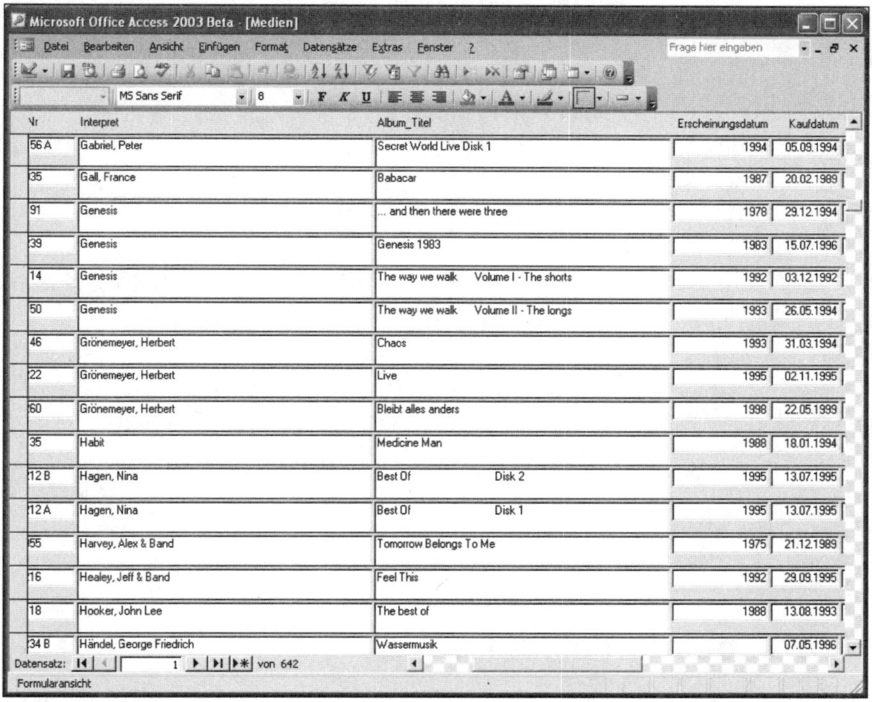

Abbildung 5.3: Tabellarisches Formular

Datenblatt-Formular

Ein Formular kann auch wie eine Tabelle in der Datenblattansicht angezeigt werden. Dies ist genau genommen kein eigener Formulartyp. Bei einem Formular in den Datenblattansicht wird lediglich die Eigenschaft *Standardansicht* auf *Datenblatt* gesetzt. Mehr zu diesem Thema weiter hinten in diesem Kapitel.

Der Formular-Assistent *Autoformular: Datenblatt* erzeugt im ersten Schritt ein einspaltiges Formular und setzt dann die Eigenschaft *Standardansicht* auf *Datenblatt*.

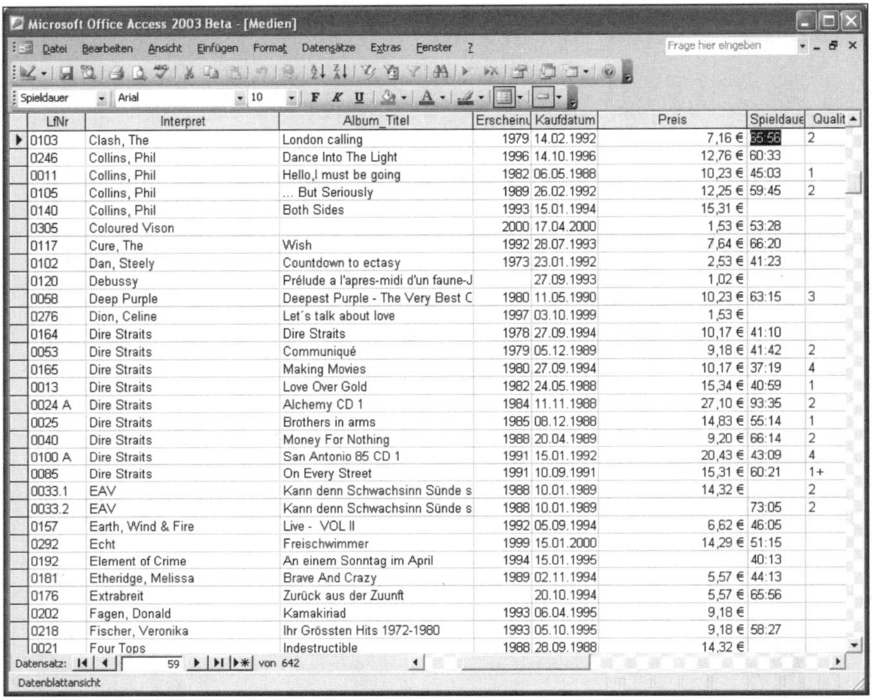
Microsoft Office Access 2003 Beta - [Medien]

Datei Bearbeiten Ansicht Einfügen Format Datensätze Extras Fenster ?

Spieldauer | Arial | 10

LfNr	Interpret	Album_Titel	Erscheinu	Kaufdatum	Preis	Spieldaue	Qualit
0103	Clash, The	London calling	1979	14.02.1992	7,16 €	55:56	2
0246	Collins, Phil	Dance Into The Light	1996	14.10.1996	12,76 €	60:33	
0011	Collins, Phil	Hello,I must be going	1982	06.05.1988	10,23 €	45:03	1
0105	Collins, Phil	... But Seriously	1989	26.02.1992	12,25 €	59:45	2
0140	Collins, Phil	Both Sides	1993	15.01.1994	15,31 €		
0305	Coloured Vison		2000	17.04.2000	1,53 €	53:28	
0117	Cure, The	Wish	1992	28.07.1993	7,64 €	66:20	
0102	Dan, Steely	Countdown to ectasy	1973	23.01.1992	2,53 €	41:23	
0120	Debussy	Prélude a l'apres-midi d'un faune-J		27.09.1993	1,02 €		
0058	Deep Purple	Deepest Purple - The Very Best C	1980	11.05.1990	10,23 €	63:15	3
0276	Dion, Celine	Let´s talk about love	1997	03.10.1999	1,53 €		
0164	Dire Straits	Dire Straits	1978	27.09.1994	10,17 €	41:10	
0053	Dire Straits	Communiqué	1979	05.12.1989	9,18 €	41:42	2
0165	Dire Straits	Making Movies	1980	27.09.1994	10,17 €	37:19	4
0013	Dire Straits	Love Over Gold	1982	24.05.1988	15,34 €	40:59	1
0024 A	Dire Straits	Alchemy CD 1	1984	11.11.1988	27,10 €	93:35	2
0025	Dire Straits	Brothers in arms	1985	08.12.1988	14,83 €	55:14	1
0040	Dire Straits	Money For Nothing	1988	20.04.1989	9,20 €	66:14	2
0100 A	Dire Straits	San Antonio 85 CD 1	1991	15.01.1992	20,43 €	43:09	4
0085	Dire Straits	On Every Street	1991	10.09.1991	15,31 €	60:21	1+
0033.1	EAV	Kann denn Schwachsinn Sünde s	1988	10.01.1989	14,32 €		2
0033.2	EAV	Kann denn Schwachsinn Sünde s	1988	10.01.1989		73:05	2
0157	Earth, Wind & Fire	Live - VOL II	1992	05.09.1994	6,62 €	46:05	
0292	Echt	Freischwimmer	1999	15.01.2000	14,29 €	51:15	
0192	Element of Crime	An einem Sonntag im April	1994	15.01.1995		40:13	
0181	Etheridge, Melissa	Brave And Crazy	1989	02.11.1994	5,57 €	44:13	
0176	Extrabreit	Zurück aus der Zuunft		20.10.1994	5,57 €	65:56	
0202	Fagen, Donald	Kamakiriad	1993	06.04.1995	9,18 €		
0218	Fischer, Veronika	Ihr Grössten Hits 1972-1980	1993	05.10.1995	9,18 €	58:27	
0021	Four Tops	Indestructible	1988	28.09.1988	14,32 €		

Datensatz: 59 von 642

Datenblattansicht

Abbildung 5.4: Formular als Datenblatt

Pivottabellen-Formular

Mit einem Pivottabellen-Formular können Sie ein Formular erstellen, welches Sie nutzen können, um kompakte Auswertungen Ihrer Daten zu bekommen. Ähnlich wie eine Pivottabelle in Microsoft Excel, können Teilergebnisse und Gesamtsummen von Daten zusammengefasst werden.

Pivottabellen funktionieren ähnlich wie Kreuztabellenabfragen. Das Layout lässt sich dynamisch ändern. D.h., Sie können, während das Formular angezeigt wird, Zeilen- und Spaltenüberschriften oder Seitenfelder neu anordnen, bis Sie das gewünschte Ergebnis und Layout erhalten. Nach jeder Änderung sehen Sie sofort das Ergebnis im Privottabellen-Formular.

Pivottabellen sind interaktive Tabellen, die große Mengen von Daten zusammenfassen.

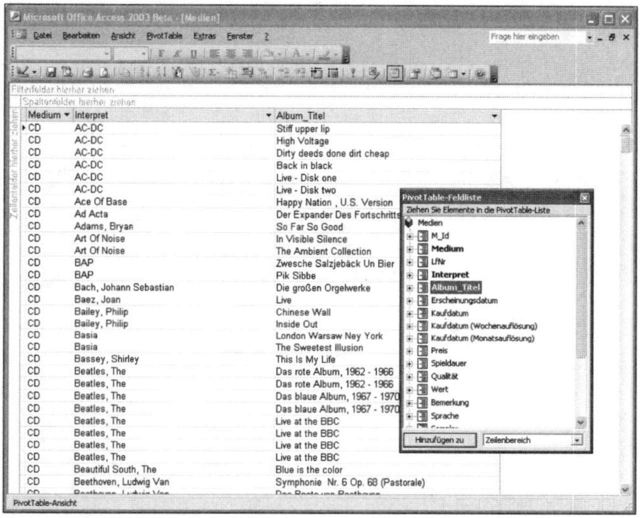

Abbildung 5.5: Ein Pivottabellen-Formular

PivotChart-Formular

Ein Formular kann auch als PivotChart-Formular angezeigt werden. Wie bei einem Pivottabellen-Formular können Sie das Layout dynamisch ändern. Sie können den Diagrammtyp verändern und Felder in den Kategorien *Filter*, *Datenreihen* und *Datenbereich* anordnen.

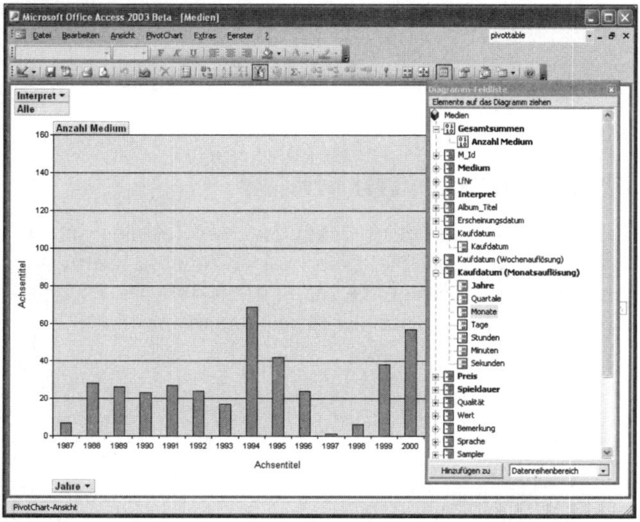

Abbildung 5.6: Ein PivotChart-Formular

Diagramm-Assistent

Im Gegensatz zu PivotChart-Formularen können Sie Diagrammformulare während der Anzeige nicht im Layout verändern, da sie statisch sind. Somit eignen sie sich zur grafischen Anzeige von festgelegten Inhalten.

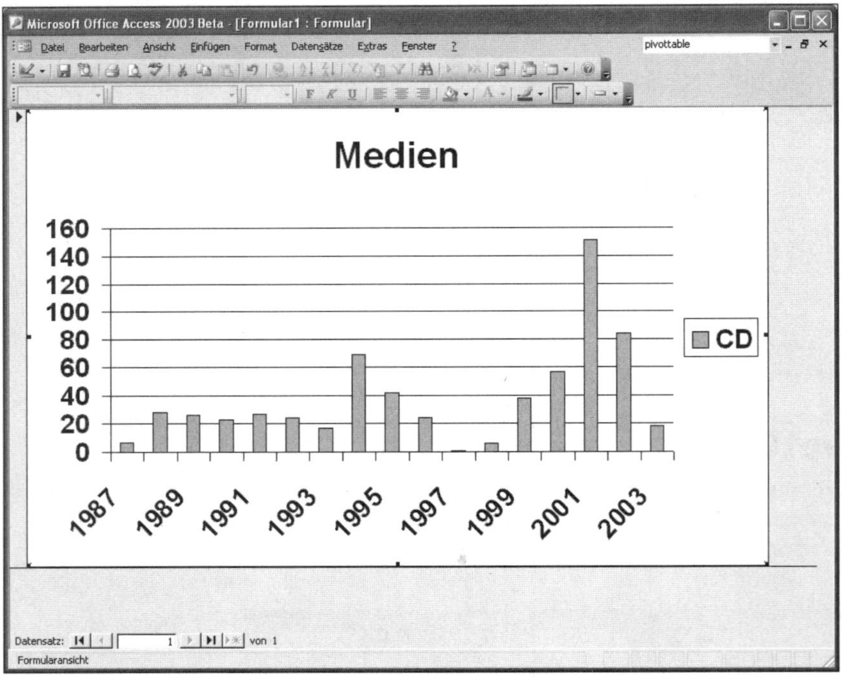

Abbildung 5.7: Ein Diagrammformular

Hauptformular mit Unterformular

Ein Hauptformular mit einem Unterformular zeigt Daten von zwei Tabellen an, zwischen denen eine 1:N-Beziehung besteht. Die Daten der 1-Tabellen werden im Hauptformular als Einspaltenformular angezeigt, die Daten der N-Tabellen im Unterformular als tabellarisches Formular oder als Formular in der Datenblattansicht.

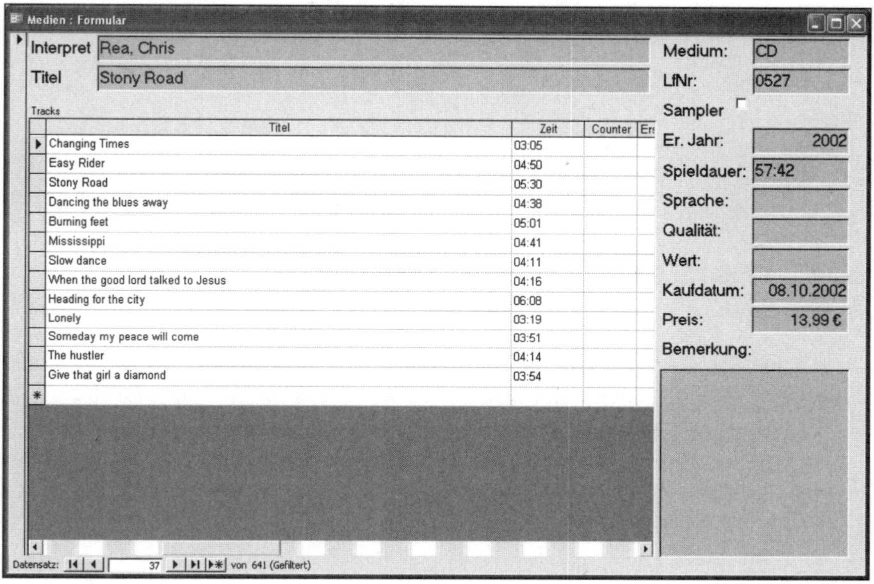

Abbildung 5.8: Ein Formular mit einem Unterformular

Erstellen von Formularen mit den Assistenten

Nachdem Ihnen die verschiedenen Formulartypen kurz vorgestellt wurden, geht es jetzt um die Erstellung eines Formulars mit dem Formular-Assistenten von Access.

Automatische Formulare

Bei den automatischen Formularen benötigt Access lediglich die Angabe der Tabelle oder der Abfrage, die als Datenbasis für das Formular dienen soll, den Rest erledigt Access von alleine.

1. Wechseln Sie im Datenbankfenster von Access auf die Kategorie *Formulare.*
2. Klicken Sie anschließend in der Symbolleiste des Datenbankfensters auf die Schaltfläche *Neu.* Alternativ können Sie auch aus dem Menü *Einfügen* den Befehl *Formular* wählen.
3. In beiden Fällen öffnet sich das Dialogfenster *Neues Formular.* In der linken Liste stehen Ihnen verschiedenen Einträge zur Verfügung. Die Autoformulare von Access sind mit vorangestelltem "*AutoFormular*" kenntlich gemacht.

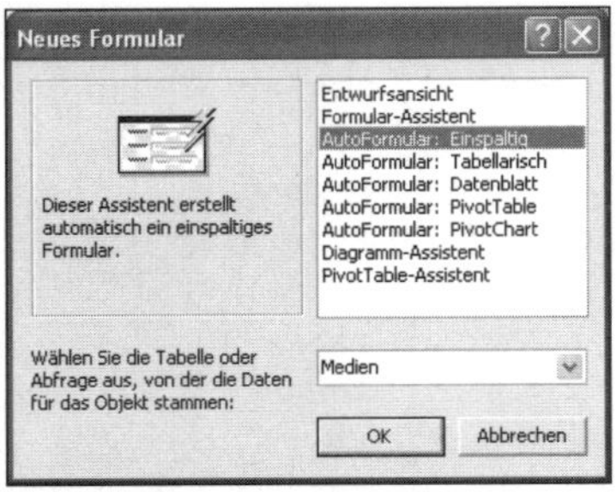

Abbildung 5.9: Das Dialogfenster Neues Formular

4. Wählen Sie aus der Liste den gewünschten Formulartyp aus. Die Beispielvorschau zeigt Ihnen zusätzlich an, wie der ausgewählte Formulartyp aussieht.

   Aus dem unteren Listefeld müssen Sie nur noch die Tabelle oder die Abfrage auswählen, die Sie im Formular angezeigt haben wollen. Klicken Sie anschließend auf *OK*. Access erstellt daraufhin das gewünschte Autoformular. Speichern Sie es anschließend ab.

Der Formular-Assistent

Mit dem Formular-Assistenten bestimmen Sie, welche Felder Bestandteil des Formulars sein sollen. Weiter haben Sie Einfluss darauf, wie das Layout des Formulars aussehen soll.

Alle notwendigen Angaben werden wie gewohnt in den einzelnen Schritten des Assistenten gemacht. So erstellte Formulare lassen sich wie die Autoformulare später ohne weiteres individuell anpassen. Die notwendigen Anpassungen sind jedoch nicht ganz so umfangreich, da Sie wichtige Einstellungen für das Formular bereits im Assistenten einstellen können.

1. Wechseln Sie im Datenbankfenster von Access auf die Kategorie *Formulare* und klicken Sie dort auf die Schaltfläche *Neu*. Wählen Sie aus dem Dialogfenster *Neues Formular* den Eintrag *Formular-Assistent*.

   Sie können alternativ im Datenbankfenster auch auf den Eintrag *Erstellt ein Formular unter Verwendung des Assistenten* klicken.

2. Im ersten Schritt des Formular-Assistenten wählen Sie aus dem Listenfeld *Tabellen/Abfragen* aus, welche Daten das Formular anzeigen soll.

   Mit der Schaltfläche > wird das in der linken Liste *Verfügbare Felder* markierte Feld in die rechten Liste *Ausgewählte Felder* eingefügt und wird somit Bestandteil des Formulars. Mit der Schaltfläche >> fügen Sie alle Felder der ausgewählten Tabelle dem Formular hinzu.

Ein nicht gewolltes Feld löschen Sie, indem Sie es in der Liste *Ausgewählte Felder* markieren und mit der Schaltfläche < wieder entfernen. Die Schaltfläche << entfernt alle Felder aus der Liste *Ausgewählte Felder.*

Klicken Sie auf *Weiter*, um zum nächsten Schritt des Assistenten zu gelangen.

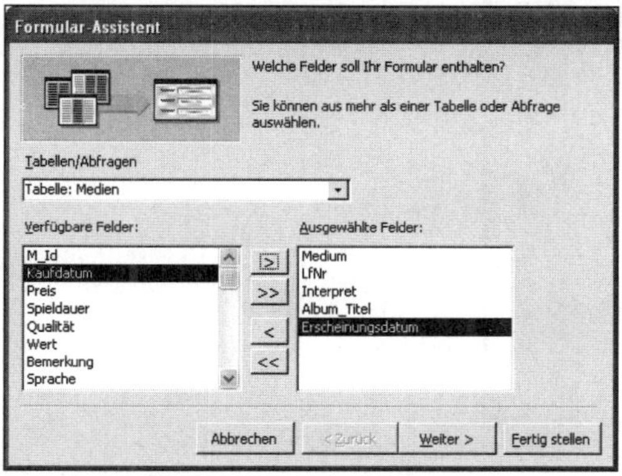

Abbildung 5.10: Wählen Sie die Tabelle/Abfrage und die Felder aus, die im Formular angezeigt werden sollen.

3. Es folgt die Angabe, welchen Formulartyp der Assistent erstellen soll. Zur Auswahl stehen *Einspaltig, Tabellarisch, Datenblatt, In Blöcken, PivotTable* und *PivotChart.* Die Beispielvorschau zeigt Ihnen zu jedem Typ an, wie das Formular später aussieht.

   Neben den auch als AutoFormular vorliegenden Einträgen bietet der Assistent zusätzlich das Layout *In Blöcken* an. Dabei werden alle Felder nebeneinander angeordnet. Ist die Zeile voll, ordnet der Assistent die Felder in der nächsten Zeile an usw. Die Feldnamen werden jeweils über dem Feld angeordnet.

   Wählen Sie eine Option aus und klicken Sie anschließend auf *Weiter.*

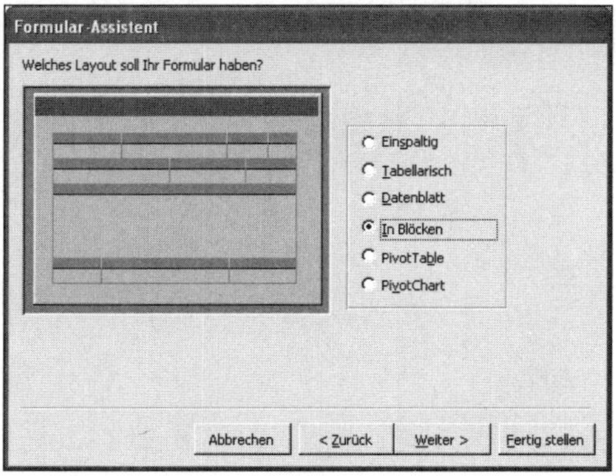

Abbildung 5.11: Bestimmen Sie das Layout des Formulars.

4. Im diesem Schritt des Assistenten können Sie dem Formular aus einer Reihe von Vorlagen ein Format zuweisen. Wieder zeigt eine Beispielvorschau an, wie das Format im späteren Formular in etwa aussehen wird. Wählen Sie ein Format aus, und bestätigen Sie den Schritt mit *Weiter*.

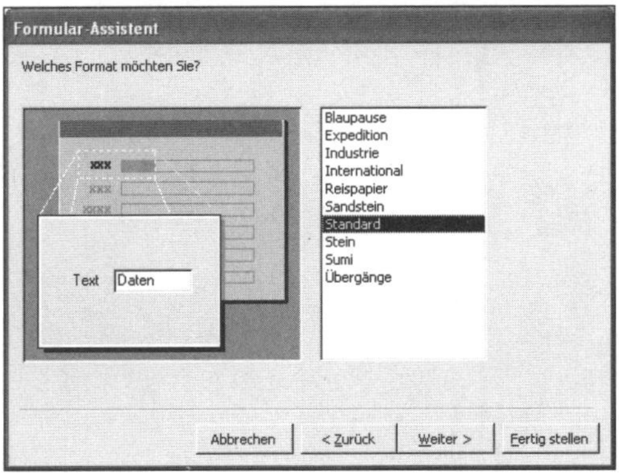

Abbildung 5.12: Bestimmen Sie, welches Layout das Formular haben soll.

5. Im letzten Schritt des Assistenten geben Sie an, welchen Titel das Formular haben soll. Zusätzlich können Sie entscheiden, ob das Formular in der Formular- oder in der Entwurfsansicht geöffnet werden soll. Klicken Sie abschließend auf *Fertig stellen*.

In der folgenden Abbildung ist das fertige Formular dargestellt.

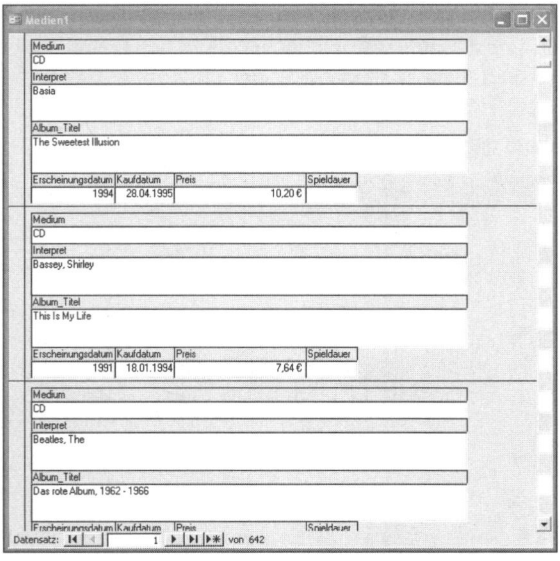

Abbildung 5.13: Das fertige Formular

Formularansichten

Für jedes Formular stehen unterschiedliche Ansichten zur Verfügung:

- *Entwurfsansicht*
- *Formularansicht*
- *Datenblattansicht*
- *Seitenansicht*
- *PivotTable-Ansicht*
- *PivotChart-Ansicht*

Der Wechsel der Ansichten erfolgt am einfachsten über das Symbol *Ansicht* in der Symbolleiste. Klicken Sie auf den Pfeil rechts neben dem Symbol, um das *Ansicht*-Menü zu öffnen. Durch Wahl eines Eintrags aus diesem Menü wechseln Sie zu einer anderen Ansicht.

Abbildung 5.14: Das Symbol Ansicht *mit den möglichen Ansichten*

Sie können auch über das Menü *Ansicht* in eine andere Ansicht des Formulars wechseln.

In die Seitenansicht wechseln Sie, indem Sie aus dem Menü *Datei* den Befehl *Seitenansicht* wählen. Dies entspricht der Druckansicht des Formulars.

Die Entwurfsansicht

In der Entwurfsansicht verändern Sie das Formular. Sie können vorhandene Elemente des Formulars verändern und neue hinzufügen. Access stellt Ihnen in der Entwurfsansicht eine Toolbox zur Verfügung, mit deren Hilfe Sie die Elemente des Formulars verändern bzw. erstellen können. Mehr zu diesem Thema erfahren Sie weiter hinten in diesem Buch.

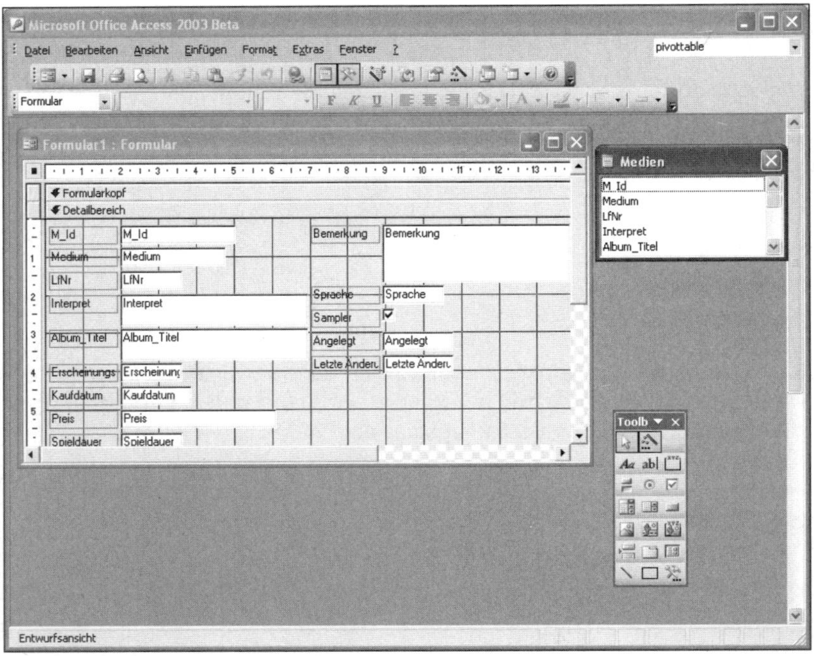

Abbildung 5.15: Die Entwurfsansicht eines Formulars

Die Formularansicht

Die Formularansicht ist die gebräuchlichste Ansicht. In dieser Ansicht können Daten angesehen, geändert und neue eingegeben werden. Dabei können in dieser Ansicht sowohl nur ein Datensatz als auch mehrere Datensätze gleichzeitig angezeigt werden.

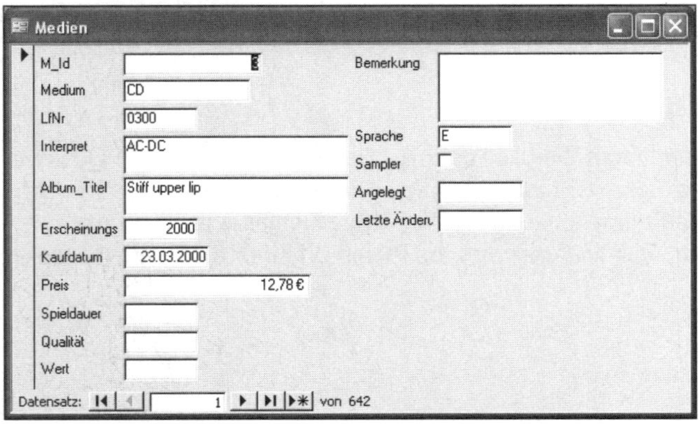

Abbildung 5.16: Die Formularansicht eines Formulars

Die Datenblattansicht

Wie in der Formularansicht lassen sich auch in der Datenblattansicht eines Formulars Daten anzeigen und ändern. In der Datenblattansicht werden immer mehrere Datensätze angezeigt. Sie entspricht in der Darstellung einer Tabelle in der gleichnamigen Ansicht.

Optische Elemente des Formulars - Linien, farbige Bereiche oder Bilder - sind in der Datenblattansicht eines Formulars nicht verfügbar. Diese Ansicht eignet sich somit, um einen Überblick über die zugrunde liegende Tabelle zu bekommen oder um Daten in einer Spalte zu ändern.

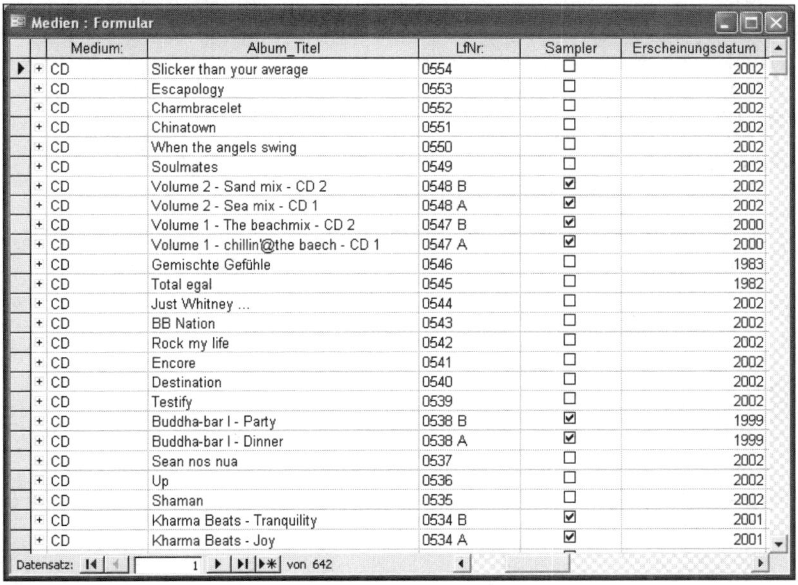

Medium:	Album_Titel	LfNr:	Sampler	Erscheinungsdatum
CD	Slicker than your average	0554	☐	2002
CD	Escapology	0553	☐	2002
CD	Charmbracelet	0552	☐	2002
CD	Chinatown	0551	☐	2002
CD	When the angels swing	0550	☐	2002
CD	Soulmates	0549	☐	2002
CD	Volume 2 - Sand mix - CD 2	0548 B	☑	2002
CD	Volume 2 - Sea mix - CD 1	0548 A	☑	2002
CD	Volume 1 - The beachmix - CD 2	0547 B	☑	2000
CD	Volume 1 - chillin'@the baech - CD 1	0547 A	☑	2000
CD	Gemischte Gefühle	0546	☐	1983
CD	Total egal	0545	☐	1982
CD	Just Whitney ...	0544	☐	2002
CD	BB Nation	0543	☐	2002
CD	Rock my life	0542	☐	2002
CD	Encore	0541	☐	2002
CD	Destination	0540	☐	2002
CD	Testify	0539	☐	2002
CD	Buddha-bar I - Party	0538 B	☑	1999
CD	Buddha-bar I - Dinner	0538 A	☑	1999
CD	Sean nos nua	0537	☐	2002
CD	Up	0536	☐	2002
CD	Shaman	0535	☐	2002
CD	Kharma Beats - Tranquility	0534 B	☑	2001
CD	Kharma Beats - Joy	0534 A	☑	2001

Abbildung 5.17: Ein Formular in der Datenblattansicht

Die Seitenansicht

In der Seitenansicht zeigt Ihnen Access, wie das Formular im Ausdruck aussieht. Die Seitenansicht steht für jede Formularansicht des Formulars zur Verfügung. Wählen Sie aus dem Menü *Datei* den Befehl *Seitenansicht*.

Sie können die Seitenansicht auch direkt aus dem Datenbankfenster von Access aufrufen. Markieren Sie dazu das gewünschte Formular und wählen anschließend den Befehl *Seitenansicht* aus dem Menü *Datei*. Sie können alternativ auch mit der rechten Maustaste auf den Eintrag des Formulars im Datenbankfenster klicken und aus dem Kontextmenü den Befehl *Seitenansicht* wählen.

Beachten Sie, dass die Seitenansicht in der Regel keinen Bericht ersetzt. Die grafische Aufbereitung von Formularen und Berichten unterscheidet sich sehr stark. Formulare sind für die Ausgabe auf Bildschirmen ausgelegt. Hintergründe des Formulars werden mit ausgedruckt. Berichte dagegen sind für die reine Ausgabe auf den Drucker vorgesehen.

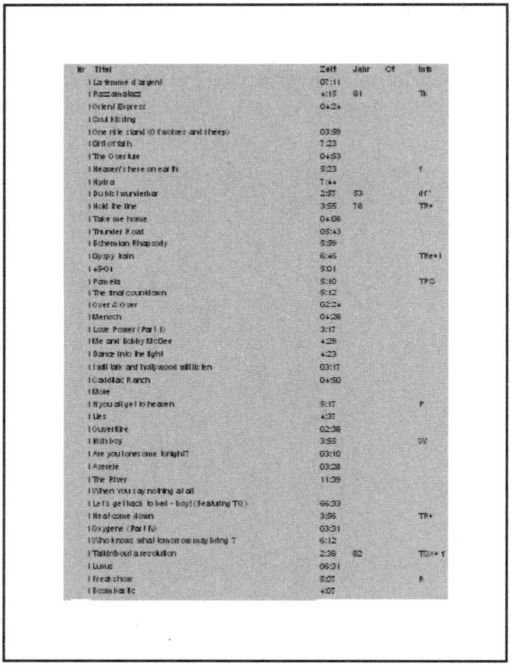

Abbildung 5.18: Seitenansicht eines Formulars

Daten in der Formularansicht erfassen

Sie können Daten sowohl in der Formular- als auch in der Datenblattansicht eines Formulars erfassen und verändern.

Die Navigationsleiste

Formulare verfügen in der Regel über eine Navigationsleiste am unteren Rand des Formulars. Mit dessen Hilfe können Sie sich durch die Daten des Formulars bewegen.

Schaltfläche	Bedeutung
I◀	Bewegt den Datensatzmarkierer in den ersten Datensatz
◀	Bewegt den Datensatzmarkierer in den vorherigen Datensatz
3	Ausgabe des Datensatzzählers. Durch die direkte Angabe einer Zahl in das Feld kann zum gewünschten Datensatz gesprungen werden.
▶	Bewegt den Datensatzmarkierer in den nächsten Datensatz
▶I	Bewegt den Datensatzmarkierer in den letzten Datensatz
▶*	Erzeugt einen neuen Datensatz
von 4	Angabe, wie viele Datensätze in der Tabelle gespeichert sind

Tabelle 5.1: Die Symbole der Navigationsleiste

Datensätze hinzufügen

Um einen neuen Datensatz hinzuzufügen, klicken Sie entweder in der Navigationsleiste des Formulars auf das Symbol *Neuer Datensatz* oder wählen aus dem Menü *Datensatz* den Befehl *Daten eingeben*.

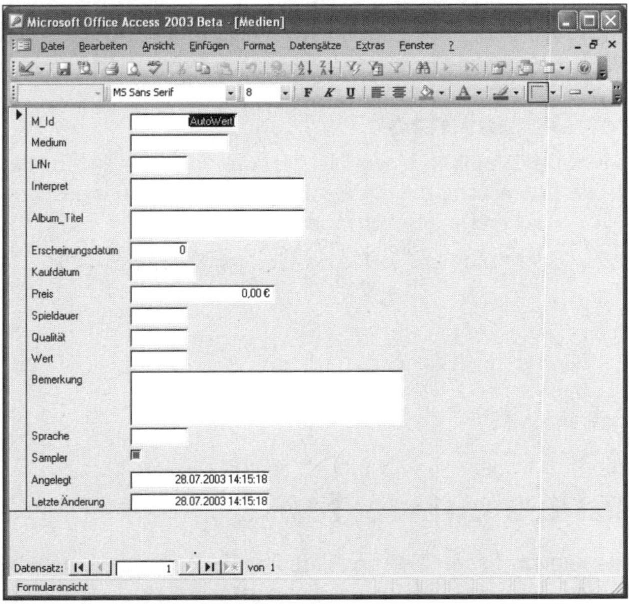

Abbildung 5.19: Ein leerer Datensatz in einem Formular

Datensätze bearbeiten

Nicht alle Felder in einem Formular können bearbeitet werden. Der Versuch, trotzdem eine Änderung vorzunehmen, führt zu keinem Erfolg. Zu diesen Feldern gehören:

- AutoWert-Felder
- Berechnete Felder
- Gesperrte oder nicht aktivierte Felder
- Felder gesperrter Datensätze

AutoWert-Felder

Diese Felder werden in Tabellen als Primärschlüssel verwendet. Access erhöht diese Felder bei neuen Datensätzen automatisch immer um eins. AutoWert-Felder kennzeichnen einen Datensatz eindeutig.

Berechnete Felder

Diese Felder basieren auf Feldern in Tabellen. Die Berechnung des Wertes findet entweder in der dem Formular zugrunde liegende Abfrage oder direkt im Formular selbst statt. Das Ergebnis wird nicht in der Tabelle gespeichert, sondern nur im Formular angezeigt.

Gesperrte oder nicht aktivierte Felder

In Formularen können Felder aktiviert und/oder gesperrt werden. Nicht aktivierte Felder können mit der Maus oder Tastatur nicht angewählt werden, gesperrte Felder lassen zwar angewälen, aber nicht verändern.

Felder gesperrter Datensätze

Befindet sich die verwendete Datenbank in einem Netzwerk und greifen andere Benutzer auf diese zu, sind die Datensätze, die andere Benutzer bearbeiten, gesperrt. Access zeigt dies durch ein Symbol im Datensatzmarkierer an.

Abbildung 5.20: Gesperrter Datensatz

Eigene Formulare entwerfen

Im ersten Abschnitt dieses Kapitels haben Sie Formulare kennen gelernt, die mithilfe des Assistenten von Access erstellt wurden. In der Entwurfsansicht des Formulars können Sie ein vorhandenes Formular an Ihre Bedürfnisse anpassen.

Steuerelemente wie Kombinations- und Listenfelder, Optionsgruppen etc. können die Arbeit mit dem Formular erheblich erleichtern. Diese werden vom Assistenten nicht automatisch erstellt, Sie müssen die Steuerelemente in der Entwurfsansicht nachträglich in das Formular einfügen.

Die Entwurfsansicht

In die Entwurfsansicht eines Formulars gelangen Sie, in dem Sie es im Datenbankfenster von Access markieren und anschließend auf die Schaltfläche *Entwurf* klicken. Ein neues Formular, ohne Verwendung eines Assistenten, erstellen Sie, indem Sie im Datenbankfenster von Access in der Kategorie *Formulare* auf die Schaltfläche *Neu* klicken und in dem schon bekannten Dialogfenster *Neues Formular* den Eintrag *Entwurfsansicht* markieren und eine Tabelle/Abfrage auswählen, die Grundlage des Formulars sein soll.

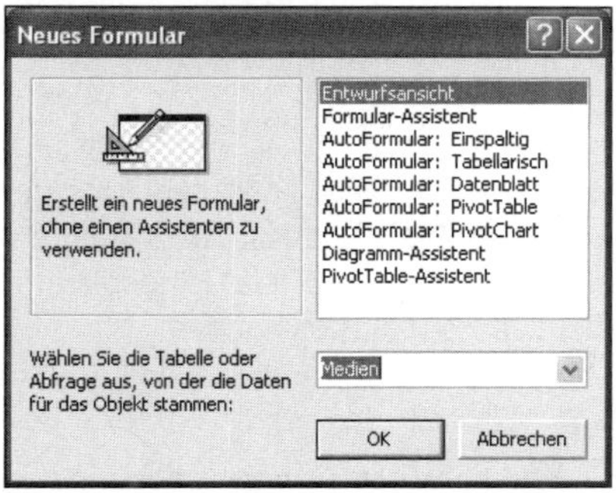

Abbildung 5.21: Das Dialogfenster Neues Formular

Sie können auch direkt ein neues Formular in der Entwurfsansicht erstellen, indem Sie im Datenbankfenster in der Kategorie *Formulare* auf den Eintrag *Erstellt ein Formular in der Entwurfsansicht* klicken. In diesem Fall müssen Sie die Tabelle oder Abfrage für das Formular manuell angeben.

Die Formularbereiche

Ein Formular ist in fünf Bereiche unterteilt:

- Formularkopf
- Seitenkopf
- Detailbereich
- Seitenfuß
- Formularfuß

Neue Formulare enthalten nur den Detailbereich. Über *Ansicht > Seitenkopf-/fuß* und *Ansicht > Formularkopf-/fuß* können bei Bedarf die anderen Bereiche des Formulars eingeblendet werden.

Abbildung 5.22: Die einzelnen Bereiche eines Formulars

Der Detailbereich

Im Detailbereich eines Formulars sind die eigentlichen Daten des Formulars untergebracht. Je nach Ansicht werden hier entweder ein einzelner Datensatz oder mehrere Datensätze angezeigt. Der Detailbereich ist auch der Bereich, der in der Datenblattansicht des Formulars dargestellt wird. Der Detailbereich ist immer vorhanden.

Formularkopf und Formularfuß

Im Kopfbereich werden in der Regel nicht veränderbare Felder oder Überschriften platziert. Die in diesen Bereichen befindlichen Elemente verändern sich beim Wechsel zu einem anderen Datensatz nicht. Der Fußbereich bietet sich für die Aufnahme von Schaltflächen an.

Seitenkopf und Seitenfuß

Diese beiden Bereiche sind nur beim Ausdruck oder in der Seitenansicht des Formulars sichtbar. Erstreckt sich der Ausdruck eines Formulars über mehrere Seiten, so erscheint der Formularkopf nur auf der ersten Seite, der Formularfuß nur auf der letzten Seite, Seitenkopf und -fuß dagegen auf jeder Seite.

Die Symbolleiste *Formularentwurf*

Access stellt für die Bearbeitung eines Formulars eigene Symbolleisten zur Verfügung. Die Symbolleiste *Formularentwurf* enthält Schaltflächen, die zur Bearbeitung des Formulars dienen. Die Schaltfläche *Formatierung (Formular/Bericht)* enthält Schaltflächen für die Bearbeitung von einzelnen Feldern oder Steuerelementen. Diese beiden Symbolleisten werden beim Wechsel in die Entwurfsansicht eines Formulars meist automatisch eingeblendet. Sollten sie fehlen, können Sie sie über *Ansicht > Symbolleisten* manuell einblenden.

Symbol	Bedeutung
	Wechselt zu den Formularansichten des Formulars
	Speichert das Formular
	Druckt das Formular
	Wechselt in die Seitenansicht des Formulars
	Verschiebt das markierte Objekt in die Zwischenablage
	Kopiert das markierte Objekt in die Zwischenablage
	Fügt ein Objekt aus der Zwischenablage in das Formular ein
	Dient zur Übertragung des Layouts des markierten Elementes auf ein anderes Element
	Macht die letzte Änderung rückgängig
	Fügt einen Hyperlink in das Formular ein
	Öffnet die Feldliste zur Auswahl von Feldern der dem Formular zugrunde liegenden Tabelle/Abfrage
	Öffnet die Toolbox, mit der Steuerelemente erzeugt werden
	Öffnet das Dialogfenster *AutoFormat*, mit dem Sie ein Format für das Formular festlegen können
	Startet Microsoft Visual Basic und zeigt den Code des Formulars an
	Ruft das Dialogfenster *Eigenschaften* auf
	Öffnet den Ausdrucks-Generator
	Aktiviert das Datenbankfenster von Access
	Erstellt ein neues Datenbankobjekt
	Ruft die Hilfefunktion von Access auf

Tabelle 5.2: Die Symbole der Symbolleiste Formularentwurf

Die Symbolleiste *Formatierung*

Für die Formatierung von Elementen in einem Formular stellt Access die Symbolleiste *Formatierung* zur Verfügung. Damit können Sie für ein markiertes Objekt u.a. die Schrift, Schriftgröße, Ausrichtung, Farben etc. auswählen.

Symbol	Bedeutung
Bezeichnungsfe ▾	Mithilfe des Kombinationsfelds *Objekt* können Sie zu einem Steuerelement im Formular wechseln
Tahoma ▾	Auswahl der Schriftart
26 ▾	Angabe der Schriftgröße
F	Aktiviert die Fettschrift
K	Aktiviert die Kursivschrift
<u>**U**</u>	Aktiviert die Unterstreichung des Textes
	Richtet den Text linksbündig aus
	Richtet den Text zentriert aus
	Richtet den Text rechtsbündig aus
	Ändert die Füll-/Hintergrundfarbe. Durch Anwahl des Pfeils wird eine Farbpalette aufgerufen.
	Ändert die Schrift-/Vordergrundfarbe. Durch Anwahl des Pfeils wird eine Farbpalette aufgerufen.
	Ändert die Linien-/Rahmenfarbe. Durch Anwahl des Pfeils wird eine Farbpalette aufgerufen.
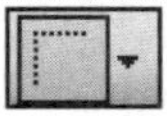	Ändert die Linien-/Rahmenbereite. Durch Anwahl des Pfeils können Sie unter sieben Breiten wählen.
	Ändert den Spezialeffekt. Durch Anwahl des Pfeils können Sie zwischen *Flach, Erhöht, Vertieft, Graviert, Schattiert* und *Unterstrichen* wählen.

Tabelle 5.3: Die Symbole der Symbolleiste Formatierung

Einige der Symbole der Symbolleiste *Formatierung* sind nur dann auswählbar, wenn der dazu passende Steuerelementtyp markiert ist. Die Symbole für die Textformatierung sind beispielsweise nur dann verfügbar, wenn das markierte Steuerelement Text enthält.

Die Feldliste

Mit der Feldliste haben Sie Zugriff auf alle Datenfelder der Tabelle oder der Abfrage, auf denen das Formular basiert. Sie können die Feldliste über das Symbol in der Symbolleiste *Formularentwurf* oder über *Ansicht > Feldliste* öffnen.

Sie können Einträge aus dieser Liste, ähnlich wie dem Hinzufügen von Feldern in eine Abfrage, aus dieser Liste heraus in das Formular ziehen. Access erstellt dann automatisch ein Steuerelement und bindet es an dieses Datenfeld.

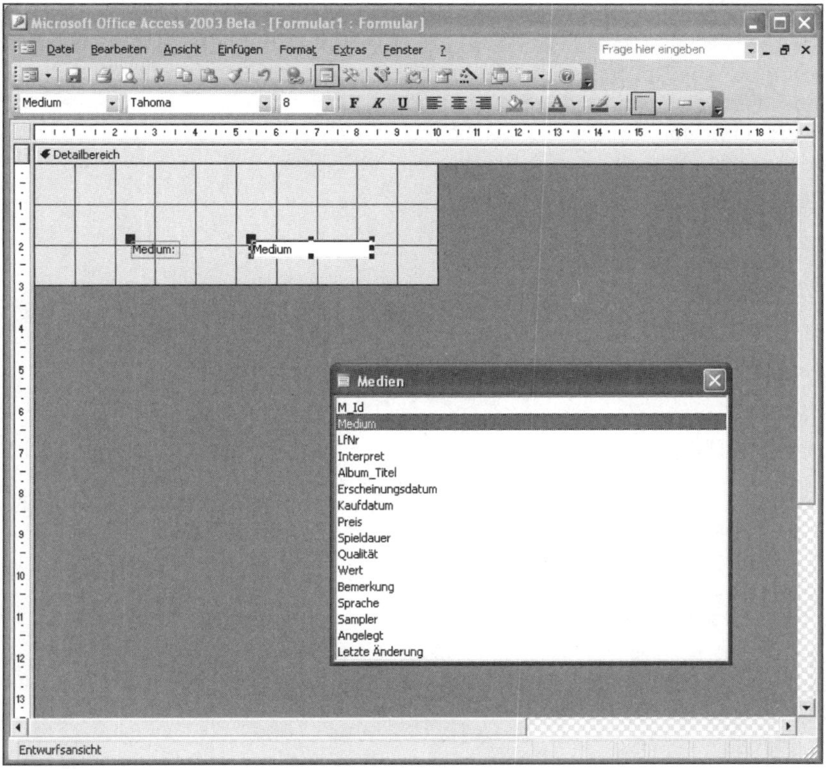

Abbildung 5.23: Die Feldliste des Formulars

Mit gedrückter [Strg]-Taste können Sie einzelne Felder der Feldliste markieren. Ein Doppelklick auf die Titelleiste markiert alle Felder.

Beim Hinzufügen der Felder verwendet Access die in der Tabelle definierten Eigenschaften *Format*, *Dezimalstellen*, *Eingabeformat* und *Beschreibung*. Das Feld *Beschreibung* wird dabei als Statuszeilentext verwendet. Mit Steuerelementen können Sie individuelle Formulare entwerfen.

Über Felder und Steuerelemente

In Formularen wird zwischen Feldern und Steuerelementen unterschieden. Steuerelemente sind alle Objekte in einem Formular wie z.B. Textfelder, Schaltflächen, Linien, Optionsgruppen etc. Felder sind auch Steuerelemente, sie dienen aber der Speicherung von Daten, sind also mit Feldern in Tabellen verknüpft. Eine Eingabe in ein Feld führt direkt zur Eingabe in die Tabelle.

Die Toolbox

Mithilfe der Toolbox können Sie neue Steuerelemente für das Formular entwerfen. Markieren Sie eine Option der Toolbox mit der Maus und klicken anschließend an die Stelle des Formulars, an der das Steuerelement erscheinen soll. Sie können die Toolbox über das Symbol *Toolbox* der Symbolleiste *Formularentwurf* oder über *Ansicht > Toolbox* anzeigen lassen.

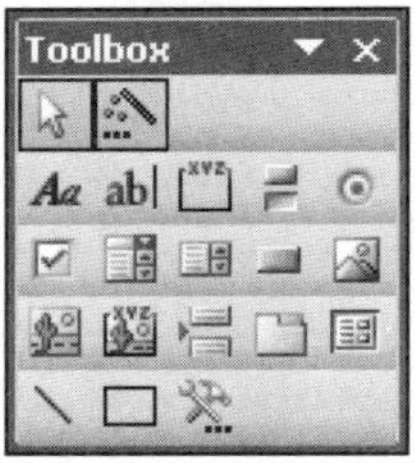

Abbildung 5.24: Die Toolbox für Formulare

Für die einzelnen Steuerelemente der Toolbox stellt Access auf Wunsch einen Assistent bereit, der Sie bei der Erstellung unterstützt. Mehr zu den einzelnen Steuerelementen erfahren Sie weiter hinten in diesem Kapitel.

Symbol	Beschreibung	Assistent verfügbar
	Markiert ein Steuerelement	Nein
	Schaltet den Assistenten der Toolbox ein oder aus	Nein
	Erstellt ein Bezeichnungsfeld	Nein
	Erstellt ein Textfeld	Nein
	Erstellt eine Optionsgruppe	Ja
	Erstellt eine Umschaltfläche	Nein

Symbol	Beschreibung	Assistent verfügbar
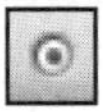	Erstellt ein Optionsfeld	Nein
	Erstellt ein Kontrollkästchen	Nein
	Erstellt ein Kombinationsfeld	Ja
	Erstellt ein Listenfeld	Ja
	Erstellt eine Befehlsschaltfläche	Ja
	Fügt ein Bild in das Formular ein	Nein
	Fügt ein Objekt einer anderen Anwendung ein	Nein
	Erstellt ein gebundenes Objektfeld	Nein
	Fügt einen Seitenwechsel ein	Nein
	Erstellt ein Registersteuerelement	Nein
	Fügt ein Formular als Unterformular ein	Ja
	Erstellt eine Linie	Nein
	Erstellt ein Rechteck	Nein
	Öffnet weitere Steuerelemente von Access	-

Tabelle 5.4: Die Symbole der Toolbox

Steuerelemente verschieben und anpassen

Sie können die Steuerelemente innerhalb des Formulars beliebig verschieben und die Größe anpassen.

1. Stellen Sie sicher, dass in der Toolbox die Objektauswahl aktiviert ist.
2. Markieren Sie mit der Maus das Feld, das Sie anpassen wollen. An den Ecken des Felds werden kleine und große Ziehpunkte eingeblendet.

3. Um ein Feld mitsamt seines Bezeichnungsfelds zu verschieben, fahren Sie mit der Maus an den unteren Rand des Felds, bis sich der Mauszeiger zu einer offenen Hand ändert. Drücken Sie die linke Maustaste, und ziehen Sie das Feld mit gedrückter Maustaste an die gewünschte Stelle.

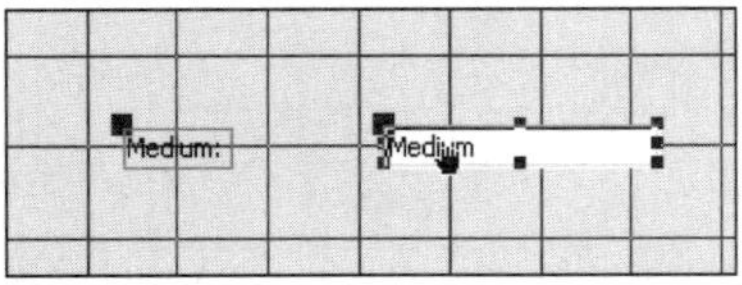

Abbildung 5.25: Verschieben eines Felds mitsamt des Bezeichnungsfelds

4. Sie können das Feld oder das Bezeichnungsfeld auch getrennt voreinander verschieben. Fahren Sie dazu mit der Maus über den großen Ziehpunkt in der linken oberen Ecke bis der Mauszeiger sich in eine zeigende Hand ändert und ziehen anschließend das Feld wieder mit gedrückter linker Maustaste an die gewünschte Stelle.

Abbildung 5.26: Verschieben eines einzelnen Steuerelementes

5. Um die Größe zu ändern, stehen Ihnen für jedes Feld insgesamt acht kleine Ziehpunkte zur Verfügung. Fahren Sie mit der Maus auf einen Ziehpunkt, mit dem Sie das Feld in der Größe verändern wollen. Der Mauszeiger ändert sich dabei in einen Doppelpfeil. Mit gedrückter linker Maustaste können Sie nun die Größe des Steuerelementes anpassen.

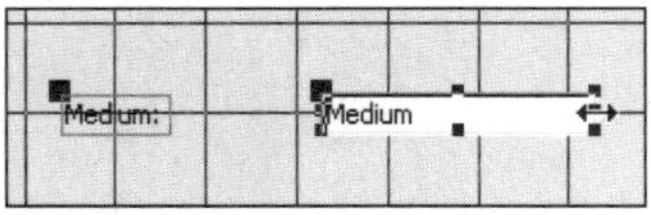

Abbildung 5.27: Anpassen der Größe eines Steuerelementes

Markieren von Steuerelementen

Wollen Sie Eigenschaften verändern, Größenänderungen vornehmen oder die Position von mehreren Steuerelementen gleichzeitig verändern, so müssen diese markiert sein.

Wollen Sie Steuerelemente markieren, die in einem Bereich des Formulars zusammengehörend liegen, können Sie mit der Maus einen Rahmen um die Steuerelemente ziehen. Alle Elemente innerhalb des Rahmens werden dann markiert. Achten Sie dabei darauf, dass die Maus sich nicht über einem Steuerelement befindet.

Beliebige Felder können Sie markieren, indem Sie sie mit gedrückter [Strg]-Taste nacheinander mit der Maus markieren.

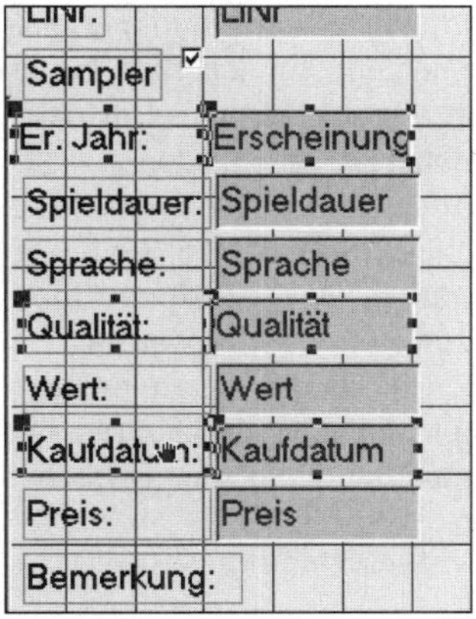

Abbildung 5.28: Nicht zusammenhängende Steuerelemente können mit gedrückter [Strg]-Taste markiert werden.

Die Ziehpunkte wirken sich dabei auf alle Elemente, die markiert sind, aus.

Steuerelemente ausrichten

Mithilfe des Menüs *Format* richten Sie mehrere markierte Steuerelemente aneinander aus.

Mit *Format > Ausrichten > Linksbündig* beispielsweise werden alle markierten Steuerelemente anhand des Steuerelements, das am weitesten links liegt, linksbündig angeordnet. Der Eintrag *Format > Ausrichten > Rechtsbündig* richtet alle markierten Elemente anhand des am weitesten rechts liegenden Steuerelementes aus.

Mit *Format > Ausrichten > Oben* und *Format > Ausrichten > Unten* richten Sie alle markierten Steuerelemente anhand des am weitesten oben bzw. am weitesten unten gelegenen Steuerelementes aus.

Abbildung 5.29: Das Menü Format > Ausrichten

Über *Format > Ausrichten > Am Raster* werden die markierten Steuerelemente am Raster des Formulars ausgerichtet.

Formulareigenschaften

Access stellt eine Vielzahl von Eigenschaften für das Formular und die in ihm enthaltenen Steuerelemente zur Verfügung. Je nach Steuerelement können dies bis zu Hundert verschiedene Eigenschaften sein, die geändert werden können. Um dabei den Überblick zu behalten, ordnet Access diese Eigenschaften verschiedenen Kategorien zu. Aufgerufen werden diese über das Symbol *Eigenschaften* der Symbolleiste *Formularentwurf.* Mit dem oberen Kombinationsfeld können Sie auf alle Steuerelemente und Formularbereiche, die verfügbar sind, zugreifen. Die jeweiligen Eigenschaften sind den Registern *Format, Daten, Ereignis* und *Andere* zugeordnet. Im Register *Alle* haben Sie Zugriff auf alle Eigenschaften. Um zu den Formulareigenschaften zu wechseln, wählen Sie aus dem oberen Kombinationsfeld den Eintrag *Formular.* Sie können alternativ auch doppelt auf den Formularmarkierer des Formulars klicken. Dieser befindet sich an der Schnittstelle der beiden Lineale.

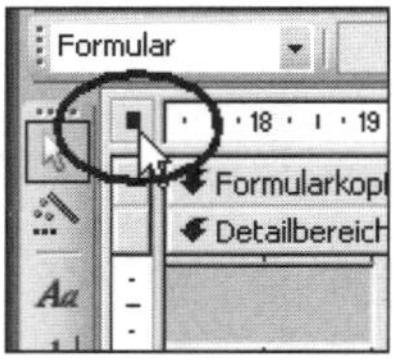

Abbildung 5.30: Öffnen der Formulareigenschaften über einen Doppelklick auf den Formularmarkierer

Im Folgenden werden die wichtigsten Formulareigenschaften erläutert. Viele Eigenschaften können direkt mithilfe eines Kombinationsfelds geändert werden.

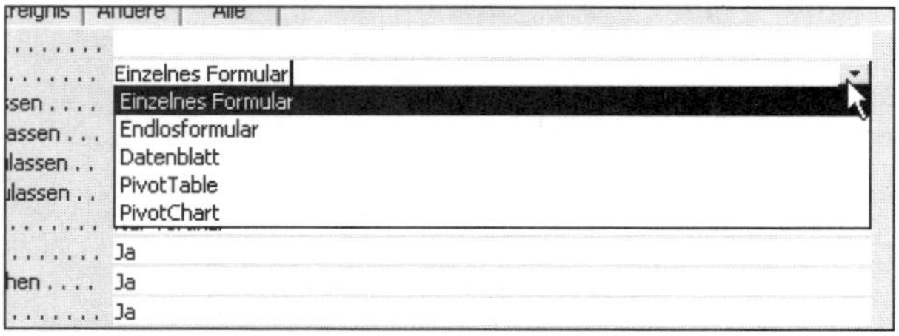

Abbildung 5.31: Einstellen einer Eigenschaft über ein Kombinationsfeld

Bei manchen Eigenschaften erscheint eine Schaltfläche mit drei Punkten, die Zugriff auf ein Dialogfenster zum Einstellen bietet.

Abbildung 5.32: Mithilfe dieser Schaltfläche öffnet sich ein Dialogfenster zum Einstellen der Eigenschaft.

Das Register *Format*

Im Register *Format* werden die Eigenschaften des Erscheinungsbildes des Formulars festgelegt.

Abbildung 5.33: Das Register Format *der Formulareigenschaften*

Standardansicht

Diese Eigenschaft legt die Standardansicht des Formulars fest. Die möglichen Einstellungsmöglichkeiten haben Sie bereits am Anfang dieses Kapitels bei den Formulartypen kennen gelernt.

Einstellung	Beschreibung
Einzelnes Formular	Dies ist die Standardeinstellung bei neuen Formularen. Das Formular zeigt genau einen Datensatz an.
Endlosformular	Das Formular zeigt im Detailbereich so viele Datensätze an, wie Platz dafür im Fenster des Formulars ist.
Datenblatt	Zeigt das Formular in der Datenblattansicht ähnlich wie eine Tabelle oder Abfrage an
PivotTable	Zeigt das Formular als Pivottabelle an
PivotChart	Zeigt das Formular als Pivotdiagramm an

Tabelle 5.5: Die möglichen Einstellungen der Eigenschaft Standardansicht

Formular-/Datenblatt, PivotTable und PivotChartansicht zulassen

Mit diesen vier Eigenschaften können Sie festlegen, in welche Ansichten der Anwender wechseln kann. Wollen Sie beispielsweise verhindern, dass das Formular in der Datenblattansicht geöffnet werden kann, setzen Sie die Eigenschaft *Datenblattansicht zulassen* auf *Nein*. Beachten Sie, dass mindestens eine dieser Eigenschaften auf *Ja* gesetzt bleiben muss, da sonst das Formular gar nicht mehr angezeigt werden kann.

Formularansicht zulassen	Ja
Datenblattansicht zulassen ...	Ja
PivotTable-Ansicht zulassen ..	Ja
PivotChart-Ansicht zulassen ..	Ja

Abbildung 5.34: Beeinflussen Sie, welche Ansichten zugelassen werden.

Bildlaufleisten

Bildlaufleisten werden von Access bei Bedarf, d.h. wenn das Formularfenster für die Darstellung aller Elemente des Formulars zu klein ist, automatisch eingeblendet. Mithilfe dieser Eigenschaft können Sie dieses Verhalten steuern.

Datensatzmarkierer

Der Datensatzmarkierer dient dazu, alle Felder in einem Formular zu markieren. Anschließend kann der komplette Datensatz kopiert oder gelöscht werden. Sie können den Datensatzmarkierer bei Dialogfenstern oder Formularen, die zur Navigation innerhalb der Datenbank dienen - oder aus optischen Gründen - abschalten.

Navigationsschaltflächen

Am unteren Rand eines Formulars sind standardmäßig die Navigationsschaltflächen angeordnet. Diese erlauben neben der Navigation durch den Datenbestand auch die Erfassung neuer Datensätze. Haben Sie für das Formular eigene Navigationselemente erstellt, können Sie die Navigationsschaltflächen abstellen. Auch die bei der Eigenschaft *Datensatzmarkierer* genannten Gründe können dafür sprechen.

Trennlinien

Hiermit legen Sie fest, ob bei Endlosformularen zwischen den einzelnen Datensätzen eine Trennlinie erscheinen soll.

Größe anpassen

Mit der Eigenschaft *Größe anpassen* können Sie festlegen, ob beim Öffnen des Formulars dessen Größe automatisch so angepasst wird, dass genügend Platz für die Anzeige vollständiger Datensätze bleibt. Normalerweise ist die Größe des Formulars die, wie sie zuletzt in der Entwurfsansicht gespeichert wurde.

Automatisch zentrieren

Diese Eigenschaft legt fest, ob das Formular beim Anzeigen zentriert angezeigt wird.

Rahmenart

Mithilfe der Eigenschaft *Rahmenart* kann nicht nur der Rahmen des Formulars festlegt werden. Abhängig vom Wert ist das Formular auch gegen Größenänderungen geschützt.

Einstellung	Beschreibung
Keine	Das Formular besitzt keinen Rahmen. Ebenfalls ausgeblendet ist die Titelleiste mit den dortigen Elementen. Das Formular kann somit nicht in der Größe geändert werden.
Dünn	Das Formular besitzt einen dünnen Rahmen. Die Größe kann nicht geändert werden.
Veränderbar	Dies ist die Standardeinstellung. Das Formular verhält sich wie ein normales Windowsfenster, das in der Größe angepasst werden kann.
Dialog	Das Formular kann nicht in der Größe verändert werden und erhält einen dicken Rahmen. Diese Einstellung bewirkt die Optik eines Dialogfensters. Die System-Schaltflächen *Minimiert* und *Maximiert* sind nicht verfügbar.

Tabelle 5.6: Einstellungen der Eigenschaft Rahmenart

Mit Systemmenüfeld

Das Systemmenü befindet sich in der linken Ecke der Titelleiste eines Formulars. Mit dessen Hilfe sind Größenänderungen am Formular möglich. Mit dieser Eigenschaft können Sie festlegen, ob es verfügbar sein soll.

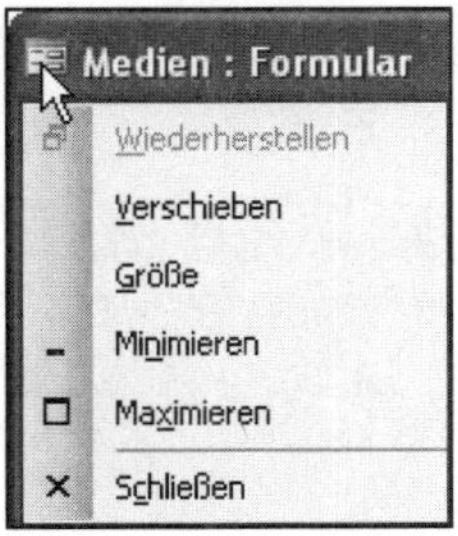

Abbildung 5.35: Das Systemmenü eines Formulars

MinMaxSchaltflächen

In der rechten Ecke in der Titelleiste sind die Schaltfläche *Minimiert* und *Maximiert* untergebracht. Mit dieser Eigenschaft legen Sie fest, ob sie verfügbar sein sollen.

Schließen-Schaltfläche

Die *Schließen*-Schaltfläche ist ebenfalls in der rechten Ecke in der Titelleiste untergebracht. Ist diese Eigenschaft deaktiviert, verfügt das Formular über keine Schaltfläche zum Schließen. Auch der entsprechende Eintrag im Systemmenü ist dann deaktiviert.

Breite

Mit dieser Eigenschaft legen Sie die Breite des Formulars fest. Die Angabe erfolgt in der Regel in cm und wird über die Systemsteuerung von Windows festgelegt.

Bild

Sie können für das Formular ein Hintergrundbild auswählen. Klicken Sie dazu auf die Schaltfläche mit den drei Punkten am rechten Rand dieser Eigenschaft und wählen aus dem Dialogfenster *Grafik einfügen* ein Bild aus.

Bildtyp

Mit dieser Eigenschaft legen Sie fest, wie ein eingefügtes Bild gespeichert werden soll. Mit *Eingebettet* ist das Bild Bestandteil der Datenbank. Mit *Verknüpft* dagegen wird lediglich ein Verweis auf den Ordner und den Dateinamen des Bildes gespeichert. Beim Öffnen des Formulars wird dieses Bild dann erst geladen. Beachten Sie, dass bei der Weitergabe der Datenbank mit verknüpften Bildern diese beim Anwender im selben Ordner wie bei Ihnen vorliegen müssen.

Bildgrößenmodus

Mit dieser Eigenschaft legen Sie das Erscheinungsbild des Bildes fest.

Einstellung	Beschreibung
Abschneiden	Es findet keine Größenanpassung des Bildes zur Formulargröße statt. Ist das Bild größer als die momentane Größe des Formulars, wird der Rest des Bildes, der nicht mehr dargestellt werden kann, abgeschnitten.
Dehnen	Hiermit wird das Bild so vergrößert, dass es das gesamte Formular ausfüllt. Dabei kommt es in der Regel zu Verzerrungen in einer Richtung des Bildes, es erscheint gestaucht oder gestreckt.
Zoomen	Mit *Zoomen* wird das Bild in einer Richtung so vergrößert, dass es in einer Richtung das gesamte Formular ausfüllt. Meist bleibt am unteren Rand des Formulars die Hintergrundfarbe des Formulars sichtbar.

Tabelle 5.7: Die Einstellungen der Eigenschaft Bildgrößenmodus

Bildausrichtung

Hiermit legen Sie die Ausrichtung des Bildes fest, wenn es unter der Eigenschaft *Bildgrößenmodus* weder gedehnt noch gezoomt wird. Zur Auswahl stehen *Links oben, Rechts oben, Mitte, Links unten, Rechts unten* und *Formularmitte.*

Bild nebeneinander

Die Verwendung dieser Eigenschaft ist sinnvoll in Kombination mit dem Bildgrößenmodus *Abschneiden.* Ist das Bild kleiner als das Formular, wird es neben- und untereinander wiederholt, es wird also gekachelt. Besonders bei sehr kleinen Bildern, die ein Muster wiedergeben, sollte die Eigenschaft gesetzt werden.

In der folgenden Abbildung sehen Sie rechts oben ein kleines Musterbild. Im linken Formular ist dieses flächendeckend als Hintergrund eingestellt. Die dafür notwendigen Einstellungen:

- Bildgrößenmodus: Abschneiden
- Bild nebeneinander: Ja

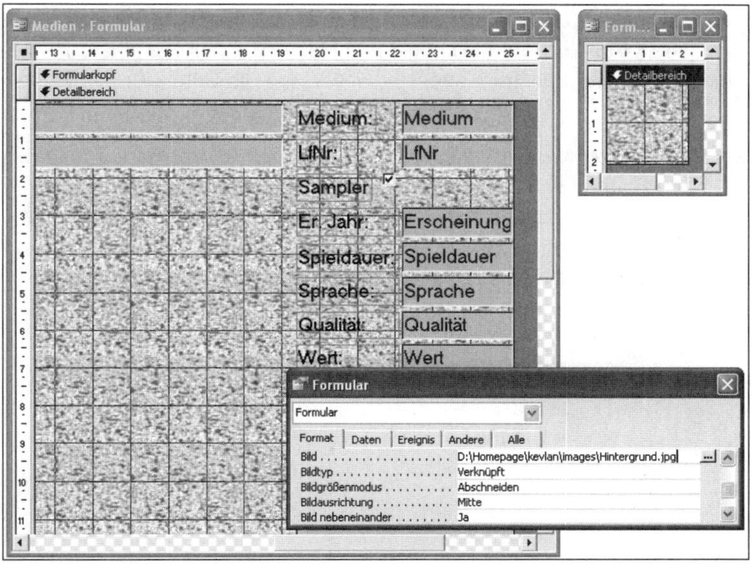

Abbildung 5.36: Gekacheltes Hintergrundbild

Raster X/Raster Y

Mit diesen beiden Eigenschaften legen Sie das Ausrichtungsraster des Formulars fest. Die Angabe von "*10*" bewirkt, dass das Raster eine Feinheit von *0,1 cm* hat. Die Maßeinheit wird über die Systemsteuerung von Windows festgelegt. Mögliche Werte müssen zwischen 1 und 64 liegen.

Das Register *Daten*

Im Register *Daten* stehen Ihnen alle Eigenschaften des Formulars zur Verfügung, welche die Datenherkunft und die Möglichkeiten, die das Formular für diese anbietet, steuern.

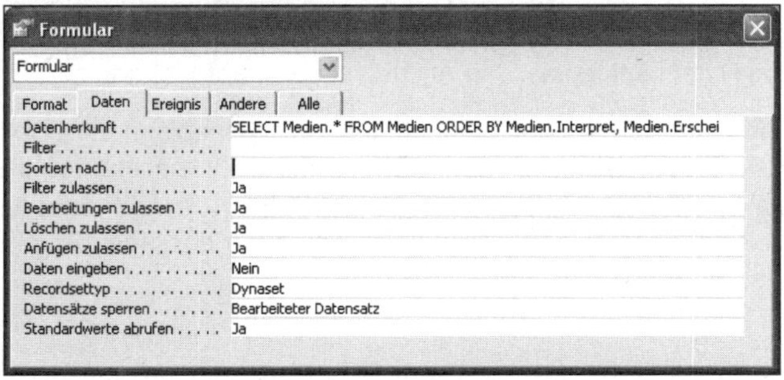

Abbildung 5.37: Das Register Daten *der Formulareigenschaften*

Datenherkunft

Mit dieser Eigenschaft wird die wohl wichtigste Eigenschaft eines Formulars festgelegt, nämlich die Angabe aus welcher Tabelle oder Abfrage die Daten für das Formular stammen.

Sie haben zwei Möglichkeiten, die Eigenschaft *Datenherkunft* festzulegen. Zum einen können Sie auf den Pfeil rechts am Ende dieser Eigenschaft klicken. In der Liste stehen Ihnen alle Tabellen und Abfragen, die in der Datenbank existieren, zur Auswahl.

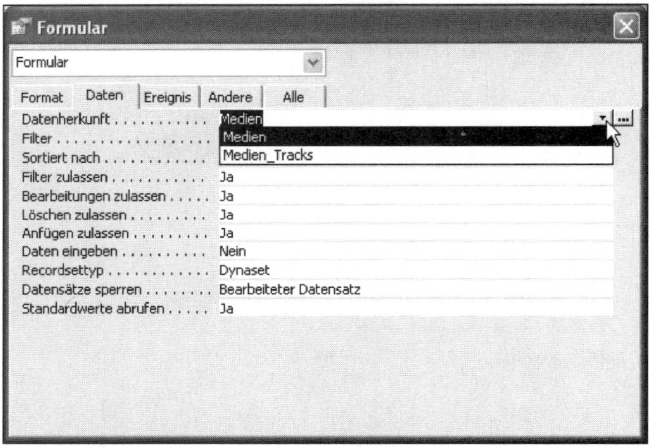

Abbildung 5.38: Angabe, welche Tabelle oder Abfrage als Datenherkunft für das Formular gelten soll

Sie können auch direkt aus dem Eigenschaftsfenster eine neue Abfrage erstellen. Dazu steht Ihnen die Schaltfläche mit den drei Punkten am Ende des Felds zur Verfügung. Die Abfrage erstellen Sie so, wie Sie es im *Kapitel 4: Abfragen* gelernt haben.

Eine Besonderheit ist hierbei zu beachten: Sie erzeugen hiermit keine Abfrage, die mit einem Namen im Datenbankfenster von Access in der Kategorie *Abfragen* gespeichert wird, sondern eine Abfrage, die als SQL-Code im Feld *Datenherkunft* gespeichert wird. Brauchen Sie eine Abfrage nur zu dem Zweck, um sie als Datenbasis für ein Formular zu verwenden, brauchen Sie diese nicht als eigenständiges Abfrageobjekt in der Datenbank zu speichern. Das Datenbankfenster von Access ist somit aufgeräumter.

Sie können den SQL-Code einer Abfrage auch mithilfe der Zwischenablage per Copy & Paste in die Eigenschaft *Datenherkunft* einfügen. Öffnen Sie dazu die Abfrage im Entwurfsmodus und wählen Sie anschließend den Befehl *Ansicht > SQL-Ansicht.* Markieren Sie danach den hinterlegten SQL-Code und wählen Sie dann den Befehl *Bearbeiten > Kopieren* oder die Tastenkombination [Strg]+[C].

Abbildung 5.39: SQL-Ansicht einer Abfrage

Im Formular klicken Sie entweder mit der rechten Maustaste in das Feld *Datenherkunft* und wählen aus dem Kontextmenü den Befehl *Einfügen* aus oder drücken Sie die Tastenkombination [Strg]+[V], um den SQL-Code aus der Zwischenablage einzufügen.

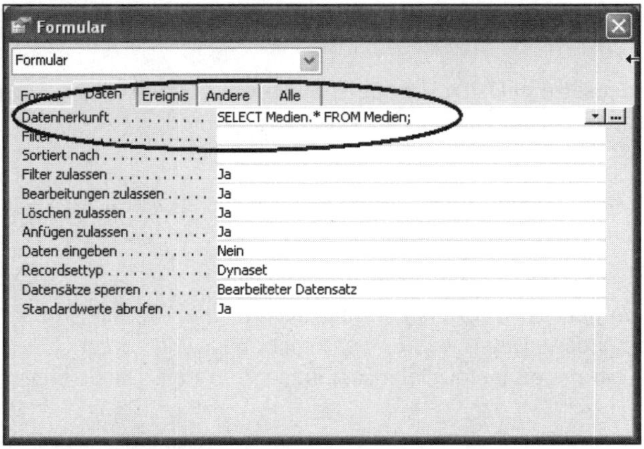

Abbildung 5.40: Ein SQL-Code für die Eigenschaft Datenherkunft *wurde hinterlegt.*

Filter

In der Eigenschaft *Filter* wird der letzte aktive Filter, der auf dem Formular angewendet worden ist, festgehalten. Sie können hier auch einen eigenen Filter für das Formular angeben. Dieser wird dann aktiviert, wenn der Anwender auf das Symbol *Filter anwenden* klickt.

Ein Filter ist einer SQL-Anweisung sehr ähnlich. Er entspricht dem *WHERE*-Teil ohne das Schlüsselwort. Beispielsweise filtert der folgende Ausdruck die Zeichenkette "*CD*" im Feld *Medium*.

- [Medium] = "CD"

Sortiert nach
Diese Eigenschaft funktioniert ähnlich wie die Eigenschaft *Filter.* Hier können Sie eine SQL-Anweisung angeben, die dem *ORDER BY*-Teil entspricht.

Die beiden Eigenschaften *Filter* und *Sortiert nach* sollten Sie nur in Ausnahmefällen benutzen. Einschränkende Kriterien und Sortierungen sind besser in einer Abfrage aufgehoben. Zusätzlich kosten sie auch Zeit: Zuerst holt Access die Daten, die in der Datenherkunft angegeben sind. Sie sind also in der Regel sortiert. Wenden Sie nun einen Filter an, werden die Daten nachträglich beschränkt, mit Angabe der Eigenschaft *Sortiert nach* dann möglicherweise nachträglich auch noch komplett umsortiert.

Filter zulassen
Steht diese Eigenschaft auf *Nein,* können keine Filter im Formular angewendet werden.

Bearbeiten zulassen
Steht diese Eigenschaft auf *Nein,* können keine Daten im Formular geändert werden. Es besteht dann nur die Möglichkeit, wenn die entsprechende Eigenschaft auf *Ja* gesetzt ist, neue Daten einzugeben.

Löschen zulassen
Legt fest, ob komplette Datensätze gelöscht werden können. Mit der Einstellung *Nein* können die Daten zwar geändert, nicht aber gelöscht werden.

Anfügen zulassen
Steht die Eigenschaft auf *Nein,* können über das Formular keine neuen Datensätze erfasst werden.

Daten eingeben
Ist diese Eigenschaft auf *Ja* gesetzt, wird das Formular nur für die Erfassung neuer Datensätze eingestellt. Vorhandene Daten werden dann nicht angezeigt. Beim Öffnen des Formulars wird direkt ein neuer, leerer Datensatz erzeugt, in dem Daten erfasst werden können.

Recordsettyp
Diese Eigenschaft steht standardmäßig auf *Dynaset;* dies erlaubt das Bearbeiten von Datensätzen. Mit dem Typ *Snapshot* sind alle Datensätze, die im Formular angezeigt werden können, schreibgeschützt. Es können auch keine neuen Datensätze erfasst werden. Die Einstellung *Snapshot* setzt die Eigenschaften *Bearbeiten zulassen, Löschen zulassen, Anfügen zulassen* und *Daten eingeben* außer Kraft, auch wenn sie gesetzt sind.

Datensatz sperren
Mit dieser Eigenschaft legen Sie das Verhalten des Formulars fest, wenn mehrere Benutzer auf die Datenbank zugreifen.

Einstellung	Beschreibung
Keine Sperrung	Der Datensatz wird bei der Bearbeitung nicht gesperrt. Versuchen zwei Benutzer gleichzeitig diesen zu ändern, bekommt der zweite Benutzer, der versucht, seine Änderungen zu speichern, eine Meldung. Diese bietet ihm dann an, seine Änderungen zu verwerfen, den Datensatz in die Zwischenablage zu kopieren oder seine Änderungen anstelle der Änderung des ersten Benutzers zu setzen. Diese Meldung kann auch erscheinen, wenn die Datenbank ausschließlich lokal und von einem Anwender genutzt wird. Ist ein Datensatz beispielsweise in der Tabelle und gleichzeitig in einem Formular in Bearbeitung, tritt derselbe Konflikt auf.
Alle Datensätze	Alle Datensätze der dem Formular zugrunde liegenden Tabelle oder Abfrage werden gesperrt. Öffnet ein weiterer Benutzer das Formular, kann dieser solange nur lesend auf die Datensätze zugreifen, bis der erste Benutzer das Formular wieder geschlossen hat.
Bearbeiteter Datensatz	Diese Einstellung bewirkt, dass nur der momentan bearbeitete Datensatz gesperrt wird. Anderen Benutzern, die Änderungen an diesem Datensatz vornehmen wollen, wird die Sperrung durch das Sperrsymbol im Datensatzmarkierer des Formulars angezeigt.

Tabelle 5.8: Die Sperrungen von Datensätzen bei Datenbanken in Mehrbenutzerumgebungen

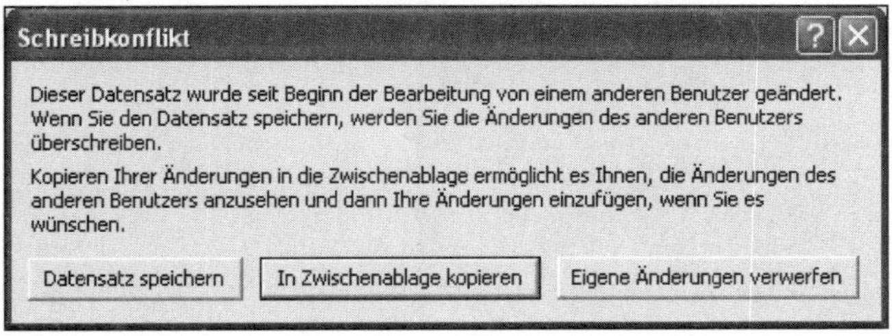
Schreibkonflikt
Dieser Datensatz wurde seit Beginn der Bearbeitung von einem anderen Benutzer geändert. Wenn Sie den Datensatz speichern, werden Sie die Änderungen des anderen Benutzers überschreiben.
Kopieren Ihrer Änderungen in die Zwischenablage ermöglicht es Ihnen, die Änderungen des anderen Benutzers anzusehen und dann Ihre Änderungen einzufügen, wenn Sie es wünschen.
Datensatz speichern
In Zwischenablage kopieren
Eigene Änderungen verwerfen

Abbildung 5.41: Meldung beim Versuch, einen ungesperrten Datensatz ein zweites Mal zu speichern

Das Register *Ereignis*

Jede Veränderung an Daten, z.B. das Öffnen von Formularen oder das Klicken auf Steuerelemente - beinahe jede Handlung, die Sie an einer Access-Datenbank vornehmen -, löst ein Ereignis aus. Davon bekommen Sie in der Regel allerdings nichts mit.

Ein Formular hat standardmäßig kein Ereignis mit einer Reaktion belegt. Sie können beispielsweise beim Öffnen oder Schließen eines Formulars weitere Aktionen durchführen lassen. Es würde den Rahmen dieses Buches sprengen, auf die Möglichkeiten einzugehen, die Visual Basic, in der Ereignisprozeduren geschrieben werden, aufzuzeigen. Der geneigte Leser sei hier auf das ebenfalls im SYBEX-Verlag erschienene Buch *Access 2003 Programmierung – Das Buch* verwiesen.

Abbildung 5.42: Das Register Ereignis *der Formulareigenschaften*

Das Register *Andere*

In diesem Register sind alle Eigenschaften untergebracht, die nicht eindeutig einer Kategorie zugeordnet werden können.

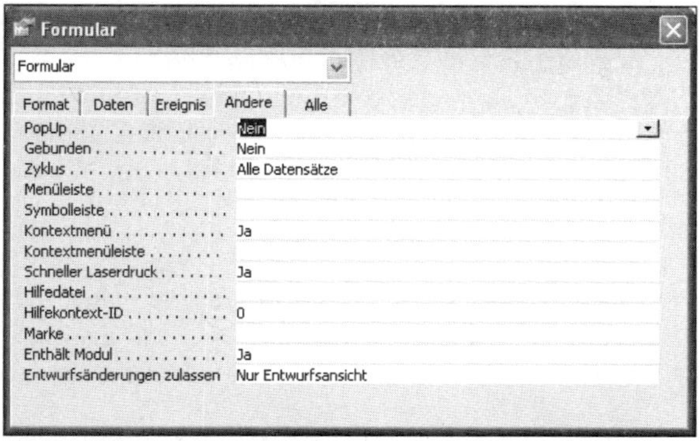

Abbildung 5.43: Das Register Andere *der Formulareigenschaften*

PopUp

Ist diese Eigenschaft auf *Ja* gesetzt, wird das Formular als so genanntes PopUp-Formular geöffnet. PopUp-Fenster werden immer im Vordergrund vor allen anderen Fenstern von Access angezeigt.

Dieses Verhalten bietet sich bei Formularen an, die als Dialogfenster aufgebaut sind. Dieses Dialogfenster muss erst bestätigt werden. Im Zusammenhang mit dieser Eigenschaft ist es dann auch sinnvoll, unter *Rahmenart* den Eintrag *Dialog* auszuwählen.

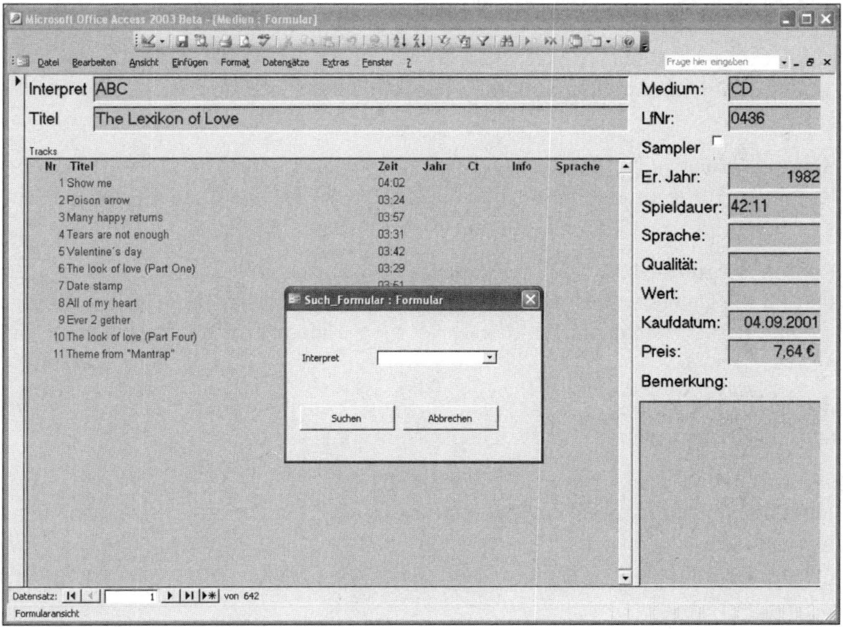

Abbildung 5.44: Ein PopUp-Fenster

Gebunden
Ist die Eigenschaft *Gebunden* auf *Ja* gesetzt, bleibt das Formular so lange im Vordergrund, bis es geschlossen wird. Sie können so lange zu keinem anderen Objekt von Access wechseln. Achten Sie darauf, dass in dem Formular eine Möglichkeit vorhanden ist, dieses zu schließen. Ansonsten haben Sie keine Möglichkeit mehr, mit der Datenbank zu arbeiten.

Zyklus
Mit der Eigenschaft *Zyklus* können Sie einstellen, wie sich das Formular verhalten soll, wenn das letzte Steuerelement des Formulars erreicht ist und anschließend die ⇆-Taste gedrückt wird. Standardmäßig erfolgt dann der Wechsel zum nächsten Datensatz.

Einstellung	Beschreibung
Alle Datensätze	Dies ist die Standardeinstellung. Wird die ⇆-Taste am Ende des Formulars gedrückt, wird zum nächsten Datensatz gewechselt.
Aktueller Datensatz	Bei dieser Einstellung bewirkt das Drücken der ⇆-Taste die Aktivierung des ersten Steuerelementes des Formulars. Es erfolgt kein Wechsel zu anderen Datensätzen.
Aktuelle Seite	Wird die ⇆-Taste am Ende des Formulars gedrückt, wird das Steuerelement aktiviert, das bezüglich der aktuellen Seite das erste Steuerelement ist.

Tabelle 5.9: Die Einstellungen der Eigenschaft Zyklus

Menüleiste/Symbolleiste/Kontextmenü
Mit diesen drei Eigenschaften können Sie dem Formular individuelle Leisten zuordnen.

Kontextmenüleiste
Wollen Sie im Formular kein Kontextmenü zulassen, setzen Sie diese Eigenschaft auf *Nein*.

Hilfedatei/Hilfedatei-ID
Existiert für die Datenbank eine Hilfe, können Sie unter *Hilfedatei* diese Hilfe angeben. Der Eintrag unter *Hilfedatei-ID* gibt die Stelle in der Hilfe an, die für das Formular zuständig ist.

Marke
Zusätzliche Eigenschaft, die von Visual Basic verwendet wird.

Enthält Modul
Existieren Ereignisprozeduren für das Formular, werden diese in dem zu dem Formular gehörenden Modul gespeichert. Diese Eigenschaft zeigt also das Vorhandensein von Ereignisprozeduren an. Wird sie auf *Nein* gesetzt, gehen alle Ereignisprozeduren verloren.

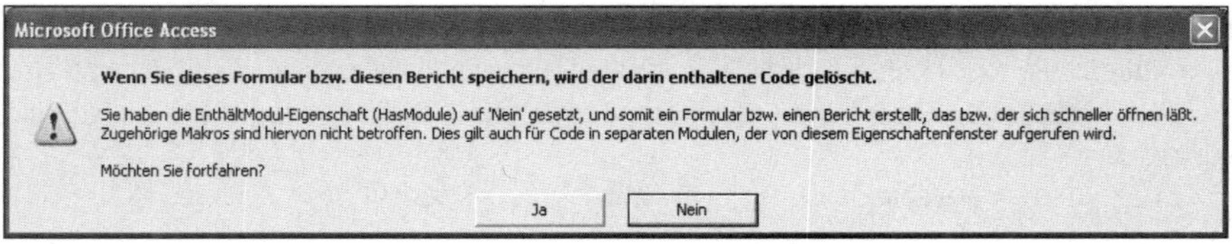
Microsoft Office Access
Wenn Sie dieses Formular bzw. diesen Bericht speichern, wird der darin enthaltene Code gelöscht.
Sie haben die EnthältModul-Eigenschaft (HasModule) auf 'Nein' gesetzt, und somit ein Formular bzw. einen Bericht erstellt, das bzw. der sich schneller öffnen läßt. Zugehörige Makros sind hiervon nicht betroffen. Dies gilt auch für Code in separaten Modulen, der von diesem Eigenschaftenfenster aufgerufen wird.
Möchten Sie fortfahren?
Ja
Nein

Abbildung 5.45: Meldung, wenn die Eigenschaft Enthält Modul *auf* Nein *gesetzt wird*

Entwurfsänderungen zulassen

Mit dieser Eigenschaft legen Sie fest, ob Entwurfsänderungen nur in der Entwurfsansicht oder auch in den anderen Formularansichten erlaubt sein sollen. Standardmäßig ist *Nur Entwurfsansicht* aktiviert.

Eigenschaften der Formularbereiche

Die einzelnen Bereiche des Formulars besitzen auch Eigenschaften. Zu den Bereichen eines Formulars gehören *Formularkopf, Seitenkopf, Detailbereich, Seitenfuß* und *Formularfuß*.

Aufgerufen werden diese Eigenschaften über das Symbol *Eigenschaften* der Symbolleiste *Formularentwurf*. Um zu einem Bereich zu wechseln, klicken Sie einfach mit der Maus in eine beliebige Stelle im Bereich.

Für die Formularbereiche gibt es bei weitem nicht so viele Eigenschaften wie für das gesamte Formular. Sie können deshalb das Register *Alle* aktivieren.

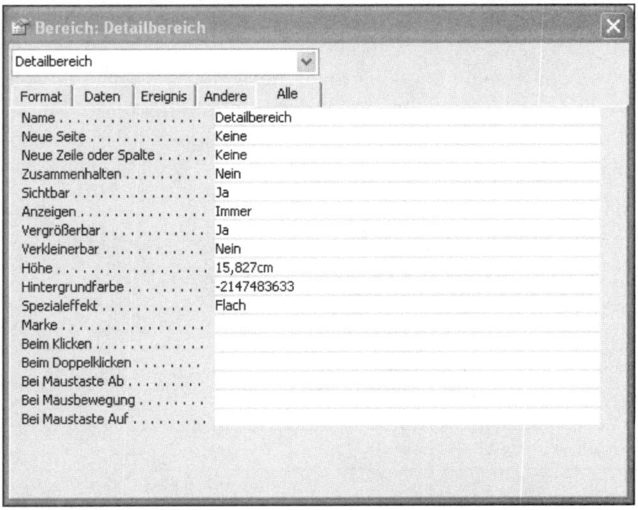
Bereich: Detailbereich
Detailbereich
Format
Daten
Ereignis
Andere
Alle
Name . . . . Detailbereich
Neue Seite . . . . Keine
Neue Zeile oder Spalte . . . . . . Keine
Zusammenhalten . . . . Nein
Sichtbar . . . . Ja
Anzeigen . . . . Immer
Vergrößerbar . . . . Ja
Verkleinerbar . . . . Nein
Höhe 15,827cm
Hintergrundfarbe . . . . -2147483633
Spezialeffekt . . . . Flach
Marke . . . .
Beim Klicken . . . .
Beim Doppelklicken . . . .
Bei Maustaste Ab . . . .
Bei Mausbewegung . . . .
Bei Maustaste Auf . . . .

Abbildung 5.46: Das Dialogfenster Eigenschaften *mit dem* Detailbereich

Name

Hier sollten Sie keine Änderungen vornehmen. Unter *Name* wird angegeben, wie der Bereich heißt. Diese Eigenschaft wird vom Ausdrucks-Generator und von Visual Basic verwendet.

Neue Seite

Diese Eigenschaft legt fest, ob beim Ausdruck des Formulars vor oder nach dem Bereich ein Seitenumbruch stattfinden soll.

Einstellung	Beschreibung
Keine	Standardeinstellung. Es findet kein Seitenumbruch statt.
Vor Bereich	Der Bereich des Formulars wird auf einer neuen Seite gedruckt.
Nach Bereich	Der Bereich, der nach dem aktuellen Bereich folgt, werden auf eine neue Seite gedruckt.
Vor & Nach	Der aktuelle und der nachfolgende Bereich des Formulars wird auf eine neue Seite gedruckt.

Tabelle 5.10: Einstellungen der Eigenschaft Neue Seite

Neue Zeile oder Spalte

Diese Eigenschaft steuert den Seitenumbruch bei mehrspaltigen Formularen. Die möglichen Einstellungen sind identisch mit der Eigenschaft *Neue Seite.*

Zusammenhalten

Steht die Eigenschaft *Zusammenhalten* auf *Ja*, wird ein Bereich nach Möglichkeit immer vollständig auf einer Seite gedruckt.

Sichtbar

Diese Eigenschaft gibt an, ob der Bereich in den Formularansichten sichtbar sein soll. Angenommen, Sie wollen im Formularkopf Steuerelemente unterbringen, die Sie im Detailbereich benötigen, wollen diese aber nicht im Formular angezeigt bekommen. Ist der Bereich nicht sichtbar, haben Sie dennoch Zugriff auf diese Steuerelemente.

Anzeigen

Mit dieser Eigenschaft können Sie festlegen, ob einzelne Formularbereiche auf dem Bildschirm und/oder beim Drucken angezeigt bzw. ausgedruckt werden.

Einstellung	Beschreibung
Immer	Der Bereich ist sowohl auf dem Bildschirm als auch beim Ausdruck sichtbar.
Nur beim Drucken	Der Bereich ist nur beim Ausdruck sichtbar.
Nur am Bildschirm	Der Bereich ist nur am Bildschirm sichtbar.

Tabelle 5.11: Einstellungen der Eigenschaft Anzeigen

Vergrößerbar/Verkleinerbar

Mit diesen beiden Eigenschaften wird der Ausdruck des Bereichs gesteuert. Vergrößerbar bedeutet, dass beim Ausdruck der Bereich automatisch so angepasst wird, dass alle Daten ausgedruckt werden.

Höhe

Mit dieser Eigenschaft legen Sie die Höhe des Formularbereichs fest. Die Angabe erfolgt in der Regel in cm und wird über die Systemsteuerung von Windows festgelegt.

Hintergrundfarbe

Legt die Hintergrundfarbe fest. Die Angabe erfolgt als Zahlenwert. Mithilfe der Schaltfläche am rechten Rand der Eigenschaft rufen Sie das Dialogfenster *Farbe* auf. Dieses erlaubt die Auswahl einer Hintergrundfarbe über eine Farbpalette. Sie können auch eigene Farben definieren und der Palette hinzufügen.

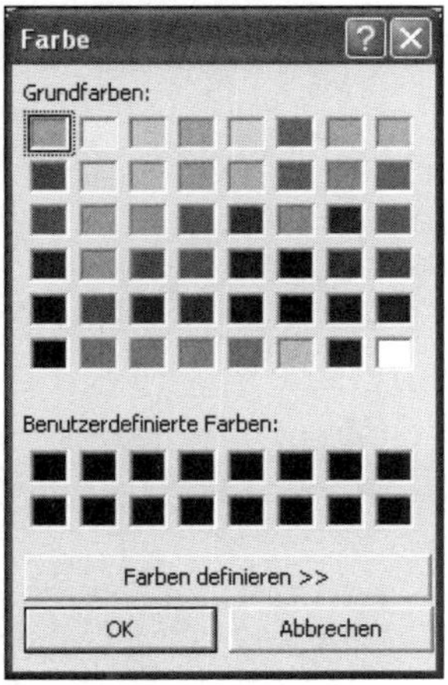

Abbildung 5.47: Das Dialogfenster Farbe

Spezialeffekt

Mit dieser Eigenschaft legen Sie fest, ob der Bereich *Flach, Erhöht* oder *Vertieft* erscheinen soll.

Ereignisse

Auch für die Formularbereiche stehen wieder Ereignisse zur Verfügung.

6. Individuelle Formulare entwerfen

Im vorherigen Kapitel wurden die einzelnen Formulartypen von Access näher vorgestellt. In diesem Kapitel geht es um die Erstellung individueller Formulare, die mit Steuerelementen der Toolbox versehen sind.

Die in der Toolbox verfügbaren Steuerelemente können die Dateneingabe und die Navigation im Formular erheblich vereinfachen. Anstatt beispielsweise Daten direkt in ein Feld einzugeben, erlauben Kombinations- und Listenfelder die bequeme Auswahl aus einer Liste. Durch dieses Vorgehen ist auch sichergestellt, dass der Anwender zu dem Feld passende Einträge auswählen kann.

Optische Elemente wie Linien, Rahmen oder Bilder können die Funktionen im Formular klarer kennzeichnen. Zusammengehörende Felder können beispielsweise mit einem Rahmen versehen werden. Somit kann das Formular in einzelne Eingabeblöcke unterteilt werden.

Über Schaltflächen können Sie eine eigene Navigation für das Formular vorgeben. Des Weiteren lassen sich direkt Abfragen oder Berichte aus dem Formular heraus aufrufen.

Steuerelemente im Überblick

Es gibt in Access unterschiedliche Arten von Steuerelementen. Diese haben Sie teilweise schon im vorherigen Abschnitt kennen gelernt.

Gebundene Steuerelemente

Gebundene Steuerelemente sind an Daten aus einer Tabelle oder Abfrage gebunden. Diese werden verwendet, um sowohl Daten anzuzeigen als auch Daten in die Tabelle einzugeben. Am häufigsten wird das Textfeld als gebundenes Steuerelement verwendet.

Gebundene Steuerelemente haben immer eine Datenherkunft. Diese können Sie über das Eigenschaftsfenster in der Kategorie *Daten* unter *Steuerelementinhalt* bzw. *Datensatzherkunft* nachsehen.

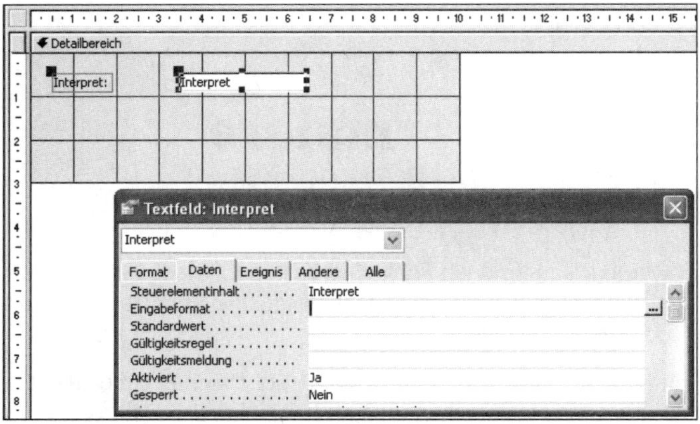

Abbildung 6.1: Gebundenes Steuerelement

Ungebundene Steuerelemente

Ein ungebundenes Steuerelement hat keine Datenherkunft. Diese Steuerelemente können reine Textinformationen oder optische Elemente sein. Auch Textfelder können ungebunden sein. Sie können in das Formular Daten eingeben, die beispielsweise als Kriterium für eine formularbasierte Parameterabfrage dienen.

Ungebundene Steuerelemente wie z.B. Textfelder werden im Formularentwurf dadurch gekennzeichnet, dass das Wort „Ungebunden„ im Feld erscheint. Auch sind die Eigenschaften *Steuerelementinhalt* bzw. *Datensatzherkunft* leer.

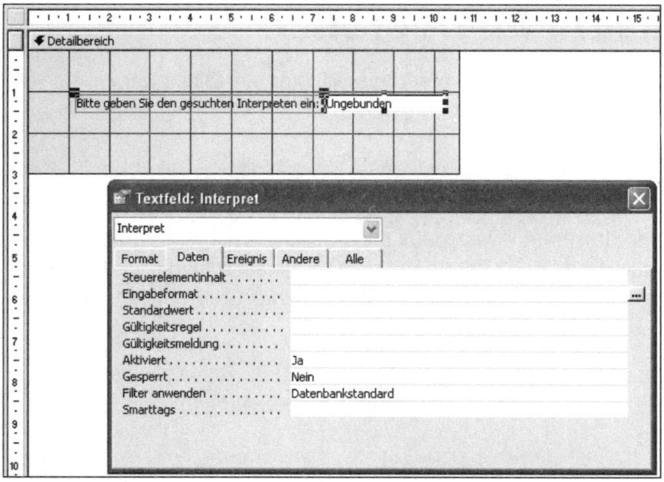

Abbildung 6.2: Ungebundenes Steuerelement

Sie können ein ungebundenes Steuerelement auch nachträglich an ein Datenfeld einer Tabelle oder Abfrage binden. Rufen Sie dazu das Eigenschaftsfenster des Steuerelements auf, und wählen Sie aus der Liste der Eigenschaft *Steuerelementinhalt* einen Eintrag aus.

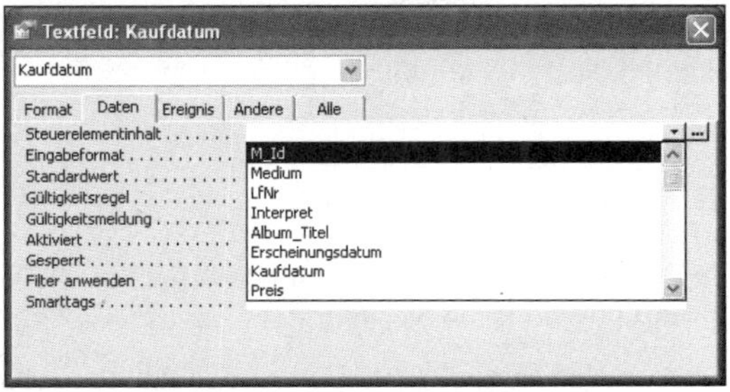

Abbildung 6.3: Nachträgliches Binden eines Elementes

Die Steuerelemente *Bezeichnungsfeld, Linie, Rechteck, Befehlsschaltfläche, Seitenumbruch* und *ungebundenes Objektfeld* sind immer ungebunden.

Berechnete Steuerelemente

Ein berechnetes Steuerelement verwendet einen Ausdruck als Datenherkunft. Sie können somit im Formular Berechnungen durchführen. In der folgenden Abbildung sehen Sie ein Formular, in dem im Formularfuß eine Summenberechnung stattfindet. Der dafür notwendige Ausdruck lautet:

- =Summe([Preis])

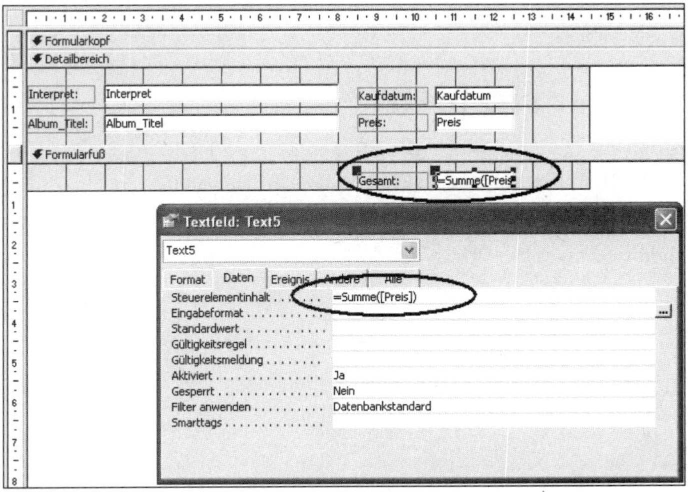

Abbildung 6.4: Berechnetes Steuerelement

Der Ausdruck

➠ =Datum()

setzt das Feld mit dem aktuellen Datum.

Sie können mithilfe des Ausdrucks-Generators auch andere Funktionen verwenden. In berechnete Steuerelemente können keine Daten im Formular eingegeben werden.

Die Steuerelemente der Toolbox

Access stellt Ihnen in der Entwurfsansicht eine Toolbox zur Verfügung, mit deren Hilfe Sie die Elemente des Formulars verändern und erstellen können.

Für eine Reihe der Steuerelemente der Toolbox existiert ein Assistent, der Ihnen bei der Erstellung des Steuerelementes behilflich ist.

Die Toolbox wird über das gleichnamige Symbol in der Symbolleiste *Formularentwurf* eingeblendet.

Abbildung 6.5: Die Toolbox

Steuerelement auswählen

Mit der Schaltfläche *Objektauswahl* können Sie Steuerelemente im Formular markieren. Diese können Sie dann in der Position oder in der Größe verändern.

Markierte Objekte erhalten kleine und große Ziehpunkte. Mithilfe dieser Ziehpunkte können Sie die Position und auch die Größe mit der Maus verändern.

Steuerelement-Assistent aktivieren

Zum Einstellen einiger Steuerelemente bietet Access einen Assistenten an. Folgende Steuerelemente bieten einen Assistenten an:

- Befehlsschaltfläche
- Kombinationsfeld

- Listenfeld
- Optionsgruppe
- Unterformular

1. Aktivieren Sie in der Toolbox das Symbol *Steuerelement-Assistent*. Das Symbol erscheint dadurch eingedrückt.
2. Wählen Sie das gewünschte Steuerelement-Werkzeug.
3. Setzen Sie die Maus an die Stelle, an der Sie das Steuerelement platzieren wollen. Der Assistent startet anschließend und führt Sie durch die Erstellung des Steuerelementes. Mehr dazu erfahren Sie bei der Besprechung der einzelnen Steuerelemente weiter hinten in diesem Kapitel.

Bezeichnungsfeld

Mit dem Bezeichnungsfeld-Werkzeug der Toolbox können Sie Beschriftungen im Formular erzeugen. Bezeichnungsfelder sind immer ungebunden.

Mithilfe der Symbolleiste *Formatierung* können Sie die Schrift, Schriftgröße und weitere Einstellungen für das Bezeichnungsfeld vornehmen.

1. Wählen Sie in der Toolbox das Werkzeug *Bezeichnungsfeld* aus.
2. Setzen Sie die Maus an die Stelle im Formular, an der Sie das Bezeichnungsfeld platzieren wollen. Geben Sie anschließend den Text für das Feld ein.

   Wenn Sie die Schriftgröße nachträglich verändern, passiert es häufig, dass nicht mehr der gesamte Text angezeigt werden kann. Aus dem Kontextmenü, das Sie durch einen Klick mit der rechten Maustaste auf das Bezeichnungsfeld aufrufen, können Sie mit dem Befehl *Größe anpassen > an Textgröße* den gesamten Text wieder anzeigen lassen.

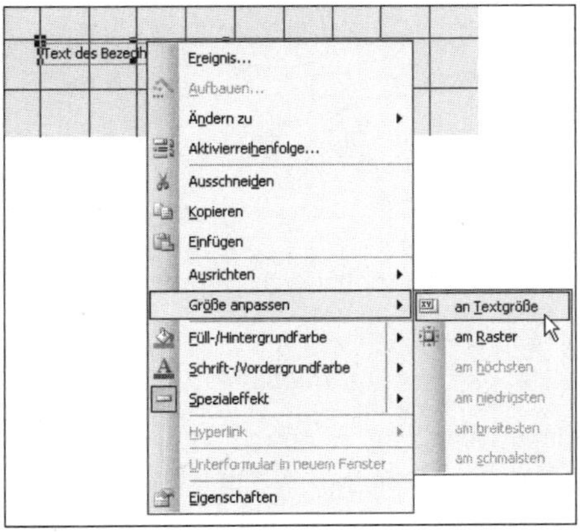

Abbildung 6.6: Größe anpassen über das Kontextmenü

Textfeld

Textfelder enthalten Daten, die geändert werden können, wenn sie an Felder einer Tabelle oder Abfrage gebunden sind. Ziehen Sie ein Feld aus der Feldliste in das Formular, erstellt Access automatisch ein an dieses Feld gebundenes Textfeld. Zusätzlich wird an dieses Textfeld ein Bezeichnungsfeld mit angebunden.

Das Textfeld-Werkzeug der Toolbox erstellt ungebundene Textfelder im Formular. Diese können nachträglich an Felder einer Tabelle gebunden werden. Rufen Sie dazu das Eigenschaftsfenster des Steuerelementes auf, und wählen Sie aus der Liste der Eigenschaft *Steuerelementinhalt* einen Eintrag aus.

Basiert das Textfeld auf einem Feld vom Typ *Memo* oder ist die Feldgröße sehr groß, können Sie es mit einer Bildlaufleiste versehen.

Rufen Sie das Eigenschaftsfenster für das Textfeld auf. Im Register *Format* stellen Sie die Eigenschaft *Bildlaufleisten* auf *Vertikal* ein. Damit beim Ausdruck des Formulars der gesamte Inhalt des Textfelds ausgedruckt wird, können Sie zusätzlich die beiden Eigenschaften *Vergrößerbar* und *Verkleinerbar* auf *Ja* setzen.

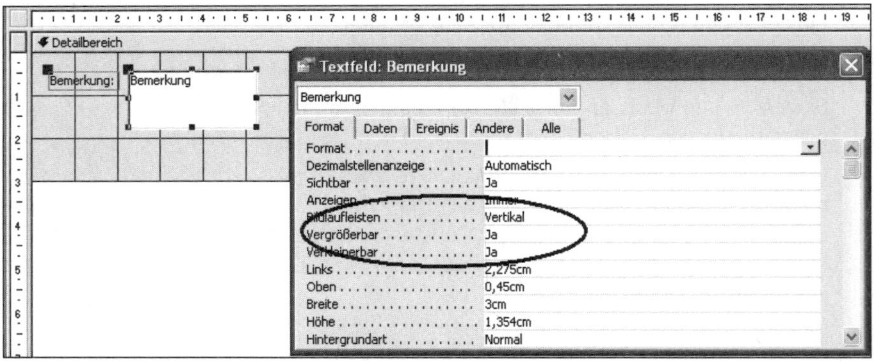

Abbildung 6.7: Mehrzeiliges Textfeld mit vertikaler Bildlaufleiste

Linie und Rahmen

Linien und Rahmen dienen dazu, Bereiche im Formular optisch zu trennen bzw. hervorzuheben.

In der Toolbox stehen Ihnen die beiden Werkzeuge *Linie* und *Rechteck* zur Verfügung.

Eine Linie erstellen Sie, indem Sie das Linien-Werkzeug in der Toolbox auswählen. Setzen Sie dann die Maus in das Formular, das den Anfang der Linie bilden soll. Ziehen Sie anschließend mit gedrückter linker Maustaste die Linie.

Über das Eigenschaftsfenster können Sie nun die erzeugte Linie weiter anpassen.

Mit der Eigenschaft *Rahmenart* können Sie festlegen, ob die Linie durchgezogen oder mehr oder weniger unterbrochen erscheinen soll. Aus dem Listenfeld der Eigenschaft stehen dafür mehrere Einträge zur Verfügung.

Mit der Eigenschaft *Rahmenfarbe* legen Sie die Farbe der Linie fest. Sie können die Farbe über die Farbpalette auswählen.

Die Eigenschaft *Rahmenbreite* bestimmt die Dicke der Linie. Aus dem dazugehörigen Listenfeld kann die Dicke ausgewählt werden.

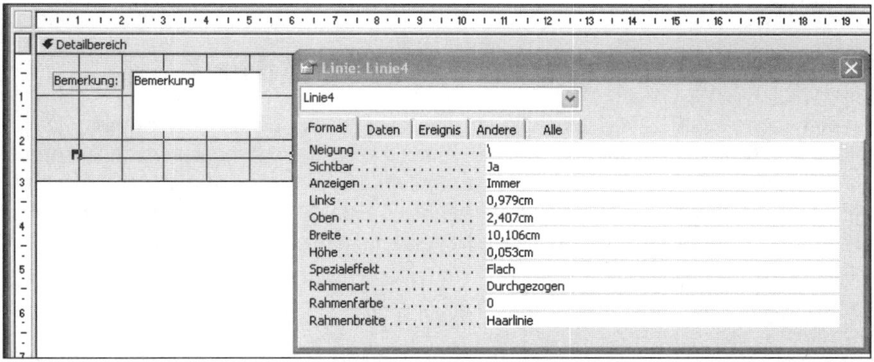

Abbildung 6.8: Einstellen der Eigenschaften der Linie

Die Vorgehensweise für die Erstellung eines Rahmens ist identisch der der Linie. Auch die möglichen Eigenschaften sind genau gleich.

Eine Besonderheit ist jedoch bei der Auswahl einer Farbe für das Rechteck zu beachten. Da das Rechteck in der Regel später als andere Felder des Formulars erzeugt wird, verdeckt es mit seiner Hintergrundfarbe darunter liegende Felder. Über den Befehl *Format > In den Hintergrund* wird das Rechteck dann wieder so angeordnet, dass die Felder auf dem Rechteck erscheinen.

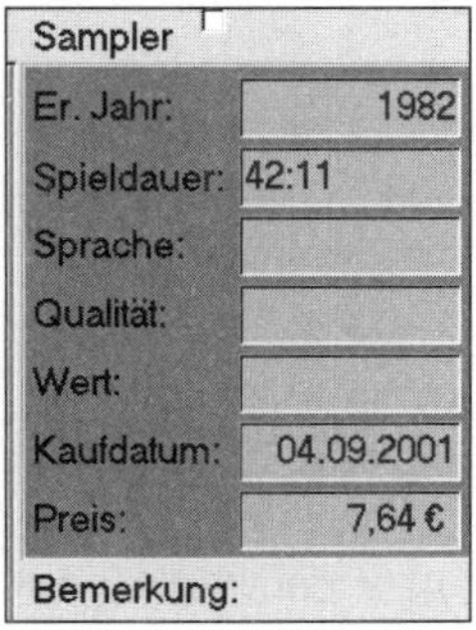

Abbildung 6.9: In den Hintergrund gerücktes Rechteck mit einer Hintergrundfarbe

Seitenumbruch

Mit dem Werkzeug *Seitenumbruch* der Toolbox können Sie an einer beliebigen Stelle einen Seitenumbruch im Detailbereich des Formulars einfügen.

Dies kann beispielsweise dann erforderlich sein, wenn Sie einzelne Informationseinheiten trennen möchten.

Mit den Tasten [Bild↓] und [Bild↑] können Sie zu den einzelnen Seiten wechseln.

Kombinations- und Listenfelder

Kombinations- und Listenfelder dienen dazu, Daten aus Listen auszuwählen. Dabei nimmt ein Kombinationsfeld im geschlossenen Zustand nicht mehr Platz in Anspruch als ein Textfeld. Ein Kombinationsfeld ist nämlich die Kombination der Vorteile aus einem Textfeld und einem Listenfeld. Vorteil des Textfelds ist seine Platz sparende Anordnung, der Vorteil des Listenfelds ist die Auswahl eines Felds aus einer Liste.

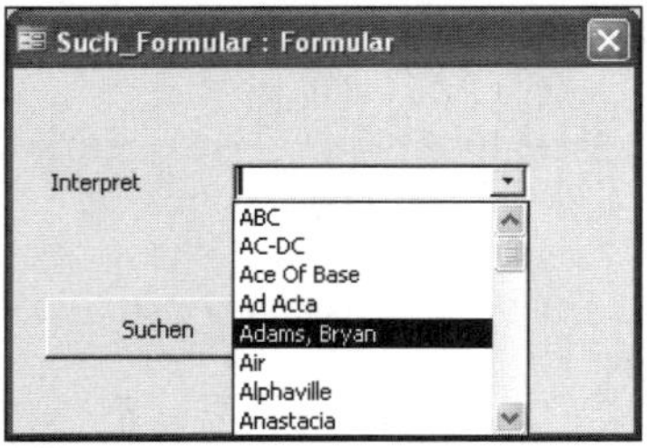

Abbildung 6.10: Aufgeklapptes Kombinationsfeld

Die Verfahren für die Erstellung von Kombinations- und Listenfelder sind absolut identisch. Auch die Eigenschaften dieser Steuerelemente sind gleich. Zur Erstellung eines Listenfelds müssen Sie anstatt des Werkzeugs *Kombinationsfeld* das Werkzeug *Listenfeld* der Toolbox aktivieren.

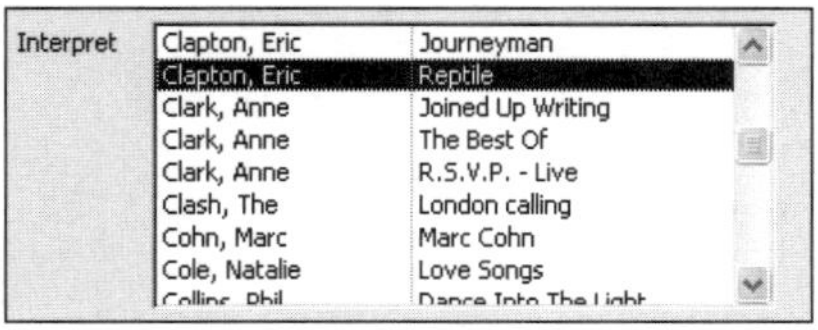

Abbildung 6.11: Ein Listenfeld

Am einfachsten erfolgt die Erstellung eines Kombinationsfelds über den Assistenten der Toolbox.

1. Stellen Sie sicher, dass die Schaltfläche des Assistenten der Toolbox eingedrückt ist. Ansonsten klicken Sie einmal auf diese Schaltfläche.

2. Markieren Sie das Werkzeug *Kombinationsfeld* und klicken anschließend mit der Maus an die Stelle im Formular, an der das Kombinationsfeld erscheinen soll. Es erscheint der Kombinationsfeld-Assistent.
3. Im ersten Schritt können Sie auswählen, welche Daten das Kombinationsfeld anbieten soll.

   Die Option *Das Kombinationsfeld soll Werte einer Tabelle oder Abfrage entnehmen* stellt als Datenbasis eine Tabelle/Abfrage ein. Neue Daten in dieser werden beim nächsten Öffnen des Kombinationsfelds automatisch mit in der Liste angezeigt.

   Die Option *Ich möchte selbst Werte in die Liste eingeben* stellt als Datenbasis eine Werteliste ein. Diese ist rein statisch und wird mit dem Kombinationsfeld gespeichert. Steht etwa von vornherein fest, dass das Kombinationsfeld nur wenige Auswahlmöglichkeiten bieten soll, beispielsweise Schulnoten von eins bis sechs, können Sie diese Option wählen.

   Die Option *Einen Datensatz im Formular basierend auf dem im Kombinationsfeld gewählten Wert suchen* erstellt ein Navigationskombinationsfeld. Nach Auswahl eines Wertes aus der Liste wird zum dazugehörigen Datensatz gesprungen.

   In dieser Schritt-für-Schritt-Anleitung soll die erste Option erläutert werden. Klicken Sie auf *Weiter.*
4. Es folgt die Angabe, aus welcher Tabelle oder Abfrage die Daten für das Kombinationsfeld stammen. Wählen Sie die passende Tabelle/Abfrage aus und klicken Sie wieder auf *Weiter.*

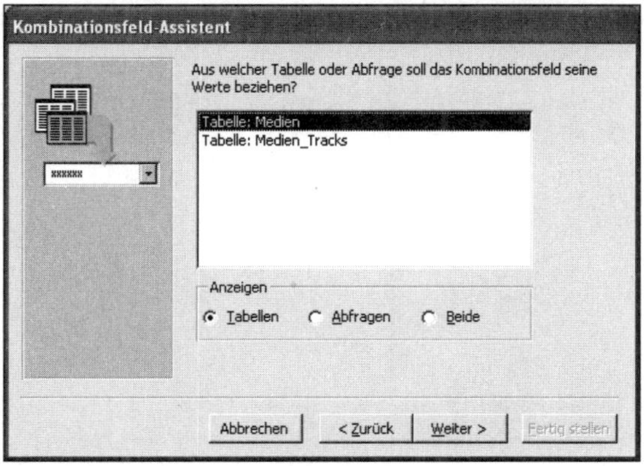

Abbildung 6.12: Auswahl der Tabelle oder der Abfrage

5. Im nächsten Schritt können Sie die Felder auswählen, die die Spalten für die Liste des Kombinationsfelds bilden sollen. Sie können die gewünschten Felder wie gewohnt mit den Schaltflächen in die rechte Liste *Ausgewählte Felder* hinzufügen.

   Beachten Sie dabei, dass nur das erste Feld, das Sie auswählen, auch im Kombinationsfeld gespeichert wird. Alle anderen Felder werden nur in der Liste angezeigt.

Wählen Sie die Felder aus und klicken auf *Weiter*.

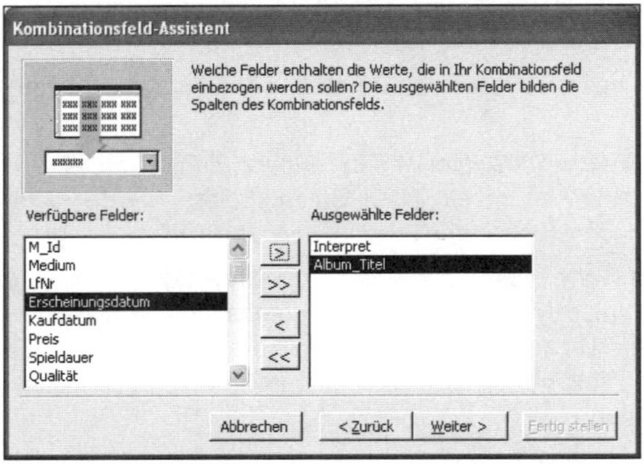

Abbildung 6.13: Wählen Sie die Felder aus, die die Spalten der Liste des Kombinationsfelds bilden sollen.

6. Sie können mithilfe des Assistenten die Liste sortieren lassen. Dazu können Sie in diesem Schritt die zuvor ausgewählten Felder absteigend oder aufsteigend sortieren lassen.

   Klicken Sie auf *Weiter*.

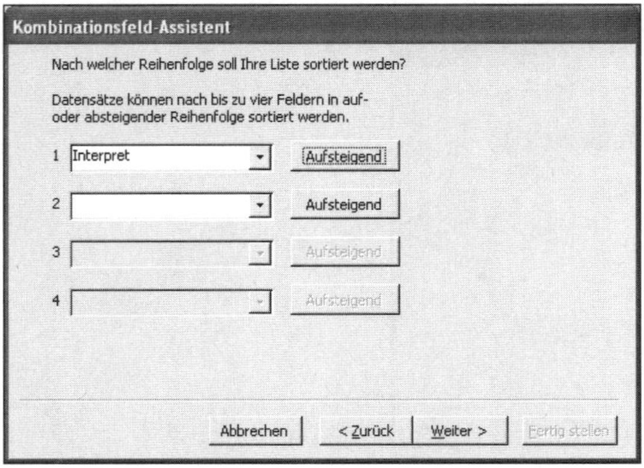

Abbildung 6.14: Sie können nach bis zu vier Feldern sortieren lassen.

7. In diesem Schritt können Sie die Breite der einzelnen Spalten bestimmen. Der Schritt des Assistenten zeigt Ihnen schon an, wie später die Liste aussehen wird.

   Sie können die Spaltenbereite mit der Maus ändern. Setzen Sie den Mauszeiger zwischen die Spaltenköpfe, bis sich der Mauszeiger zu einem Doppelpfeil ändert. Anschließend können Sie die Breite der Spalte mit gedrückter linker Maustaste verändern.

Die Option *Schlüsselspalte ausblenden (empfohlen)* blendet die erste Spalte aus. Dies ist in der Regel der Primärschlüssel der Tabelle.

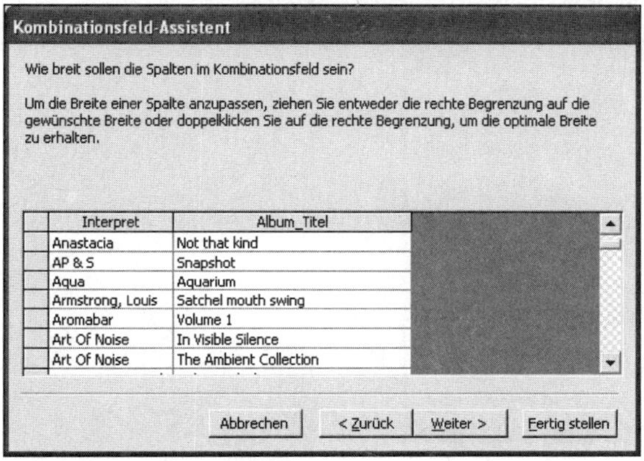
Kombinationsfeld-Assistent
Wie breit sollen die Spalten im Kombinationsfeld sein?
Um die Breite einer Spalte anzupassen, ziehen Sie entweder die rechte Begrenzung auf die gewünschte Breite oder doppelklicken Sie auf die rechte Begrenzung, um die optimale Breite zu erhalten.
Interpret
Album_Titel
Anastacia
Not that kind
AP & S
Snapshot
Aqua
Aquarium
Armstrong, Louis
Satchel mouth swing
Aromabar
Volume 1
Art Of Noise
In Visible Silence
Art Of Noise
The Ambient Collection
Abbrechen
< Zurück
Weiter >
Fertig stellen

Abbildung 6.15: Angabe der Spaltenbreite

8. Im nächsten Schritt wählen Sie das Feld aus, das das Kombinationsfeld speichern soll.

   Klicken Sie auf anschließend auf *Weiter*.

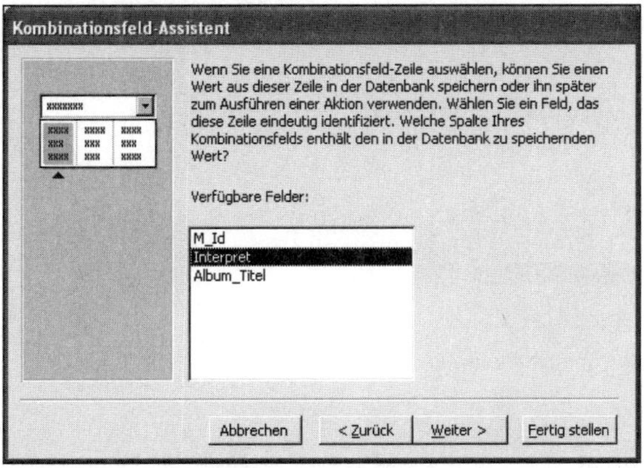
Kombinationsfeld-Assistent
Wenn Sie eine Kombinationsfeld-Zeile auswählen, können Sie einen Wert aus dieser Zeile in der Datenbank speichern oder ihn später zum Ausführen einer Aktion verwenden. Wählen Sie ein Feld, das diese Zeile eindeutig identifiziert. Welche Spalte Ihres Kombinationsfelds enthält den in der Datenbank zu speichernden Wert?
Verfügbare Felder:
M_Id
Interpret
Album_Titel
Abbrechen
< Zurück
Weiter >
Fertig stellen

Abbildung 6.16: Geben Sie an, welches Feld gespeichert werden soll.

9. Es folgt die Angabe, was mit dem im Kombinationsfeld ausgewählten Feld passieren soll.

   Die Option *zur späteren Verwendung zwischenspeichern* erstellt ein ungebundenes Kombinationsfeld. Dieses können Sie beispielsweise für Parameterabfragen weiterverwenden.

Mit der Option *Wert speichern in Feld* können Sie ein Feld aus der Liste auswählen, das die Datenbasis des Formulars darstellt. Dies ist in der Regel der häufigste Fall. Diese Option erstellt ein gebundenes Kombinationsfeld.

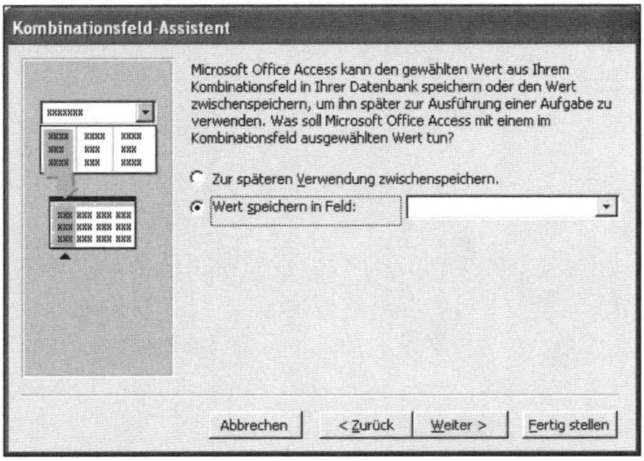

Abbildung 6.17: Geben Sie an, wo der Wert gespeichert werden soll.

10. Im letzten Schritt können Sie für das zum Kombinationsfeld gehörende Bezeichnungsfeld noch einen Text eingeben.

    Bestätigen Sie Ihre Angaben mit *Fertig stellen.*

In der folgenden Abbildung ist ein fertiges Kombinationsfeld dargestellt.

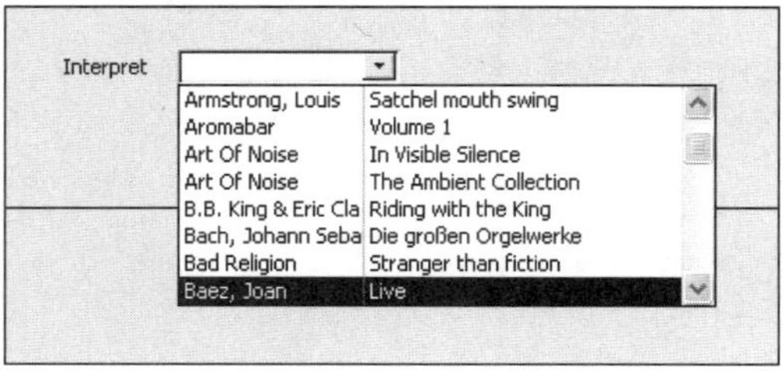

Abbildung 6.18: Fertiges, aufgeklapptes Kombinationsfeld

Kombinationsfeld/Listenfeld mit einer Werteliste

Wie schon in der vorherigen Schritt-für-Schritt-Anleitung erwähnt, kann der Assistent verschiedene Arten von Kombinationsfeldern erstellen.

Möchten Sie als Datenbasis eine statische Liste haben, beispielsweise Schulnoten oder Wochentage, so wählen Sie im ersten Schritt des Assistenten die Option *Ich möchte selbst Werte in die Liste eingeben.*

Im nächsten Schritt können Sie dann die Werte, die Sie angezeigt bekommen wollen, in die Liste eintragen. Benötigen Sie zusätzliche Spalten, können Sie die Anzahl in das Feld *Spaltenanzahl* eingeben.

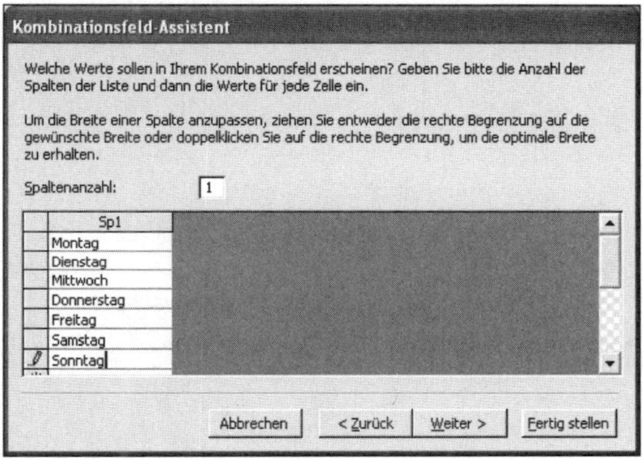
Kombinationsfeld-Assistent
Welche Werte sollen in Ihrem Kombinationsfeld erscheinen? Geben Sie bitte die Anzahl der Spalten der Liste und dann die Werte für jede Zelle ein.
Um die Breite einer Spalte anzupassen, ziehen Sie entweder die rechte Begrenzung auf die gewünschte Breite oder doppelklicken Sie auf die rechte Begrenzung, um die optimale Breite zu erhalten.
Spaltenanzahl: 1
Sp1
Montag
Dienstag
Mittwoch
Donnerstag
Freitag
Samstag
Sonntag
Abbrechen
< Zurück
Weiter >
Fertig stellen

Abbildung 6.19: Erfassen der Einträge der Werteliste

Die nächsten Schritte des Assistenten sind identisch zur ersten Schritt-für-Schritt-Anleitung des Kombinationsfeld-Assistenten.

Kombinationsfeld/Listenfeld zum Navigieren

Sie können den Assistent für das Kombinationsfeld auch dafür gebrauchen, eine zusätzliche Navigation in das Formular zu stellen. Im Falle der CD-Sammlung würde sich ein Kombinationsfeld anbieten, das nach Auswahl eines Interpreten mit zusätzlich angezeigtem Albumtitel das komplette Album im Formular anzeigt. Im ersten Schritt des Kombinationsfeld-Assistenten wählen Sie dazu die Option *Einen Datensatz im Formular basierend auf dem im Kombinationsfeld gewählten Wert suchen* aus.

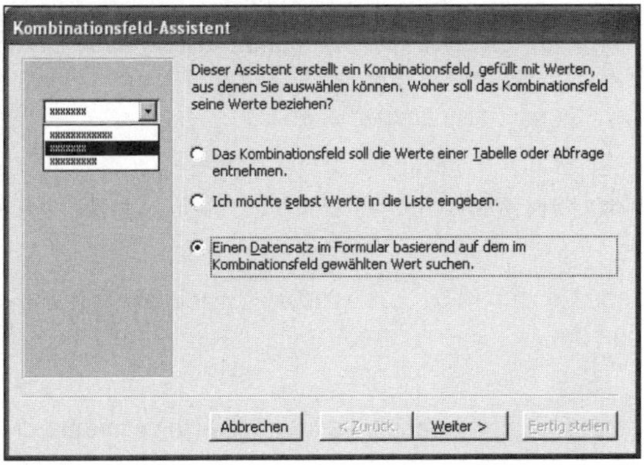
Kombinationsfeld-Assistent
Dieser Assistent erstellt ein Kombinationsfeld, gefüllt mit Werten, aus denen Sie auswählen können. Woher soll das Kombinationsfeld seine Werte beziehen?
Das Kombinationsfeld soll die Werte einer Tabelle oder Abfrage entnehmen.
Ich möchte selbst Werte in die Liste eingeben.
Einen Datensatz im Formular basierend auf dem im Kombinationsfeld gewählten Wert suchen.
Abbrechen
< Zurück
Weiter >
Fertig stellen

Abbildung 6.20: Angabe, dass das Kombinationsfeld Datensätze suchen soll

Die restlichen Schritte sind identisch zur ersten Schritt-für-Schritt-Anleitung des Kombinationsfeld-Assistenten. Wählen Sie die Felder aus, die in der Liste angezeigt werden sollen, und stellen Sie die Spaltenbreiten ein. Der Assistent erzeugt nicht nur das Kombinationsfeld, sondern auch einen kurzen VBA-Code, der dem Ereignis *Nach Aktualisierung* zugewiesen wird.

Eigenschaften von Kombinations- und Listenfeldern

Die Eigenschaften eines Kombinations-/Listenfelds können wieder über das Eigenschaftsfenster angezeigt werden. Markieren Sie das Kombinations-/Listenfeld in der Entwurfsansicht des Formulars und klicken Sie auf die Schaltfläche *Eigenschaften*.

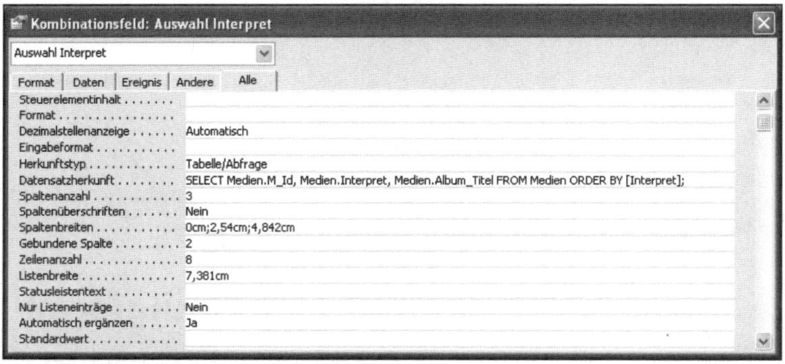

Abbildung 6.21: Die Eigenschaften eines Kombinationsfelds

Steuerelementinhalt

Diese Eigenschaft gibt an, an welches Feld der dem Formular zugrunde liegenden Tabelle oder Abfrage das Kombinationsfeld gebunden ist.

Herkunftstyp

Mit dieser Eigenschaft wird festgelegt, ob die Daten des Kombinationsfelds aus einer Tabelle/Abfrage oder aus einer Werteliste/Feldliste stammen. Anhand dieser Eigenschaft richtet sich die Einstellung der Eigenschaft *Datensatzherkunft*.

Datensatzherkunft

Abhängig von dem in der Eigenschaft *Herkunftstyp* eingestellten Eintrag.

Herkunftstyp Tabelle/Abfrage

Der Name einer Tabelle oder Abfrage. In der Regel erfolgt die Angabe als SQL-Anweisung und stellt somit eine Abfrage dar.

Herkunftstyp Werteliste

Die Angabe der Werte, die die Liste des Kombinationsfelds anzeigt, erfolgt mittels einer durch Semikola getrennten Aufzählung. Beispielsweise

- "Montag";"Dienstag";"Mittwoch";"Donnerstag";"Freitag";"Samstag";"Sonntag"

Herkunftstyp Feldliste
Eine Liste von Feldnamen einer Tabelle, Abfrage oder SQL-Anweisung.

Spaltenzahl
Diese Eigenschaft legt die Anzahl der Spalten des Kombinationsfelds fest. Auch Spalten, die in der Liste des Kombinationsfelds ausgeblendet sind, müssen mitgezählt werden.

Spaltenüberschriften
Sie können die Feldnamen der Tabelle/Abfrage als Spaltenüberschriften in der Liste anzeigen lassen. Setzen Sie diese Eigenschaft auf *Ja*.

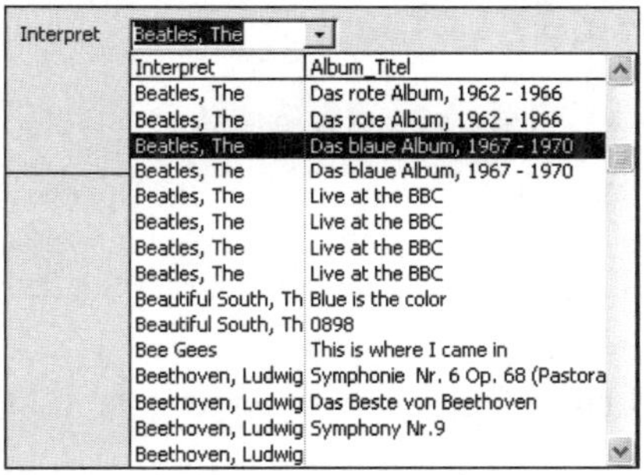

Abbildung 6.22: Eingeblendete Spaltenüberschriften

Spaltenbreiten
Angabe der Breiten der einzelnen Spalten der Liste. Die Angabe erfolgt durch Semikola getrennt und wird in cm angegeben. Die Angabe von *0 cm* bewirkt, dass die Spalte nicht angezeigt wird. Auf die in dieser Spalte enthaltenen Daten kann trotzdem zugegriffen werden. Sind die aufsummierten Angaben größer als Platz für die Liste vorhanden ist, werden automatisch Bildlaufleisten eingeblendet.

Gebundene Spalte
Der Zahlenwert dieser Eigenschaft stellt die Spalte ein, deren Wert das an dem Kombinationsfeld gebundene Steuerelement speichert. Dieses ist mit der Eigenschaft *Steuerelementinhalt festgelegt.*

Zeilenzahl
Standardmäßig zeigt ein Kombinationsfeld 8 Zeilen an. Ist genügend Platz auf dem Formular vorhanden, können Sie diesen Wert bis auf maximal 255 erhöhen. Diese Eigenschaft steht bei Listenfeldern nicht zur Verfügung. Hier bestimmt die Höhe des Listenfelds automatisch die möglichen Zeilen, die es anzeigen kann.

Listenbreite
Gibt die Breite der Liste in cm an. Die Liste eines Kombinationsfelds kann unabhängig von seiner Größe im zugeklappten Zustand eingestellt werden (Eigenschaft *Breite*). Diese Eigenschaft steht bei Listenfeldern nicht zur Verfügung. Hier bestimmt die Breite des Listenfelds den verfügbaren Platz.

Nur Listeneinträge

Steht diese Eigenschaft auf *Ja*, können mit dem Kombinationsfeld nur Einträge ausgewählt werden, die in der Liste vorhanden sind. Steht sie auf *Nein*, können auch andere Werte eingegeben werden.

Automatisch ergänzen

Steht diese Eigenschaft auf *Ja*, versucht Access nach jedem Drücken einer Taste einen passend beginnenden Eintrag in der Liste zu finden. So reichen wenige Buchstaben meist schon aus, den richtigen Eintrag in der Liste zu finden.

Ja oder Nein – Kontrollkästchen, Optionsfelder und Umschaltflächen

Zur Darstellung von Ja-/Nein-Werten können Sie ein Kontrollkästchen, ein Optionsfeld oder eine Umschaltfläche benutzen. Diese Steuerelemente unterscheiden sich nur in der Gestalt, die Funktion ist bei allen dreien identisch. Sie können ein Steuerelement nach Ihren Bedürfnissen auswählen.

In der folgenden Abbildung sehen Sie die einzelnen Steuerelemente einmal im nicht aktivierten, rechts daneben im aktivierten Zustand.

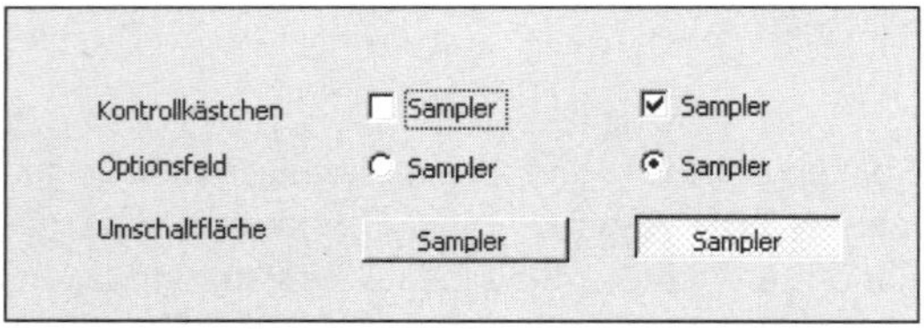

Abbildung 6.23: Kontrollkästchen, Optionsfeld und Umschaltfläche

Fügen Sie über die Feldliste Felder einer Tabelle hinzu, die den Datentyp *Ja/Nein* besitzen, fügt Access diese standardmäßig als Kontrollkästchen in das Formular ein. Sie können diese Steuerelemente auch nachträglich, wie auch alle anderen Steuerelemente, über das Kontextmenü ändern.

Markieren Sie dazu das Kontrollkästchen im Formularentwurf und klicken Sie es anschließend mit der rechten Maustaste an. Aus dem erscheinenden Kontextmenü können Sie mit dem Befehl *Ändern zu > Umschaltfläche*, bzw. *Ändern zu > Optionsfeld* das Kontrollkästchen in eine andere Form überführen.

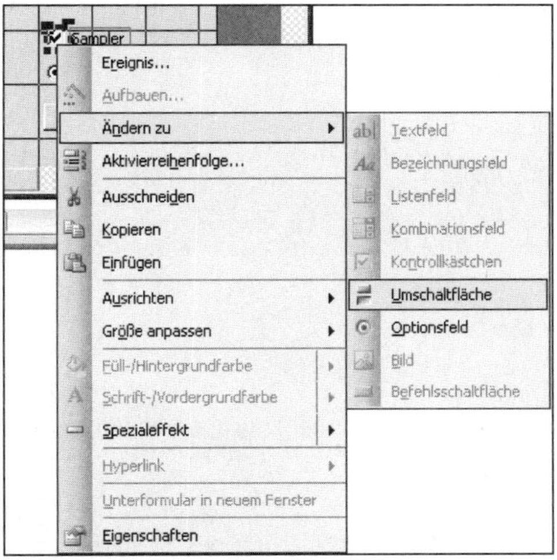

Abbildung 6.24: Ändern eines Steuerelements in einen anderen Typ

Die Vorgehensweise bei der Erstellung eines Kontrollkästchens, einer Umschaltfläche oder eines Optionsfelds ist in allen Fällen identisch. Wählen Sie aus der Toolbox das entsprechende Werkzeug aus und klicken Sie dann an die Stelle im Formular, an der das Steuerelement erscheinen soll. Anschließend müssen Sie nur noch einige Eigenschaften für das Steuerelement festlegen.

Werkzeug	Beschreibung
	Erstellt eine Umschaltfläche
	Erstellt ein Optionsfeld
	Erstellt ein Kontrollkästchen

Tabelle 6.1: Die Werkzeuge in der Toolbox für Ja/Nein-Werte

Eigenschaften von Kontrollkästchen, Optionsfeldern und Umschaltflächen

Die Eigenschaften dieser Steuerelemente können wieder über das Eigenschaftsfenster angezeigt werden. Markieren Sie das Steuerelement in der Entwurfsansicht des Formulars und klicken Sie auf die Schaltfläche *Eigenschaften*. Die wichtigsten Eigenschaften dieser Steuerelemente finden Sie im Register *Daten*.

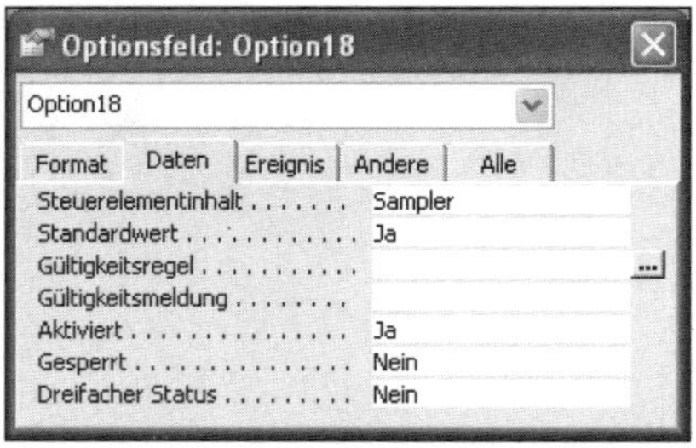

Abbildung 6.25: Eigenschaftsfenster für ein Optionsfeld

Steuerelementinhalt

Diese Eigenschaft gibt an, an welches Feld der dem Formular zugrunde liegenden Tabelle oder Abfrage das Steuerelement gebunden ist.

Standardwert

Geben Sie hier den Standardwert ein. *Ja* bewirkt eine Aktivierung des Steuerelementes, bei *Nein* ist es nicht ausgewählt.

Dreifacher Status

Ist diese Eigenschaft aktiviert, können die Steuerelemente noch einen dritten Status annehmen. Dies ist dann sinnvoll, wenn die an das Steuerelement gebundenen Felder nicht von Typ *Ja/Nein* sind. Der dritte Status tritt dann ein, wenn ein gebundenes Feld einen Null-Wert hat, oder einen Wert aufweist, der nicht eindeutig als Ja oder Nein von Access interpretiert werden kann. Die Steuerelemente erscheinen in diesem Fall durchsichtig.

Bild

Bei Umschaltflächen können Sie anstatt der Beschriftung auch ein Bild anzeigen lassen. Wählen Sie dazu im Eigenschaftsfenster der Umschaltfläche die Eigenschaft *Bild* aus.

Sie können nun in diese Eigenschaft direkt den Pfad und den Namen des Bildes eintragen, welches Sie verwenden wollen oder über die Schaltfläche mit den drei Punkten rechts der Eigenschaft ein Bild über das Dialogfenster *Bild-Generator* auswählen.

Aus der Liste des *Bild-Generators* können Sie ein Bild der in Access verfügbaren Schaltflächenbilder auswählen. Mithilfe der Schaltfläche *Durchsuchen* können Sie über einen *Öffnen*-Dialog auch ein Bild im Bitmap-Format aussuchen.

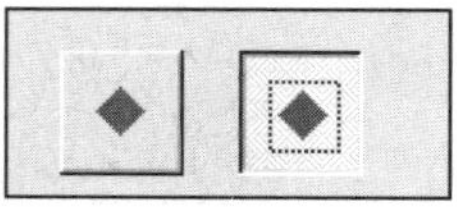

Abbildung 6.26: Umschaltfläche mit einem Bild

Optionsgruppe

Optionsgruppen dienen dazu, dem Anwender der Datenbank im Formular eine Gruppe von Werten anzuzeigen, aus denen er einen auswählen kann.

Optionsgruppen haben einen Gruppenrahmen, der die einzelnen Optionsfelder, Kontrollkästchen oder Umschaltflächen zusammenfasst.

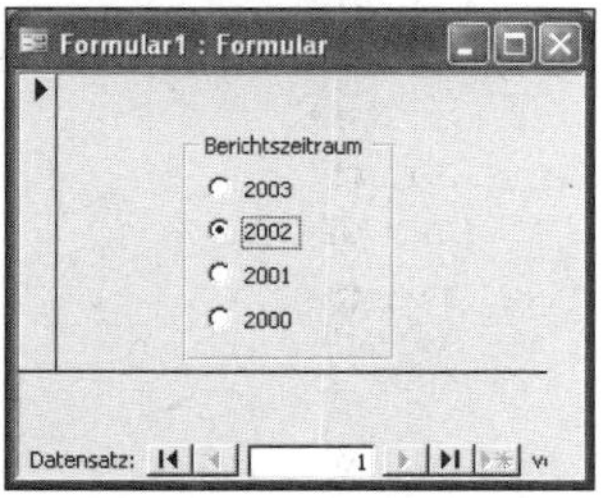

Abbildung 6.27: Eine Optionsgruppe

Die in der Optionsgruppe verwendeten Steuerelemente besitzen teilweise andere Eigenschaften, als wenn sie alleine verwendet würden. Optionsfelder, Kontrollkästchen oder Umschaltflächen werden normalerweise für die Darstellung von Ja/Nein-Zuständen benutzt. Bei der Verwendung in einer Optionsgruppe besitzt jedes Element der Gruppe einen numerischen Zahlenwert, der für die gewählte Option steht.

Eine Optionsgruppe mit dem Assistenten erstellen

1. Stellen Sie sicher, dass die Schaltfläche des Assistenten der Toolbox heruntergedrückt ist. Ansonsten klicken Sie einmal auf diese Schaltfläche.
2. Markieren Sie das Werkzeug *Optionsgruppe* und klicken Sie anschließend mit der Maus an die Stelle im Formular, an der die Optionsgruppe erscheinen soll. Es erscheint der Optionsgruppen-Assistent.
3. Im ersten Schritt werden die Beschriftungen der einzelnen Optionen erfasst. Klicken Sie anschließend auf *Weiter.*

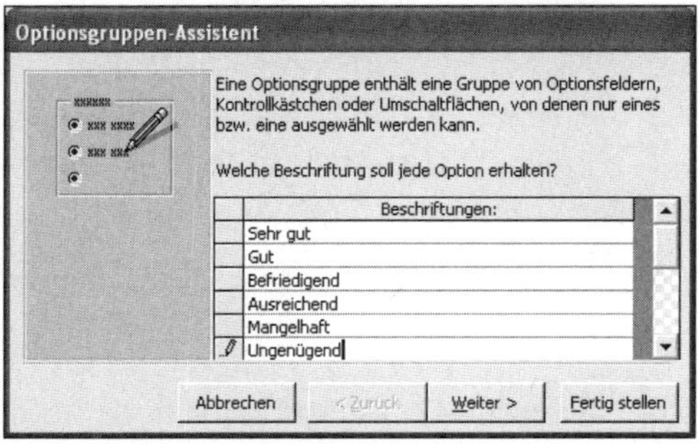

Abbildung 6.28: Erfassen der Beschriftungen der einzelnen Optionen

4. Im nächsten Schritt des Assistenten können Sie eine der Optionen als Standardauswahl der Optionsgruppe festlegen. Diese können Sie nach Aktivierung der Option *Ja, und zwar folgende* aus der dazugehörenden Liste auswählen.

   Wollen Sie keine Vorauswahl der Optionsgruppe haben, so aktivieren Sie die Option *Nein, ich möchte keine Standardauswahl treffen*. Sie können so erzwingen, dass der Anwender auch wirklich eine Option auswählt und nicht die Vorauswahl übernimmt.

   Klicken Sie anschließend auf *Weiter*.

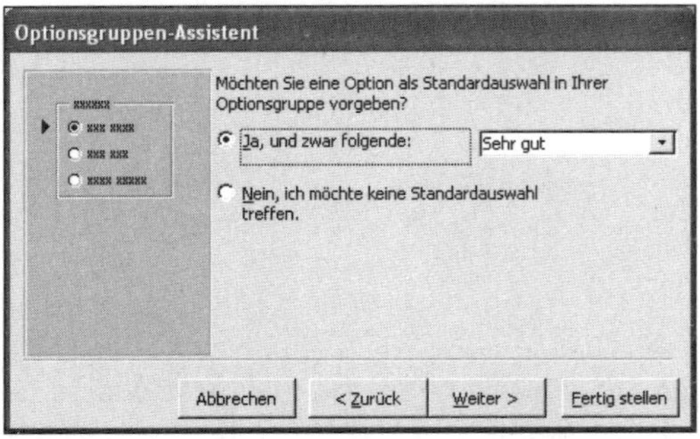

Abbildung 6.29: Angabe der Standardauswahl

5. Im nächsten Schritt des Optionsgruppen-Assistenten erfolgt die Angabe, welcher Wert zu welcher Option gehört. Die im ersten Schritt erfassten Beschriftungen dienen nur der Anzeige, die Optionsgruppe speichert aber den dazugehörigen Wert ab. Dieser Wert muss in der gesamten Gruppe eindeutig und zusätzlich vom Typ *Zahl* sein. Wenn Sie trotzdem versuchen, einen Wert zweimal einzugeben, quittiert dies der Assistent spätestens beim Klicken auf *Weiter* > mit einer Fehlermeldung.

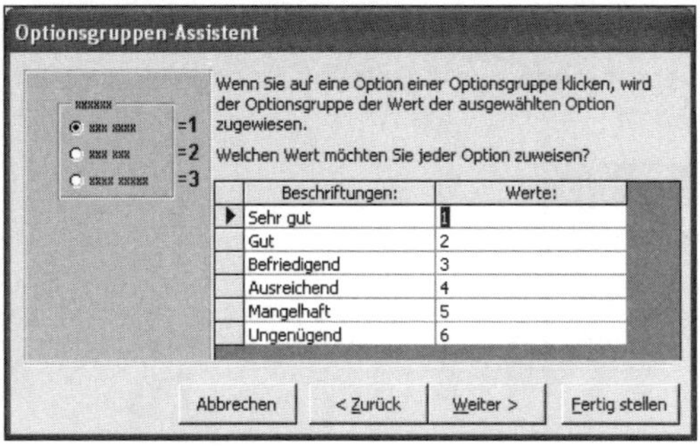

Abbildung 6.30: Erfassen der Werte für die einzelnen Optionen

6. Sofern das Formular eine Tabelle oder Abfrage als Datenbasis hat, können Sie im nächsten Schritt auswählen, an welches Feld die Optionsgruppen gebunden werden soll. Beachten Sie, dass es vom Typ *Zahl* und der Feldgröße *Integer* oder

Long Integer sein muss. Aktivieren Sie die Option *Den Wert hier speichern* und wählen Sie anschließend aus der Liste das entsprechende Feld aus.

Ist eine Speicherung des Wertes notwendig, beispielsweise zur Steuerung einer Abfrage oder eines Berichtes, aktivieren Sie die Option *Den Wert für spätere Verarbeitung speichern.* Die Optionsgruppe ist somit ungebunden.

Klicken Sie wieder auf *Weiter*.

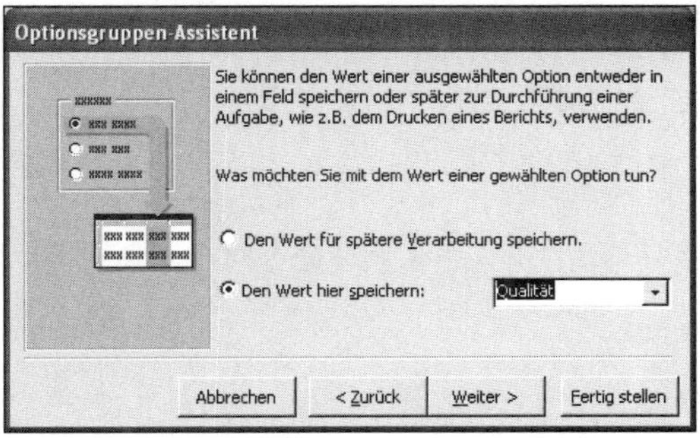

Abbildung 6.31: Angabe, was mit dem Wert der Optionsgruppe geschehen soll

7. Im vorletzten Schritt definieren Sie das Aussehen der Optionsgruppe. Sie können auswählen, ob die Option als Optionsfeld, Kontrollkästchen oder als Umschaltfläche angezeigt werden soll. Weiterhin können Sie einen Stil für die Gruppe auswählen. Ihre Auswahl wird im linken Bereich des Optionsgruppen-Assistenten als Beispielvorschau angezeigt.

   Achten Sie bei der Auswahl darauf, ob die Gruppe als Optionsfeld, Kontrollkästchen oder als Umschaltfläche angezeigt werden soll. Das ist wichtig, damit für den Anwender auch sofort ersichtlich ist, dass er eine Option auswählen soll. In der Regel assoziiert der Anwender dies nur bei Optionsfeldern.

   Klicken Sie anschließend auf *Weiter*.

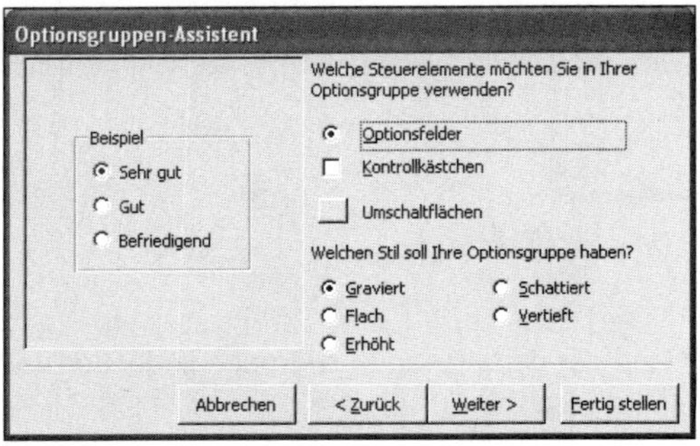

Abbildung 6.32: Auswahl, wie die Optionen angezeigt werden sollen

8. Im letzten Schritt können Sie noch eine Beschriftung für die Optionsgruppe festlegen. Klicken Sie zum Schluss auf *Fertig stellen*.

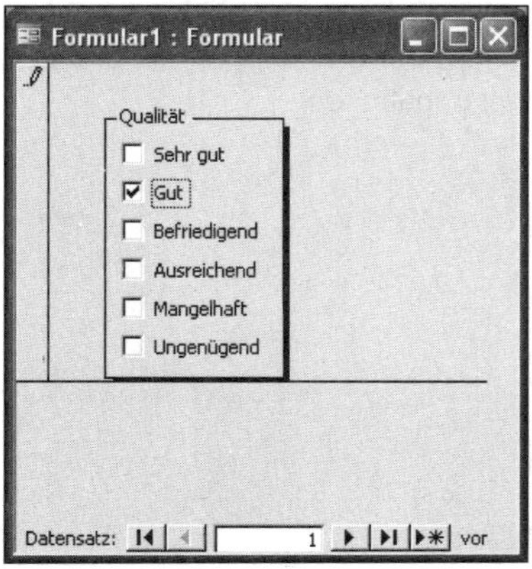

Abbildung 6.33: Fertig gestellte Optionsgruppe

Eigenschaften von Optionsgruppen

Die Eigenschaften von Optionsgruppen können wieder über das Eigenschaftsfenster angezeigt werden. Markieren Sie den Rahmen der Optionsgruppe in der Entwurfsansicht des Formulars und klicken Sie auf die Schaltfläche *Eigenschaften*. Die wichtigsten Eigenschaften dieser Steuerelemente finden Sie im Register *Daten*.

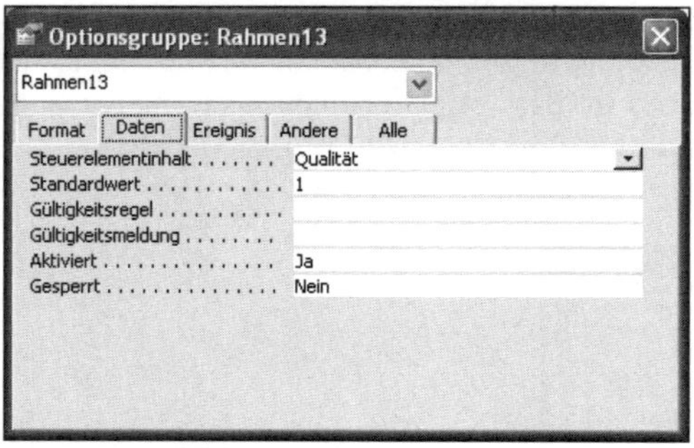

Abbildung 6.34: Eigenschaftsfenster für eine Optionsgruppe

Steuerelementinhalt

Diese Eigenschaft gibt an, an welches Feld der dem Formular zugrunde liegenden Tabelle oder Abfrage die Optionsgruppe gebunden ist.

Standardwert

Hier können Sie eine Option zum Standardwert der Optionsgruppe machen.

Bild einfügen

Über das Werkzeug *Bild* der Toolbox können Sie ein Bild in das Formular einbinden.

Aktivieren Sie das Werkzeug und klicken Sie anschließend in das Formular. Über einen *Öffnen*-Dialog können Sie ein Bild auswählen. Anschließend müssen Sie bei Bedarf nur noch einige Eigenschaften des Bildes verändern.

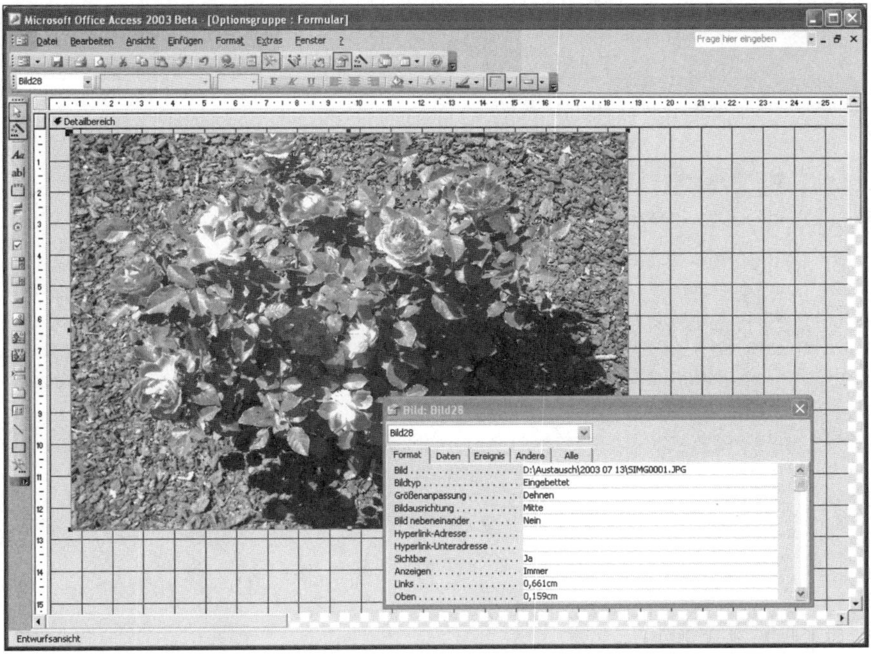

Abbildung 6.35: Ein eingefügtes Bild

Bildtyp
Mit dieser Eigenschaft legen Sie fest, wie ein eingefügtes Bild gespeichert werden soll. Mit *Eingebettet* ist das Bild Bestandteil der Datenbank. Mit *Verknüpft* dagegen wird lediglich ein Verweis auf den Ordner und den Dateinamen des Bildes gespeichert. Beim Öffnen des Formulars wird dieses Bild dann erst geladen. Beachten Sie, dass bei der Weitergabe der Datenbank mit verknüpften Bildern diese beim Anwender in demselben Ordner wie bei Ihnen vorliegen müssen.

Bildgrößenmodus
Mit dieser Eigenschaft legen Sie das Erscheinungsbild des Bildes fest.

Einstellung	Beschreibung
Abschneiden	Es findet keine Größenanpassung des Bildes zur Formulargröße statt. Ist das Bild größer als die momentane Größe des Formulars, so wird der Rest des Bildes, der nicht mehr dargestellt werden kann, abgeschnitten.
Dehnen	Hiermit wird das Bild so vergrößert, dass es das gesamte Formular ausfüllt. Dabei kommt es in der Regel zu Verzerrungen in einer Richtung des Bildes; es erscheint gestaucht oder gestreckt.
Zoomen	Mit *Zoomen* wird das Bild so vergrößert, dass es in einer Richtung das gesamte Formular ausfüllt. Meist bleibt am unteren Rand des Formulars die Hintergrundfarbe des Formulars sichtbar.

Tabelle 6.2: Die Einstellungen der Eigenschaft Bildgrößenmodus

Unterformular erstellen

Mit dem Werkzeug *Unterformular* können Sie in einem Formular ein weiteres Formular - ein Unterformular - erstellen, das die Daten des N-Teils einer 1:N-Beziehung darstellt. Das Formular, das ein Unterformular enthält, wird dann *Hauptformular* genannt. Beispielweise können so im Hauptformular die Stammdaten eines Kunden angezeigt werden und im Unterformular die getätigten Bestellungen. Möglich wäre auch ein Lieferant mit seinen Artikeln oder wie in der Beispieldatenbank der Tonträger mit den dazugehörigen Liedern.

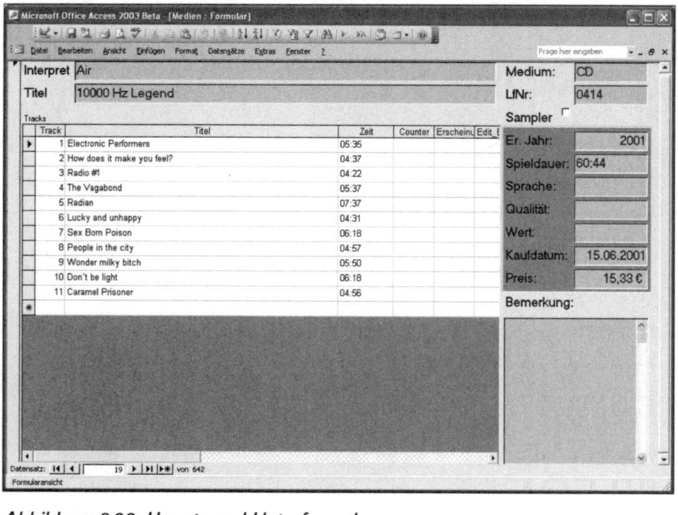

Abbildung 6.36: Haupt- und Unterformular

Das Unterformular sollte zuvor als eigenständiges Formular erstellt werden.

1. Stellen Sie sicher, dass die Schaltfläche des Assistenten der Toolbox heruntergedrückt ist. Ansonsten klicken Sie einmal auf diese Schaltfläche.

2. Markieren Sie das Werkzeug *Unterformular/-bericht* und klicken anschließend mit der Maus an die Stelle im Formular, an der das Unterformular erscheinen soll. Es erscheint der *Unterformular-Assistent*.
3. Im ersten Schritt können Sie angeben, ob Sie ein neues Formular erstellen oder ein schon vorhandenes Formular als Unterformular verwenden wollen. Die Option *Bereits vorhandene Tabelle und Abfragen verwenden* führt Sie weiter zu einem Assistenten, mit dem Sie ein Autoformular erstellen können. Mit der Option *Vorhandenes Formular verwenden* können Sie aus der Liste ein in der Datenbank gespeichertes Formular zur weiteren Verwendung auswählen.

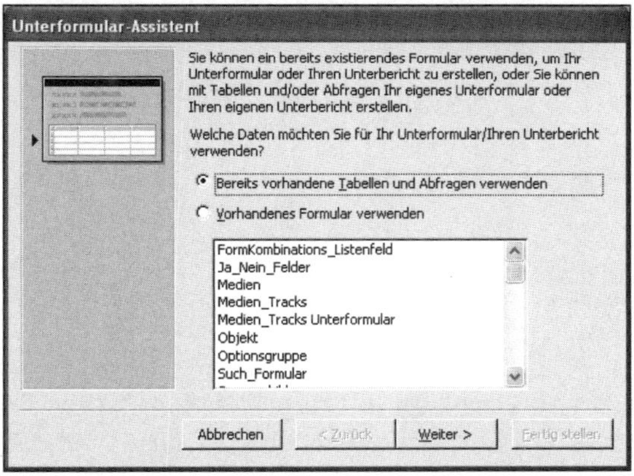

Abbildung 6.37: Auswahl des Formulars

4. Im nächsten Schritt wählen Sie die Felder aus, mit denen das Hauptformular mit dem Unterformular verknüpft ist. Dies sind die Felder, mit denen die Tabellen der Formulare in Beziehung stehen. Access übernimmt diese automatisch und schlägt sie im Assistenten vor.

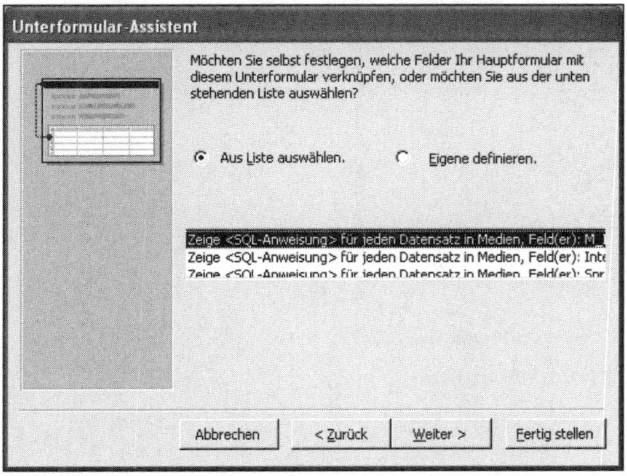

Abbildung 6.38: Auswahl der verknüpften Felder

Sie können auch eine eigene Verknüpfung erstellen. Aktivieren Sie dazu die Option *Eigene definieren.* Sie können anschließend aus dem Feld *Formular-/Berichtsfelder* den Primärschlüssel für das Hauptformular, im Feld *Unterformular/-Unterberichtsfelder* den Sekundärschlüssel auswählen.

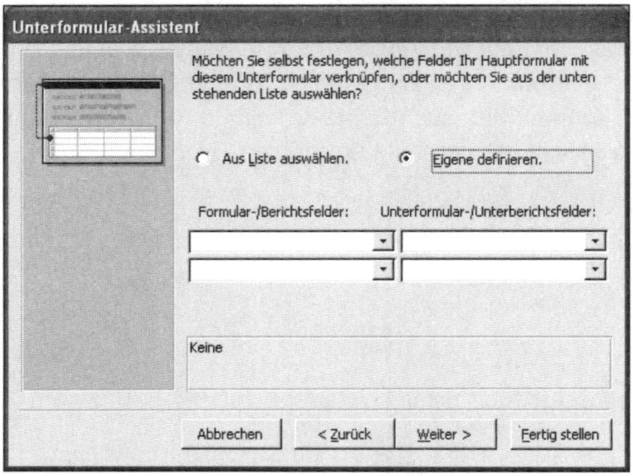

Abbildung 6.39: Eigene Definition der Felder

5. Im letzten Schritt geben Sie dem Unterformular noch einen Namen. Klicken Sie abschließend auf *Fertig stellen.*

Eigenschaften von Unterformularen

Die Eigenschaften eines Unterformulars können wieder über das Eigenschaftsfenster angezeigt werden. Markieren Sie das Unterformular in der Entwurfsansicht des Hauptformulars und klicken Sie auf die Schaltfläche *Eigenschaften.*

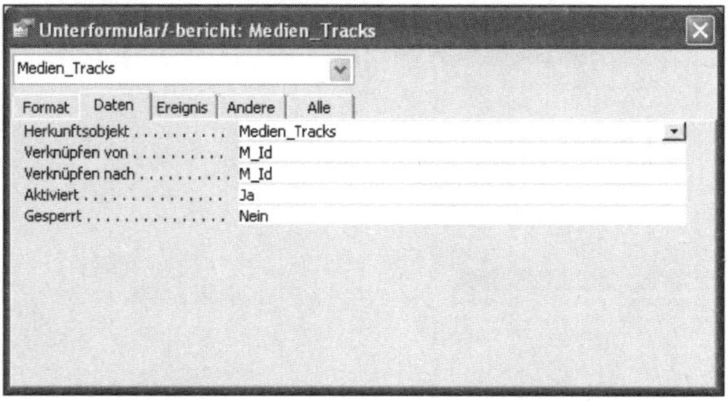

Abbildung 6.40: Die Eigenschaften eines Unterformulars

Herkunftsobjekt

Die Eigenschaft gibt den Namen des Formulars an, so wie er in der Datenbank gespeichert ist.

Verknüpfen von und Verknüpfen nach

In diesen beiden Eigenschaften werden die verknüpften Felder angegeben. Die Eigenschaft *Verknüpfen von* ist für das Feld des Unterformulars zuständig, die Eigenschaft *Verknüpfen nach* für das Feld des Hauptformulars. Sie können Verknüpfungsfelder auch nachträglich über einen Assistenten einstellen. Klicken Sie dazu in eines der beiden Verknüpfungseigenschaften und anschließend auf die Schaltfläche mit den drei Punkten am rechten Rand der Eigenschaft. Es öffnet sich der *Feldverknüpfungs-Assistent für Unterformulare.*

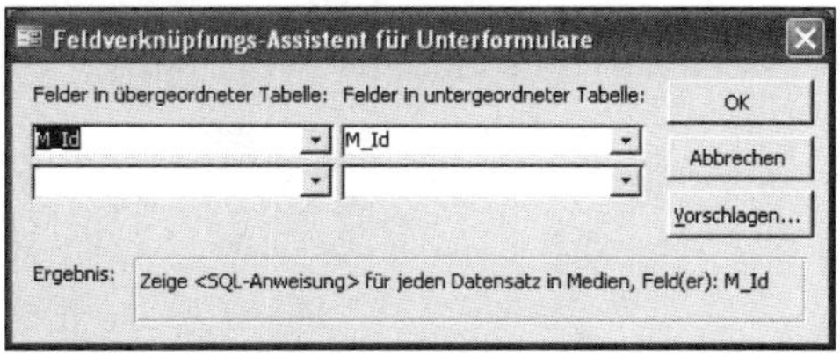

Abbildung 6.41: Der Feldverknüpfungs-Assistent für Unterformulare

Sie können über die Auswahllisten die Felder, die die beiden Tabellen verknüpfen, auswählen. Sind Sie sich nicht sicher, können Sie über die Schaltfläche *Vorschlagen* Access veranlassen, die beiden Tabellen zu analysieren und Ihnen anschließend Vorschläge zu unterbreiten.

Register sparen Platz

Mit dem Werkzeug *Register* der Toolbox können Sie Register im Formular erstellen. Dadurch können Sie die Elemente des Formulars besonders Platz sparend anordnen. Als Beispiel seien hier die Register des Dialogfensters *Optionen* genannt (*Extras > Optionen*).

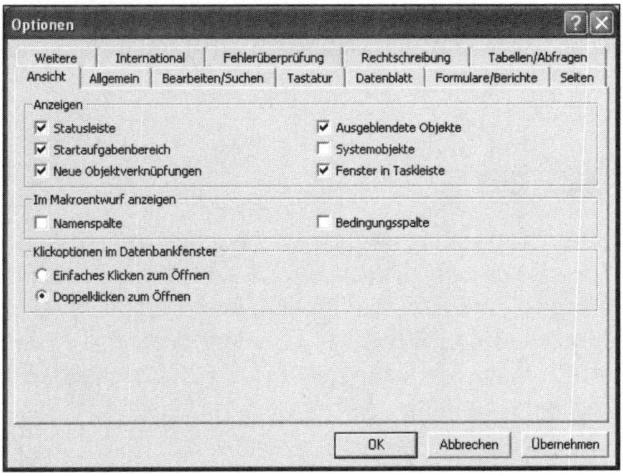

Abbildung 6.42: Die Register des Dialogfensters Optionen

Klicken Sie mit dem Register-Werkzeug in das Formular, erstellt Access ein Register mit zwei Seiten. Über das Kontextmenü des Registers können Sie dem Register bei Bedarf weitere Seiten hinzufügen.

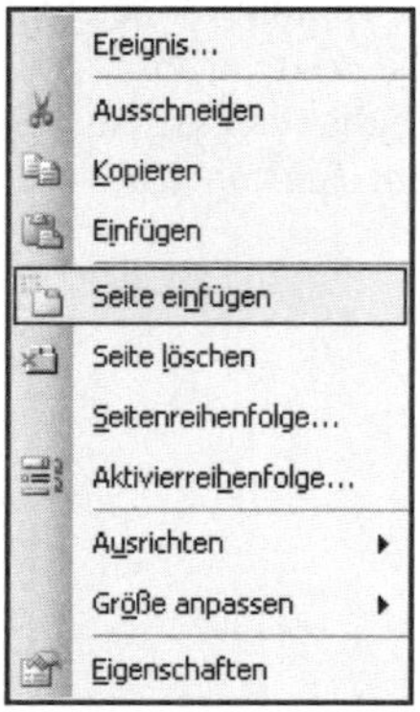

Abbildung 6.43: Neue Registerseite einfügen

Standardmäßig beschriftet Access die einzelnen Register mit *Seite1*, *Seite2* usw. Um dies zu ändern, markieren Sie die Seite des Registers und klicken dann auf das Symbol *Eigenschaften*. Mit der Eigenschaft *Beschriftung* können Sie eine andere Beschriftung für die Seite angeben.

Bestehende Steuerelemente im Register anordnen

Bereits bestehende Steuerelemente lassen sich nicht mit der Maus auf eine Seite des Registers verschieben. Um nachträglich schon vorhandene Steuerelemente in das Register zu setzen, müssen Sie sie markieren und danach mit dem Befehl *Bearbeiten > Ausschneiden* in die Zwischenablage von Windows verschieben. Aktivieren Sie anschließend die Seite des Registers, in der Sie die Steuerelemente haben wollen und fügen sie mit *Bearbeiten > Einfügen* wieder ein. Jetzt können Sie die Steuerelemente an die gewünschte Stelle im Register verschieben.

Befehlsschaltflächen

Ein besonders nützliches Werkzeug der Toolbox ist das Befehlsschaltflächen-Werkzeug. Mit seiner Hilfe können Sie schnell und einfach eigene Schaltflächen für Ihr Formular entwerfen, die beispielsweise eine Abfrage öffnen, einen Bericht drucken oder das Formular schließen. Dabei wird ein VBA-Code generiert, der diese Aktion ausführt. Im der folgenden Schritt-für-Schritt-Anleitung wird eine Befehlsschaltfläche erstellt, die einen Bericht in der Seitenansicht aufruft.

1. Stellen Sie sicher, dass die Schaltfläche des Assistenten der Toolbox heruntergedrückt ist. Ansonsten klicken Sie einmal auf diese Schaltfläche.

2. Markieren Sie das Werkzeug *Befehlsschaltfläche* und klicken Sie anschließend mit der Maus an die Stelle im Formular, an der Sie die Befehlsschaltflächen platzieren wollen. Es erscheint der Befehlsschaltflächen-Assistent.
3. Der Assistent bietet verschiedene Aktionen in Kategorien geordnet an. Die gesuchte Aktion *Berichtsvorschau* befindet sich in der Kategorie *Berichtsoperationen*.

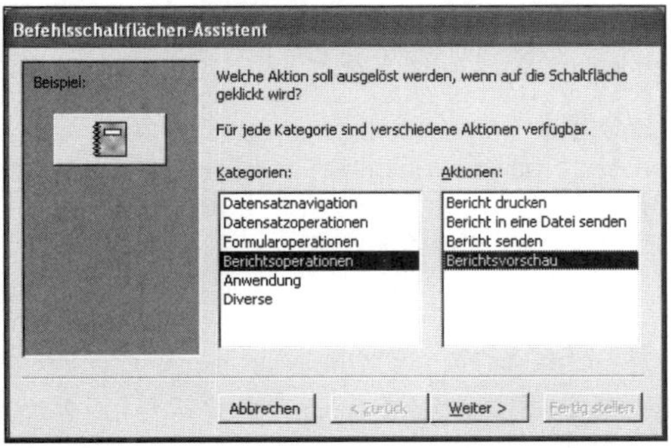

Abbildung 6.44: Der erste Schritt des Befehlsschaltflächen-Assistenten

4. Im nächsten Schritt können Sie einen in der Datenbank gespeicherten Bericht auswählen.
5. Im vorletzten Schritt bestimmen Sie das Aussehen der Schaltfläche.

   Mit der Option *Text* erstellen Sie eine Schaltfläche, die eine Beschriftung trägt, die die Aktion der Schaltfläche näher beschreibt.

   Mit der Option *Bild* können Sie für die Schaltfläche ein Bild verwenden. Access schlägt dabei Bilder vor, die zu der Aktion passen. Wollen Sie ein Bild aus allen vorhandenen Bildern für Schaltflächen von Access auswählen, so aktivieren Sie die Option *Alle Bilder anzeigen*. Sie können mit der Schaltfläche *Durchsuchen* auch ein eigenes Bild auswählen.

   Die Beispielvorschau zeigt Ihnen das Aussehen der Schaltfläche an.

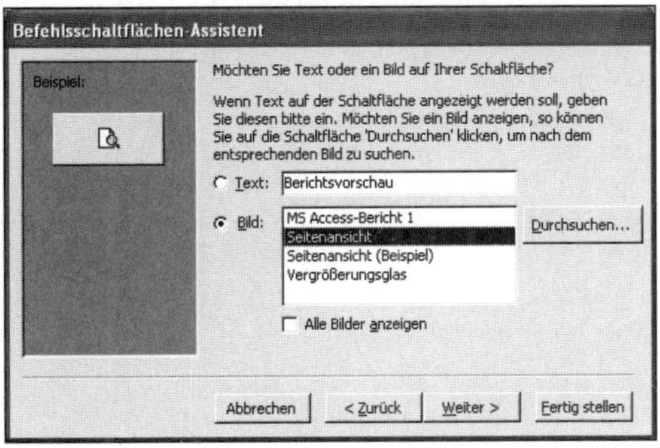

Abbildung 6.45: Aussehen der Schaltfläche bestimmen

6. Im letzten Schritt geben Sie der Schaltfläche noch einen Namen. Klicken Sie anschließend auf *Fertig stellen*.

AutoFormat

Mit dem AutoFormat-Assistenten können Sie in einem Schritt das gesamte Formular in ein einheitliches Layout bringen. Den AutoFormat-Assistenten haben Sie bereits in den Schritten des Formular-Assistenten kennen gelernt.

Ist vor dem Aufruf des AutoFormat-Assistenten kein Objekt im Formular markiert, bewirkt die Anwendung eines Formats die Änderung aller Objekte im Formular. Möchten Sie nur bestimmte Objekte in ein einheitliches Layout überführen, müssen diese vorher markiert sein.

1. Öffnen Sie das gewünschte Formular in der Entwurfsansicht.
2. Wählen Sie aus dem Menü *Format* den Befehl *AutoFormat*.

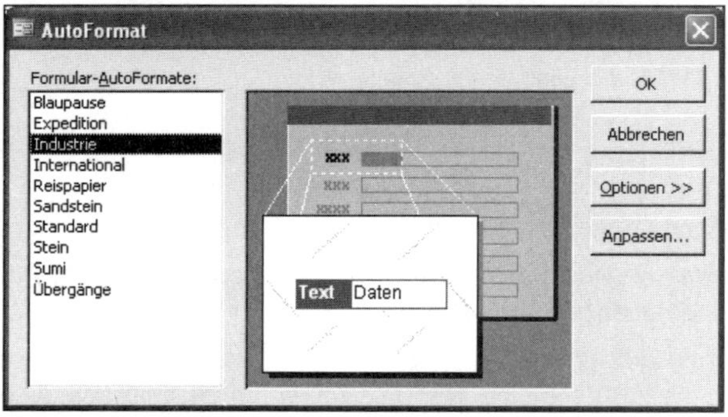

Abbildung 6.46: Der AutoFormat-Assistent

3. Aus der Liste *Formular-AutoFormate* können Sie nun ein Format für das Formular auswählen. Der rechte Bereich des Dialogfensters zeigt Ihnen in einer Vorschau an, wie das Formular später aussehen wird. Klicken Sie nach der Auswahl eines Formates auf *OK*. Der AutoFormat-Assistent wendet die im Format hinterlegten Formateigenschaften auf die Objekte im Formular an. Bei einigen Formaten wird zusätzlich ein Hintergrundbild im Formular eingefügt.

   Mit einem Klick auf die Schaltfläche *Optionen* erweitern Sie das Dialogfenster des AutoFormat-Assistenten. Im unteren Bereich werden die drei Kontrollkästchen *Schriftart*, *Farbe* und *Rahmen* angezeigt. Sie sind standardmäßig alle aktiviert. Durch Demarkieren einer Option können Sie verhindern, dass der AutoFormat-Assistent beispielsweise die Schriftart im Formular verändert.

Eigene AutoFormate definieren

Haben Sie ein Formular erstellt, dessen Layout Sie in der Datenbank auch in anderen Formularen benötigen, können Sie daraus ein AutoFormat generieren.

1. Öffnen Sie das Formular, dessen Layout Sie als AutoFormat übernehmen wollen, in der Entwurfsansicht. Wählen Sie anschließend wieder den Befehl *Format > AutoFormat*.
2. Im Dialogfenster *AutoFormat* klicken Sie auf die Schaltfläche *Anpassen*. Es öffnet sich das Dialogfenster *AutoFormat anpassen*. Mit der ersten Option *Ein neues AutoFormat basierend auf Formular...* können Sie die Stilinformationen des Formulars in ein neues AutoFormat übernehmen.

   Dieses Dialogfenster ermöglicht mit den beiden anderen Optionen auch vorhandene AutoFormate anzupassen oder zu löschen.

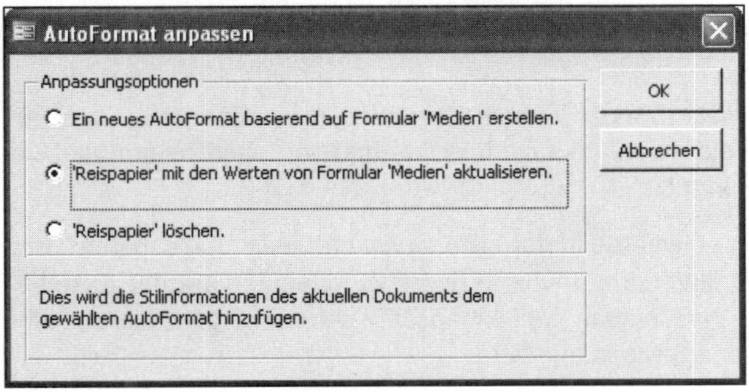

Abbildung 6.47: Neues AutoFormat erstellen

3. Beim Schließen des Dialogfensters *AutoFormat anpassen* mit *OK* fordert Sie Access auf, dem neuen AutoFormat einen Namen zu geben.

Aktivierungsreihenfolge ändern

Im Laufe der Entwicklung eines Formulars werden Sie wahrscheinlich Steuerelemente hinzufügen, löschen und an andere Stellen des Formulars verschieben. Access merkt sich dabei die Reihenfolge, in der die einzelnen Objekte erstellt worden sind. Diese Reihenfolge bestimmt, welches Feld nach dem Drücken der ⇥-Taste ausgewählt wird. Dabei passiert es dann häufig, dass der Cursor "wild" über das Formular springt, da die Reihenfolge sich nicht an optische Gegebenheiten halten muss.

Mit dem Befehl *Ansicht > Aktivierreihenfolge* können Sie die Reihenfolge mit dem gleichnamigen Dialogfenster neu einstellen.

Abbildung 6.48: Das Dialogfenster Reihenfolge

Unter *Bereich* können Sie auswählen, für welchen *Formularbereich, Formularkopf, Detailbereich* oder *Formularfuß* Sie die Aktivierungsreihenfolge der Steuerelemente ändern wollen.

Mit der Schaltfläche *Automatisch* legen Sie die Reihenfolge am schnellsten neu fest. Dabei ordnet Access die Felder von links nach rechts und von oben nach unten gemäß ihrer Anordnung im Formular.

Es lassen sich auch einzelne Elemente in der Liste *Definierte Reihenfolge* manuell einstellen. Markieren Sie dazu einen oder mehrere Einträge, indem Sie auf das Kästchen vor dem Eintrag klicken. Verschieben Sie es anschließend mit gedrückter linker Maustaste an die gewünschte Stelle in der Liste.

7. Berichte erstellen und drucken

Berichte haben viele Gemeinsamkeiten mit Formularen. Formulare dienen hauptsächlich dazu, Daten am Bildschirm anzuzeigen und Daten zu erfassen. Berichte sind für die Ausgabe auf einen Drucker vorgesehen. Beim Entwurf eines Berichtes wird Ihnen vieles, was Sie schon beim Entwurf eines Formulars kennen gelernt haben, bekannt vorkommen. Auch ein Bericht hat verschiedene Bereiche, in denen Sie Steuerelemente platzieren können. Die Bereiche *Seitenkopf-/fuß*, *Detailbereich* und *Kopf-/Fußzeile* des Berichtes entsprechen in der Funktion den Bereichen eines Formulars. Auch die Feldliste und die Toolbox stehen Ihnen bei Entwurf eines Berichtes zur Verfügung.

Da ein Bericht für die Ausgabe vieler Daten auf einer Seite ausgelegt ist, verfügt der Berichtsentwurf über weitergehende Sortier- und Gruppierungsfunktionen, als das bei Formularen der Fall ist. Der Berichtsentwurf verfügt zwar über die Toolbox, jedoch sind nicht alle Werkzeuge wirklich sinnvoll nutzbar. Befehlsschaltflächen, Kombinations- und Listenfelder sind für Berichte eher weniger geeignet.

Schnell und einfach Berichte mit den Autoberichts-Assistenten erstellen

Access unterstützt Sie bei der Erstellung von Berichten wieder mit der Möglichkeit der automatischen Berichtserzeugung und Assistenten, mit denen Sie Schritt-für-Schritt einen Bericht ausbauen können. An AutoBerichten stehen Ihnen zwei Typen zur Verfügung:

- AutoBericht: Einspaltig
- AutoBericht: Tabellarisch

Einen einspaltigen Autobericht erstellen

Bei den automatischen Berichten benötigt Access lediglich die Angabe der Tabelle oder der Abfrage, die als Datenbasis für den Bericht dienen soll, den Rest erledigt Access von alleine. In einem einspaltigen Bericht wird jeder Datensatz auf einer Seite des Berichtes untergebracht. Die einzelnen Felder sind dabei untereinander angeordnet.

1. Wechseln Sie im Datenbankfenster von Access auf die Kategorie *Berichte*.

2. Klicken Sie anschließend in der Symbolleiste des Datenbankfensters auf die Schaltfläche *Neu*. Alternativ können Sie auch aus dem Menü *Einfügen* den Befehl *Bericht* wählen.
3. In beiden Fällen öffnet sich das Dialogfenster *Neuer Bericht*. In der linken Liste stehen Ihnen verschiedene Einträge zur Verfügung. Die AutoBerichte von Access sind mit "*AutoBericht*" kenntlich gemacht.

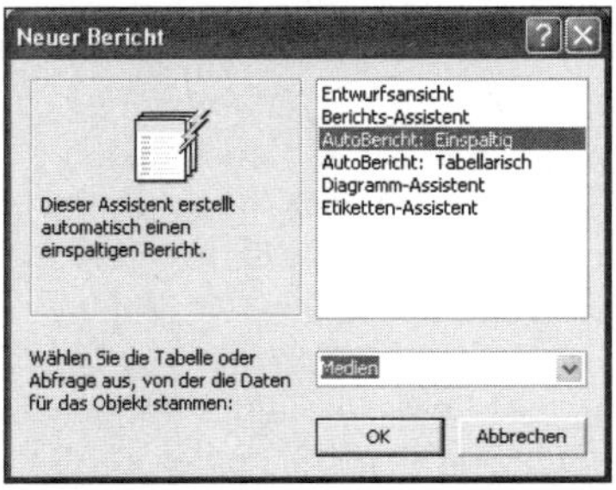

Abbildung 7.1: Das Dialogfenster Neuer Bericht

4. Wählen Sie aus der Liste den Eintrag *AutoBericht: Einspaltig* aus. Die Beispielvorschau zeigt Ihnen an, wie der ausgewählte Bericht aussieht. Aus dem unteren Listenfeld müssen Sie nur noch die Tabelle oder die Abfrage auswählen, die Sie im Bericht angezeigt haben wollen. Klicken Sie anschließend auf *OK*. Access erstellt daraufhin einen einspaltigen Bericht. Speichern Sie ihn ab.

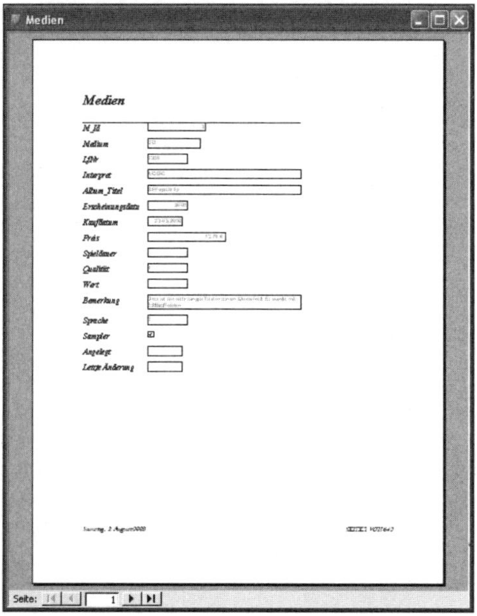

Abbildung 7.2: Einspaltiger AutoBericht

Einen tabellarischen Autobericht erstellen

Die Vorgehensweise für die Erstellung eines Berichtes, der die Datensätze in Form einer Tabelle anzeigt, ist ähnlich wie die beim einspaltigen AutoBericht.

1. Klicken Sie im Datenbankfenster in der Kategorie *Berichte* auf die Schaltfläche *Neu*.
2. Wählen Sie im Dialogfenster *Neuer Bericht* den Eintrag *AutoBericht: Tabellarisch* und im unteren Kombinationsfeld eine Tabelle/Abfrage für den Bericht aus. Klicken Sie auf *OK*, um den Bericht zu generieren.

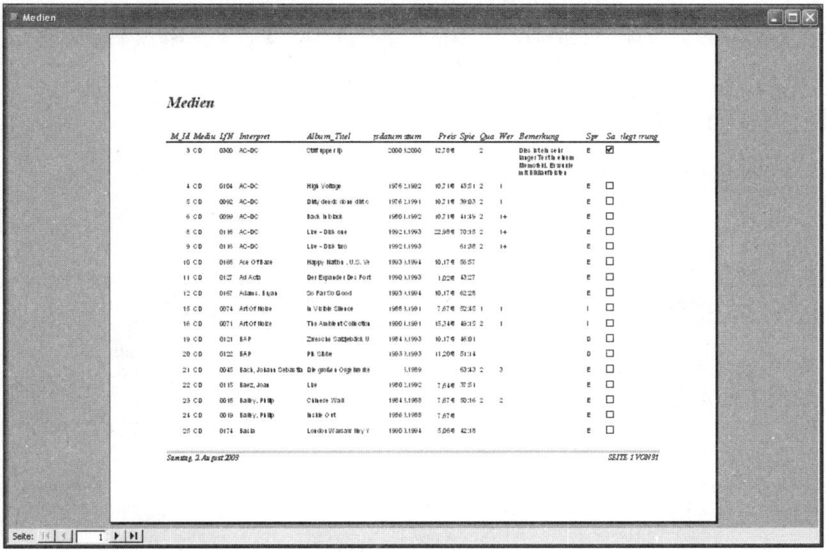

Abbildung 7.3: Ein tabellarischer AutoBericht

Berichte in der Seitenansicht kontrollieren

Bevor Sie einen Bericht zum Drucker senden, können Sie ihn in der Seitenansicht noch kontrollieren. Für diesen Zweck blendet Access für Berichte die Symbolleiste *Seitenansicht* ein. Fehlt diese, können Sie sie mit dem Befehl *Ansicht* > *Symbolleisten* > *Seitenansicht* manuell einblenden.

Die Symbolleiste *Seitenansicht*

Mit den Schaltflächen der Symbolleiste *Seitenansicht* können Sie die Darstellung des Berichtes am Bildschirm weitestgehend anpassen.

Symbol	Beschreibung
	Wechselt in die Entwurfsansicht, die Seitenansicht oder in die Layoutansicht des Berichtes
	Sendet den Bericht an den Standarddrucker
	Zoomt in den Bericht hinein. Bei erneutem Klicken mit diesem Werkzeug wird die Ursprungsgröße wieder hergestellt
	Zeigt eine Seite des Berichtes an
	Zeigt zwei Seiten des Berichtes an
	Erlaubt die freie Auswahl von bis zu 20 Seiten
Passend	Aus der Liste kann eine Zoomgröße im Bereich von 10 bis 1000% ausgewählt werden. Der Eintrag *Passend* erzeugt eine Seitenansicht, in der die Seite komplett auf den Bildschirm passt. Sie können den Zoomfaktor auch manuell festlegen. Geben Sie dazu einfach in das Feld den gewünschten Faktor ein.
Schließen	Schließt die Seitenansicht
Seite einrichten	Ruft das Dialogfenster *Seite einrichten* auf. In diesem Dialogfenster können u.a. die Ränder des Berichtes eingestellt werden.
	Ermöglicht, den Bericht mit den Office-Produkten Word und Excel weiter zu bearbeiten. Folgende Befehle stehen zur Verfügung: ◆ Seriendruck mit Microsoft Office Word ◆ Veröffentlichen mit Microsoft Office Word ◆ Analysieren mit Microsoft Office Excel
	Ruft das Datenbankfenster von Access auf
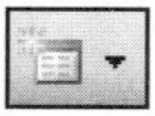	Erstellt ein neues Objekt im Datenbankfenster
	Ruft die Access-Hilfe auf

Tabelle 7.1: Die Befehle in der Symbolleiste Seitenansicht

Der Berichts-Assistent

Mit dem Berichts-Assistenten können Sie mitbestimmen, welche Felder Bestandteil des Berichtes sein sollen. Weiter haben Sie Einfluss darauf, wie das Layout des Berichtes aussehen soll.

Alle notwendigen Angaben werden wie gewohnt in den einzelnen Schritten des Assistenten gemacht. So erstellte Berichte lassen sich wie die Autoberichte später nach Belieben weiter anpassen. Die notwendigen Anpassungen sind jedoch nicht ganz so umfangreich, da Sie wichtige Einstellungen für den Bericht bereits im Assistenten einstellen können.

1. Wechseln Sie im Datenbankfenster von Access in die Kategorie *Berichte* und klicken Sie dort auf die Schaltfläche *Neu*. Wählen Sie aus dem Dialogfenster *Neuer Bericht* den Eintrag *Berichts-Assistent*.

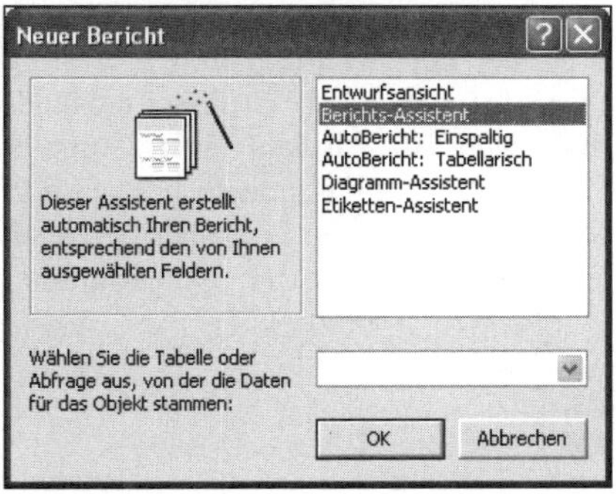

Abbildung 7.4: Das Dialogfenster Neuer Bericht *mit markiertem Eintrag* Berichts-Assistent

Sie können alternativ im Datenbankfenster auch auf den Eintrag *Erstellt einen Bericht unter Verwendung des Assistenten* klicken.

2. Im ersten Schritt des Berichts-Assistenten wählen Sie aus dem Listenfeld *Tabellen/Abfragen* aus, welche Daten der Bericht anzeigen soll.

   Mit der Schaltfläche > wird das in der linken Liste *Verfügbare Felder* markierte Feld in die rechte Liste *Ausgewählte Felder* hinzugefügt und somit Bestandteil des Berichtes. Mit der Schaltfläche >> fügen Sie alle Felder der ausgewählten Tabelle dem Bericht hinzu.

   Ein nicht gewolltes Feld löschen Sie, indem Sie es in der Liste *Ausgewählte Felder* markieren und mit der Schaltfläche < wieder entfernen. Die Schaltfläche << entfernt alle Felder aus der Liste *Ausgewählte Felder*.

   Klicken Sie auf *Weiter*, um zum nächsten Schritt des Assistenten zu gelangen.

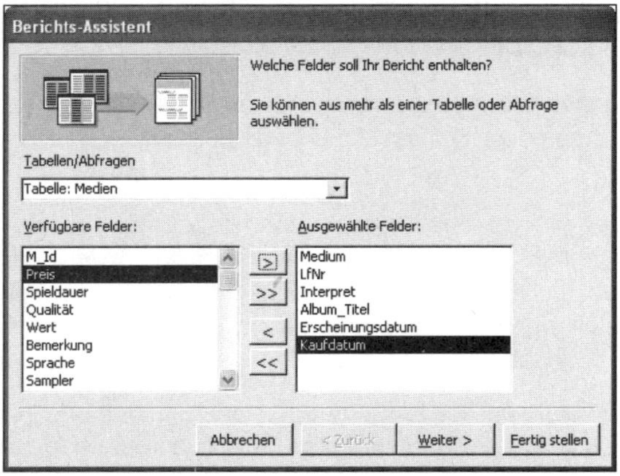

Abbildung 7.5: Auswählen der Felder für den Bericht

3. Im nächsten Schritt können Sie nach bis zu vier Ebenen gruppieren. Mit *Gruppieren* ist in Access das Zusammenhalten des gewählten Gruppierungsfelds gemeint. Die Vorschau zeigt Ihnen an, wie sich die Auswahl eines Gruppierungsfelds im späteren Bericht auswirkt. Markieren Sie das gewünschte Feld in der Liste und klicken Sie anschließend auf die Schaltfläche >. Wollen Sie nach mehreren Feldern gruppieren, können Sie die Reihenfolge mit den Prioritätsschaltflächen verändern.

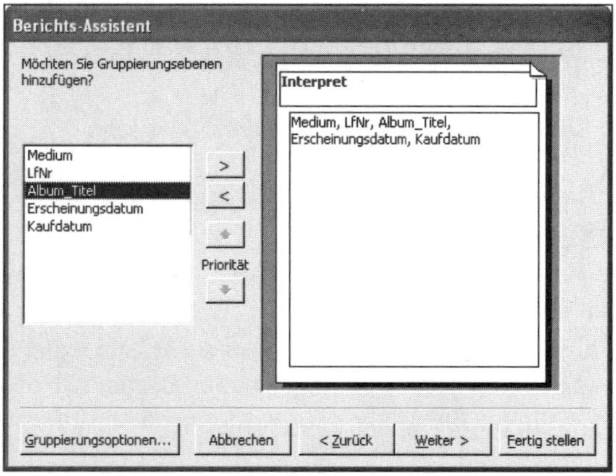

Abbildung 7.6: Der Berichts-Assistent mit Angabe der Gruppierungen

4. Sie können mit der Schaltfläche *Gruppierungsoptionen* das Verhalten der Gruppe genauer einstellen. Die Schaltfläche öffnet das Dialogfenster *Gruppierungsintervalle,* mit dem Sie für jedes Feld, nach dem Sie gruppieren wollen, die Art des Intervalls angeben können. Zur Auswahl stehen *Normal,* d.h.. der gesamte Feldinhalt wird im Bericht angezeigt, oder die Auswahl von bis zu 5 Anfangsbuchstaben.

Schließen Sie nach der Auswahl der Gruppierungsintervalle das Dialogfenster mit *OK*. Anschließend bestätigen Sie den Schritt des Assistenten mit *Weiter*.

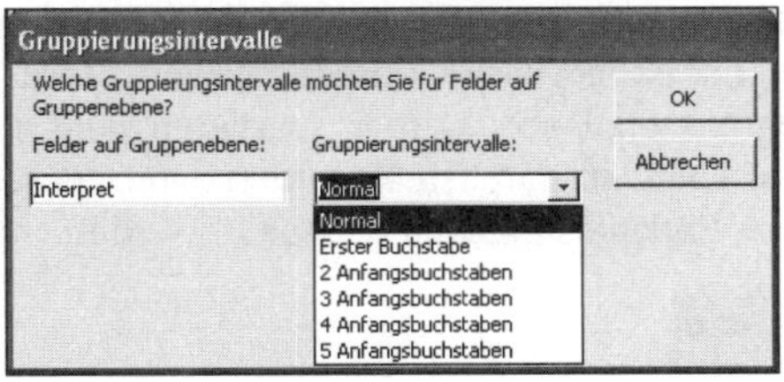

Abbildung 7.7: Angabe der Gruppierungsintervalle

5. Im nächsten Schritt legen Sie die Sortierung der Daten im Bericht fest. Sie können nach bis zu vier Feldern sortieren lassen. Wählen Sie im ersten Feld das Feld aus, nach dem zuerst sortiert werden soll. Standardmäßig ist die aufsteigende Sortierung eingestellt. Wollen Sie dies ändern, klicken Sie auf die Schaltfläche *Aufsteigend*. Die Beschriftung der Schaltfläche ändert sich in *Absteigend* als Zeichen der eingestellten absteigenden Sortierung.

   Klicken Sie auf *Weiter*.

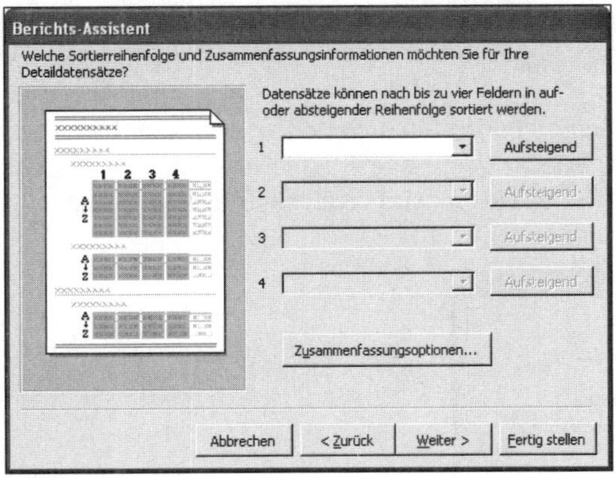

Abbildung 7.8: Angabe, nach welchen Feldern sortiert werden soll

6. Nun folgt die Angabe, welches Layout der Bericht haben soll. Zur Auswahl stehen: *Einspaltig*, *Tabellarisch* und *In Blöcken*.

   Haben Sie eine Gruppierungsebene angegeben, haben Sie mehr Layoutmöglichkeiten: *Abgestuft*, *In Blöcken*, *Gliederung 1*, *Gliederung 2*, *Links ausrichten 1* und *Links ausrichten 2*.

   Zu jedem Layout zeigt Ihnen der Assistent in der Vorschau an, wie der Bericht mit diesem Layout später aussehen wird.

   Im Bereich *Orientierung* können Sie bestimmen, ob die Seiteneinstellung des Berichtes im *Hochformat* oder im *Querformat* sein soll. Bei Berichten in tabellarischer Form ist es oft sinnvoll, das Querformat zu wählen, da somit mehr Platz für die Anzeige des Inhalts vorhanden ist.

Mit der Option *Feldbreite so anpassen, dass alle Felder auf eine Seite passen* veranlassen Sie den Berichts-Assistenten, bei Bedarf alle Feldbreiten soweit zu verkleinern, dass alle Felder auf eine Seite passen. Dabei kann es passieren, dass in einzelnen Feldern der Inhalt nicht mehr komplett dargestellt werden kann. Diese müssen dann in der Entwurfsansicht des Berichtes manuell angepasst werden.

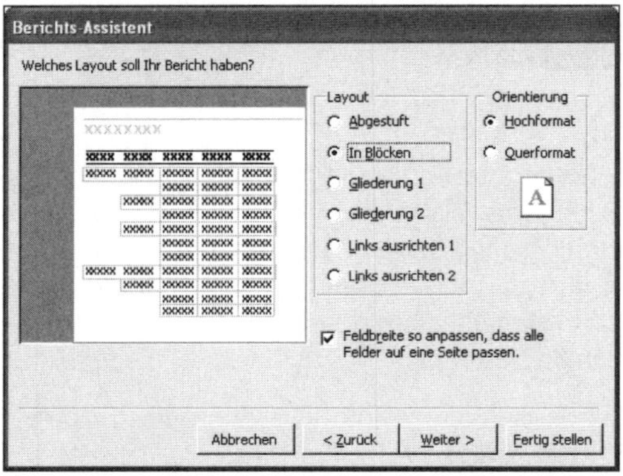

Abbildung 7.9: Angabe des Layouts des Berichtes

7. Im nächsten Schritt des Assistenten können Sie dem Bericht aus einer Reihe von Vorlagen ein Format zuweisen. Wieder zeigt eine Beispielvorschau an, wie das Format im späteren Bericht in etwa aussehen wird. Wählen Sie ein Format aus, und bestätigen Sie den Schritt mit *Weiter*.

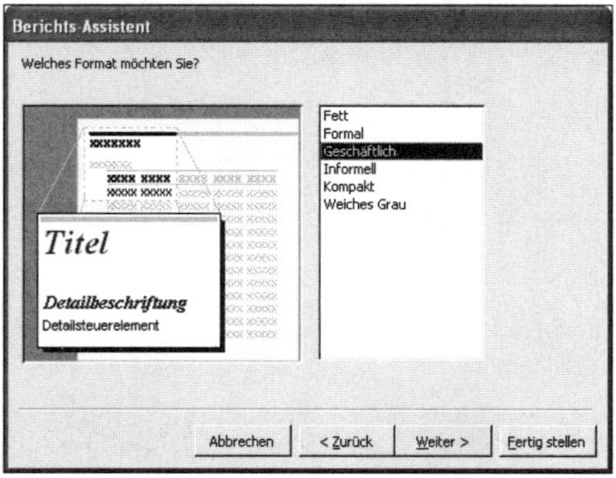

Abbildung 7.10: Angabe des Formates für den Bericht

8. Im letzten Schritt geben Sie dem Bericht noch einen Namen. Dieser wird im Berichtskopf des Berichtes mit angezeigt. Unter diesem Namen wird der vom Berichts-Assistenten erzeugte Bericht im Datenbankfenster von Access gespeichert.

- Mit der Option *Berichtsvorschau anzeigen* wird der Bericht sofort nach der Erstellung in der Seitenansicht geöffnet.
- Wollen Sie den Bericht weiter anpassen, aktivieren Sie die Option *Berichtsentwurf ändern.*
- Klicken Sie abschließend auf die Schaltfläche *Fertig stellen.*

In der folgenden Abbildung ist ein Bericht, der mit dem Berichts-Assistenten erstellt wurde, in der Seitenansicht dargestellt.

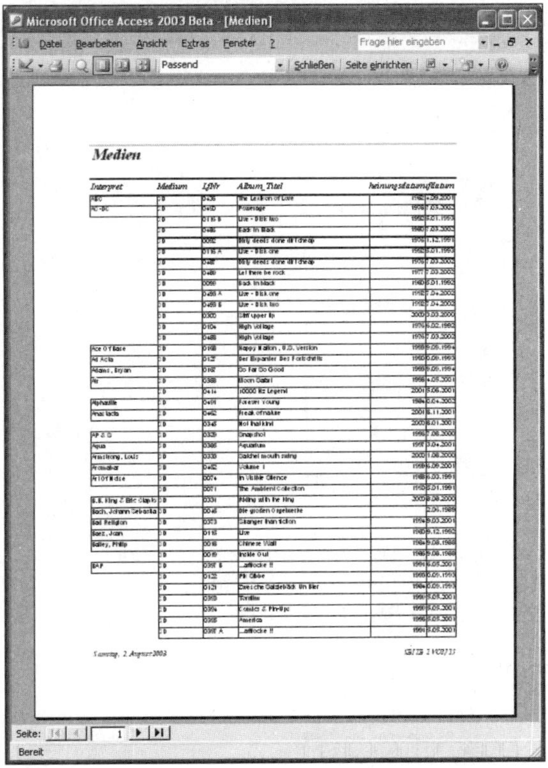

Abbildung 7.11: Ein mit dem Berichts-Assistenten erstellter Bericht in der Seitenansicht

Diagramme in einen Bericht integrieren

Access kennt eine Fülle von Diagrammarten, die von der Anzahl und den Funktionen an die von Microsoft Excel heranreichen. Ähnlich wie in Excel übernimmt das Programm Microsoft Graph die Präsentation von Daten in Diagrammen. Die Erstellung eines solchen ist nur nicht so komfortabel wie in Excel, doch dafür stellt Access einen Assistenten bereit, der Sie durch die Erstellung eines Diagramms führt.

Im der folgenden Schritt-für-Schritt-Anleitung wird der Datenbestand einer CD-Sammlung grafisch so dargestellt, dass in dem Diagramm die Anzahl der gekauften Tonträger über die Jahre hinweg dargestellt wird. Ein ähnliches Beispiel wurde bei der Kreuztabellenabfrage verwendet.

1. Klicken Sie im Datenbankfenster von Access in der Kategorie *Berichte* auf die Schaltfläche *Neu* und wählen Sie im Dialogfenster *Neuer Bericht* den Eintrag *Diagramm-Assistent* aus. Im darunter liegenden Listenfeld wählen Sie anschließend die Tabelle/Abfrage aus, welche die Daten für die Etiketten enthält.
2. Im ersten Schritt des Assistenten werden die Felder ausgewählt, die die Daten für das Diagramm enthalten. Markieren Sie die Felder und fügen Sie sie der Liste *Felder für das Diagramm* hinzu. Klicken Sie auf *Weiter*.

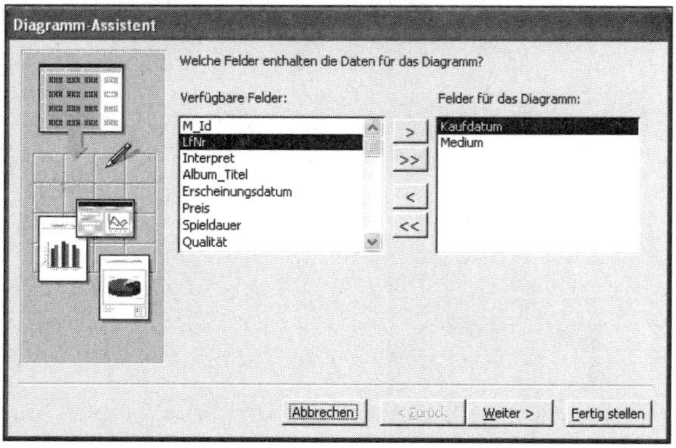

Abbildung 7.12: Auswahl der Felder, die die Daten für das Diagramm enthalten

3. Es folgt die Auswahl des Diagrammtyps. Wählen Sie einen passenden Typ aus, indem Sie mit der Maus auf das entsprechende Symbol des Diagrammtyps klicken. Im diesem Beispiel bietet sich ein Säulendiagramm an, das die Veränderungen im Zeitverlauf veranschaulicht.

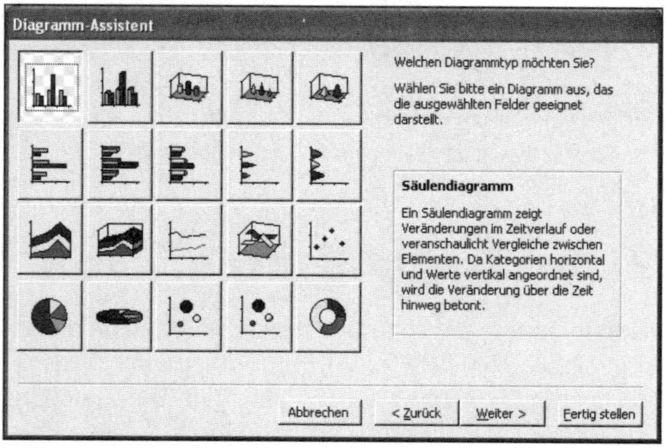

Abbildung 7.13: Auswahl des Diagrammtyps

4. Im nächsten Schritt des Assistenten wird es ein wenig kniffliger. Die Achsen des Diagramms müssen zugeordnet werden. Der Assistent setzt sie zwar schon mit Einträgen, diese müssen aber nicht immer sinnvoll sein.

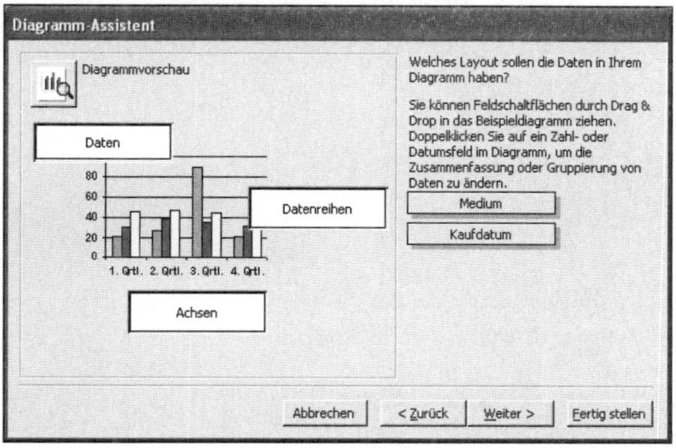

Abbildung 7.14: Das Layout des Diagramms wird definiert.

Für dieses Beispiel ist folgende Zuordnung sinnvoll:

- Bereich *Daten*: Das Feld *Medium*
- Bereich *Datenreihen*: Ebenfalls das Feld *Medium*
- Bereich *Achsen*: Das Feld *Kaufdatum*

Ziehen Sie einfach das entsprechende Feld mit der Maus aus der rechten Hälfte des Assistenten in das entsprechende Kästchen in der linken Hälfte.

5. Für *Achse* schlägt der Assistent als Funktion *Kaufdatum nach Monat* vor. Dies ist in diesem Fall nicht sinnvoll, da ja als Zeitverlauf die Anzahl der Tonträger über die Jahre dargestellt werden soll. Doppelklicken Sie auf den Eintrag *Kaufdatum nach Monat*. Es öffnet sich das Dialogfenster Gruppe, aus dem eine Gruppierungsfunktion ausgewählt werden kann. In diesem Fall ist dies die Funktion *Jahr*.

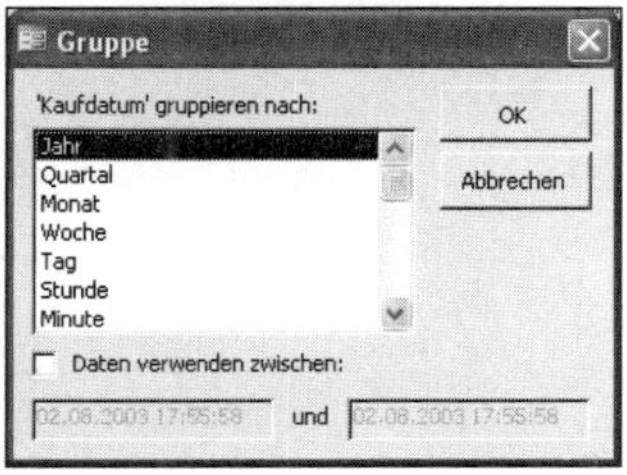

Abbildung 7.15: Auswahl der Gruppierungsfunktion

In der folgenden Abbildung können Sie das Ergebnis der Anpassung der Achsen sehen.

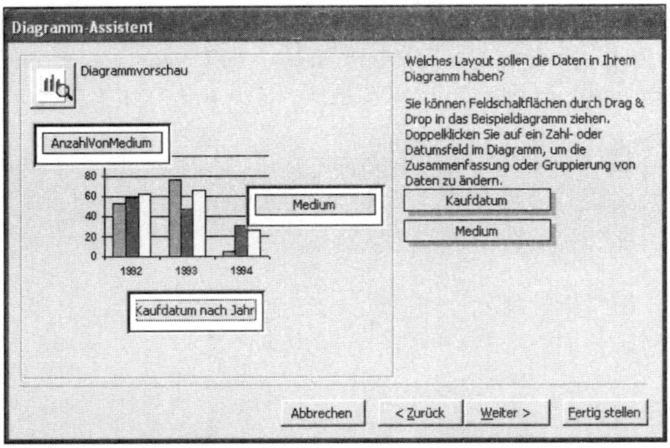

Abbildung 7.16: Der Schritt des Assistenten mit angepassten Achsen

Sie können über die Schaltfläche Diagrammvorschau oben links im Schritt des Assistenten jederzeit ein Beispieldiagramm aufrufen. Dabei werden Originaldaten zur Darstellung verwendet. Klicken Sie auf *Weiter*, um zum letzten Schritt des Assistenten zu gelangen.

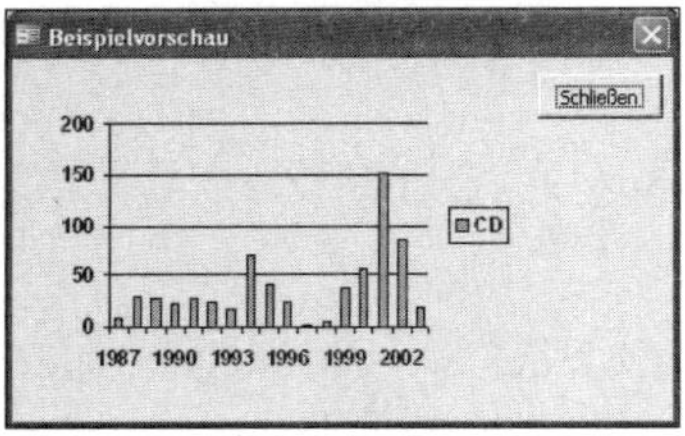

Abbildung 7.17: Beispielvorschau

6. Es folgt noch die Angabe, wie der Bericht heißen soll. Zusätzlich können Sie angeben, ob Sie eine Legende für das Diagramm haben möchten. Klicken Sie auf *Fertig stellen*, um den Bericht vom Assistenten erstellen zu lassen.

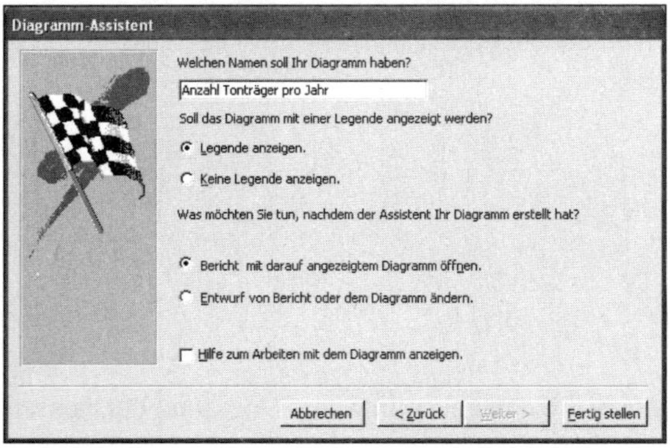

Abbildung 7.18: Der letzte Schritt des Assistenten

Der Assistent erstellt in der Regel sehr kleine Diagramme, die im Bericht fast verloren wirken. Sie können das Diagramm im Berichtsentwurf formatfüllend auf die Seite vergrößern. Mehr zum Thema *Berichtsentwurf* erfahren Sie im weiteren Verlauf dieses Kapitels.

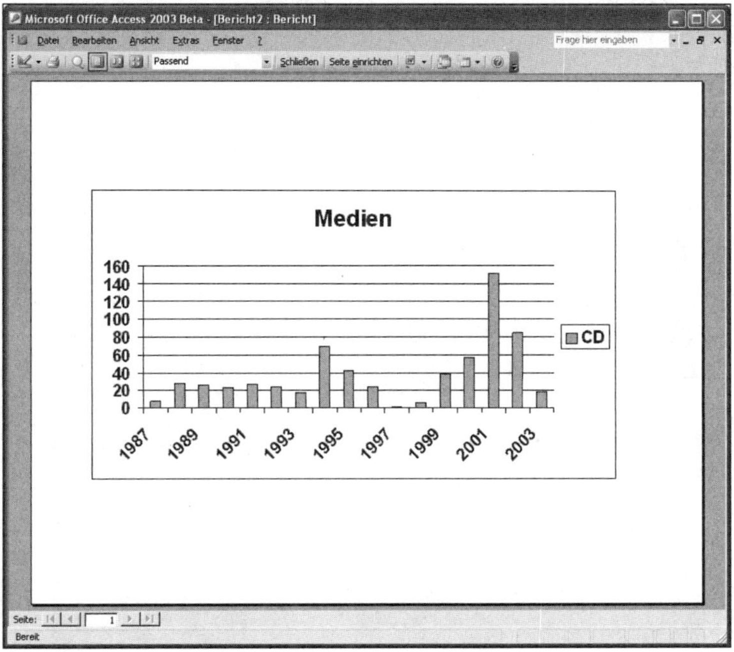

Abbildung 7.19: Das fertige Diagramm in der Seitenansicht

Anpassen des Berichtsentwurfs

In die Entwurfsansicht eines Berichtes gelangen Sie auf dieselbe Art und Weise wie bei allen anderen Objekten von Access. Sie markieren den Bericht im Datenbankfenster von Access und wählen den Befehl *Entwurf.*

Für die Arbeit im Berichtsentwurf stehen Ihnen wieder die Symbolleiste *Formatierung (Formular/Bericht)* und die Symbolleiste *Berichtsentwurf* zur Verfügung. Letztere ist bis auf das Symbol *Sortieren und Gruppieren* identisch mit der Symbolleiste *Formularentwurf.* Auch die Feldliste und die Toolbox stehen im Berichtsentwurf wieder zur Verfügung. Näheres zu diesen Hilfsmitteln können Sie im *Kapitel 5: Formulare für die Datenerfassung* und im *Kapitel 6: Individuelle Formulare entwerfen* nachlesen.

In diesem Kapitel werden nur die Unterschiede und Besonderheiten von Berichten im Vergleich zu Formularen aufgezeigt.

Die Berichtsbereiche

Ein Bericht kann wie ein Formular in bis zu fünf Bereiche unterteilt sein:

- Berichtskopf
- Seitenkopf
- Detailbereich
- Seitenfuß
- Berichtsfuß

Über *Ansicht > Seitenkopf-/fuß* und *Ansicht > Kopf-/Fußzeile des Berichtes* können bei Bedarf die anderen Bereiche des Formulars eingeblendet werden.

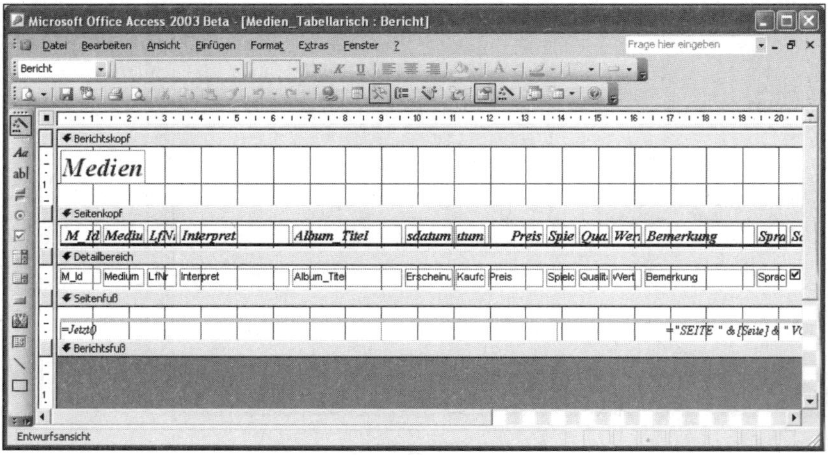

Abbildung 7.20: Ein Bericht in der Entwurfsansicht

Der Detailbereich

Im Detailbereich eines Berichtes sind die eigentlichen Daten des Berichtes untergebracht. Die Felder im Detailbereich werden beim Druck oder in der Seitenansicht so lange wiederholt, wie Platz auf der Seite und Datensätze zur Ausgabe vorhanden ist.

Seitenkopf und Seitenfuß

Diese beiden Bereiche werden auf jeder neuen Seite des Berichtes ausgegeben. Im Seitenkopf werden in der Regel die Beschriftungen der Felder aus dem Detailbereich untergebracht. Sie sind somit auf jeder Seite sichtbar und zeigen dem Leser des Berichtes an, woher die Einträge stammen. Würden sie im Berichtskopf untergebracht, stünden sie nur auf der ersten Seite des Berichtes.

Der Seitenfuß erscheint am unteren Ende der Seite. Dieser Bereich bietet sich für Zwischensummen oder Überträge an. Die Berichts-Assistenten legen in diesen Bereich auch Felder für die Angabe des Druckdatums und der Seitenzahl an, damit sie auf jeder Seite gedruckt werden und somit der Bericht zusammengehalten werden kann.

Erstreckt sich der Ausdruck eines Formulars über mehrere Seiten, so erscheint der Formularkopf nur auf der ersten Seite, der Formularfuß nur auf der letzten Seite, Seitenkopf und -fuß dagegen auf jeder Seite.

Berichtskopf und Berichtsfuß

Der Berichtskopf wird vor dem Seitenkopf auf der ersten Seite des Berichtes ausgegeben. Somit eignet er sich für das Anzeigen des Titels des Berichtes oder für ein Firmenlogo. Der Berichtsfuß erscheint am Ende des Berichtes auf der letzten Seite. Hier können Gesamtsummen oder Zusammenfassungen angelegt werden.

Gruppierungen vornehmen

Wie Sie bereits beim Berichts-Assistenten kennen gelernt haben, können Sie in Berichten Daten in Gruppen zusammenfassen. Dabei kommen für jede Gruppierungsebene zwei zusätzliche Bereiche zum Bericht, der Gruppenkopf und der Gruppenfuß.

Die Möglichkeit, Daten zu gruppieren, stellt den Hauptunterschied von Berichten zu Formularen dar. Für diese Funktion gibt es auch die schon erwähnte zusätzliche Schaltfläche *Sortieren und Gruppieren* in der Symbolleiste *Berichtsentwurf*.

Um eine Gruppierung hinzuzufügen, klicken Sie im Berichtsentwurf auf die Schaltfläche *Sortieren und Gruppieren.* Alternativ können Sie aus dem Menü *Ansicht* den gleichnamigen Befehl auswählen.

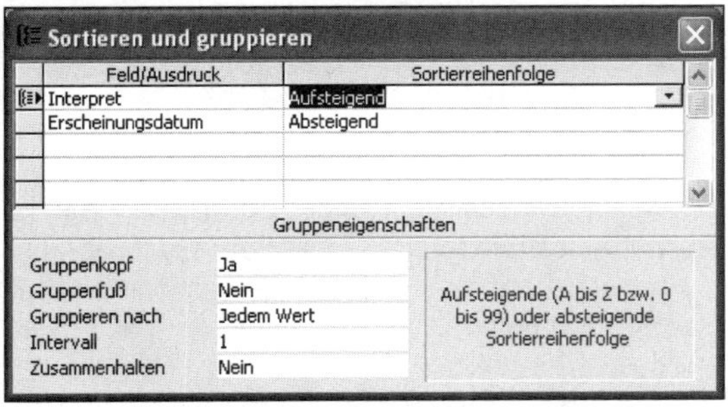

Abbildung 7.21: Das Dialogfenster Sortieren und Gruppieren

Sie können im ersten Feld der Spalte *Feld/Ausdruck* ein Feld der Tabelle/Abfrage auswählen, die der Bericht anzeigt. Für dieses Feld können Sie eine auf- oder absteigende Sortierung einstellen. Um nun für dieses Feld eine Gruppierungsebene einzustellen, wählen Sie im unteren Teil des Dialogfensters für die Eigenschaft *Gruppenkopf* den Wert *Ja.* Wollen Sie zusätzlich auch einen Gruppenfuß für den Bericht, stellen Sie auch diese Eigenschaft auf *Ja.* Access blendet dann die Bereiche im Bericht ein. Die Beschriftung der Bereiche setzt sich aus dem Namen des ausgewählten Felds gefolgt von *Kopfbereich* oder *Fußbereich* zusammen.

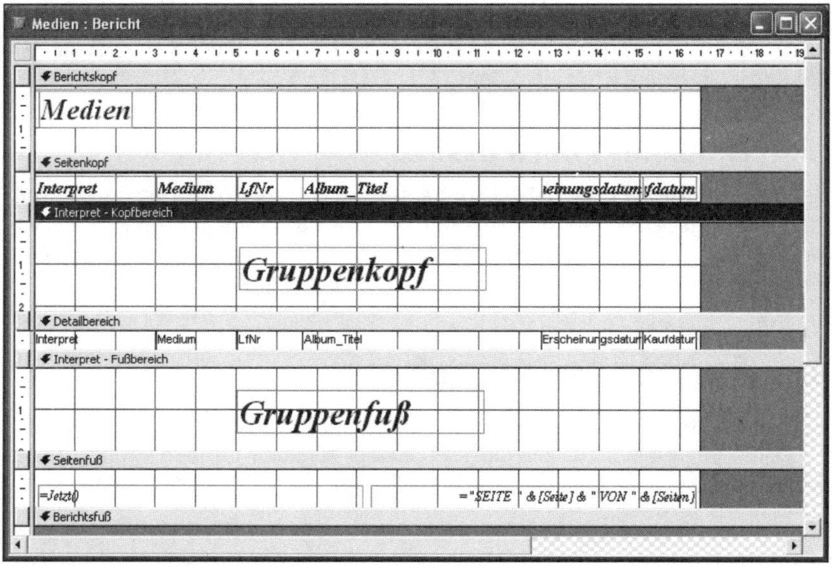

Abbildung 7.22: Ein Bericht mit Gruppenkopf und Gruppenfuß

Gruppeneigenschaften

Im unteren Bereich des Dialogfelds *Sortieren und Gruppieren* können Sie die Eigenschaften der Gruppe genauer einstellen.

Gruppieren nach

Mit dieser Eigenschaft legen Sie fest, welche Datensätze zu einer Gruppe gehören. Ist eine Gruppe zu Ende, erfolgt die Ausgabe des Gruppenfußes. Mit *Jedem Wert* fängt eine neue Gruppe immer dann an, wenn der Wert des Felds sich ändert. Mit *Intervall* können Sie nach einer beliebigen Anzahl führender Zeichen gruppieren. Die Anzahl legen Sie mit der Eigenschaft *Intervall* fest.

Die Einträge in der Liste *Gruppieren nach* sind abhängig vom Datentyp des gewählten Felds.

Datentyp	Mögliche Optionen des Felds *Gruppieren nach*
Text	Jedem Wert
	Anfangszeichen

Datentyp	Mögliche Optionen des Felds *Gruppieren nach*
Datum/Uhrzeit	Jedem Wert
	Jahr
	Quartal
	Monat
	Woche
	Tag
	Stunde
	Minute
Zahl/Währung	Jedem Wert
	Intervall

Tabelle 7.2: Mögliche Einstellungen der Eigenschaft Gruppieren nach

Intervall

Anzahl der Zeichen, nach denen gruppiert werden soll; diese Eigenschaft ist wieder abhängig vom Datentyp des Felds. Bei Feldern vom Typ *Text* und der Eigenschaft *Gruppieren nach:Anfangszeichen* können Sie hier die Anzahl der Anfangszeichen bestimmen. Bei Feldern vom Typ *Zahl* und der Eigenschaft *Gruppieren nach:Intervall* können Sie das Intervall bestimmen, nach der eine neue Gruppe beginnen soll.

Zusammenhalten

Mit dieser Eigenschaft legen Sie fest, wie die Gruppe beim Ausdruck zusammengehalten wird. Aus dem Listenfeld können Sie unter den drei Option *Nein, Ganze Gruppe* und *Mit 1. Detaildatensatz* wählen.

Nein
Es wird keine Rücksicht auf das Zusammenhalten der Gruppe genommen. Die Formatierung der Seite erfolgt so, wie die Daten vorliegen.

Ganze Gruppe
Mit dieser Option wird der Bericht so formatiert, dass eine Gruppe nach Möglichkeit immer komplett auf einer Seite erscheint. Es kann somit passieren, dass einzelne Seiten nicht komplett ausgefüllt werden.

Mit 1. Detaildatensatz
Mit dieser Option wird ein Gruppenkopf nur dann auf einer Seite ausgegeben, wenn noch Platz für mindestens einen Datensatz der Gruppe auf der Seite verfügbar ist. Sie stellt somit einen Kompromiss der beiden anderen Optionen dar. Es wird vermieden, dass ein Gruppenkopf ohne dazugehörige Daten, wie es bei der Option *Nein* möglich ist, erscheint.

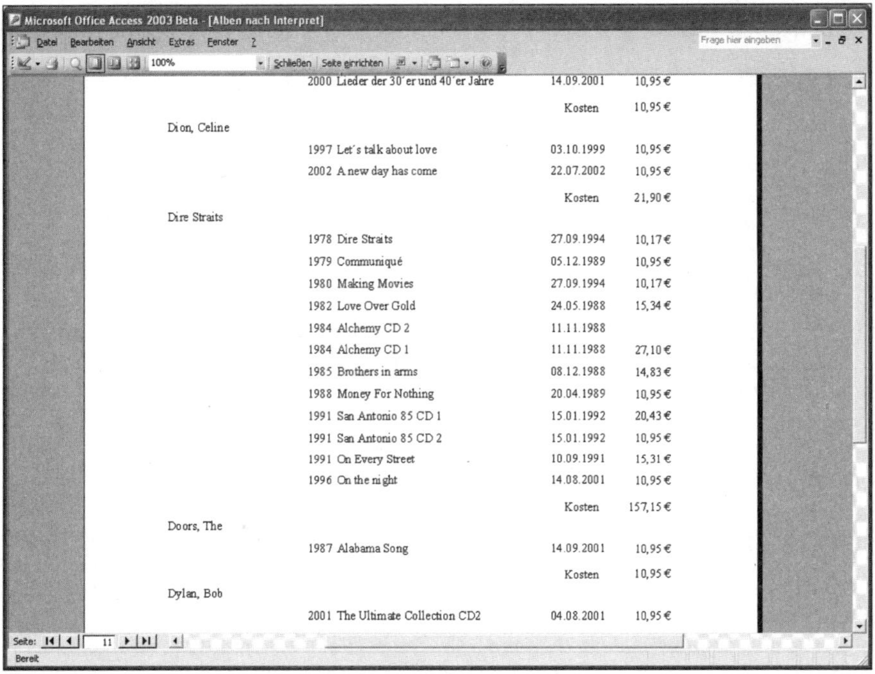

Abbildung 7.23: Ein Bericht mit einer Gruppierung in der Seitenansicht

Berechnungen vornehmen

Ein Gruppenkopf oder Gruppenfuß bietet sich an, um die Teilerergebnisse für die Gruppe auszugeben, beispielsweise eine Zwischensumme.

Zu diesem Zweck können Sie mithilfe der Toolbox im Berichtsentwurf ein ungebundenes Textfeld erzeugen.

In der folgenden Abbildung sehen Sie zwei ungebundene Textfelder. Deren Eigenschaft *Steuerelementinhalt* wurde mit dem Ausdruck

- =Summe([Preis])

gesetzt. Sie können den Ausdruck direkt in die Eigenschaft eingeben oder mithilfe des Ausdrucks-Generators festlegen.

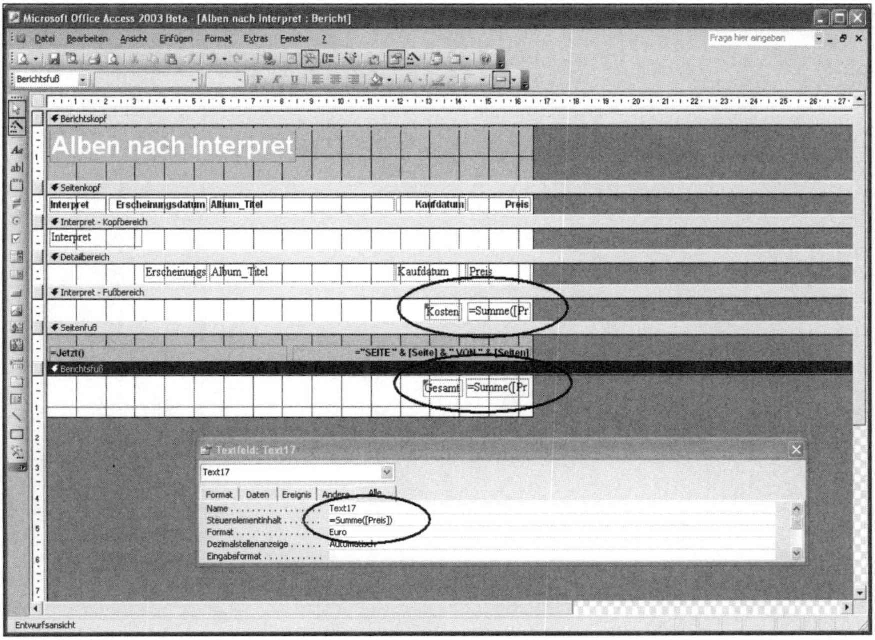

Abbildung 7.24: Zwei ungebundene Textfelder dienen zur Berechnung.

Diese beiden Felder bewirken Folgendes: Nach jeder Gruppe wird eine Summierung der Felder *Preis* der Gruppe vorgenommen und ausgegeben. Dafür ist der Gruppenfuß zuständig.

Am Ende des Berichtes wird die Gesamtsumme aller Preise im Berichtsfuß ausgegeben.

Statt der Berechnung in den Fußbereichen können Sie sie auch in den Kopfbereichen anlegen. Das Ergebnis der Berechnung ist das gleiche.

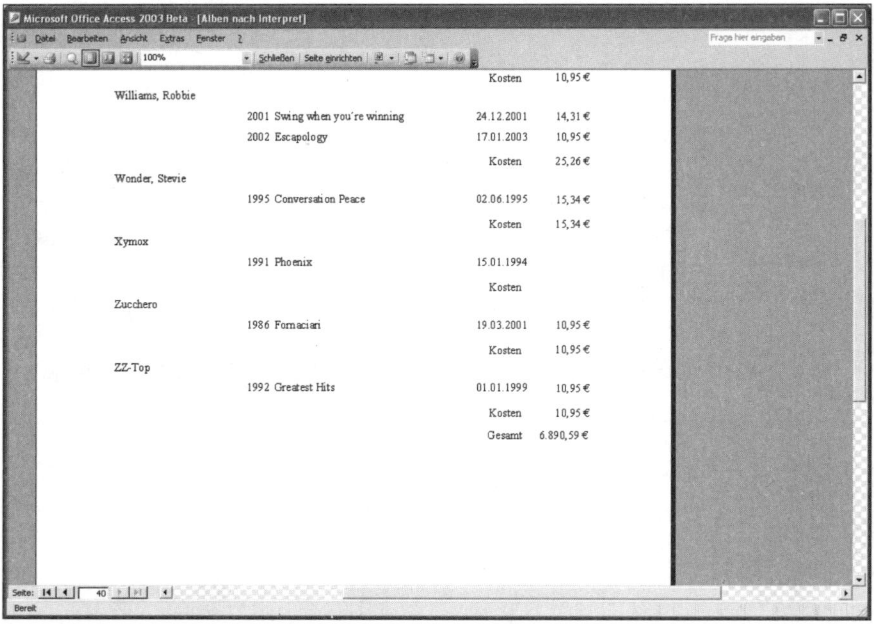

Abbildung 7.25: Auf der letzten Seite des Berichtes erscheint die Gesamtsumme.

Eigenschaften von Berichten

Access stellt eine Vielzahl von Eigenschaften für den Bericht zur Verfügung. Diese sind, genau wie die Eigenschaften von Formularen, in den Registern *Format, Daten, Ereignis* und *Andere* angeordnet. Aufgerufen werden diese über das Symbol *Eigenschaften* der Symbolleiste *Berichtsentwurf.*

Um zu den Berichtseigenschaften zu wechseln, wählen Sie aus dem oberen Kombinationsfeld den Eintrag *Bericht.* Sie können alternativ auch doppelt auf den Berichtsmarkierer des Berichtes klicken. Dieser befindet sich an der Schnittstelle der beiden Lineale.

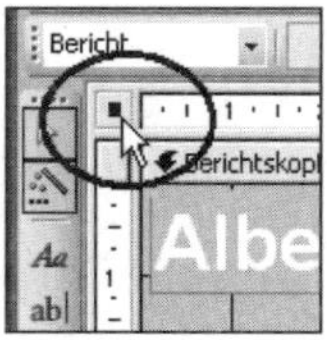

Abbildung 7.26: Der Berichtsmarkierer in der linken oberen Ecke

Da viele Eigenschaften von Berichten mit den entsprechenden Eigenschaften von Formularen identisch sind, werden im Folgenden nur die Eigenschaften näher erläutert, die Unterschiede aufweisen oder nur in Berichten vorhanden sind.

Das Register *Format*

Im Register *Format* werden die Eigenschaften des Erscheinungsbildes des Berichtes festgelegt.

Abbildung 7.27: Das Register Format *der Berichtseigenschaften*

Seitenkopf und Seitenfuß

Mit diesen beiden Eigenschaften legen Sie fest, ob der Seitenkopf/Seitenfuß auf dieselbe Seite gedruckt werden soll wie der Berichtskopf/Berichtsfuß.

Einstellung	Beschreibung
Alle Seiten	Dies ist die Standardeinstellung. Auf allen Seiten wird der Seitenkopf-/fuß gedruckt.
Außer Berichtskopf	Der Seitenkopf-/fuß wird nicht auf derselben Seite wie der Berichtskopf gedruckt.
Außer Berichtsfuß	Der Seitenkopf-/fuß wird nicht auf derselben Seite wie der Berichtsfuß gedruckt.
Außer Berichtskopf-/fuß	Der Berichtskopf und der Berichtsfuß wird nicht zusammen mit dem Seitenkopf-/fuß gedruckt.

Gruppe zusammenhalten
Mit dieser Eigenschaft können Sie festlegen, ob alle Daten in derselben Spalte angezeigt werden. Mit der Einstellung *Pro Seite* werden die Gruppen pro Seite zusammengehalten. Diese Eigenschaft hat keine Auswirkung, wenn in den Bereichseigenschaften die Eigenschaft *Zusammenhalten* auf *Nein* gesetzt ist.

Breite
Mit dieser Eigenschaft legen Sie die Breite des Berichtes fest. Die Angabe erfolgt in der Regel in cm und wird über die Systemsteuerung von Windows festgelegt.

Bereichseigenschaften

Die einzelnen Bereiche des Berichtes besitzen auch Eigenschaften. Zu den Bereichen eines Berichtes gehören *Berichtskopf, Seitenkopf, Detailbereich, Seitenfuß* und *Berichtsfuß.*

Aufgerufen werden diese Eigenschaften über das Symbol *Eigenschaften* der Symbolleiste *Berichtsentwurf.* Um zu einem Bereich zu wechseln, klicken Sie einfach mit der Maus in eine beliebige Stelle im Bereich.

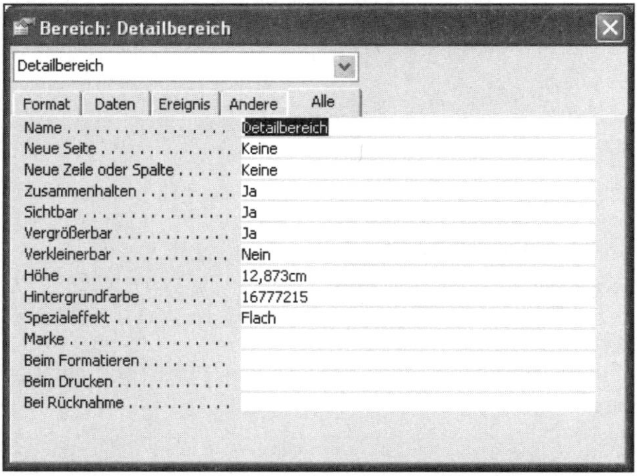

Abbildung 7.28: Das Dialogfenster Eigenschaften *mit dem* Detailbereich

Neue Seite
Diese Eigenschaft legt fest, ob beim Ausdruck des Berichtes vor oder nach dem Bereich ein Seitenumbruch stattfinden soll.

Einstellung	Beschreibung
Keine	Standardeinstellung. Es findet kein Seitenumbruch statt.
Vor Bereich	Der Bereich des Berichtes wird auf einer neuen Seite gedruckt.

Einstellung	Beschreibung
Nach Bereich	Der Bereich, der nach dem aktuellen Bereich folgt, wird auf eine neue Seite gedruckt.
Vor & Nach	Der aktuelle und der nachfolgende Bereich des Berichtes wird auf eine neue Seite gedruckt.

Tabelle 7.3: Einstellungen der Eigenschaft Neue Seite

Neue Zeile oder Spalte

Diese Eigenschaft steuert den Seitenumbruch bei mehrspaltigen Berichten. Die möglichen Einstellungen sind identisch mit der Eigenschaft *Neue Seite.*

Zusammenhalten

Steht die Eigenschaft *Zusammenhalten* auf *Ja*, wird ein Bereich nach Möglichkeit immer vollständig auf einer Seite gedruckt. Somit kann vermieden werden, dass eine Gruppe über zwei Seiten gedruckt wird.

Vergrößerbar/Verkleinerbar

Mit diesen beiden Eigenschaften wird der Ausdruck des Bereiches gesteuert. Vergrößerbar bedeutet, dass beim Ausdruck der Bereich automatisch so angepasst wird, dass alle Daten ausgedruckt werden.

Höhe

Mit dieser Eigenschaft legen Sie die Höhe des Formularbereiches fest. Die Angabe erfolgt in der Regel in cm und wird über die Systemsteuerung von Windows festgelegt.

Hintergrundfarbe

Legt die Hintergrundfarbe fest. Die Angabe erfolgt als Zahlenwert. Mithilfe der Schaltfläche am rechten Rand der Eigenschaft können Sie das Dialogfenster *Farbe* aufrufen. Diese erlaubt die Auswahl einer Hintergrundfarbe über eine Farbpalette. Sie können auch eigene Farben definieren und der Palette hinzufügen.

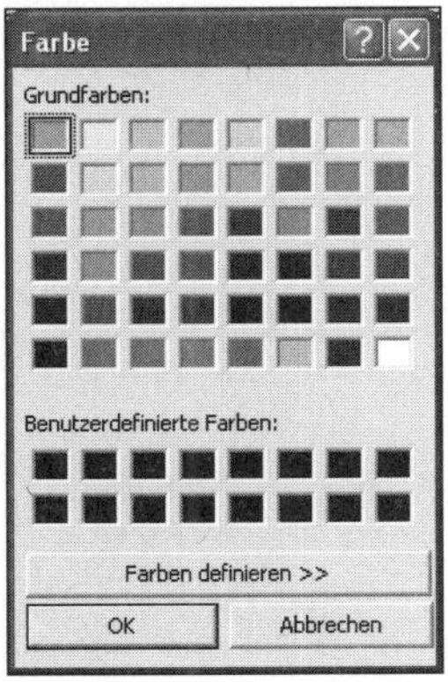

Abbildung 7.29: Das Dialogfenster Farbe

Spezialeffekt
Mit dieser Eigenschaft können Sie festlegen, ob der Bereich *Flach, Erhöht* oder *Vertieft* erscheinen soll.

Einfügen von Datum und Seitenzahlen

Das aktuelle Datum und die Zeit des Öffnens des Berichtes können dazu verwendet werden, um auf dem Ausdruck das Alter der Daten im Bericht kenntlich zu machen.

Seitenzahlen dienen dazu, den Bericht in seiner Struktur festzuhalten. Sollten die Seiten einmal durcheinander geraten, kann der Bericht über die mit ausgedruckten Seitenzahlen wieder sortiert werden.

Das Datum einfügen

1. Öffnen Sie den Bericht in der Entwurfsansicht.
2. Wählen Sie aus dem Menü *Einfügen* den Befehl *Datum und Uhrzeit.*
3. Das Dialogfenster *Datum und Uhrzeit* hat zwei Bereiche, *Datum einschließen* und *Uhrzeit einschließen.*

   Aktivieren Sie das Kästchen des Bereichs *Datum einschließen.* Aus der dazugehörigen Optionsgruppe können Sie anschließend ein Format für das Datum auswählen.

   Durch Aktivierung des Kästchens des Bereichs *Uhrzeit einschließen* können Sie bei Bedarf zusätzlich die Uhrzeit, zu der der Bericht geöffnet wurde, auswählen. Auch hier haben Sie über eine Optionsgruppe die Möglichkeit, ein Format für die Uhrzeit auszuwählen.

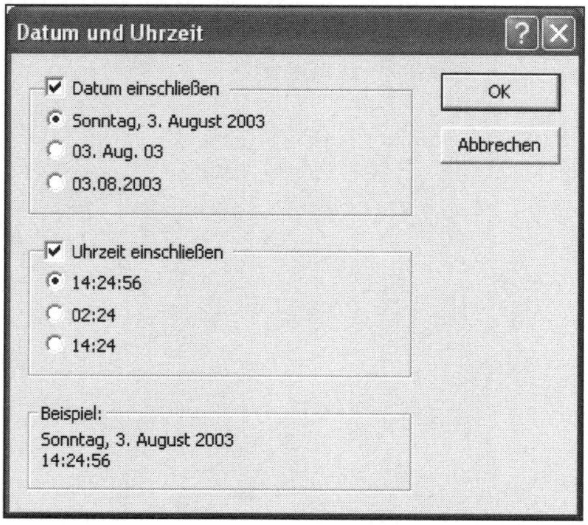

Abbildung 7.30: Das Dialogfenster Datum und Uhrzeit

4. Wenn Sie das Dialogfenster mit *OK* schließen, fügt Access ein ungebundenes Textfeld mit einer VBA-Funktion mit der ausgewählten Formatierung in den Kopfbereich des Berichtes ein. Sie können das Textfeld an jede beliebige Stelle im Bericht verschieben. Vorteilhaft für die Angabe des Datums ist der Bereich *Seitenfuß*. Dieser wird auf jeder Seite ausgegeben. Somit erhalten alle Seiten des Berichtes einen Zeitstempel.

Seitenzahlen einfügen

Auf dieselbe Art können Sie auch Seitenzahlen in dem Bericht anzeigen lassen. Der Berichts-Assistent erledigt diese Aufgabe alleine. Entwerfen Sie Berichte ohne die Hilfe des Assistenten, so können Sie dies wie folgt nachholen:

1. Öffnen Sie den Bericht in der Entwurfsansicht.
2. Wählen Sie aus dem Menü *Einfügen* den Befehl *Seitenzahlen.*
3. Mit dem Dialogfenster *Seitenzahlen* legen Sie das Aussehen der Seitennummerierung näher fest.

   Im Bereich *Format* können Sie mit den beiden Optionen *Seite N* und *Seite N von M* auswählen, ob Sie eine einfache Seitenzahlnummerierung haben wollen (Option *Seite N)* oder ob auf jeder Seite die Gesamtseitenzahl des Berichtes mit ausgedruckt werden soll (Option *Seite N von M).*

   Mit der Optionsgruppe *Position* stellen Sie den Bereich des Berichtes ein, in dem die Seitenzahlen erscheinen sollen. Zur Auswahl stehen *Seitenkopf (Kopfbereich)* und *Seitenfuß (Fußbereich)*. In der Regel erfolgt die Ausgabe der Seitenzahl im *Seitenfuß.*

   Mit dem Listenfeld *Ausrichtung* können Sie auswählen, ob die Seitenzahlen *Linksbündig, Zentriert, Rechtsbündig, Innen* oder *Außen* formatiert werden sollen. *Innen* und *Außen* wirken sich nur bei Berichten aus, die einen doppelseitigen Druck der Daten ermöglichen.

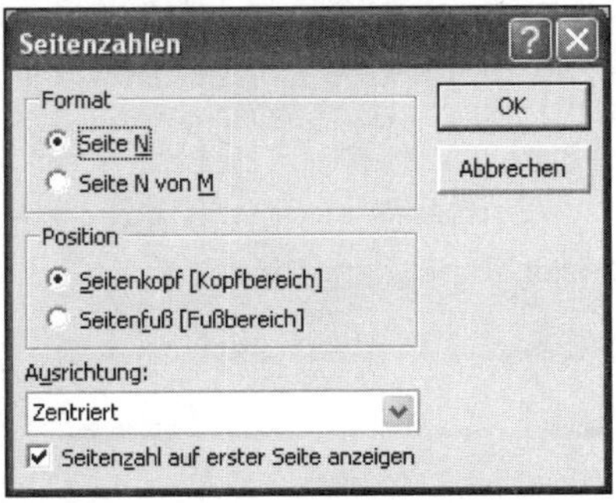

Abbildung 7.31: Das Dialogfenster Seitenzahlen

Unterberichte verwenden

Sie können wie bei Formularen auch, einen Unterbericht in einen Bericht einfügen. Sie können so einen bereits fertigen Bericht in einen anderen Bericht integrieren.

Einen Unterbericht fügen Sie mit dem Werkzeug *Unterformular/-Bericht der* Toolbox in einen Bericht ein. Die Vorgehensweise ist identisch mit der im vorherigen *Kapitel 6: Individuelle Formulare entwerfen, Abschnitt Unterformular erstellen* beschriebenen.

Bei Unterberichten ist es aber nicht unbedingt erforderlich, dass der eingebundene Bericht in irgendeiner Beziehung zu Daten im Bericht stehen muss. Zwar ist dies möglich, hier wäre es dann aber sinnvoller, den Bericht mit den Gruppierungsfunktionen direkt so aufzubauen, dass er 1:N-Verknüpfungen darstellt.

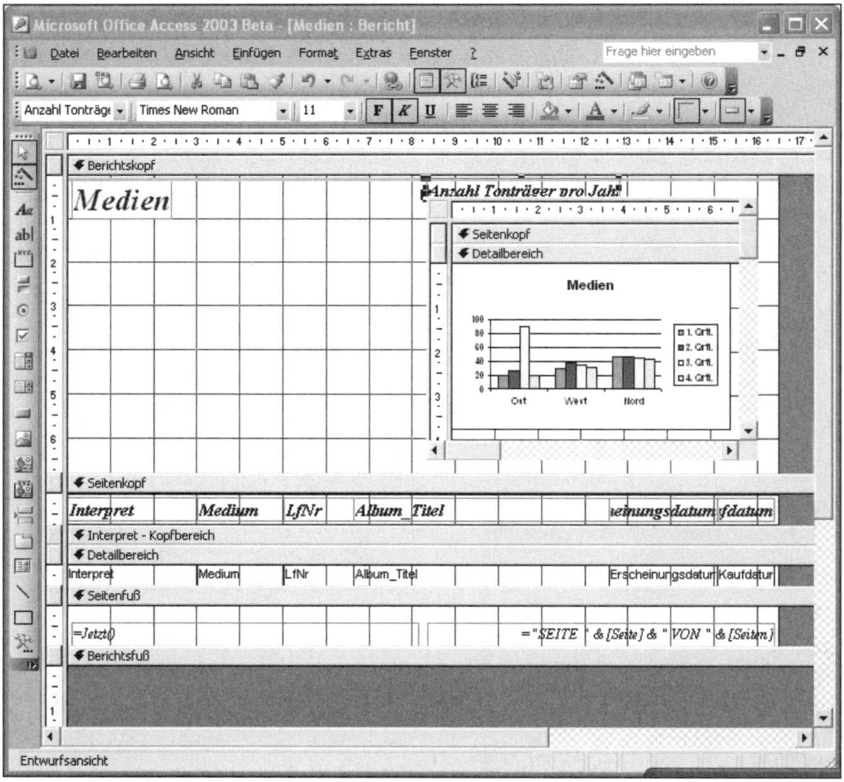

Abbildung 7.32: Bericht mit einem als Unterbericht eingebundenen Diagramm

Seite einrichten

Sie können neben dem Ändern des Berichtes in der Entwurfsansicht mit dem Dialogfenster *Seite einrichten* das Layout des Berichtes weiter anpassen.

Wählen Sie zum Öffnen des Dialogfensters *Seite einrichten* den Befehl *Datei > Seite einrichten.* Mit den drei Registern *Ränder, Seite* und *Spalten* können Sie den Bericht weiter anpassen.

Register *Ränder*

Mit dem Register *Ränder* stellen Sie in den Feldern *Oben, Unten, Links* und *Rechts* die Abstände des Berichtes zum Rand ein. Alle Angaben erfolgen dabei in Millimetern.

Mit der Option *Nur Daten drucken* werden alle grafischen Element wie zum Beispiel Linien, Rahmen und eingefügte Bilder nicht gedruckt. Dies ist besonders hilfreich, wenn der Bericht in ein Formular drucken soll.

Register *Seite*

Auf der Registerseite *Seite* stellen Sie das Papierformat und die Orientierung ein. Die Ausgabe eines Berichtes erfolgt normalerweise auf dem Standarddrucker. Wollen Sie den Bericht auf einem anderen Drucker ausgeben, so können Sie diesen durch Aktivierung der Option *Spezieller Drucker* über die Schaltfläche *Drucker* auswählen. Dieser ausgewählte Drucker wird mit dem Bericht gespeichert. Wird später der Bericht ausgedruckt, so wird dieser hinterlegte Drucker für die Ausgabe verwendet, ohne dass er vorher im Drucker-Dialog ausgewählt werden muss.

Register *Spalten*

Mit dem Register *Spalten* erzeugen Sie einen mehrspaltigen Bericht. Geben Sie im Feld *Spaltenzahl* die Anzahl der Spalten ein. Über die Felder *Zeilenabstand* und *Spaltenabstand* können Sie die Abstände der einzelnen Spalten zueinander näher festlegen.

Im Bereich *Spaltengröße* wird die Größe einer Spalte angegeben. Wählen Sie im Bereich *Seitenlayout,* ob die Daten zuerst *nach unten, dann quer* oder zuerst *quer, und dann unten* gedruckt werden sollen.

Die im Dialogfenster *Seite einrichten* vorgenommenen Angaben sehen Sie nur in der Seitenansicht und im Ausdruck des Berichtes. In der Entwurfsansicht und in den Eigenschaften sehen Sie nichts von diesen Änderungen.

8. Access-Dienstprogramme und Optionen

Im diesem Kapitel werden die Datenbank-Dienstprogramme, die allesamt im Menü *Extras > Datenbank-Dienstprogramme* untergebracht sind, behandelt.

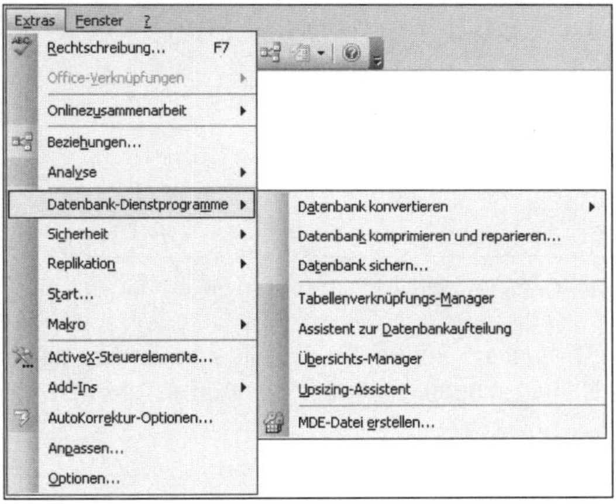

Abbildung 8.1: Die Datenbankdienstprogramme von Access

Datenbank konvertieren

Sie können eine Access-Datenbank, die im 2002/2003-Dateiformat gespeichert ist, in das Format der Vorgängerversionen Access 97 oder Access 2000 konvertieren. Spezifische Funktionen des aktuellen 2002/2003-Dateiformates, insbesondere in Visual Basic verwendete Funktionen, funktionieren zwar in den Vorgängerversionen nicht, die Dateien können aber geöffnet werden.

Die Konvertierung in das 2000-Format macht dabei die wenigsten Probleme, da es sich kaum vom 2002/2003-Format unterscheidet. Problematischer ist hier schon das 97-Format, da Microsoft in den letzten Jahren sehr viele neue Methoden in Visual Basic implementiert hat.

Die Konvertierung ist nur dann sinnvoll, wenn der Anwender, dem Sie Ihre Datenbank geben wollen, nicht über die aktuelle Access-Version verfügt.

In eine Vorgängerversion konvertieren

Die Vorgehensweise der Konvertierung einer Datenbank in das Format einer Vorgängerversion ist in allen Fällen gleich.

1. Öffnen Sie die Datenbank, die Sie konvertieren wollen.
2. Wählen Sie das passende Format aus dem Menü *Extras > Datenbank-Dienstprogramme > Datenbank konvertieren > In Access xxx-Dateiformat* aus.

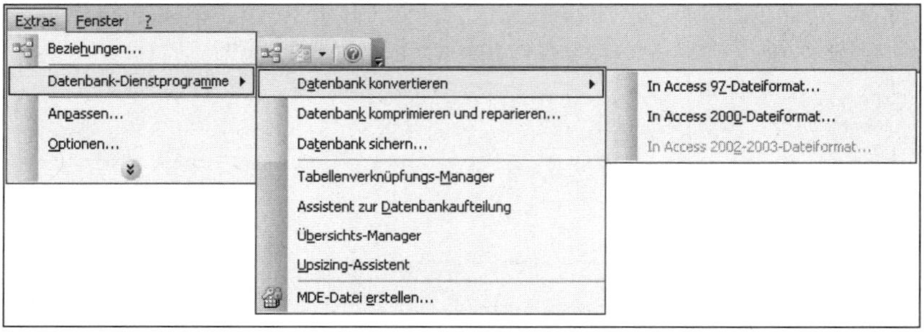

Abbildung 8.2: Die möglichen Dateiformate der Konvertierung

3. Es öffnet sich das Dialogfenster *Datenbank konvertieren in*. Sie können hier einen Ordner auswählen und einen Namen eingeben, unter dem Access die konvertierte Datenbank speichern soll.

   Klicken Sie nach diesen Angaben auf die Schaltfläche *Speichern*.

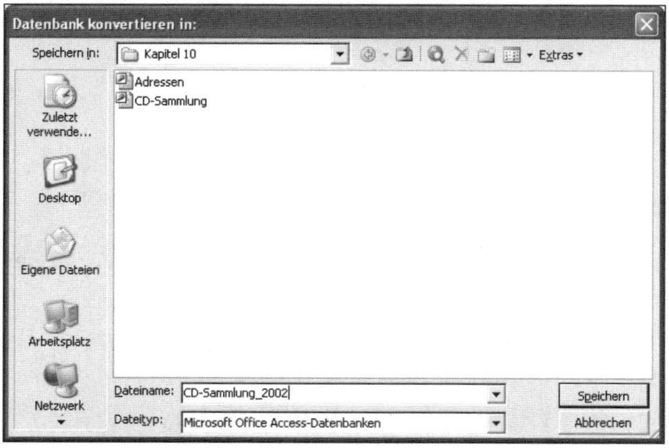

Abbildung 8.3: Das Dialogfenster Datenbank konvertieren in

4. Je nach Umfang der Datenbank kann die Konvertierung mehrere Minuten dauern. Den Fortschritt der Konvertierung können Sie am Statusbalken unten links im Access-Fenster ablesen. Nach der Konvertierung informiert Sie Access mit einer entsprechenden Meldung.

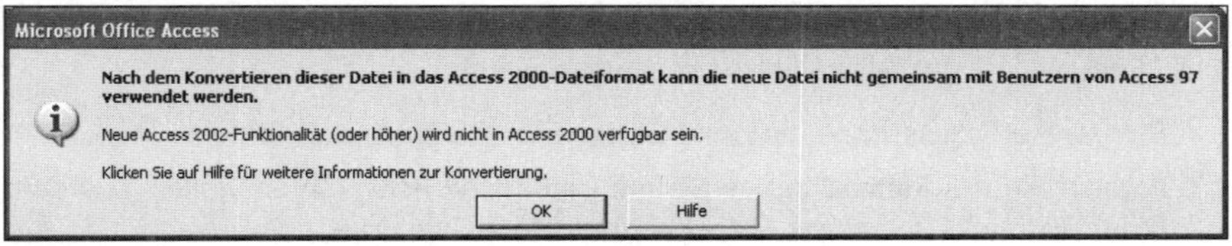
Microsoft Office Access
Nach dem Konvertieren dieser Datei in das Access 2000-Dateiformat kann die neue Datei nicht gemeinsam mit Benutzern von Access 97 verwendet werden.
Neue Access 2002-Funktionalität (oder höher) wird nicht in Access 2000 verfügbar sein.
Klicken Sie auf Hilfe für weitere Informationen zur Konvertierung.
OK
Hilfe

Abbildung 8.4: Meldung von Access nach der Konvertierung

In die aktuelle Version konvertieren

Mit Access 2003 können Sie ohne weiteres Datenbanken öffnen, die in einer der Vorgängerversionen erstellt worden sind. Bei Datenbanken im Access 2000- oder Access 2002-Dateiformat merken Sie meist noch nicht einmal, dass die Datenbank mit einer Vorgängerversion erstellt worden ist. Lediglich das Datenbankfenster zeigt in seinem Titel die Dateiversion an.

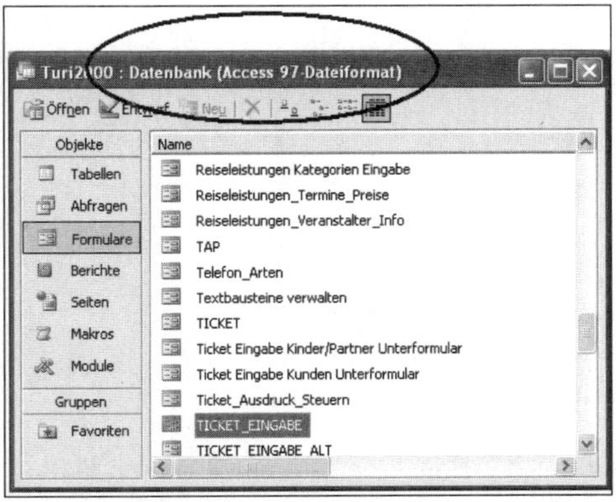
Turi2000 : Datenbank (Access 97-Dateiformat)
Öffnen
Neu
Objekte
Tabellen
Abfragen
Formulare
Berichte
Seiten
Makros
Module
Gruppen
Favoriten
Name
Reiseleistungen Kategorien Eingabe
Reiseleistungen_Termine_Preise
Reiseleistungen_Veranstalter_Info
TAP
Telefon_Arten
Textbausteine verwalten
TICKET
Ticket Eingabe Kinder/Partner Unterformular
Ticket Eingabe Kunden Unterformular
Ticket_Ausdruck_Steuern
TICKET_EINGABE
TICKET_EINGABE_ALT

Abbildung 8.5: Angabe des Datenbankformates im Datenbankfenster

Anders sieht es aus, wenn Sie eine Datenbank öffnen, die noch im Access 97-Format vorliegt. Bei diesen Datenbanken werden die Datenbankobjekte schreibgeschützt geöffnet. Sie können zwar Daten in Tabellen eingeben, Änderungen am Entwurf von Datenbankobjekten wie Tabellen oder Formularen, können jedoch nicht gespeichert werden. Access zeigt Ihnen dieses beim Öffnen einer Datenbank im 97-Dateiformat oder älter mit einer Meldung an.

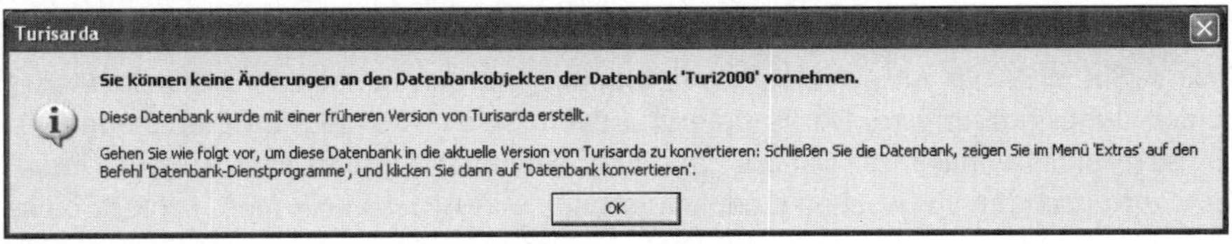
Turisarda
Sie können keine Änderungen an den Datenbankobjekten der Datenbank 'Turi2000' vornehmen.
Diese Datenbank wurde mit einer früheren Version von Turisarda erstellt.
Gehen Sie wie folgt vor, um diese Datenbank in die aktuelle Version von Turisarda zu konvertieren: Schließen Sie die Datenbank, zeigen Sie im Menü 'Extras' auf den Befehl 'Datenbank-Dienstprogramme', und klicken Sie dann auf 'Datenbank konvertieren'.
OK

Abbildung 8.6: Meldung beim Öffnen einer Access 97-Datenbank

Um eine solche Datenbank mit Access 2003 bearbeiten zu können, muss sie mindestens in das Access 2000-Dateiformat konvertiert werden.

1. Starten Sie Access, ohne die zu konvertierende Datenbank zu öffnen.
2. Wählen Sie das Format, in das Sie die Datenbank konvertieren wollen, aus dem Menü *Extras > Datenbank-Dienstprogramme > Datenbank konvertieren > In Access xxx-Dateiformat* aus.
3. Es öffnet sich das Dialogfenster *Datenbank konvertieren von*. Wählen Sie mit diesem Dialogfenster die Datenbank aus, und bestätigen Sie das Dialogfenster mit der Schaltfläche *Konvertieren*.

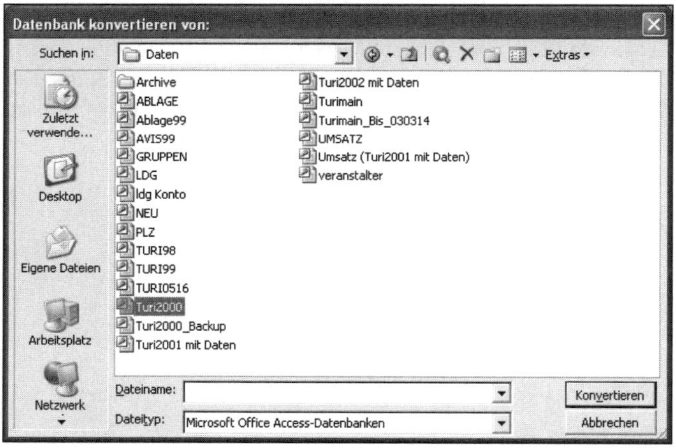

Abbildung 8.7: Das Dialogfenster Datenbank konvertieren von

4. Die restlichen Schritte sind identisch mit der Konvertierung einer älteren Datenbankversion. Sie geben im Dialogfenster *Datenbank konvertieren in* Name und Ordner an, in dem Access die Datenbank konvertieren soll.

Datenbanken komprimieren und reparieren

Das Dienstprogramm *Datenbank komprimieren und reparieren* führt zwei Vorgänge auf einmal aus.

Wenn Sie mit einer Access-Datenbank arbeiten, werden Sie schnell feststellen, dass diese immer größer wird. Der Hauptgrund dafür ist, dass gelöschte Objekte oder Datensätze nicht wirklich physikalisch aus der Datenbank entfernt sind, sondern intern nur zur Löschung vorgesehen sind. Leider gibt es in Access keine Möglichkeit, diese Löschkennzeichnung wieder aufzuheben und so gelöschte Objekte wiederherzustellen.

Die eigentliche Löschung der Daten wird durch das Komprimieren der Datenbank ausgelöst. Beim Komprimieren einer Datenbank erzeugt Access zunächst eine leere Datenbank, in der alle Objekte, die keine Löschkennung aufweisen, hineingeschrieben werden. Anschließend wird das Original gelöscht und durch diese Kopie ersetzt. Tritt während des Vorgangs ein Fehler auf, bleibt somit die Datenbank erhalten. Bei diesem Vorgang werden zusätzlich Beschädigung in der Datenbank erkannt und beseitigt. Deshalb der Name dieses Dienstprogrammes - Komprimieren und Reparieren. Gelegentlich kommt es vor, dass Access beim Öffnen einer Datenbank darauf hinweist, dass diese beschädigt ist und die Reparatur der Datenbank anbietet. Um eine Datenbank zu komprimieren und reparieren, wählen Sie aus dem Menü *Extras > Datenbank-Dienstprogramme* den gleichnamigen Befehl aus. In der Statuszeile sehen Sie den Fortschritt der Aktion anhand eines Fortschrittsbalkens.

Abbildung 8.8: Angabe des Fortschritts der Komprimierung

Automatisch komprimieren und reparieren

Sie können eine Datenbank auch so einstellen, dass sie beim Schließen automatisch komprimiert wird. Das Schließen der Datenbank dauert dadurch aber länger. Wenn Sie diese Zeitverzögerung in Kauf nehmen wollen, können Sie im *Optionen*-Dialog von Access die automatische Komprimierung und Reparierung einstellen. Wählen Sie aus dem Menü *Extras* den Befehl *Optionen* und aktivieren Sie im Dialogfenster *Optionen* das Register *Allgemein.*

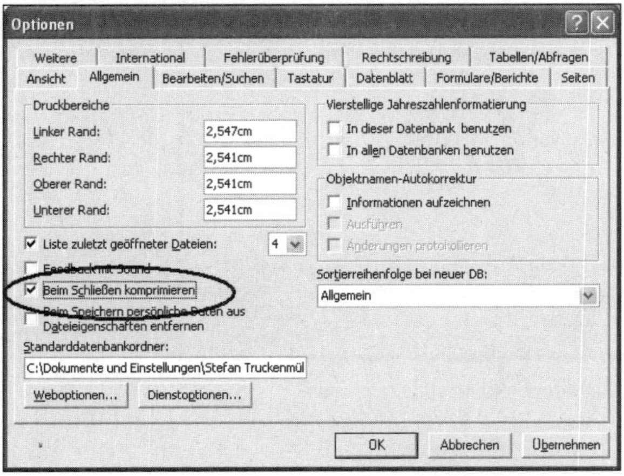

Abbildung 8.9: Das Dialogfenster Optionen *mit dem Register* Allgemein

Aktivieren Sie die Option *Beim Schließen komprimieren.* Schließen Sie anschließend das Dialogfenster wieder.

Datenbank sichern

Zum Thema Datenbanken reparieren und komprimieren gehört auch der Befehl *Datenbank sichern* im Menü *Datenbank-Dienstprogramme.*

Wie bereits erwähnt, erzeugt Access beim Komprimieren eine neue Datenbank, die beim erfolgreichen Komprimieren das Original ersetzt.

Durch den Befehl *Extras > Datenbank-Dienstprogramme > Datenbank sichern* können Sie dieser Datenbank einen Namen geben. Anschließend wird der Vorgang *Komprimieren und Reparieren* durchgeführt, natürlich ohne dabei das Original zu löschen. Dadurch haben Sie eine Kopie der Datenbank erzeugt.

1. Starten Sie Access und öffnen Sie die Datenbank, von der Sie eine Kopie anlegen wollen.
2. Wählen Sie den Befehl *Extras > Datenbank-Dienstprogramme > Datenbank sichern* aus.
3. Im Dialogfenster *Sicherungskopie speichern* hat Access schon einen Namen für die Kopie eingetragen. Dieser setzt sich aus dem Namen der Datenbank gefolgt vom aktuellen Datum zusammen. Diese Vorgabe können Sie ohne weiteres überschreiben.

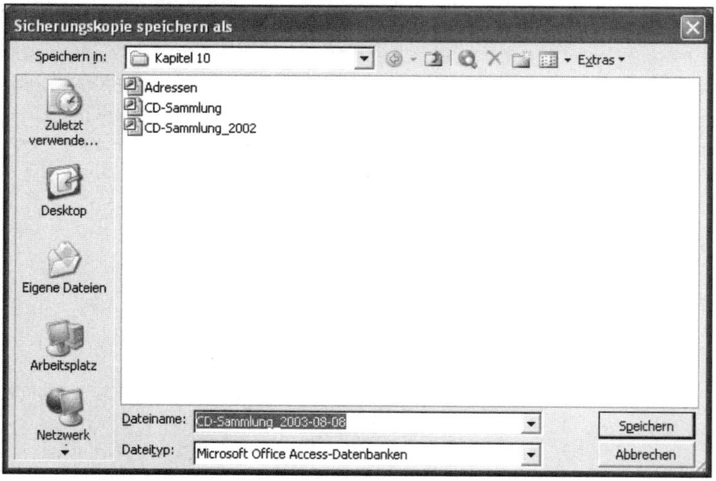

Abbildung 8.10: Das Dialogfenster Sicherungskopie speichern als

9. Access in Zusammenarbeit mit Office

Access eignet sich hervorragend, um große Datenbestände schnell und effizient zu verwalten. Mithilfe von Berichten können diese auch zu Papier gebracht werden und mit Kreuztabellenabfragen oder Pivot-Tabellen analysiert werden.

Die Möglichkeiten, die die beiden Office-Programm Microsoft Word und Microsoft Excel beherrschen, gehen jedoch um ein Vielfaches weiter.

Wollen Sie beispielsweise einen Serienbrief an Adressen schicken, die in einer Access-Datenbank verwaltet werden, können Sie zwar einen Bericht erstellen, das Resultat ist jedoch weniger befriedigend, da Access bei weitem nicht über die Textformatierungsmöglichkeiten von Word verfügt.

Access unterstützt den Datenaustausch mit den anderen Office-Programmen. Sie können mit Access zum Beispiel

- Daten an Word senden, die in einem Serienbrief verwendet werden
- Excel-Tabellen importieren, um sie weiter in Access zu bearbeiten
- Excel-Tabellen verknüpfen, um sie in Abfragen zu verarbeiten
- Tabellen oder Abfragen nach Excel exportieren
- Berichte nach Word senden, um sie dort weiter aufzubereiten

Auch der umgekehrte Weg wird von den Office-Programmen unterstützt. So können Sie aus Word heraus direkt

- Serienbriefe an eine Tabelle oder Abfrage von Access binden
- Adressetiketten erstellen,

oder aus Excel heraus

- Tabellen oder Abfragen mit Excel-Arbeitsmappen verknüpfen.

Access und Word in der Zusammenarbeit

Wie bereits gesagt, gibt es zwei Möglichkeiten, Daten aus Access in Word zu verwenden. Entweder schickt Access die Daten nach Word, oder Word fordert die Daten von Access an.

Exportieren von Tabellen oder Abfragen nach Word

Der schnellste Weg, Daten an Word zu senden, führt über die Befehle der Symbolleiste. Dort steht Ihnen der Befehl *Office-Verknüpfungen* zur Verfügung.

1. Starten Sie Access und laden Sie die Datenbank, aus der Sie Daten in Word weiterbearbeiten wollen.
2. Markieren Sie im Datenbankfenster die gewünschte Tabelle oder Abfrage.
3. Klicken Sie in der Symbolleiste auf den Pfeil des Symbols *Office-Verknüpfungen*, um das Menü des Symbols zu öffnen.

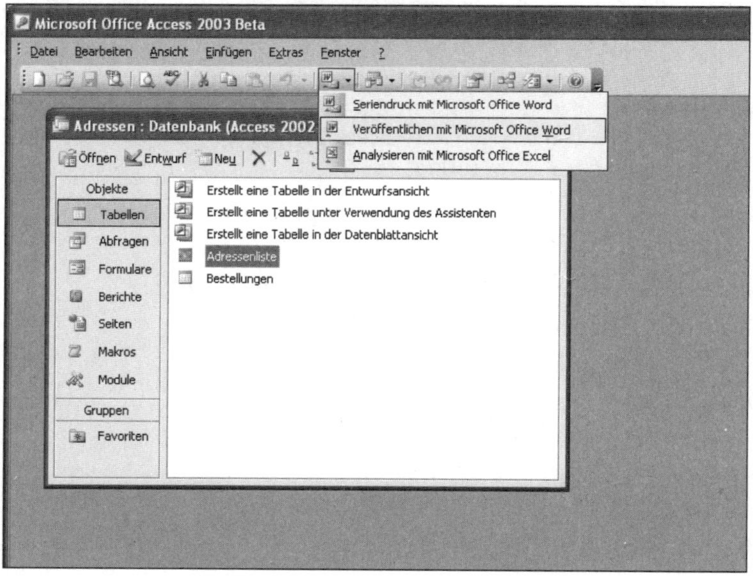

Abbildung 9.1: Das Menü des Symbols Office-Verknüpfungen

4. Wählen Sie aus dem Menü den Befehl *Veröffentlichen mit Microsoft Office Word* aus.
5. Access stellt nun im Hintergrund die Daten zusammen, und Word zeigt diese anschließend in einer Word-Tabelle an.

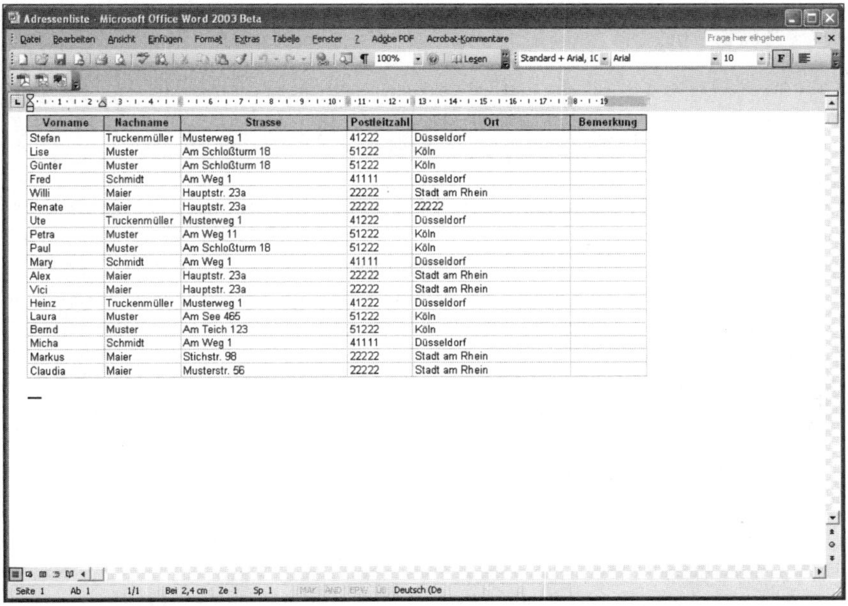

Vorname	Nachname	Strasse	Postleitzahl	Ort	Bemerkung
Stefan	Truckenmüller	Musterweg 1	41222	Düsseldorf	
Lise	Muster	Am Schloßturm 18	51222	Köln	
Günter	Muster	Am Schloßturm 18	51222	Köln	
Fred	Schmidt	Am Weg 1	41111	Düsseldorf	
Willi	Maier	Hauptstr. 23a	22222	Stadt am Rhein	
Renate	Maier	Hauptstr. 23a	22222	22222	
Ute	Truckenmüller	Musterweg 1	41222	Düsseldorf	
Petra	Muster	Am Weg 11	51222	Köln	
Paul	Muster	Am Schloßturm 18	51222	Köln	
Mary	Schmidt	Am Weg 1	41111	Düsseldorf	
Alex	Maier	Hauptstr. 23a	22222	Stadt am Rhein	
Vici	Maier	Hauptstr. 23a	22222	Stadt am Rhein	
Heinz	Truckenmüller	Musterweg 1	41222	Düsseldorf	
Laura	Muster	Am See 465	51222	Köln	
Bernd	Muster	Am Teich 123	51222	Köln	
Micha	Schmidt	Am Weg 1	41111	Düsseldorf	
Markus	Maier	Stichstr. 98	22222	Stadt am Rhein	
Claudia	Maier	Musterstr. 56	22222	Stadt am Rhein	

Abbildung 9.2: Die Daten der Access-Tabelle in Word

Beim Veröffentlichen von Daten in Word versucht Access, das Layout der Tabelle oder Abfrage zu erhalten. Die Spaltenbreiten der einzelnen Felder in Access erscheinen also auch in Word in derselben Breite. Sie können das erzeugte Word-Dokument wie jedes andere Word-Dokument auch verändern, es unter einem anderen Namen speichern etc. Es besteht keine Verbindung zur Access-Datenbank. Änderungen am Text wirken sich nicht auf die Daten der Datenbank aus, umgekehrt bekommt das Dokument nichts von Änderungen in der Datenbank mit.

Führen Sie den Vorgang der Veröffentlichung der Daten mit Microsoft Word ein zweites Mal mit derselben Tabelle oder einer anderen Datenbank mit einer Tabelle, die denselben Namen trägt, aus, bekommen Sie die Meldung, dass die Datei *Name der Tabelle.rtf* schon vorhanden ist.

Access führt bei der Veröffentlichung einen Export der Daten in das RTF-Format aus. Das **R**ich **T**ext **F**ormat ist ein plattformübergreifendes Dateiformat für Texte unter Beibehaltung der Formatierungen. RTF-Texte lassen sich in der Regel von jedem Textverarbeitungsprogramm öffnen, so auch von Word.

Diese RTF-Datei wird im selben Ordner gespeichert, in dem sich auch die Datenbank befindet. Anschließend wird Word gestartet und angewiesen, diese Datei zu laden.

Sie können die alte RTF-Datei durch Bestätigen des Dialogfensters mit *Ja* nun überschreiben. Änderungen gehen dann natürlich verloren. Klicken Sie auf *Nein*, können Sie im Dialogfenster *Ausgabe In* einen neuen Ordner und Namen angeben.

Serienbriefe mit Word erstellen

Sie können die Daten einer Access-Datenbank auch dazu verwenden, einen Serienbrief in Word zu steuern. Dabei werden die Daten einer Tabelle oder Abfrage nur an diesen Serienbrief geknüpft, Änderungen am Datenbestand der Access-Tabelle wirken sich sofort auf den Serienbrief aus. Sie können einen Serienbrief sowohl an eine Tabelle als auch an eine Abfrage knüpfen. Die Verbindung zu einer Abfrage hat den Vorteil, dass Sie in der Abfrage Kriterien vergeben können, um Daten einzuschränken. Des Weiteren können Sie in der Abfrage die Sortierung des Serienbriefes beeinflussen. Bei einer nach Postleitzahl sortierten Anlieferung von Briefen, die denselben Inhalt haben, wie es bei Serienbriefen meist der Fall ist, nimmt die Post diese als Infosendung an. Sie können so erheblich Portogebühren sparen.

1. Markieren Sie im Datenbankfenster von Access die Tabelle oder Abfrage, die als Datenbasis für den Serienbrief in Word benutzt werden soll.
2. Klicken Sie in der Symbolleiste auf den Pfeil des Symbols *Office-Verknüpfungen*, um das Menü des Symbols zu öffnen.
3. Wählen Sie aus dem Menü den Befehl *Seriendruck mit Microsoft Office Word* aus.

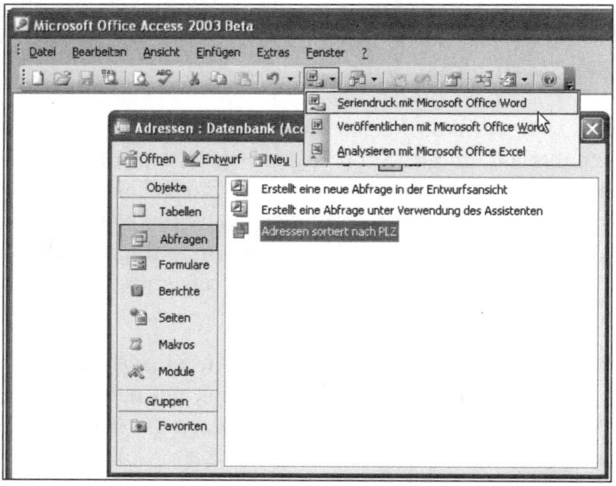

Abbildung 9.3: Auswahl des Befehls Seriendruck mit Microsoft Office Word

4. Es startet der Assistent *Microsoft Word-Seriendruck-Assistent.* Im ersten Schritt des Assistenten können Sie mit den beiden Option angeben, ob Sie die ausgewählte Tabelle oder Abfrage an einen bereits vorhandenen Word-Serienbrief knüpfen wollen oder ob Sie ein neues Word-Dokument erstellen wollen, mit dem die Daten verknüpft werden.

   In dieser Schritt-für-Schritt-Anleitung wird ein neuer Serienbrief erstellt. Wählen Sie die Option *Ein neues Dokument erstellen und die Daten mit diesem Dokument verknüpfen* und klicken Sie anschließend auf *OK.*

Die weiteren Schritte des Assistenten laufen in Microsoft Office Word ab.

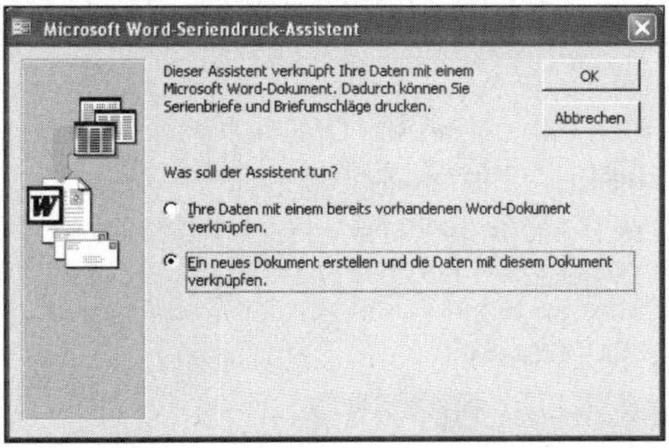

Abbildung 9.4: Angabe, wie der Assistent vorgehen soll

5. Im rechten Bereich von Word wird der Assistent *Seriendruck* eingeblendet. Im oberen Bereich bietet er verschiedene Seriendrucktypen zur Auswahl an. Zu der ausgewählten Option wird im mittleren Bereich ein kurzer Infotext angezeigt, der den Seriendrucktyp näher erläutert. Wählen Sie für die Erzeugung eines Serienbriefes die Option *Brief*, und klicken Sie auf die untere Schaltfläche *Weiter: Dokument wird gestartet*.

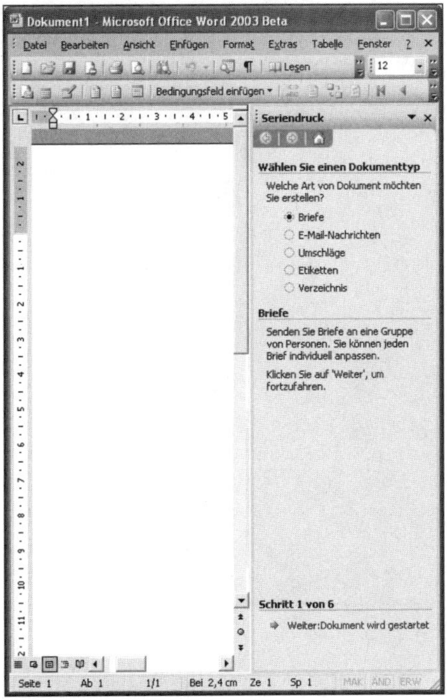

Abbildung 9.5: Angabe, welcher Serienbrieftyp erzeugt werden soll

6. Es folgt die Angabe, welches Dokument Word für den Serienbrief verwenden soll. Mit *aktuelles Dokument verwenden* wird das Dokument, in dem der Serienbrief-Assistent gestartet wurde, mit der Access-Datenquelle verknüpft. Mit der Option *Mit Vorlage beginnen* können Sie ein neues Dokument aus einer Dokumentenvorlage erstellen und weiter verwenden. Mit der letzten Option *Mit vorhandenem Dokument beginnen* können Sie ein gespeichertes Word-Dokument auswählen.

   Beim Starten von Microsoft Office Word durch Access wurde in der Regel schon ein neues, leeres Word-Dokument erzeugt. Sie können in diesem Fall die erste Option aktiviert lassen und mit der unteren Schaltfläche *Weiter: Empfänger wählen* zum nächsten Schritt des Assistenten wechseln.

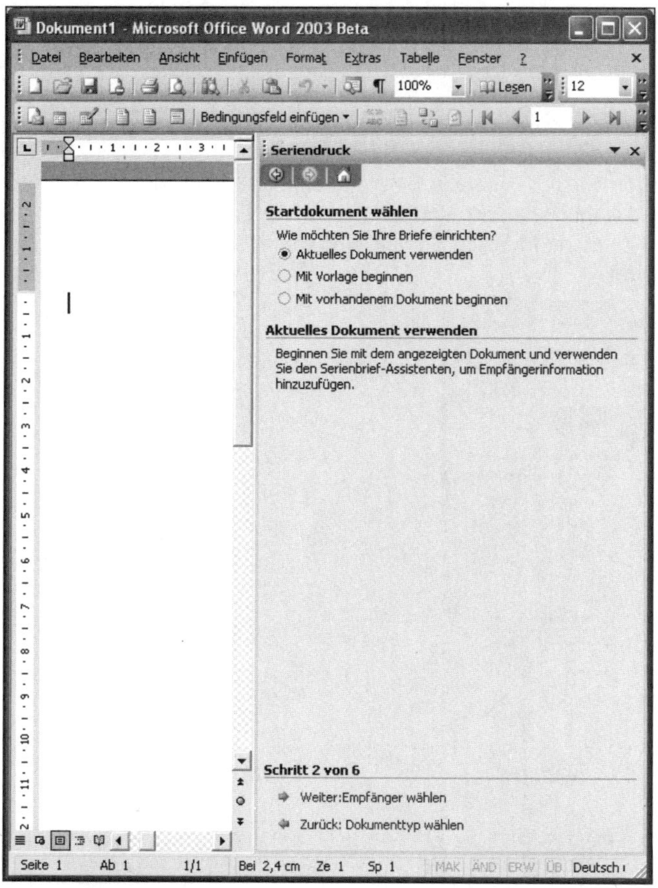

Abbildung 9.6: Auswahl des Dokumentes, das zum Serienbrief werden soll

7. Im nächsten Schritt des Assistenten fällt die Entscheidung leicht. Da die Erzeugung des Serienbriefes von Access angestoßen wurde, macht nur die erste Option *Vorhandene Liste verwenden* Sinn.

   Mit den dazugehörigen unteren Optionen *Andere Liste wählen* und *Empfängerliste bearbeiten* können Sie später bei Bedarf den Serienbrief an andere Access-Datenquellen anpassen.

   Belassen Sie die aktivierten Optionen dieses Schrittes und klicken auf die Schaltfläche *Weiter: Schreiben Sie Ihren Brief.*

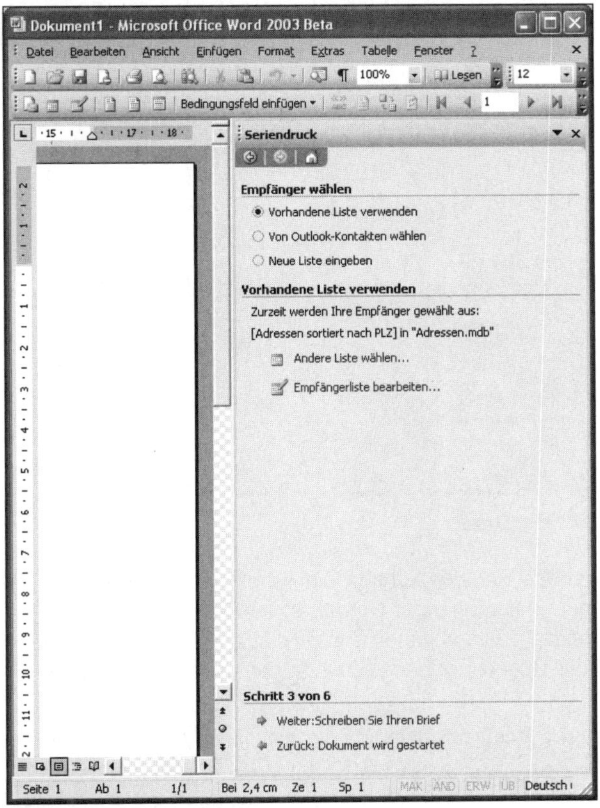

Abbildung 9.7: Der dritte Schritt des Assistenten

8. Es folgt die Angabe der Empfängerinformationen. Zu diesem Zweck stehen Ihnen die Optionen *Adressblock, Grußzeile, Elektronisches Porto* und *Weitere Elemente* zur Auswahl. Hinter den einzelnen Optionen befinden sich weitere Dialogfenster. Mit der Option *Adressblock* versucht Microsoft Office Word, anhand der Feldnamen die Felder automatisch in vordefinierte Adressblöcke zuzuordnen. Klicken Sie zur Auswahl der Felder auf die Optionsschaltfläche *Adressblock.*

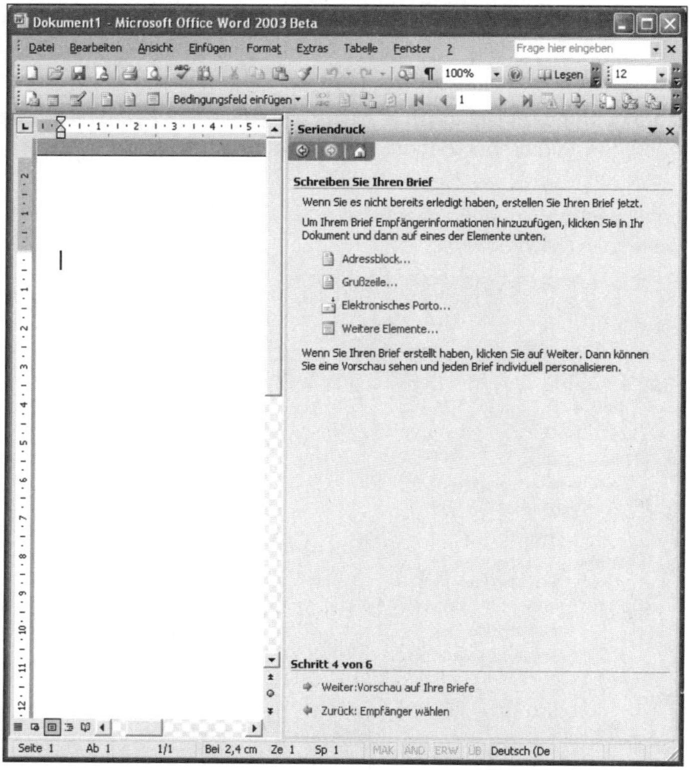

Abbildung 9.8: Auswahl der Empfängerinformation

9. Im Dialogfenster *Adressblock einfügen* können die Adressenelemente festgelegt werden, die in dem Serienbrief verwendet werden sollen. Aus der Liste *Empfängernamen in diesem Format einfügen* können Sie sich für ein Format entscheiden. Sofern vorhanden fügt die Option *Firmennamen einfügen* diesen mit die Empfängeradresse mit ein.

   Die Vorschau im unteren Bereich zeigt Ihnen die einzelnen Auswirkungen der Optionen an.

   Bevor Sie nun den Adressblock in das Word-Dokument übernehmen, sollte Sie überprüfen, ob der Assistent auch alle Felder der Tabelle/Abfrage richtig erkannt und zugeordnet hat. Klicken Sie dazu auf die Schaltfläche *Felder wählen.*

10. Es öffnet sich ein weiteres Dialogfenster *Übereinstimmende Felder festlegen.* Die Einträge im linken Bereich spiegeln die Felder auf Word-Seite wider, die Kombinationsfelder im rechten Bereich die Access-Seite. Kontrollieren Sie, ob die Zuordnung der Felder vom Assistenten richtig vorgenommen wurde. Sie können durch Auswahl eines anderen Felds der Tabelle/Abfrage die Auswahl korrigieren.

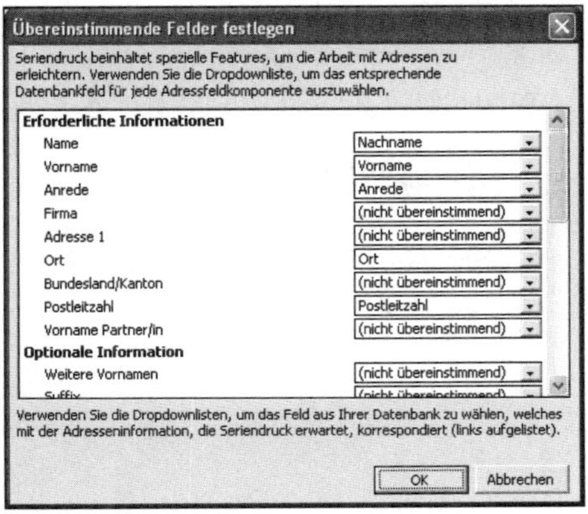

Abbildung 9.9: Das Dialogfenster Übereinstimmende Felder festlegen

11. Schließen Sie das Dialogfenster *Übereinstimmende Felder festlegen und* das Dialogfenster *Adressblock einfügen* jeweils mit einem Klick auf die Schaltfläche *OK*. Im Word-Dokument erscheint der Adressblock als Platzhalter *<<Adresse>>*

12. Sie können nun noch eine Grußzeile in das Word-Dokument einfügen. Dies geschieht über die gleichnamige Schaltfläche des Assistenten.

    Die Grußzeile erkennt automatisch ob eine Frau oder ein Herr angeredet werden soll. Dazu wertet es ein Anredefeld der Access-Datenquelle aus. Mit der Schaltfläche *Felder wählen* können Sie wieder überprüfen, ob die Verbindung der Word-Felder mit den Access-Feldern richtig erkannt wurde.

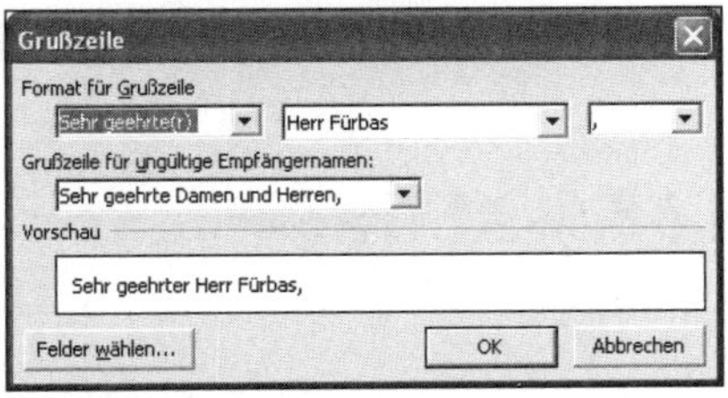

Abbildung 9.10: Binden Sie eine Grußzeile ein.

Der vierte Schritt des Assistenten ist fertig gestellt. Sie können jetzt den Serienbrief in Microsoft Office Word zuende schreiben, oder zuerst das Ergebnis der Verbindung zu Access testen.

Klicken Sie dazu auf *Weiter:Vorschau auf Ihre Briefe.*

13. Das Serienbrief-Dokument zeigt die Daten an, die aus der Access-Datenquelle stammen. Mit den Schaltflächen << und >> können Sie die Datensätze wechseln. Fällt Ihnen dabei eine Adresse auf, der Sie keinen Brief zukommen lassen wollen, so können Sie die Adresse durch die Schaltfläche *Empfänger ausschließen* aus dem Serienbrief entfernen.

14. Durch Klicken der Schaltfläche *Weiter: Seriendruck beenden* gelangen Sie in den letzten Schritt des Assistenten. Sie können hier wählen, ob Sie den Serienbrief drucken, oder ein neues Seriendruckdokument mit der Option *Individuelle Briefe bearbeiten* erstellen.
15. Bei der Ausgabe der Daten auf dem Drucker oder in ein neues Seriendruckdokument wird das Dialogfenster *Seriendruck an Drucker* bzw. *Seriendruck in neues Dokument* eingeblendet. Hier können Sie die zu druckenden Datensätze auswählen.

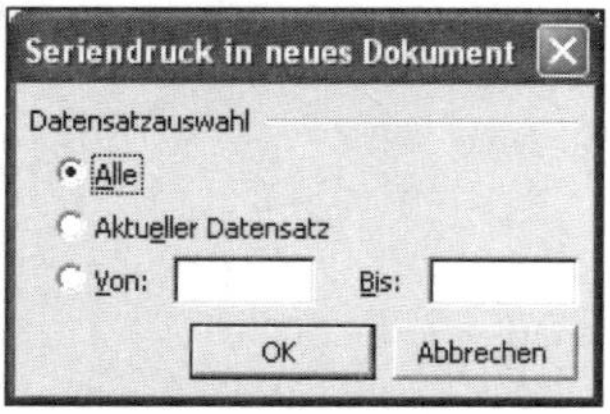

Abbildung 9.11: Das Dialogfenster Seriendruck in neues Dokument

Daten mit Excel analysieren

Wie bei der Zusammenarbeit mit Word können Sie Excel auf zwei Wegen mit Daten aus Access heraus verwenden. Entweder wählen Sie die Daten in Access aus und schicken diese nach Excel, oder Sie wählen in Excel eine Access-Datenquelle.

Im Unterschied zu Word-Dokumenten unterstützt Access das Einbinden von Excel-Tabellen in eine Access-Datenbank. Die Daten bleiben im Excel-Format gespeichert und können sowohl von Excel als auch von Access verändert werden.

Exportieren von Tabellen oder Abfragen nach Excel

Der schnellste Weg, Daten an Excel zu senden, führt wieder über das Symbol *Office-Verknüpfungen* der Symbolleiste.

1. Starten Sie Access und laden Sie die Datenbank, aus der Sie Daten in Word weiterbearbeiten wollen.
2. Markieren Sie im Datenbankfenster die gewünschte Tabelle oder Abfrage.
3. Klicken Sie in der Symbolleiste auf den Pfeil des Symbols *Office-Verknüpfungen*, um das Menü des Symbols zu öffnen.
4. Wählen Sie aus dem Menü den Befehl *Analysieren mit Microsoft Office Excel* aus.
5. Access stellt nun im Hintergrund die Daten zusammen und Excel zeigt diese anschließend in einer Excel-Tabelle an.

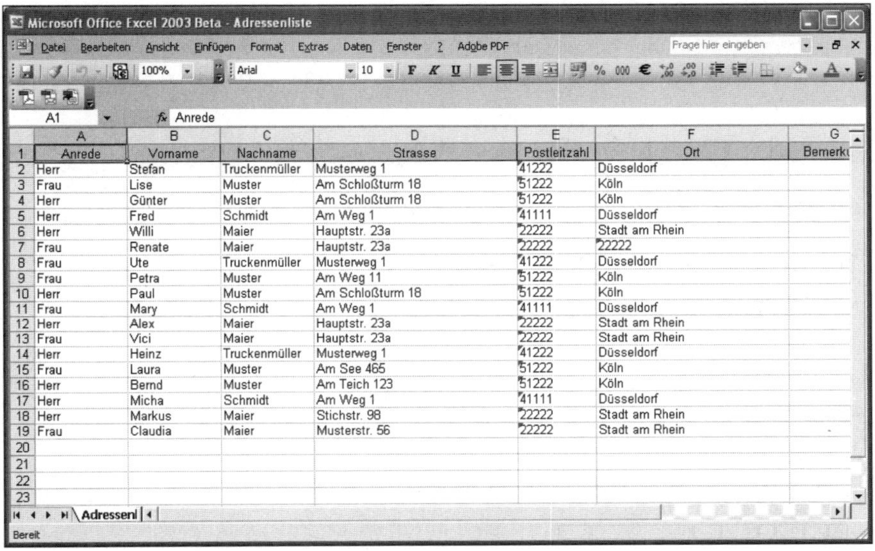

Abbildung 9.12: Die Daten der Access-Tabelle in Excel

Beim Veröffentlichen von Daten in Word versucht Access, das Layout der Tabelle oder Abfrage zu erhalten. Die Spaltenbreiten der einzelnen Felder in Access erscheinen also auch in Excel in derselben Breite.

Es besteht keine Verbindung zur Access-Datenbank. Änderungen an der Excel-Tabelle wirken sich nicht auf die Daten der Datenbank aus, umgekehrt bekommt das Dokument nichts von Änderungen in der Datenbank mit.

Führen Sie den Vorgang des Analysierens der Daten mit Microsoft Excel ein zweites Mal mit derselben Tabelle oder einer anderen Datenbank mit einer Tabelle, die denselben Namen trägt, aus, bekommen Sie die Meldung, dass die Datei *Name der Tabelle.xls* schon vorhanden ist.

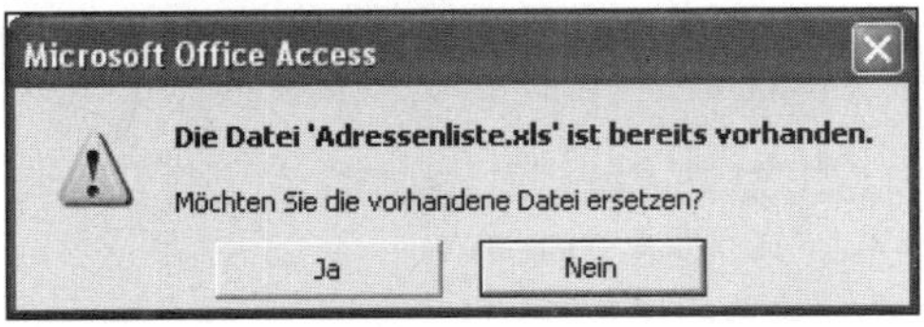

Abbildung 9.13: Meldung von Access, eine Tabelle ein zweites Mal nach Excel zu schicken

Access führt bei der Veröffentlichung einen Export der Daten in das XLS-Format aus. Diese XLS-Datei wird im Ordner *Eigene Dateien* gespeichert. Anschließend wird Excel gestartet und angewiesen, diese Datei zu laden.

Sie können die alte XLS-Datei durch Bestätigen des Dialogfensters mit *Ja* nun überschreiben. Änderungen gehen dann natürlich verloren. Klicken Sie auf *Nein*, können Sie im Dialogfenster *Ausgabe In* einen neuen Ordner und Namen angeben.

Access-Daten mit Excel-Arbeitsmappen verknüpfen

Bei der Analyse der Daten werden diese in eine neue Datei exportiert und sind somit losgelöst von der Access-Datenbank. Die Datei zeigt also den Stand der Daten zum Zeitpunkt des Exportes.

Sie können die Access-Daten jedoch auch so in Excel einbinden, dass Excel immer aktuelle Daten der Datenbank verwendet; die Daten werden dann mit der Excel-Arbeitsmappe verknüpft.

1. Starten Sie Microsoft Excel 2003 und erstellen oder öffnen Sie eine Arbeitsmappe, in der Sie Access-Daten einfügen wollen.
2. Wählen Sie aus dem Menü *Daten* den Befehl *Externe Daten importieren > Daten importieren* aus.
3. Aus dem Dialogfenster *Datenquelle auswählen* können Sie nun die Datenbank auswählen, aus der Sie die Daten mit der Arbeitsmappe in Excel verknüpfen wollen. Klicken Sie anschließend auf die Schaltfläche *Öffnen*.
4. Markieren Sie nun im Dialogfenster *Tabelle auswählen* die Tabelle oder Abfrage, die Sie verknüpfen wollen. Bestätigen Sie das Dialogfenster mit *OK*.

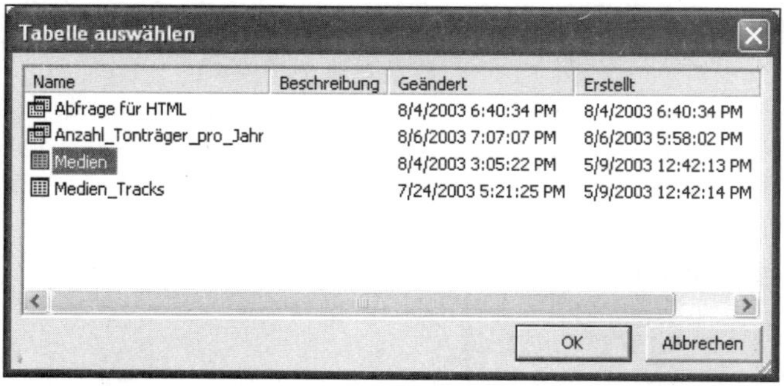

Abbildung 9.14: Auswahl der Tabelle oder Abfrage der Access-Datenbank

5. Sie können nun auswählen, wo die Daten eingefügt werden sollen.

   Mit der Option *Bestehendes Arbeitsblatt*, die standardmäßig vorgeschlagen wird, werden die Daten in das Arbeitsblatt eingefügt, das Excel zurzeit anzeigt.

   Mit der Option *Neues Arbeitsblatt* werden die Daten in ein neues Arbeitsblatt der aktiven Excel-Mappe einfügt.

Bevor Sie das Dialogfenster nun mit *OK* bestätigen, sollten Sie die Verknüpfungseigenschaften kontrollieren und festlegen. Klicken Sie dazu auf die Schaltfläche *Eigenschaften*.

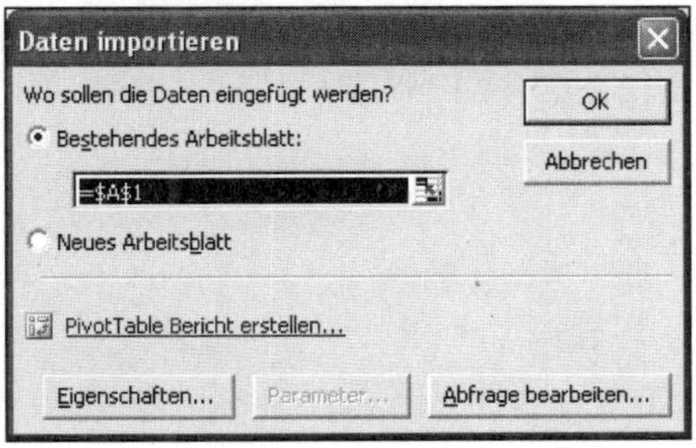

Abbildung 9.15: Angabe des Zielbereiches

6. Es öffnet sich ein Dialogfenster, in dem die *Eigenschaften des externen Datenbereiches* festgelegt werden.

   Die wichtigste Option, die aktiviert sein muss, ist die Option *Abfragedefinition speichern.* Ist diese demarkiert, werden die Daten nämlich importiert und die Verbindung zur Access-Datenquelle gelöscht.

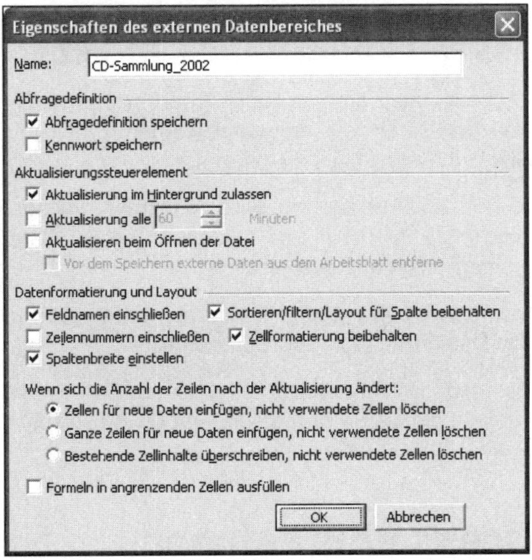

Abbildung 9.16: Das Dialogfenster Eigenschaften des externen Datenbereiches

7. Schließen Sie alle Dialogfenster mit *OK.* Excel fügt die Daten nun ein.

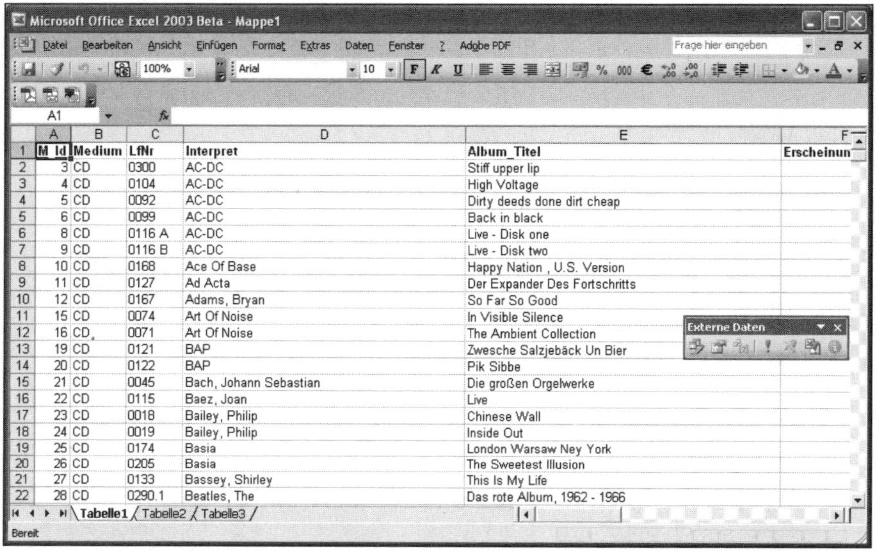

Abbildung 9.17: Die Access-Daten in einer Excel-Arbeitsmappe

Nachteile von Access-Verknüpfungen in Excel

Der Vorteil der Verknüpfung von Access-Daten an eine Excel-Arbeitsmappe ist der, dass in Excel immer aktuelle Daten der Datenbank angezeigt werden. Diese Verknüpfung hat jedoch auch eine Reihe von Nachteilen.

Zwar können Sie die externen Daten in Excel verändern, diese Änderungen werden aber nicht in der Datenbank gespeichert. Führen Sie eine Aktualisierung der Daten durch, gehen Ihre in Excel vorgenommenen Änderungen verloren.

Während der Zeit, in der Sie in Excel eine Arbeitsmappe mit externen Daten geöffnet haben, ist die Datenbank, aus der die Daten stammen, schreibgeschützt.

Ist die Datenbank bereits in Access geöffnet, kann Excel die externen Daten nicht aktualisieren. Sie erhalten beim Versuch, die Daten zu aktualisieren, eine Fehlermeldung.

Excel-Daten in Access übernehmen

Access kann umgekehrt auch Daten aus Excel übernehmen. Auch für diese Übernahme existieren wieder zwei verschiedene Verfahren.

Sie können die Daten aus Excel in eine Access-Datenbank importieren. Nach dem Importieren der Daten erscheinen diese so, als seien sie mit Access erstellt worden.

Sie können Daten ändern, den Tabellenentwurf verändern, neue Felder einfügen oder Felddatentypen verändern.

Beim Importieren gehen dabei wieder die Verbindungen zu den ursprünglichen Daten in Excel verloren, von Änderungen an Daten bekommt die Excel-Tabelle nichts mit.

Importieren von Excel-Tabellen

1. Starten Sie Access, und öffnen Sie die Datenbank, in der Sie Excel-Daten einfügen wollen.
2. Wählen Sie aus dem Menü *Datei* den Befehl *Externe Daten > Importieren* aus. Es öffnet sich das Dialogfenster *Importieren.*

   Wählen Sie als Erstes aus dem unteren Feld *Dateityp* den Eintrag *Microsoft Excel* aus. Anschließend können Sie die Excel-Datei auswählen, die die Daten enthält.
3. Access startet den *Import Assistent für Kalkulationstabellen.* Im ersten Schritt können Sie ein Tabellenblatt auswählen, aus dem die Daten übernommen werden sollen. Sind in der Excel-Tabelle Bereiche benannt, können Sie diese mit der gleichnamigen Option anzeigen lassen.

   Der untere Bereich zeigt Ihnen in der Vorschau, welche Daten aus der Excel-Datei dabei ausgewählt werden.

   Wählen Sie ein Tabellenblatt oder einen Bereich aus und klicken Sie auf die Schaltfläche *Weiter.*

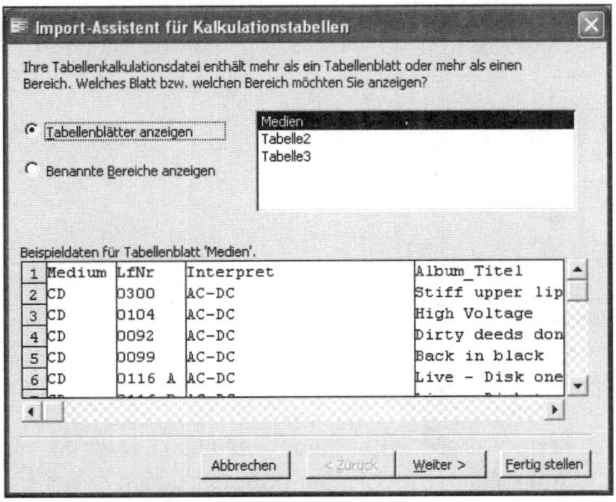

Abbildung 9.18: Der Import-Assistent für Kalkulationstabellen

4. Enthält die Tabelle in der ersten Zeile Spaltenüberschriften, können diese als Feldnamen für die Tabelle verwendet werden. Aktivieren Sie in diesem Fall die Option des Assistenten. Klicken Sie auf *Weiter.*

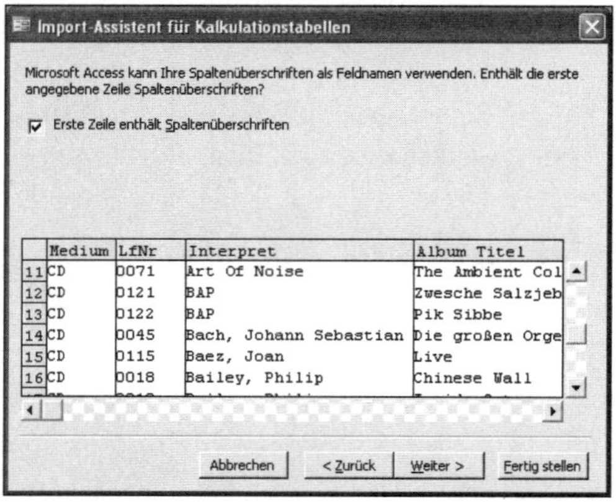

Abbildung 9.19: Angabe, ob die erste Zeile Spaltenüberschriften enthält

5. Sie können nun auswählen, ob die Daten in eine neue Tabelle oder in eine bereits bestehende Tabelle der Datenbank importiert werden sollen. Wollen Sie die Daten in einer bestehenden Tabelle speichern, aktivieren Sie die entsprechende Option und wählen eine Tabelle aus der Datenbank aus.

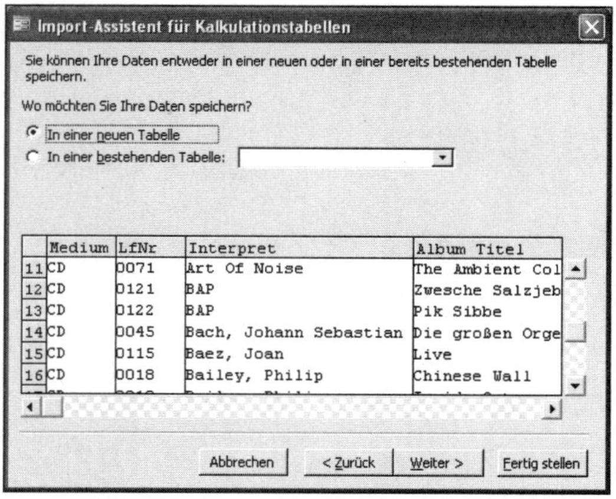

Abbildung 9.20: Angabe, wo Access die Daten speichern soll

6. Wenn Sie die Daten in eine neue Tabelle importieren wollen, können Sie im nächsten Schritt des Assistenten die Namen der Felder anpassen. Sind in der Excel-Tabelle Spalten enthalten, die Sie in Access nicht benötigen, so können Sie diese Spalten mit der Aktivierung der Option *Feld nicht importieren (Überspringen)* vom Import ausschließen.

   Sie können in diesem Schritt auch direkt einzelne Felder mit einem Index versehen. In der Regel ist es jedoch vorteilhafter, nach dem erfolgreichen Import der Daten, dies im Tabellenentwurf nachzuholen.

Mithilfe der Bildlaufleisten können Sie den Ausschnitt des Fensters verändern.

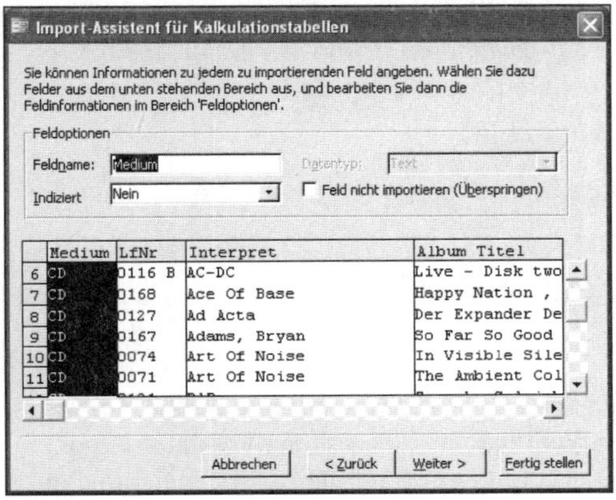

Abbildung 9.21: Die Feldoptionen *können geändert werden.*

7. Im nächsten Schritt können Sie einen Primärschlüssel für die neue Tabelle auswählen. Mit der Option *Primärschlüssel automatisch hinzufügen* fügt der Assistent ein zusätzliches Feld in die neue Tabelle ein und setzt dessen Feldtyp auf *Autowert.* Dieses Feld repräsentiert auch die Reihenfolge, in der die Daten in der Excel-Tabelle stehen.

   Existiert in der Excel-Tabelle bereits ein Feld, das als Primärschlüssel verwendet werden kann, aktivieren Sie die Option *Primärschlüssel selbst auswählen* und wählen aus der neben stehenden Liste das betreffende Feld aus. Beachten Sie dabei, dass in diesem Feld kein Wert mehr als einmal vorkommen darf, da es sonst nicht zu dem Primärschlüssel der Tabelle gemacht werden kann. Die letzte Option erstellt keinen Primärschlüssel. Das Abrufen von großen Datenbeständen dauert so aber deutlich länger.

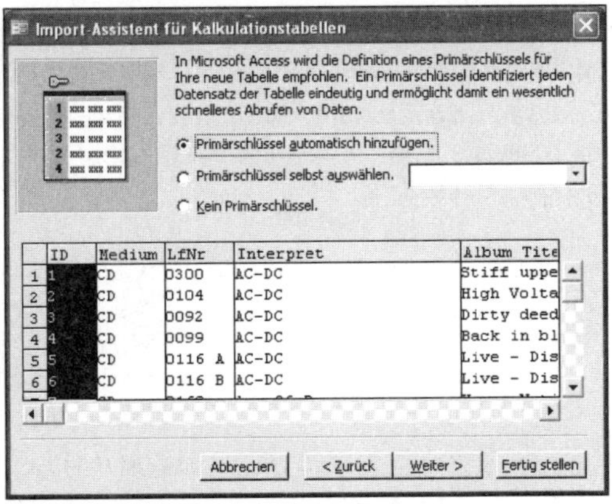

Abbildung 9.22: Angabe des Primärschlüsselfelds

8. Im letzten Schritt können Sie der Tabelle noch einen Namen geben, wie sie im Datenbankfenster von Access angezeigt werden soll.

   Zusätzlich können Sie mit der Option *Nach dem Import der Daten soll ein Assistent die Tabelle analysieren* einen weiteren Assistenten starten.

   Klicken Sie auf die Schaltfläche *Fertig stellen.*

Nach dem Import der Daten liegen diese in einer ganz normalen Access-Tabelle vor.

Excel-Dateien als Tabellenobjekte in Access verknüpfen

Für Excel-Dateien existiert noch ein weiterer Weg der Datenübernahme. Sie belassen die Daten in einer Excel-Arbeitsmappe und fügen in Access eine Verknüpfung auf ein Arbeitsblatt der Mappe ein. Diese Verknüpfung erscheint dann im Datenbankfenster von Access in der Kategorie *Tabellen.*

Sie können zwar nicht wie bei einer Access-Tabelle den Entwurf ändern, aber alle anderen Möglichkeiten, die Access für Tabellen bietet, können verwendet werden. Sie können Abfragen erstellen, sie an Formulare oder Berichte als Datenquelle binden etc.

Das Verknüpfen einer Excel-Tabelle in Access geschieht fast auf dieselbe Weise wie das in der vorherigen Schritt-für-Schritt-Anleitung gezeigte Importieren von Excel-Tabellen. Im Folgenden werden deshalb nur kurz die einzelnen Schritte zum Verknüpfen von Excel-Dateien beschrieben.

1. Starten Sie Access und öffnen Sie die Datenbank, in der Sie Excel-Daten verknüpfen wollen.
2. Wählen Sie aus dem Menü *Datei* den Befehl *Externe Daten > Tabellen verknüpfen* aus.

   Es öffnet sich das Dialogfenster *Verknüpfen.* Wählen Sie im Feld *Dateityp* den Eintrag *Microsoft Excel* und wählen Sie die Excel-Datei aus, die die Daten enthält.
3. Der *Verknüpfungs-Assistent für Kalkulationstabellen* führt Sie durch den weiteren Prozess. Bis auf den Namen in der Titelleiste sind die Schritte mit denen des *Import-Assistenten für Kalkulationstabellen* identisch.

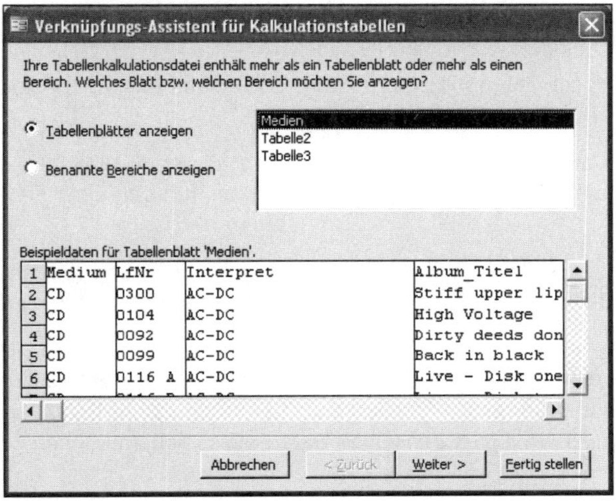

Abbildung 9.23: Der Verknüpfungs-Assistent für Kalkulationstabellen

Im Datenbankfenster werden verknüpfte Excel-Tabellen mit einem eigenen Symbol gekennzeichnet. Es setzt sich aus dem Symbol für Excel und einem Pluszeichen zusammen. Mit dem Pluszeichen werden in Access verknüpfte Tabellen gekennzeichnet.

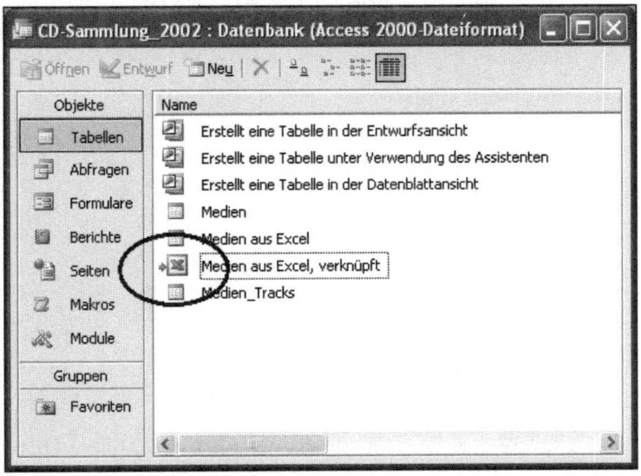

Abbildung 9.24: Eine verknüpfte Excel-Tabelle im Datenbankfenster von Access

Sie können zwar nach dem Bestätigen einer Warnmeldung in den Entwurfsmodus wechseln, in diesem aber keine Änderungen vornehmen.

Nachteile von Excel-Verknüpfungen in Access

Auch die Verknüpfung von Excel-Daten mit einer Access-Datenbank hat wieder eine Reihe von Nachteilen.

Findet in Access ein Zugriff auf die Daten der Excel-Tabelle statt, ist diese während dieser Zeit gesperrt. Der Versuch, sie trotzdem in Excel zu öffnen, führt zu einer Fehlermeldung.

Der umgekehrte Weg, also wenn die Excel-Tabelle in Excel geöffnet ist und erst anschließend der Zugriff auf die Daten der Excel-Tabelle mit Access erfolgt, funktioniert dagegen.

Wird die Excel-Tabelle mit einer Datenbank verknüpft, auf die mehrere Anwender zugreifen, existiert für die Daten der Excel-Tabelle kein Zugriffsschutz auf Benutzerebene, der verhindert, dass zwei Anwender denselben Datensatz speichern können.

Teil 2
Referenz

Referenz

Abfrage

Aggregatfunktion

Funktion	Beschreibung
Gruppierung	Gruppiert die Werte eines Felds
Summe	Berechnet die Summe der Werte des Felds
Mittelwert	Der Durchschnittswert wird berechnet.
Min	Der kleinste Wert wird angezeigt.
Max	Der größte Wert wird angezeigt.
Anzahl	Die Anzahl der Werte wird berechnet. Felder mit *Null*-Werten werden nicht mitgezählt.
StdAbw	Berechnet die Standardabweichung
Varianz	Berechnet die Varianz der Werte
Erster Wert	Der erste Wert wird ausgegeben.
Letzter Wert	Der letzte Wert wird ausgegeben.
Ausdruck	Das Feld wird anhand eines benutzerdefinierten Ausdrucks berechnet.
Bedingung	Das Feld dient nur zur Festlegung von Kriterien.

Aktionsabfrage

Eine *Aktionsabfrage* führt immer Änderungen am Datenbestand einer Datenbank durch. Es existieren Abfragetypen zum Löschen, Ändern, Erstellen und Anfügen von Daten.

Auswahlabfrage

Eine *Auswahlabfrage* kann sich auf eine oder mehrere Tabellen einer Datenbank beziehen. Zusätzlich können Kriterien definiert werden, die das Abfrageergebnis einschränken.

Dynaset

Das Ergebnis einer Abfrage wird *Dynaset* genannt. Eine Änderung von Daten im Dynaset ändert die Daten in der zugrunde liegenden Tabelle der Abfrage.

QBE

Abkürzung für **Q**uery **B**y **E**xample. Abfragen werden in Access in der Regel im QBE-Entwurf erstellt. Die andere Methode ist die Definition der Abfrage in der SQL-Ansicht. Abfragen, auch wenn sie im QBE-Entwurf erstellt wurden, werden immer als SQL-Code gespeichert.

Symbolleiste Abfragentwurf

Symbol	Bedeutung
	Aktiviert die Datenblattansicht. Durch Auswahl des Pfeils ist der Wechsel zu anderen Ansichten möglich.
	Wechselt den Abfragetyp
	Führt die Abfrage aus
	Zeigt den Dialog *Neue Abfrage* an
	Blendet die Funktionenzeile in der Abfrage ein
	Auswahl, wie viele Werte die Abfrage ausgeben soll
	Ruft den Dialog *Eigenschaften* auf
	Ruft den *Ausdrucks-Generator* auf

Symbolleiste Datenblattansicht

Symbol	Bedeutung
	Aktiviert die Entwurfsansicht. Durch Auswahl des Pfeile ist der Wechsel zu anderen Ansichten möglich.
	Speichert den Abfrageentwurf
	Ruft die Dateisuche von Access auf
	Druckt die Datenblattansicht aus
	Zeigt die Datenblattansicht in der Seitenansicht an
	Ruft die eingebaute Rechtschreibprüfung von Access auf

Symbol	Bedeutung
	Schneidet das markierte Element in die Zwischenablage aus
	Kopiert das markierte Element in die Zwischenablage
	Fügt den Inhalt der Zwischenablage ein
	Macht die letzte Änderung rückgängig
	Nur bei Feldern vom Datentyp Hyperlink: Ruft den Dialog *Hyperlink einfügen* auf
	Sortiert die Datensätze anhand der aktiven Spalte aufsteigend von A-Z
	Sortiert die Datensätze anhand der aktiven Spalte absteigend von Z-A
	Startet den auswahlbasierten Filter
	Startet den formularbasierten Filter
	Entfernt einen aktivierten Filter
	Ruft den Dialog *Suchen und Ersetzen* auf
	Fügt einen neuen Datensatz ein
	Löscht den aktiven Datensatz
	Ruft das Datenbankfenster von Access auf
	Erstellt ein neues Objekt auf Basis der Abfrage
	Startet die Hilfe von Access

Vergleichsoperatoren

Operator	Beschreibung
=	Gleich
>	Größer
>=	Größer gleich

Operator	Beschreibung
<	Kleiner
<=	Kleiner gleich
<>	Ungleich
Wie	Vergleich mit Platzhaltern
In	Vergleich mit einer Wertemenge
Ist	Vergleich mit Null-Werten
Zwischen	Vergleich mit einem Intervall
Und	Logische UND-Verknüpfung zweier Ausdrücke, d.h., beide Ausdrücke müssen erfüllt sein
Oder	Logische nicht-exklusive ODER-Verknüpfung zweier Ausdrücke, d.h., nur ein Ausdruck *muss* erfüllt sein, es *können* aber auch beide Ausdrücke erfüllt sein
Nicht	Der Ausdruck wird negiert.

SQL

Abkürzung für **S**tructured **Q**uery **L**anguage. SQL ist eine strukturierte Abfragesprache für Datenbanken. Jede Abfrage in Access besteht aus SQL-Code.

Access

Abfrage

Eine *Abfrage* kann sich auf eine oder mehrere Tabellen einer Datenbank beziehen. Felder aus diesen Tabellen werden zu einem Abfrageergebnis zusammengefasst.

Access-Datenbank

Eine *Access-Datenbank* enthält unterschiedliche Objekttypen. Access unterscheidet zwischen Tabellen, Abfragen, Formularen, Berichten, Datenzugriffsseiten, Makros und Modulen.

Assistent

Zu fast jedem Objekttyp stellt Access einen oder mehrere *Assistenten* zur Verfügung, die Sie dialoggesteuert durch die Erstellung eines Objekts führen. Dieses können Sie anschließend in der Entwurfsansicht weiter anpassen.

Datenbankfenster

Zentrales Fenster von Access, das den Zugriff auf alle Objekte der Datenbank erlaubt. Diese sind übersichtlich in einzelne Objektkategorien eingeordnet.

Datenblattansicht

Spezielle Ansicht für Access-Objekte. Die Datensätze werden inform einer Tabelle dargestellt. Die Datensätze stellen die Zeilen, die Felder die Spalten der Tabelle dar.

Dialogfenster

Fenster von Access oder einer Datenbank, mit der Möglichkeit, Einstellungen und Optionen am Programm vorzunehmen.

Eigenschaft

Jedes Datenbankobjekt hat charakteristische *Eigenschaften*, mit denen das Aussehen und Verhalten des Objekts genau festgelegt werden kann. Änderungen an den Eigenschaften werden über das Eigenschaftenfenster vorgenommen.

Entwurfsansicht

Änderungen am Layout und den Eigenschaften von Objekten einer Datenbank können nur in der *Entwurfsansicht* vorgenommen werden.

Exportieren

Fast jedes Objekt kann durch *Exportieren* in eine Datei und in ein anderes Format überführt werden. Exportierte Objekte stellen eigenständige Dateien dar, die keine Verbindung mehr zum Objekt in Access haben. Sie sind Momentaufnahmen vom Zeitpunkt des Exportes.

Feldliste

Ein Fenster von Access, das alle Felder einer Tabelle oder Abfrage anzeigt. Aus dieser *Feldliste* können in der Entwurfsansicht zusätzliche Felder in das Objekt, z.B. in eine Formular oder einen Bericht, eingefügt werden.

Formular

Ein *Formular* dient zur Anzeige und Erfassung von Daten in einer Tabelle. Steuerelemente wie Kombinations- und Listenfelder erleichterten dabei die Erfassung der Daten, indem mögliche Eingaben in Feldern beschränkt werden. Zusätzlich zeigt das Layout des Formulars an, wie die Daten zu erfassen sind.

Funktion

Eine interne Access-*Funktion* oder eine VBA-Funktion, die als Ergebnis einen Wert zurückliefert. Ein Beispiel für eine interne Access-Funktion ist die Funktion *Datum()*, die das aktuelle Datum zurückliefert.

Importieren

Vorgang des Einfügens von Daten in Access. Sie können beispielsweise Daten aus der Tabellenkalkulation Excel in eine neue Accesstabelle einfügen oder an eine vorhandene anhängen.

Kontextmenü

Ein Menü, das erscheint, wenn Sie ein Objekt in Access mit der rechten Maustaste anklicken. Im *Kontextmenü* werden immer nur Befehle angeboten, die auf das Objekt angewendet werden können.

Makro

Mithilfe von *Makros* können immer wiederkehrende Aufgaben und Aktionen in Access automatisiert werden.

Modul

In einem *Modul* werden Visual Basic-Anweisungen gespeichert. VBA-Anweisungen für Formulare oder Berichte werden in den Klassenmodulen zum jeweiligen Objekt gespeichert.

Tabelle

Eine *Tabelle* enthält die eigentlichen Daten einer Datenbank.

VBA

Abkürzung für **V**isual **B**asic für **A**pplikationen. Programmiersprache, die neben Access auch für die anderen Office-Produkte existiert.

Bericht

Symbolleiste Seitenansicht

Symbol	Beschreibung
	Wechselt in die Entwurfsansicht, die Seitenansicht oder in die Layoutansicht des Berichtes
	Sendet den Bericht an den Standarddrucker
	Zoom in den Bericht hinein. Bei erneutem Klicken mit diesem Werkzeug wird die Ursprungsgröße wieder hergestellt.
	Zeigt eine Seite des Berichtes an
	Zeigt zwei Seiten des Berichtes an

Symbol	Beschreibung
	Erlaubt die freie Auswahl von bis zu 20 Seiten
	Aus der Liste können Zoomgrößen im Bereich von 10 bis 1000% ausgewählt werden. Der Eintrag *Passend* erzeugt eine Seitenansicht, in der die Seite komplett auf dem Bildschirm passt. Sie können den Zoomfaktor auch manuell festlegen. Geben Sie dazu einfach in das Feld den gewünschten Faktor ein.
	Schließt die Seitenansicht
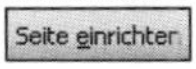	Ruft das Dialogfenster *Seite einrichten* auf. In diesem Dialogfenster können u.a. die Ränder des Berichtes eingestellt werden.
	Ermöglicht, den Bericht mit den Office-Produkten Word und Excel weiter zu bearbeiten. Folgende Befehle stehen zur Verfügung: ◆ Seriendruck mit Microsoft Office Word ◆ Veröffentlichen mit Microsoft Office Word ◆ Analysieren mit Microsoft Office Excel
	Ruft das Datenbankfenster von Access auf
	Erstellt ein neues Objekt im Datenbankfenster
	Ruft die Access-Hilfe auf

Beziehungen

Beziehungen herstellen

Eine wichtige Eigenschaft von Access ist das Herstellen und Verwalten von Verknüpfungen zwischen einzelnen Tabellen. Das Ziel einer Datenbank ist die optimale Speicherung der Informationen in Tabellen, möglichst ohne redundante, also mehrfach vorkommende Informationen.

Beim Herstellen einer Verknüpfung (*Beziehung*) stellt Access sicher, dass die Regeln zwischen den Tabellen eingehalten werden.

Festgelegte Beziehungen wirken sich auf alle Bereiche der Datenbank aus. Bei der Neuanlage von Abfragen, Formularen und Berichten werden diese mit berücksichtigt.

Access zeigt Ihnen die unterschiedlichen Verknüpfungstypen auch grafisch. Je nach Verknüpfungstyp ist an einer Stelle der Verknüpfung ein Pfeil zu erkennen.

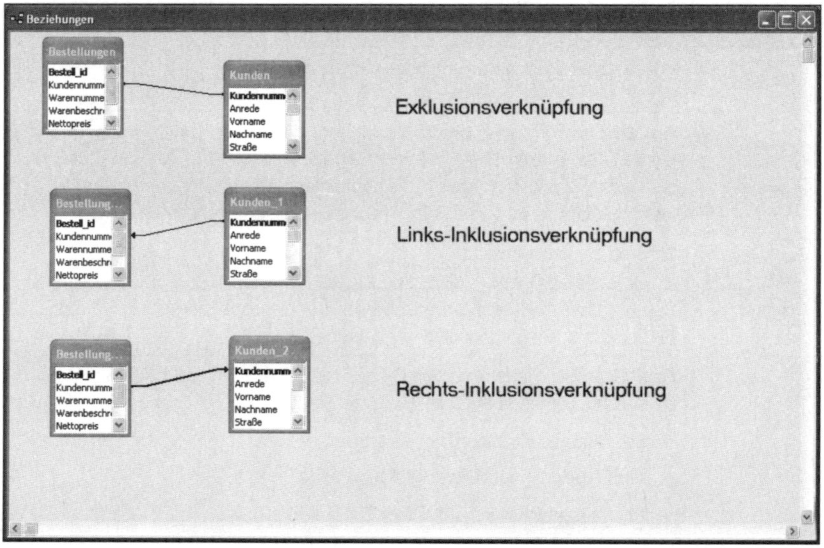

Ref.1: Access zeigt die unterschiedlichen Verknüpfungstypen (Beziehungen) grafisch an.

Exklusionsverknüpfung

Bei der *Exklusionsverknüpfung* werden nur die Datensätze in einer Abfrage ausgegeben, bei denen die Inhalte der verknüpften Felder gleich sind. Diese Art von Verknüpfung wird als *natürlicher innerer Verbund* bezeichnet.

Links-Inklusionsverknüpfung

Der so genannte *linke äußere Verbund* beinhaltet alle Datensätze der Haupttabelle und nur diejenigen der Detailtabelle, bei denen die Inhalte der verknüpften Felder gleich sind.

Rechts-Inklusionsverknüpfung

Der *rechte äußere Verbund* beinhaltet alle Datensätze der Detailtabelle und nur diejenigen der Haupttabelle, bei denen die Inhalte der verknüpften Felder gleich sind.

Referentielle Integrität

Bei der *referentiellen Integrität* stellt Access sicher, dass in der Detailtabelle nur Daten stehen, zu denen auch genau ein Datensatz der Haupttabelle gehört. So wird beispielsweise die Erfassung einer Bestellung in der Detailtabelle mit einer Kundennummer, die nicht in der Haupttabelle Kunden erfasst ist, verhindert.

Die referentielle Integrität ist an eine Reihe von Bedingungen geknüpft:

- Das Verknüpfungsfeld der Haupttabelle muss ein Primärschlüsselfeld oder ein eindeutiger Index sein.
- Beide Verknüpfungsfelder müssen denselben Datentyp und dieselbe Feldgröße haben.
- Es dürfen in der Detailtabelle keine Datensätze existieren, die gegen die referentielle Integrität verstoßen.

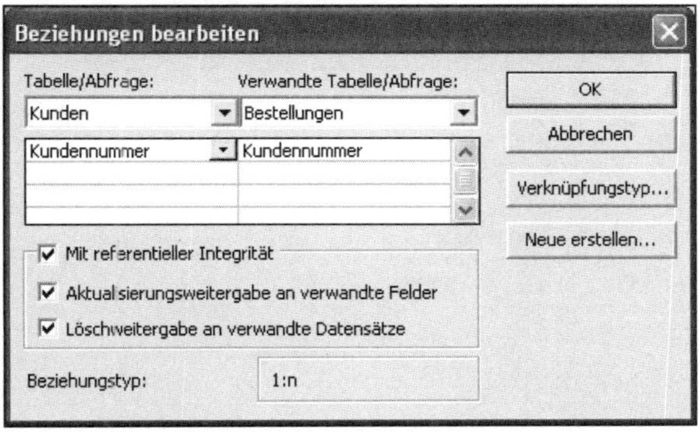

Ref.2: Sicherstellen der referentiellen Integrität

Um Access zu veranlassen künftig die referentielle Integrität einer Beziehung zu überprüfen, markieren Sie die Option *Mit referentieller Integrität* im Dialog *Beziehungen bearbeiten*. Nützlich sind in diesen Zusammenhang die beiden unteren Optionen.

Aktualisierungsweitergabe an verwandte Felder

Hiermit stellt Access sicher, dass bei einer Änderung des Primärschlüssels der Haupttabelle, beispielsweise die Änderung einer Kundennummer, in allen dazugehörigen Detailtabellen dieser auch automatisch geändert wird.

Löschweitergabe an verwandte Datensätze

Ohne Löschweitergabe können Sie keine Datensätze aus der Haupttabelle löschen, die noch in Beziehung zu Datensätzen der Detailtabelle stehen. Dies würde die referentielle Integrität verletzen. Bei aktivierter Löschweitergabe löscht Access zuerst die Daten aus der Detailtabelle und anschließend den Datensatz aus der Haupttabelle.

Formate

Benutzerdefinierte Eingabeformate

Sie sind bei der Erstellung eines *Eingabeformates* nicht an den Eingabeformat-Assistenten gebunden. Ebenso wie bei den Formaten stehen Ihnen eine Reihe von Platzhaltern zur Verfügung, mit denen Sie sich Ihr eigenes Eingabeformat erstellen können.

Platzhalter	Beschreibung
0	Zahlen von 0 bis 9, Eingabe erforderlich
9	Zahlen von 0 bis 9, Eingabe nicht erforderlich
#	Zahlen oder Leerzeichen. Eingabe nicht erforderlich. Eingegebene Leerzeichen werden beim Speichern wieder entfernt.
L	Buchstabe A bis Z, Eingabe erforderlich
?	Buchstabe A bis Z, Eingabe nicht erforderlich
A	Buchstabe oder Zahl, Eingabe erforderlich
a	Buchstabe oder Zahl, Eingabe nicht erforderlich
&	Ein beliebiges Zeichen, Eingabe erforderlich
C	Ein beliebiges Zeichen, Eingabe nicht erforderlich
. , ; : - /	Platzhalter Zahlen und Datums-Trennzeichen
>	Der Text wird in Kleinbuchstaben umgewandelt.
<	Der Text wird in Großbuchstaben umgewandelt.
!	Die Eingabemaske wird von rechts nach links gefüllt.
\	Das dem Zeichen \ folgende Zeichen wird als Konstante mit angezeigt.

Benutzerdefinierte Formate

Sie sind bei der Vergabe eines *Formates* nicht an die Standardformate von Access gebunden. Durch benutzerdefinierte Formate können Sie fast jedes Format, welches Sie benötigen, selbst einstellen. Für diesen Zweck gibt es eine Reihe von Platzhaltern, die Sie verwenden können.

So erzeugt z.B. das Format *mmm-jj* bei Datumsfeldern die Anzeige "*Jan-03*".

Platzhalter	Beschreibung	Gilt für Datentyp
@	Ein Textzeichen wird ausgegeben.	Text/Memo
&	Platzhalter für zusätzliches Zeichen	Text/Memo
<	Der Text wird in Kleinbuchstaben angezeigt.	Text/Memo
>	Der Text wird in Großbuchstaben angezeigt.	Text/Memo
/	Datums-Trennzeichen	Datum/Uhrzeit
d	Legt den Monatstag fest. d = 3, dd = 03, ddd = Mon, dddd = Montag	Datum/Uhrzeit
T	Legt den Monatstag fest. t = 3, tt = 03, ttt = Mon, tttt = Montag, ttttt = Entspricht dem Standardformat *Datum, kurz*, tttttt = Entspricht dem Standardformat *Datum, lang*	Datum/Uhrzeit

Platzhalter	Beschreibung	Gilt für Datentyp
w	Zeigt den Wochentag an. w = Wochentag von 1 bis 7, ww = Kalenderwoche von 1 bis 53	Datum/Uhrzeit
m	Zeigt den Monat an. m = 6, mm = 06, mmm = Jun. Mmmm = Juni	Datum/Uhrzeit
q	Datum als Quartal von 1 bis 5	Datum/Uhrzeit
y	Zeigt den Kalendertag von 1 bis 366 an	Datum/Uhrzeit
j	Zeigt das Jahr an. jj = 03, jjjj = 2003	Datum/Uhrzeit
H	Zeigt die Stunden an. h = 9, hh = 09	Datum/Uhrzeit
n	Zeigt die Minuten an. n = 5, nn = 05	Datum/Uhrzeit
s	Zeigt die Sekunden an. s = 3, ss = 03	Datum/Uhrzeit
AM/PM	Zwölf-Stunden-Format mit der Kennzeichnung AM oder PM	Datum/Uhrzeit
0	Zeigt eine Ziffer oder 0 an. Dient auch zur Anzeige von führenden Nullen	Zahl/Währung
#	Zeigt eine Ziffer oder, wenn keine vorhanden ist, nichts an	Zahl/Währung
$	Fügt das Dollarzeichen ein	Zahl/Währung
,	Legt das Dezimaltrennzeichen innerhalb des benutzerdefinierten Formats fest	Zahl/Währung
.	Legt einen Tausenderpunkt innerhalb des benutzerdefinierten Formats fest	Zahl/Währung
%	Der Wert wird mit 100 multipliziert und das Prozentzeichen ans Ende gesetzt.	Zahl/Währung
E+ e+	Exponenzialschreibweise mit einem Minuszeichen für negative und **keinem** Vorzeichen für positive Werte	Zahl/Währung
E- e-	Exponenzialschreibweise mit einem Minuszeichen für negative und **einem** Vorzeichen für positive Werte	Zahl/Währung

Formular

Aktivierreihenfolge

Die *Aktivierreihenfolge* in Formularen legt fest, in welcher Reihenfolge die Felder durch Drücken der ⇆-Taste angesprungen werden. Diese können Sie in der Entwurfsansicht des Formulars mit dem Befehl *Ansicht > Aktivierreihenfolge* verändern.

Befehlsschaltfläche

Mithilfe von *Befehlsschaltflächen* können Sie in Formularen beliebige Aktionen ausführen.

Bezeichnungsfeld

Mit dem Werkzeug *Bezeichnungsfeld* der Toolbox können in einem Formular oder Bericht Beschriftungen vorgenommen werden.

Ereignis

Jedes Objekt kann auf bestimmte *Ereignisse* reagieren. Es existieren Ereignisse, die Access auslöst, beispielsweise beim Ändern von Daten, oder benutzerdefinierte Ereignisse wie das Klicken auf eine Befehlsschaltfläche.

Filter

Ein *Filter* definiert Kriterien, um die Anzeige von Datensätze in einem Formular oder Bericht einzugrenzen; Access unterscheidet zwischen den formularbasierten Filtern, den auswahlbasierten Filtern und den Spezialfiltern.

Kombinationsfeld

Kombination aus einem Text- und einem Listenfeld. Ein *Kombinationsfeld* nimmt im geschlossenen Zustand nicht mehr Platz in Anspruch als ein Textfeld. Klickt der Anwender darauf, öffnet sich eine Liste zur Auswahl von Werten.

Kontrollkästchen

Steuerelement zur Darstellung von Ja/Nein-Werten. Der Zustand "Ja" wird mit einem Häkchen im *Kontrollkästchen* angezeigt.

Listenfeld

Das *Listenfeld* zeigt in einer Liste Einträge, aus der der Anwender einen auswählen kann. Sind mehr Einträge vorhanden als Platz im Listenfeld des Formulars vorhanden ist, werden Bildlaufleisten zur Auswahl der anderen Einträge eingeblendet. Ein Listenfeld nimmt mehr Platz in Anspruch als ein Kombinationsfeld, zeigt aber im Gegensatz dazu immer alle Einträge der Liste an.

Optionsfeld

Dient wie das Kontrollkästchen zur Darstellung von Ja/Nein-Werten. Häufig werden *Optionsfelder* auch zur Darstellung der Optionen einer Optionsgruppe verwendet.

Optionsgruppe

Optionsgruppen dienen dazu, den Anwender der Datenbank im Formular eine Gruppe von Werten anzuzeigen, aus denen er einen auswählen kann.

Optionsgruppen haben einen Gruppenrahmen, der die einzelnen Optionsfelder, Kontrollkästchen oder Umschaltflächen zusammenfasst.

Popup-Formular

Ein Formular, das immer im Vordergrund angezeigt wird und nicht durch andere Fenster überdeckt werden kann.

Register

Steuerelement der Toolbox, mit der Steuerelemente auf mehrere Registerseiten platziert werden können. Somit sind besonders kompakte Formulare möglich.

Steuerelement

Ein Element in einem Formular oder Bericht, das Daten einer Tabelle oder Abfrage anzeigt. Ist ein *Steuerelement* nicht mit einer Datenquelle verbunden, wird es ungebundenes Steuerelement genannt.

Symbolleiste Formatierung

Symbol	Bedeutung
Bezeichnungsfe ▾	Mithilfe des Kombinationsfelds *Objekt* können Sie zu einem Steuerelement im Formular wechseln.
Tahoma ▾	Auswahl der Schriftart
26 ▾	Angabe der Schriftgröße
F	Aktiviert die Fettschrift
K	Aktiviert die Kursivschrift
U	Aktiviert die Unterstreichung des Textes
	Richtet den Text linksbündig aus
	Richtet den Text zentriert aus
	Richtet den Text rechtsbündig aus
	Ändert die Füll-/Hintergrundfarbe. Durch Anwahl des Pfeils wird eine Farbpalette aufgerufen.

Symbol	Bedeutung
	Ändert die Schrift-/Vordergrundfarbe. Durch Anwahl des Pfeils wird eine Farbpalette aufgerufen.
	Ändert die Linien-/Rahmenfarbe. Durch Anwahl des Pfeils wird eine Farbpalette aufgerufen.
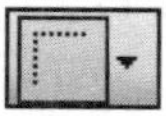	Ändert die Linien-/Rahmenbereite. Durch Anwahl des Pfeils können Sie unter sieben Breiten wählen.
	Ändert den Spezialeffekt. Durch Anwahl des Pfeils können Sie unter *Flach, Erhöht, Vertieft, Graviert, Schattiert* und *Unterstrichen* wählen.

Symbolleiste Formularentwurf

Symbol	Bedeutung
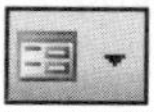	Wechselt zu den Formularansichten des Formulars
	Speichert das Formular
	Druckt das Formular
	Wechselt in die Seitenansicht des Formulars
	Verschiebt das markierte Objekt in die Zwischenablage
	Kopiert das markierte Objekt in die Zwischenablage
	Fügt ein Objekt aus der Zwischenablage in das Formular ein
	Dient zur Übertragung des Layouts des markierten Elementes auf ein anderes Element
	Macht die letzte Änderung rückgängig
	Fügt einen Hyperlink in das Formular ein
	Öffnet die Feldliste zur Auswahl von Feldern der dem Formular zugrunde liegenden Tabelle/Abfrage
	Öffnet die Toolbox, mit der Steuerelemente erzeugt werden
	Öffnet das Dialogfenster *AutoFormat*, mit dem Sie ein Format für das Formular festlegen können

Symbol	Bedeutung
	Startet Microsoft Visual Basic und zeigt den Code des Formulars an
	Ruft das Dialogfenster *Eigenschaften* auf
	Öffnet den *Ausdrucks-Generator*
	Aktiviert das Datenbankfenster von Access
	Erstellt ein neues Datenbankobjekt
	Ruft die Hilfefunktion von Access auf

Symbolleiste Toolbox

Symbol	Beschreibung
	Markiert ein Steuerelement
	Schaltet den Assistenten der Toolbox ein oder aus
	Erstellt ein Bezeichnungsfeld
	Erstellt ein Textfeld
	Erstellt eine Optionsgruppe
	Erstellt eine Umschaltfläche
	Erstellt ein Optionsfeld
	Erstellt ein Kontrollkästchen
	Erstellt ein Kombinationsfeld
	Erstellt ein Listenfeld
	Erstellt eine Befehlsschaltfläche
	Fügt ein Bild in das Formular ein

Symbol	Beschreibung
	Fügt ein Objekt einer anderen Anwendung ein
	Erstellt ein gebundenes Objektfeld
	Fügt einen Seitenwechsel ein
	Erstellt ein Registersteuerelement
	Fügt ein Formular als Unterformular ein
	Erstellt eine Linie
	Erstellt ein Rechteck
	Öffnet weitere Steuerelemente von Access

Textfeld

Das *Textfeld* ist das am häufigsten verwendete Feld in Formularen und Berichten. Es dient zur Anzeige und Eingabe von Daten.

Umschaltfläche

Steuerelement zur Darstellung von Ja/Nein-Werten. Der Zustand "Ja" wird durch eine eingedrückte Schaltfläche dargestellt.

Tabelle

Beziehung

Mehrere Tabellen können in einer Access-Datenbank in *Beziehung* stehen. Access unterscheidet dabei zwischen einer 1:1- und einer 1:N-Beziehung.

Gültigkeitsregel

Gültigkeitsregeln können sowohl im Tabellenentwurf als auch im Formularentwurf angegeben werden. Die eingegebenen Daten werden mit der Gültigkeitsregel überprüft. Ist diese Regel durch den Wert verletzt, wird eine Gültigkeitsmeldung ausgegeben.

Hyperlink

Hyperlinks sind Sprungmarken, die auf eine Internetadresse, eine Datei oder auf eine Stelle innerhalb des HTML-Dokuments verweisen. Eine Hyperlinkadresse besteht dabei aus bis zu vier Teilen, die jeweils bis zu 2.048 Zeichen enthalten können.

Pivot

Englisches Wort für Drehpunkt. Mithilfe von *Pivot*-Tabellen und Pivot-Diagrammen können große Menge von Daten zusammengefasst und analysiert werden. Sie können dabei auf einfache Art und Weise Zeilen und Spalten austauschen (drehen).

Primärschlüssel

Ein oder mehrere Felder einer Tabelle, die einen Datensatz eindeutig kennzeichnen. Ein Wert eines *Primärschlüsselfelds* ist in der gesamten Tabelle einmalig.

Feldeigenschaften

Feldeigenschaft	Beschreibung
Feldgröße	Legt die Größe des Felds fest; beim Datentyp *Text* die Anzahl der möglichen Zeichen, beim Datentyp *Zahl* die Art und Größe der zu speichernden Zahlen
Format	Legt das Ausgabeformat des Felds fest. Sie können ein vordefiniertes Format aus der Liste auswählen oder ein benutzerdefiniertes Format eingeben.
Dezimalstellenanzeige	Angabe der Anzahl der Stellen, die rechts vom Dezimaltrennzeichen ausgegeben werden. Wie die Eigenschaft *Format* hat sie keine Auswirkung auf die Speicherung der Daten, es dient nur zur Anzeige.
Eingabeformat	Legt fest, wie die Daten während der Eingabe eingegeben werden müssen
Beschriftung	Wird in Formularen als Beschriftung für den Feldnamen benutzt. Ist hier kein Wert, so verwendet Access als Beschriftung den Feldnamen.
Standardwert	Bei neuen Datensätzen weist Access dem Feld diesen Standardwert zu.
Gültigkeitsregel	Ein Ausdruck, der die eingegebenen Werte überprüft.
Gültigkeitsmeldung	Die Fehlermeldung, die erscheint, wenn die Gültigkeitsregel verletzt wurde.
Eingabe erforderlich	Legt fest, ob in diesem Feld vom Benutzer etwas eingegeben werden muss. Steht diese Eigenschaft auf *Ja*, kann der Datensatz nicht gespeichert werden, solange in diesem Feld nichts eingegeben worden ist.
Leere Zeichenfolge	Legt fest, ob leere Zeichenfolgen in diesem Feld erlaubt sind.
Indiziert	Hier können Sie einen Index für das Feld erzeugen. Mit *Ja (Duplikate möglich)* wird ein einfacher Index erzeugt, mit *Ja (Ohne Duplikate)* ein Index, bei dem Access sicherstellt, dass jeder Werte nur ein einziges Mal in der Tabelle vorkommt.
Unicode-Kompression	Standardvorgabe für diese Eigenschaft ist *Ja*. Legt fest, ob die Speicherung für Text, Memo und Hyperlinkfelder intern komprimiert werden soll.
IME-Modus	Legt die IME-Modus Eigenschaft fest. Spezielle Eigenschaft, die das Verhalten des Felds bei dessen Aktivierung festlegt. Standardmäßig auf *Keine Kontrolle* gesetzt.

Feldeigenschaft	Beschreibung
IME-Satzmodus	Legt den IME-Satzmodus fest. Legt im Zusammenhang mit dem IME-Modus spezielle Eigenschaften fest. Standwert ist *Keine*.
Smarttags	Smarttags, die auf dieses Feld angewendet werden können.

Feldformate

Mit der Feldeigenschaft *Format* legen Sie die Anzeige eines Datenfelds fest. Access bietet für fast jeden Datentyp eine Vielzahl von vordefinierten Formaten an. Die Angabe eines Formates bei der Tabellenerstellung wirkt sich auch auf andere Objekte der Datenbank aus. Formulare und Berichte übernehmen diese für die Anzeige der Felder.

In der *folgenden* Tabelle sehen Sie die unterschiedlichen Standardformate von Access in der Übersicht:

Felddatentyp	Format	Beispiel
Text	Kein Standardformat	
Memo	Kein Standardformat	
Zahl	Allgemeine Zahl	1235,567
	Währung	1.123,57 €
	Euro	1.123,57 €
	Festkommazahl	1234,57
	Standardzahl	1.234,57
	Prozentzahl	123,45%
	Exponenzialzahl	1,23E+03
Datum/Uhrzeit	Standarddatum	12.04.2003 15:33
	Datum, lang	Montag, 12 April 2003
	Datum, mittel	12. Apr. 2003
	Datum, kurz	12.04.03
	Zeit, lang	15:33:23
	Zeit, 12 Std	03:33
	Zeit, 24 Std	15:33
Währung	Wie bei Zahl	
Autowert	Wie bei Zahl	
Ja/Nein	Wahr/Falsch	Wahr
	Ja/Nein	Ja
	Ein/Aus	Ein

Felddatentyp	Format	Beispiel
OLE-Objekt	Kein Standardformat	
Hyperlink	Kein Standardformat	

Zahl-Datentyp

In Feldern mit dem Felddatentyp *Zahl* werden Zahlen gespeichert, die für Berechnungen nötig sind. Eine wichtige Rolle spielt bei diesem Felddatentyp die Eigenschaft *Feldgröße*. Sie bestimmt, welche Art von Zahl in dem Feld gespeichert werden kann.

Feldgröße	Zulässige Werte	Dezimalstellen	Größe in Byte
Byte	Ganze Zahlen zwischen 0 und 255	Keine	1
Integer	Ganze Zahlen zwischen –32.768 und 32.767	Keine	2
Long Integer	Ganze Zahlen zwischen –2.147.483.648 und 2.147.483.647	Keine	4
Single	Zahlen von -3.402823E38 bis -1.401298E-45 für negative Werte, und von 1.401298E-45 bis 3.402823E38 für positive Werte	7	4
Double	Zahlen von -1.79769313486231E308 bis -4.94065645841247E-324 für negative Werte, und von 1.79769313486231E308 bis 4.94065645841247E-324 für positive Werte	15	8
Replikations-ID	Wird von Access intern bei so genannten *replizierten Datenbanken* vergeben	Keine	16
Dezimal	Speichert Zahlen von –10E28 bis 10E28	28	12

Stichwortverzeichnis

D

E

F

M

N

O

P

R

S

T

U

V

W

Z